인하대 고조선연구소 연구총서 ❼

인하대 고조선연구소 연구총서 ❼

요양 벽화고분 연구1

책임저자 복기대
공역 유춘희 복기대 계원숙 전혜농
펴낸이 계원숙
발행일 2024년 1월 15일
펴낸곳 우리영토
출판인쇄 디자인센터산 032-424-0775
출판등록 제52-2006-00002
주소 인천광역시 연수구 한나루로 86번길 36-3
대표전화 032-834-4252

※ 화보 출처 : 中國出土壁畵全集, 2012년, 과학출판사

ISBN 978-89-92407-45-8

책값은 뒤표지에 있습니다.
지은이와의 협의하에 인지를 붙이지 않습니다.
※ 출판사 및 저자의 허락없이 내용의 일부 또는 전체를 무단 전제하거나 SNS·매체수록 등을 금합니다.

요양 벽화고분 연구 1

낙랑채협총 (본문 104쪽)

석곽묘 구조 (본문 121쪽)

전곽묘 내부 (본문 126, 127, 129쪽)

남림자 벽화무덤 인물상 (본문 133쪽)

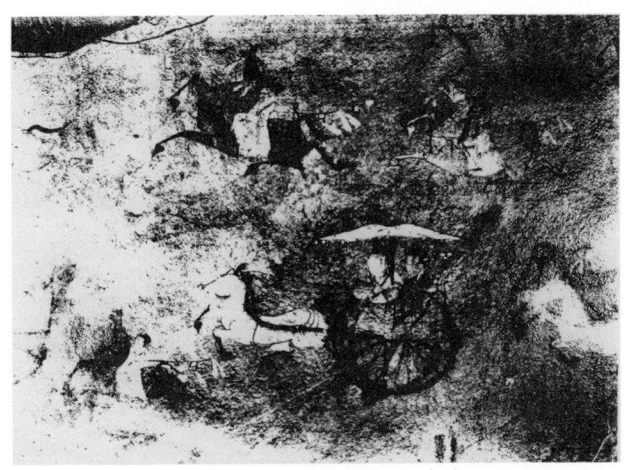

북원1호 무덤 (본문 134쪽) 행차도

북원1호 무덤 기마인물도

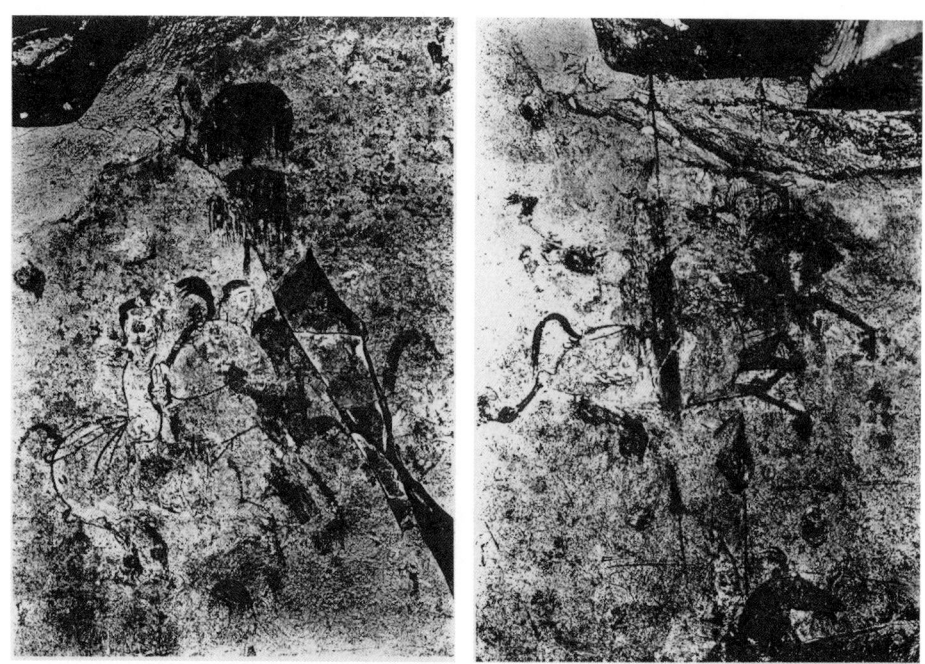

북원1호 무덤 기마무사도

북원1호 무덤 잡기도

북원1호 무덤 연음도

북원1호 무덤 거열도

북원1호 무덤 연음도

북원1호 무덤 봉황누각도

북원1호 무덤 거여도

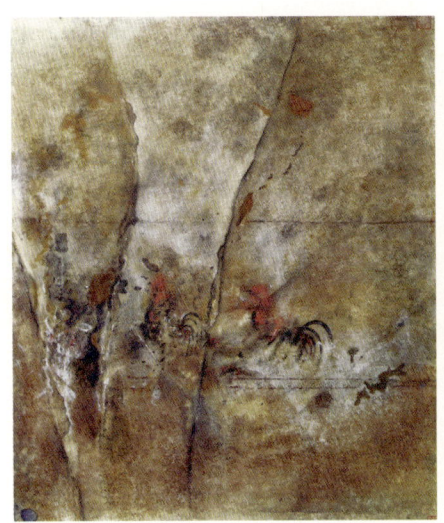

북원1호 무덤 투계도

북원1호 무덤 투계도

북원1호 무덤 창고도

북원1호 무덤 기마무사도

봉태자2호 무덤 (본문 186쪽) 주부·의조연도

봉태자2호 무덤 거기도

봉태자2호 무덤 연음도

봉태자2호 무덤 거기도

봉태자2호 무덤 거열도

원태자 무덤 (본문 224~234쪽) 벽화 주인도

원태자 무덤 시녀도

원태자 무덤 봉식도

원태자 무덤 백호주작도

원태자 무덤 흑웅도

원태자 무덤 선식도

원태자 무덤 거기도

원태자 무덤 수렵도

원태자 무덤 우거도

삼도호1호 무덤 대좌음식도 (본문 238쪽 참고)

삼도호1호 무덤 부부대좌도

연거도(삼도호3호묘, 요양벽화고분박물관 소재(2019))

삼도호1호 무덤 부부대좌도

삼도호1호 무덤 포주도

남교가 무덤 (본문 271, 273쪽) 운기도   남교가 무덤 문리도

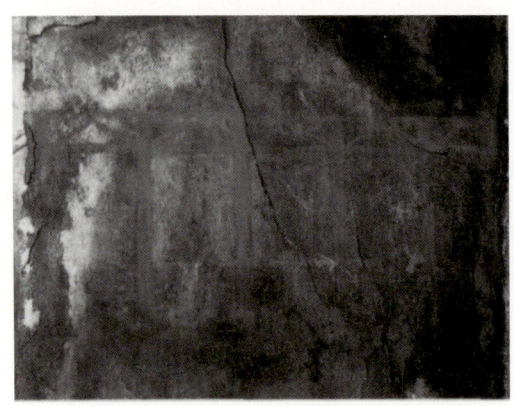

남교가 무덤 속리주사도

남교가 무덤 회랑도

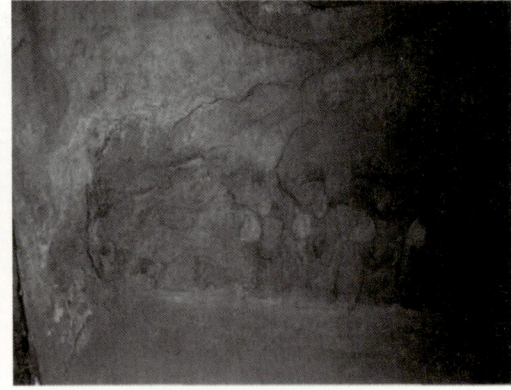
남교가 무덤 속리주사도

남교가 무덤 연음도

남교가 무덤 태양도, 거마출행도

남교가 무덤 거마출행도

남교가 무덤 연음도

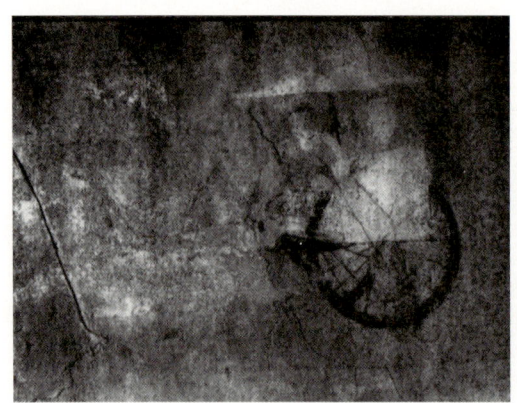

남교가 무덤 거마출행도

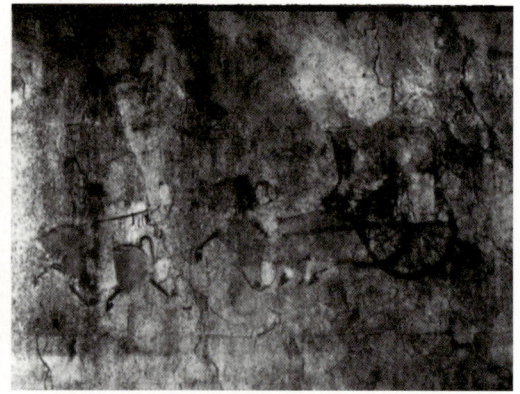

남교가 무덤 거마출행도

조가둔 고분 서남실 (본문 345, 346쪽)

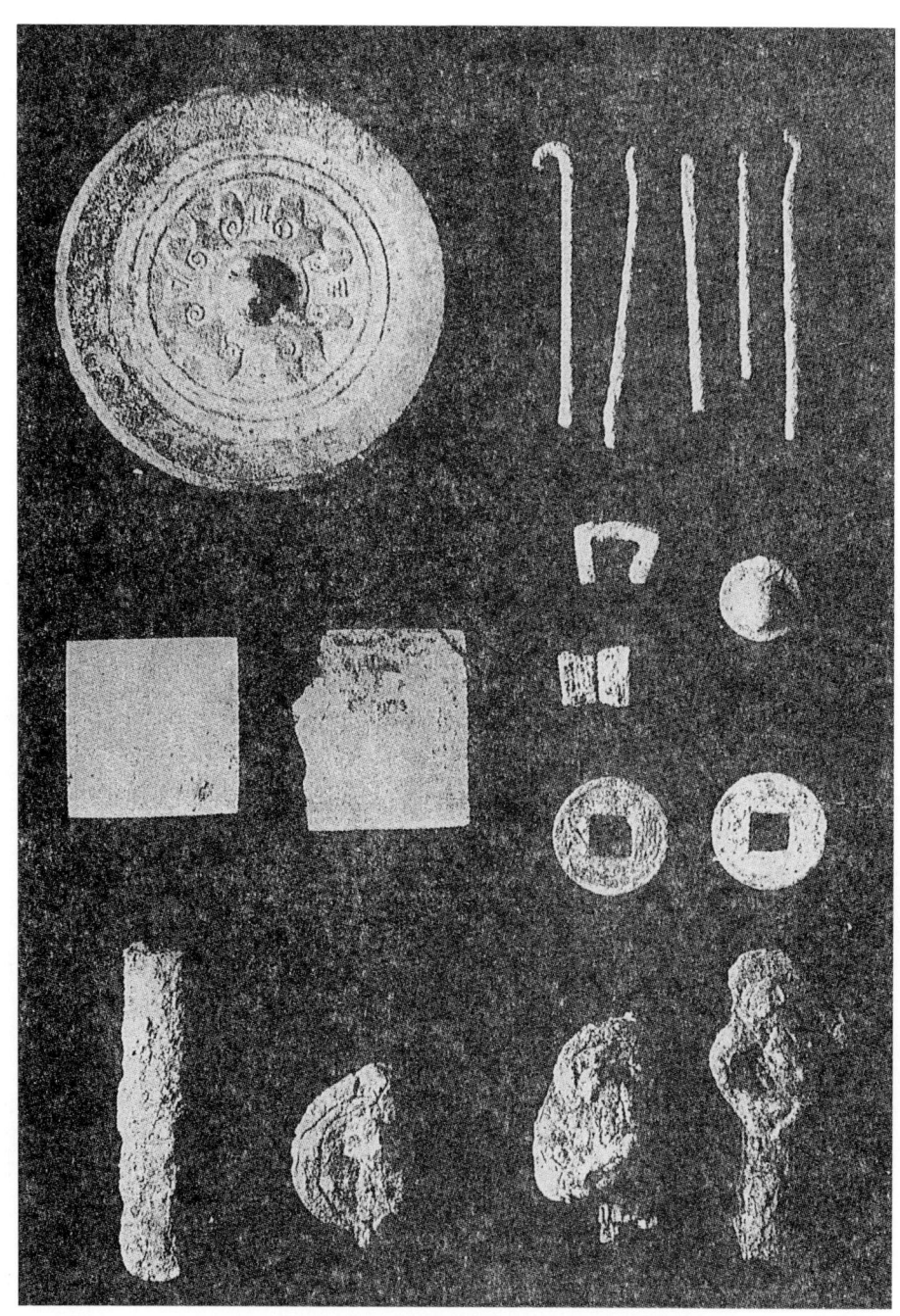

조가둔 고분 출토 유물 (본문 350쪽)

서 문

요양 고구려 고고학의 첫 걸음
- 요양지역의 고분 벽화

번역 출판을 맞아

고고학의 시대구분은 크게 선사고고학과 역사고고학으로 나눈다. 이 구분은 전자는 문자기록이나 문헌기록이 없는 시대를 말하는 것으로 주로 무리사회나 집단형성기의 고고학을 말하는 것이다. 후자는 문자나 문헌기록이 남아 있는 시기로 청동기시대부터를 말할 수 있다. 이 두 분야는 연구 방법에서 큰 차이가 있다. 전자는 모든 해석을 해석자가 유적이나 유물을 보고 하는 것이고, 후자의 경우에는 남아 있는 문자나 기록에 유적이나 유물을 연결하여 해석을 하게 된다. 유적이나 유물은 양의 차이가 있지만 그 기록들을 보완해주는 역할을 하는 것이다. 이렇기 때문에 역사고고학은 문헌기록에서 그 지역적인 범위나 시간적인 시대가 잘못 나뉘어지면 고고학에도 큰 영향을 준다. 한 예를 들어 보자.

10세기 이후 중국 요녕성 동부지역과 한국의 북부지역은 문헌해석으로는 요나라, 금나라 역사영역으로 보고 있다. 그런데 고고학 관련 자료를 보면 그 지역에는 요나라, 금나라의 유적들은 보이지 않는다. 문헌과 이를 증명할 자료가 서로 맞지 않는 것이다. 그러나 문헌해석을 그렇게 했으니 지도도 그렇게 그려진다. 이렇듯 사실을 증명하는 것은 매우 어렵다.

역사에서 문헌해석은 대부분 자연 현상의 기준을 근거로 한다. 예를 들면, 요동이나 요서를 나눌 때 요하 또는 요수를 근거로 그 동쪽은 요동이 되는 것이고, 그 서쪽은 요서가 된다. 여기에서 가장 중요한 것이 어디가 요하인가 하는 것이다. 현재 대부분의 학자들은 고대 요하를 지금의 요하로 보고 있다. 그래서 요동은 지금의 요하 동쪽을 말하는 것이고, 모든 문헌들은 여기에 따라서 해석되고 있는 것이다. 그러다 보니 역사 또한 요동 관련사는 그렇게 해석이 되는 것이고, 결과적으로 요나라, 금나라는 지금의 한국 북부지역까지 오게 된 것이다.

『삼국유사』에 압록강에 관한 기록이 전해지고 있다. 거기에는 요수가 압록강이고, '안민강'이라고도 불렀다고 한다. 그런데 지금의 이 요수가 고대에는 압록강이었다는 기록들은 매우 많다. 그렇다면 이것은 무엇을 말하는 것일까? 지금의 요하가 고구려, 발해 때는 압록강으로 불렸던 것이다. 이것은 차이나계 문헌에 잘 남아 있다.

'압록강=요하'라면 어떻게 될까?

고구려 평양성이 압록강의 남쪽이 아니라 동쪽에 있다는 것은 누구나 인정하는 것이다. 이 기록을 부정할 사람들은 없을 것이다. 그런데 지금의 압록강 동쪽에 고구려의 평양성은 없다. 그런데 앞에서 말한 것처럼 지금의 요하가 고구려 때 압록강이었다면 고구려의 평양성은 그 동쪽에서 찾아야 하는 것이다. 여러 기록에 남아 있는 것처럼 그곳은 지금의 중국 요녕성 요양이다. 이곳이 고구려 평양성이었다는 기록은 매우 많이 전해지고 있다. 그렇기 때문에 다시 설명할 필요는 없을 것이다. 이곳의 자연조건은 사람살기에 좋아 아주 오래전부터 근대까지 시대별로 많은 유적, 유물들이 전해지고 있다. 이 유적 유물의 역사적 연고권이 누구에게 있느냐 하는 것에 대하여 많은 의견들이 있다. 일반적으로 이 지역의 유적, 유물들 중 서기 전후 시기부터 서기 6세기 무렵까지는 차이나계의 유적, 유물이라는 것이라 하였다. 그 이유는 차이나계 역사문헌을 해석할 때 지금의 요하를 고대의 요하로 해석하고 그 동쪽도 모두 차이나계 역사의 범위로 해석을 하기 때문이다. 그러다 보니 거기에 있는 모든 유적들이나 유물들은 차이나계로 보게 되는 것이다. 그런데 '압록강=요하'로 보게 되면 요양은 고구려 영역으로 봐야 하는 것이고, 거기에 있는 유적이나 유물들은 고구려에 속하게 된 것이다.

요양의 벽화

고구려에서는 아마도 3세기 무렵부터 벽화를 그리기 시작한 것으로 보인다. 그 근거로 요녕성 환인 미창구 고분이나 무순지역에서 새로 발견되는 벽화무덤을 보면 알 수 있다. 이렇게 시작된 고분벽화들은 요양으로, 평양으로, 안악으로 계속 이어지고 있는 것을 볼 수 있다. 이런 고분벽화들이 몇 개가 만들어졌는지는 알 수가 없다. 이 고분들의 분포를 보면 현재 북한 평양이나 안악지역에 있는 것을 제외하고 요양이나 환인, 집안에 있는 것들에 대한 역사적인 고증이 필요하다. 이들 지역 중에 환인이나 무순, 집안지역은 고구려에 속하는 것에 대한 다른 의견은 없을 것이다. 그런데 문제는 요양지역이다. 지금까지 요양지역의 고분벽화들은 대부분 차이나계로 분류 하였다. 차이나계로 분류가 된 이유는 문헌기록을 해석하는 과정에서 지금의 요하 동쪽이 요동이고, 이 요동은 차이나계 역사의 범위에 속하기 때문이었다. 그런데 이 요하가 압록강이고, 그 압록강 동쪽에 고구려 평양성이 있었다면 이곳에 있는 고분벽화들은 고구려 것이 돼야 한 것이다.

일본은 1800년대 후반부터 만주 진출을 위하여 부단한 노력을 하였다. 그 결과 1905년 러일전쟁이 끝나고 바로 만주로 진출을 하려고 했지만 미국의 반대로 무산이 되자 미국으로 넘어가기로 한 만주철도 관리권을 얻고, 그것을 관리한다는 명목으로 공식적으로 만주에 발을 들여 놓았다. 이것을 시작으로 이시와라겐지(石原莞爾)의 계획이 실현되는 20여년 가까이 '만주'를 연구하였다. 그 결과 중에 하나가 이 만주를 중국 역사로 포함시킨 『만주역사지리』이다. 『조선역사지리』도 이때 만들어진 것이다. 이 과정에서 많은 역사유적들을 조사하였고 발굴도 하였다. 이때 가장 쉽게 할 수 있었던 것이 요양지역에 있었던 옛 무덤들을 발굴하는 것이었는데 여기에서 많은 유물들을 찾아내었다. 그러나 원나라 때 이미 많은 고구려 왕릉들을 발굴하였고, 또 1800년대에 대대적인 도굴이 있었기 때문에 일본의 조사 때에는 왕릉급 무덤들이나 큰 무덤들은 거의 없었을 것이다. 왕릉급 무덤들이 아니라 하더라도 많은 고분들을 발굴하여 연구를 하였는데, 이때 발굴한 대부분의 무덤들을 차이나계 무덤으로 분류를 하였다. 일본학자들의 이러한 분류는 지금까지 이어져 내려오고 있다. 참으로 어이가 없는 일이지만 더 어이가 없는 것은 지금에 이르러서도 변함없이 이어지고 있다는 것이다.

지난 연구 기간 동안 고구려 때 장수왕이 도읍을 옮긴 평양의 위치를 찾는 과정에서 요양이 평양이라는 것을 알게 되었고, 그러면 요양의 고고학 관련도 정립이 필요하다는 것을 알게 되었다. 그런 방향이 잡히자 먼저 요양에 대한 연구결과들을 모아서 분류를 시작하였다. 제일 먼저 해야 할 것이 1945년 이전 일본이 조사한 자료들을 분석하는 일이었다. 많은 사람들이 관심을 갖도록 하기 위하여 먼저 이 자료들을 모아서 번역을 하였다. 주요 저자와 제목을 보면 하마타 코사쿠의「요양 부근의 벽화고분」, 야기 쇼자부로의「요양에서 발견한 벽화고분」, 츠카모토 야스시의「요양 태자하 부근의 벽화고분」, 우메모토 슌지의「남만주 요양 부속지 발견의 석관고분」, 코마이 카즈치카의「남만주 요양에 있어서 고분조사」와「요양 발견의 한 대 고묘」, 하라다 요시토의「요양 남림자의 벽화고분」등이다. 한편 하마타 코사쿠 등의 글 다섯 편은 '남만주고고학'으로 묶었다. 현대 중국에서도 조사한 것들이 있었다. 그래서 그 자료들도 포함하여 번역 작업을 하였다. 저자와 제목을 보면, 이경발의 「요양 상왕가촌 진대 벽화무덤 발굴보고서」, 요녕성문물고고연구소의 「요녕 요양 남환가 벽화무덤」과 「요녕 요양 남교가 동한 벽화무덤」, 왕래주의 「요양 청년번화가에서 발견한 한묘 2기」 등이 있었다. 왕증신의 「요양시 봉태자2호 벽화무덤」과 「요양 요양현 남설매촌 벽화무덤과 돌무덤」, 요녕성·조양지역 박물관 문물팀의 「조양 원태자 동진 무덤」, 요양박물관의 「요양시 삼도호서진 무덤 발굴보고서」, 이런 보고서 외에도 더 있을 것이다. 그러나 더 이상은 찾지 못하여 더 이상 넓히지 않았다.

번역을 하면서 보니 1945년 이전에도 이 무덤들의 역사 연고권 귀속을 어디로 할 것인가 하는 것에 적지 않은 고민이 있었다. 그런데 결론으로는 모두 차이나계로 몰아 놓았다. 일본학자들의 세심한 주도면밀함이 아쉬운 대목이다.

이 번역에는 일본어와 중국어, 그리고 전체 감수로 진행을 하였다. 일본어 관련 번역은 단국대학에서 강의를 하시던 유춘희 교수님과 지금 인하대학교 대학원 융합고고학 전공의 계원숙 선생이 진행을 하였고, 중국 논문은 역시 인하대학교 대학원 융합고고학 전공의 전혜농 군과 필자가 담당을 하였으며, 전체 감수는 필자가 하였다. 계원숙 선생은 번역 후에 꼼꼼하게 다른 자료까지 확인을 해줘 전체적인 수준을 높여주었다. 그리고 출판까지 담당을 하였는데, 잘 팔릴 것 같지 않은 책을 한국인라는 숙명과, 대학원생이라는 책임감으로 어려운 짐을 짊어져주었다. 너무도 고마운 일이다.

어렵게 나온 책이라 바램도 크다. 가장 큰 바램은 이 책으로 요양의 고구려 고고학이 닦여지는 기틀이 되었으면 하는 것이다.

2024년 1월 저자를 대표하여

복 기 대

요양 벽화고분 연구 1

　서문　　　　　　　　　　　　　　　　　　　　　　　　　　　33

I. 요양 벽화고분

1. 요양에서 발견한 벽화고분　　　　　야기 쇼자부로(八木奘三郎)　　43
2. 요양 태자하(太子河) 부근의 벽화고분　츠카모토 야스시(塚本靖)　　75
3. 요양 부근의 벽화고분　　　　　　　　하마타 코사쿠(濱田耕作)　　79
4. 남만주 요양 부속지 발견의 석관고분　우메모토 슌지(梅本俊次)　　84
5. 휘보 남만주 요양에 있어서 고분 조사　코마이 카즈치카(駒井和愛)　96
6. 요양 남림자(南林子)의 벽화고분　　　하라다 요시토(原田淑人)　　99
7. 요양 발견의 한대(漢代) 고묘(古墓)　　코마이 카즈치카(駒井和愛)　108
　부록 발해(渤海)의 불상　　　　　　　　　　　　　　　　　　164
8. 요양 상왕가촌(上王家村) 진대(晉代)　　이경발(李慶發)　　　　175
　벽화무덤 발굴 보고서
9. 요양시 봉태자(棒台子) 2호 벽화무덤　　왕증신(王增新)　　　　182
10. 요녕 요양현 남설매촌(南雪梅村)　　　왕증신(王增新)　　　　192
　벽화무덤과 돌무덤

11. 조양 원태자(袁台子) 동진(東晉) 무덤	요녕성 박물관 문물팀 조양지역 박물관 문물팀 조양현 문화관	201
12. 요양시 삼도호(三道壕) 서진(西晉) 무덤 발굴 보고서	요양 박물관	238
13. 요녕 요양 남환가(南環街) 벽화무덤	요녕성문물고고연구소	246
14. 요양 청년번화가에서 발견한 한묘(漢墓) 2기	왕래주(王來柱)	253
15. 요녕 요양 남교가(南郊街) 동한(東漢) 벽화무덤	요녕성문물고고연구소	265

II. 남만주 고고학

1. 여순 조가둔(刁家屯)의 한 고분	하마타 코사쿠(濱田耕作)	307
2. 여순 조가둔 고분 조사의 보유(補遺)	하마타 코사쿠(濱田耕作)	330
3. 남만주에 있어서 고고학적 연구	하마타 코사쿠(濱田耕作)	341
4. 여순(旅順) 석총(石塚)에서 발견한 토기의 종류에 대하여	하마타 코사쿠(濱田耕作)	385
5. 남만주 요양 출토의 한 대(漢代) 조옥(琱玉)	미즈노 세이치(水野淸一)	394

참고문헌 400

I. 요양 벽화고분

1. 요양에서 발견한 벽화고분[1]

야기 쇼자부로(八木奘三郎)

요양은 남만주에서 최고의 도성지로 진·한(秦漢) 이래 중국 본토의 한 족이 이곳으로 많이 이주하였다. 때문에 그 유족이 존재하는 것은 원래 이상할 것이 없지만 한, 두 학자의 조사를 거치기 전까지는 한 대 고분의 어떤 것에 한하여 완전히 암흑 속에 묻혀 있었던 것으로 보인다. 필자는 작년 5, 6월 장춘, 길림 방면의 유적을 시찰하고 돌아오는 도중에 요양까지 되돌아갔는데 뜻밖에 가장 큰 벽화고분을 실제로 보았다. 이에 그 전경을 그려 옮기는 동시에 근방 지역을 조사하여 고분이 부서지고 어지럽혀진 잔혹한 사정을 추측할 수 있었기에 여기에 그 요점을 기술하여 배움을 같이 하는 사람들에게 정보를 나누고자 한다.

1. 벽화고분의 소재지

요양역 동쪽 수십 정(丁/町:약 109.1m) 지역에 태자하(太子河)라는 맑은 강이 있다. 강은 멀리 본계호(本溪湖) 방면에서 와서 북으로 흐르고 기차 철교는 그 위로 달린다. 철교를 지나 다시 동쪽으로 약 10정 정도에 지난날

---

[1] 『東洋學報』 제11권 제1호, 1921.2: 본 논문은 2017년 박지영·임찬경이 발표한 「요양 영수사 벽화묘의 고구려 관련성에 관한 두 편의 논문」(『仙道文化』 제23권)에 번역되어 실려 있다(역자주).

러시아인이 경영하였던 큰 제방이 있다. 제방은 현재 선로에서 분기되어 동쪽 방면으로 달려 아득히 우거진 산에 접하는 듯하다. 재작년 홍수에 제방이 붕괴되어 북쪽 방면인 현재의 철로도 파손시켰다. 작년 5월 이래 크게 둑을 쌓는 복구공사를 하느라 북쪽 수십 간(間:1.81818182m)의 토양을 파서 제방을 수리하였는데, 우연히도 이곳에서 수 개의 돌방(石室)이 있는 고분을 발견하였다. 이 가운데 최대의 것은 돌덧널(石槨) 구조가 엄연하여 보는 사람을 놀라게 하였을 뿐 아니라 그 내부에 4개의 돌널(石棺)이 있었고, 또 주변 벽에는 여러 종류의 풍속화가 있어서 매우 진기하고 이례적이었다. 옛 도서관장 시마무라 코쟈부로(島村孝三郞) 씨가 평소 고고학에 뜻이 깊은 것을 알고 만주철도 사원이 그에게 임시의 검사를 부탁하였다고 한다. 필자는 이때 마침 이 지방의 유적 상태를 듣고자 하여 그 사무실에 있었다. 이에 실제로 보고 싶어서 그의 안내로 함께 시찰에 나섰다. 석관은 겨우 상부만을 노출하고 있었고 벽화가 서남 구석 모퉁이에서 보이기 시작할 때까지 내부의 전체 모습은 알 수 없었다. 때문에 주임자에게 청하여 먼저 흙을 파내 운반하게 하고, 이를 시작으로 석실 안의 구조와 함께 벽화의 상태를 확실히 할 수 있었다. 대개 이 지방은 오래된 사원이 있었기 때문에 현재 영수사(迎水寺) 촌이라고 부르며 동쪽에는 청나라 초기의 능묘가 있는데 동릉(東陵)이라고 부른다. 또 남쪽에는 청 태조가 건축한 신성(新城)이 있는데 보통 이를 동경성(東京城)이라고 칭한다. 이 신성과 러시아인이 축조한 제방 사이의 부락이 영수사읍(迎水寺邑)인데 이 주변은 사방이 탁 트인 지역이고 동릉과 신성 방면에 이르러 비로소 산지가 된다. 예로부터 수해의 근심이 없어서 분묘를 축조했을 것인데 지금에 이르러 수해를 입는 것은 지형상의 변화 때문일 것으로, 아무래도 하류 변

---

2 요동만으로 유입되는 대릉하·소릉하·요하·혼하·태자하·대요하·요양하의 범람과 조차에 의해 만들어진 간석지가 요택(遼澤)으로 대규모 소택지(沼澤地)이다. 여기에 하요하평원이 형성되어 있다. 자연

경의 결과인 것 같다.² 이 건에 대해서는 나중에 서술하기로 한다.

2. 벽화고분과 다른 유적의 관계

앞서 기록한 벽화고분의 근방에 다른 고분이 매우 많은데 내부 구조는 모두 석실이고 그 안에 인골 및 고전(古錢), 와기(瓦器) 등의 유물이 존재하는데 대부분 규모가 협소하여 이런 종류의 큰 석실은 없다. 이런 고분이라고 하는 것은 사실 땅 위에 아무런 융기물(隆起物) 없이 지표 아래 수 척(尺:약 30.3cm)인 곳에 그 개석(蓋石)이 있기 때문에 이번과 같이 흙을 파낼 때가 아니면 쉽게 알 수 없다. 이 중에는 지표 위로 봉분이 우뚝 솟은 것들도 있지만 하부에 유물이 매장되어 있는지의 여부에 대해서는 조사를 하지 않으면 알 수 없다. 더구나 여러 해 동안 만주철도에 근무하고 있는 공사장 인부에게 이 이야기를 들으니, 1909년 친구 도리이 류조 씨가 다수의 고분을 발굴한 장소도 대충 이 방면으로 당시는 벽돌방(甎室) 구조 같은 것이 있었던 분위기이지만, 이번에는 그 예를 하나도 발견할 수 없었다. 또 필자는 이 지역에서 석기시대의 유적, 유물을 발견하였는데, 실물을 보니 유적 대부분이 교란되어 있으며 태고 이래 수해가 없었던 것도 증명할 수 있었다. 고분 조사를 끝낸 후 다시 동경성, 즉 소위 요양 신성에 가 보았는데, 고분의 돌널덧널(石棺槨)을 파괴하여 그 돌을 이용하여 축조한 성(城)의 흔적을 찾아냈다. 이것은 특히 성문 주변에 많으며,

---

환경의 변화와 인간 활동의 증가로 요택의 내륙쪽 경계는 기원 전후 시기보다 현재 바다쪽으로 많이 후퇴하였다. 특히 동북지방을 통제하던 청나라의 봉금정책이 해제되면서 이 지역에 인구가 급격하게 증가하여 취락과 농경지를 조성하기 위한 간척이 이루어져 소택지는 빠르게 축소되었다(윤순옥·김효선·지아지엔칭·복기대·황상일, 「중국 요하 하류부 고대 요택의 공간 분포와 Holocene 중기 이후 해안선 변화」, 『한국지형학회지』, 2017, p.57에서 인용, 역자주).

따라서 돌을 쌓은 것이 각기 달라 난잡한 것은 실로 놀랄 뿐이었다. 신규 축성 때 근방의 고분을 파괴하여 돌을 이용했던 예는 다른 곳에도 가끔 있는데, 실제로 조선 같은 경우 이조(李朝) 초에 평양성을 중수(重修)하면서 당시 성을 지키는 장수가 한창 고분 발굴을 하였기 때문에 다른 사람의 탄핵을 받았던 일이 있었다. 물론 경제적인 면에서라면 편리하겠지만, 인도적인 차원에서 보면 난폭한 것으로 허락할 수 없는 점이다. 그러나 그 가부(可否)와는 별도로, 이 현상을 통해 많은 유적이 성을 새로이 축조하는 과정에서 소멸한 것을 아는 것으로 족하다.

3. 벽화고분의 구조

태자하(太子河) 동쪽의 석실류는 작년에 발견했던 것이 10개 이상인데 모두 장방형의 상자형이고 대소의 차이가 있다. 이 벽화고분의 석곽은 안에 4개의 석관이 있어 구조가 매우 복잡하고, 북쪽에 입구가 또 있고 여기도 하나의 작은 석실을 설치하였다. 이러한 예는 요양의 석곽 중 아직 다른 데서는 보이지 않는 풍조여서 이 점으로 보면 확실히 왕자의 총묘(塚墓)와 비슷하여 흥미롭다. 따라서 연구상의 가치도 크기 때문에, 도움이 되고자 다음에 상세히 기술하고자 한다.

벽화고분의 석관곽은 별도(別圖)(제1그림)처럼 대부분 북쪽에 입구라고 볼 수 있는 소실(小室)이 있고 크기는 동서 길이 8척 5촌(寸: 약 30.303mm), 남북 길이 4척이다. 입구와 내실은 3척 8촌 떨어져 있는데 여기는 따로 호석(戶石)을 두지 않았던 것 같다. 이 분계선과 석관 사이에는 약 3척의 간격이 있었다. 또 내실은 내부 치수가 동서 1장(丈: 3.03m) 8척, 남북 1장(丈) 3척 5촌이기 때문에 폭 3간, 내부 치수 2간 1척 5촌의 방으로 다다미(대략 가로 0.9m×세로 1.9m) 6개보다 약간 넓은 것을 알 수 있다. 높이는 바닥부터 천정까지 6척 6촌이지만 바닥 위에 판석 2개를 겹쳐 깐 것이 약 1척 8촌이라면 합해서 8척 4촌이다. 그리고 방 중앙에 4개의 석관을 조합하여 남북으로 나란히 둔 것이 그림2와 같다. 제2그림부터 제4그림처럼 구조가 복잡하다. 폭 2척 내외, 세로 7척 5촌의 크기이다. 널(棺) 주위는 얼핏 회랑(廻廊) 같지만, 남쪽 벽에는 무엇 때문인지 2개의 크게 나온 돌이 있다. 또 제3그림과 제4그림은 모두 내부 구조를 나타낸 것인데 실제 천정에 개석이 있어서 둘러싼 벽 또한 파괴되지

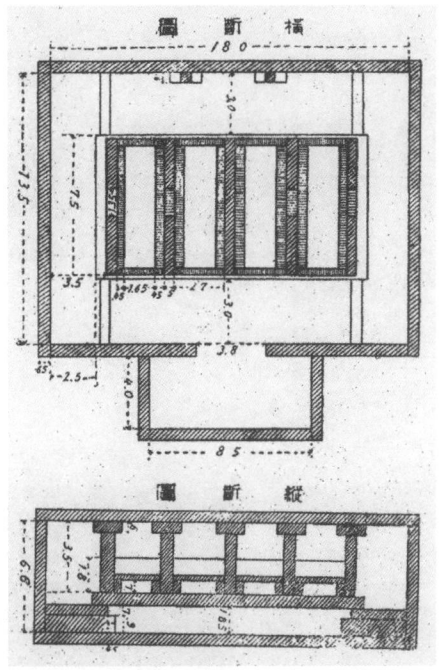

[제1그림] 횡단도·종단도

않은 것을 알 수 있었다. 사용한 돌은 청색의 점판암(粘版岩)으로 이 지방에서는 대개 숫돌로 이용하는 풍습이 있다. 산지(産地)는 확실하지 않지만 중국인의 말로는 요양의 동남 약 16, 7리(里)(일본 이수(里數)로 1리는 약 3.9Km) 지역에 청석산(靑石山)이라는 곳이 있어 여기에서 채취하여 태자하를 내려오는 것이라고 하는데, 또 한편으로는 동쪽 5, 6리 수욕(水峪) 지역에서 나온 것이라고도 하였다. 이 돌은 요양의 백탑(白塔)[3] 아래 오래된 사원과 신성에서도 다수 보였기에 아마도 옛날부터 풍부하였던 것 같다. 중국인의 말로는 예로부터 내려오기를 이 돌은 국용(國用)에 한하며 일반인의 발굴 사용을 금지시켰다고 하니 달리 국석(國石)의 이름이 있었다면 옛

---

3 팔각 13층의 높이 70.1m 밀추형 벽돌탑. 중국의 전국 76개 고탑 중 하나로 요양시 중화대거리 북쪽에 위치하며 금(金) 대정 연간(1161~1189)에 건립되었다(역자주).

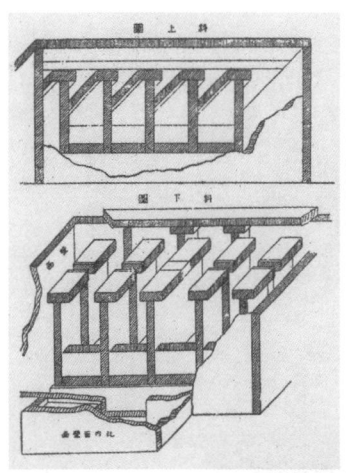

[제2그림]
사상도(斜上圖)
사하도(斜下圖)

[제3그림] 내부 구조

[제4그림] 내부 구조·외관

날에는 상당히 귀중한 암석이었을 것이다. 단 다른 고분의 석곽은 대개 이 돌과 달랐다.

4. 벽화의 현재 상태

이 고분의 벽화는 처음에는 전체 벽에 다 있었겠지만 몇 년 동안 매몰된 결과로 점차 떨어져 나가 현재는 남벽의 서쪽 가장자리부터 서벽의 중간 및 동벽의 대부분과 입구인 북벽 정도에만 남아 있다. 대체로 별로 선명하지 않아서 조선 고분에서 보이는 것처럼 확연하지는 않다. 이것은 전적으로 시대가 오래되고, 또 회화의 색료가 두텁지 않았기 때문일 것이다.

처음 도착했을 때는 이미 덮인 흙이 제거되어 있었는데 다른 예로 추측해 보면 천정석 위부터 바닥까지는 약 4척이었을 것이다. 개석을 가로세로 이중으로 놓았지만, 내부는 9분(分:약 3mm) 정도 흙으로 채워지고 그림은 간신히 그 위에 얼굴을 내밀 뿐이었다. 진흙이 없는 부분은 의외로 명료하고 또한 떨어져 나가지 않았다. 때문에 다른 부분도 처음부터 진흙에 닿지 않았다면, 그림이 오늘날과 같이 불선명하지 않아서 연구에 많은 도움을 얻었을 것이다. 더구나 만주의 흙은 점착력이 굉장히 강해서 흙을 제거함과 동시에 색채를 잃어 결국은 그림 대부분이 소멸되었는데, 이것은 천추의 유감이었다. 다행히도 대략은 알만하기 때문에 다음에 그 상황을 기재하니 참고하기 바란다.

이 돌덧널 내의 벽화 중에 남단(南端) 가까이 서벽에는 무덤의 주인공으로 보이는 부부의 좌상이 있다. 남자는 남쪽으로 향해있고, 여자는 북쪽으로 향하여 마주 보고 있다. 남자는 털뭉치가 붙은 관을 썼는데 그 형상은 오사모(烏紗帽:왕이나 벼슬아치들이 관복을 입을 때 착용한 검은색 사(紗)로 만든 모자)처럼 앞면에 단(段)이 있고 위쪽은 각이 져 있으며 모자 꼭대기 중앙에 검은 털뭉치를 붙였다. 의복은 홍색(紅色) 넓은 소매의 도포라고 생각되는 것을 입고 좌우 소맷부리는 모두 하얗다. 부인도 붉은색에 하얀 소매의 도포를 입고 두 손을 마주 잡고 있는데 하의는 바지(袴) 혹은 치마(裳)와 비슷한 것을 입었다. 의복의 앞섶(襟)은 오른섶이지만 상의는 두루마기 비슷한(被風) 것에 돌린 섶을 약간 앞으로 휘어지게 입고 앉아 있다. 두 사람은 다리가 붙은 대(臺) 위에 앉아 있고, 그 중간의 낮은 곳에는 다리가 세 개인 둥근 쟁반 위에 덩굴 모양 귀가 붙은 원형의 탁발(托鉢) 비슷한 용기가 놓여 있다. 이 두 물건은 모두 안쪽이 붉고 바깥쪽은 검어, 전부 칠기(漆器)를 나타낸 것 같다. 남자는 왼손을 무릎 위에 얹고 오른손은 길게 뻗어 봉 모양의 것을 쥐었는데, 그 끝에는 빨간 털 같은 것을 부착하고 있는 것 같다. 또 부부상 중간과 좌우 배후에는 각각 시녀가 있었다. 중앙에는 앉아 있고 좌우는 서 있는 것 같은데, 색채가 떨어져 상세히는 말할 수 없다. 또 이들 인물 위에는 장막을 묶어 올리고 그 끈은 늘어뜨리고, 그 위에는 난간(欄間:문미닫이 위의 상인방(上引枋)과 천장 사이에 통풍과 채광을 위하여 교창(交窓) 따위를 붙여 놓은 부분) 안에 가로로 길게 교창(交窓)을 붙인 것도 있는데 색은 다갈색(茶褐色)을 띤다.

[제5그림] 부부상

[제6그림] 소달구지

다음에 벽화와 병행하여 북쪽으로 연결된 석면(石面)에는 얼굴에 구레나룻이 있고 망아지를 끄는 인물이 있는데, 말은 빨갛고 다리는 검으며 말다래는 하얗고 큰데 안장은 명확하지 않다. 또 인물의 의복은 적백(赤白)색인 것 같은데 확실하지 않다. 망아지를 끄는 인물은 왼손에 말고삐를 잡고 오른손에 적기(赤旗)의 작대기를 잡고 걸어가는 듯하며 또 그 아래에는 수레(馬車)와 인물들이 있는데 말은 황색으로 보이고 수레바퀴는 흑색으로 나타냈지만, 인물의 유무는 명확하지 않다. 또 아래에는 황마(黃馬)가 있어 다리는 검고 말다래는 하얀 동시에 크다. 단 수레는 보이지 않지만 전에는 있었던 것 같다. 또 그 아래에 수레가 있어 수레바퀴는 검고 끌채(轅)는 빨갛고 말 또한 빨간 것 같다. 이렇게 주인공의 배후에 4단으로 수레와 인물 등이 그려져 있는데 돌을 연결하는 부분으로 그림이 나뉘는 경계를 나타내었던 것 같다. 또 이 부분에는 부부상에서 보이는 것 같은 난간과 장막 및 제일 아랫부분의 가로띠 같은 것은 없다.

다음에 남벽의 서쪽 가장자리에는 앞에 묘사한 부부상 쪽으로 향하는 두 남자 상이 있었다. 크기는 전자와 같고 함께 대(臺) 위 끝에 앉았는데 서쪽 끝에 앉은 사람은 넓은 소매의 검은 옷, 다음 사람은 같은 넓은 소매의 백의를 입고 손을 가지런히 하고 함께 승모(僧帽) 비슷한 것을 쓰고 있지만, 실제 형상은 판단할 수 없었다. 그리고 두 사람의 앞쪽에는 원형의 쟁반 비슷한 것이 놓여 있는데, 테두리는 검은 선이고 내면은 붉다. 그렇다면 부부상 앞의 용기와 동일 모양의 용기를 나타낸 것일까. 또 이 두 인물의 앞뒤에도 시자(侍者)가 우두커니 서 있는 것 같은데, 모호하여 분별할 수 없다. 또 배후의 벽화는 회화(繪畫)와 비슷한 점이 전혀 보이지 않는다. 단 오른쪽 두 인물의 상하에 장막을 최대한 올린 것과 또 가로선을 그은 점은 앞서 언급한 부부상의 예와 동일하다.

다음에 동벽의 남단에는 두 여자가 마주 보고 앉아 있는데, 한 사람은 남쪽을 보고 있고 다른 한 사람은 북쪽을 보고 있다. 둘 다 너른 소매의 너른 옷을 입고 두 손을 포개어 대(臺) 위에 앉아 있는 것이 앞의 두 사람과 거의 비슷하였다. 또 머리를 모두 묶고 위에 9개의 비녀를 꽂은 것이 상당히 기이하게 보였다. 또 두 여자의 중간(먼저 남향의 여자 앞에 가까이)에 거울 모양의 둥근 것이 보이는 것은, 역시 일종의 용기(容器)일까, 게다가 이것은 안쪽이 빨갛지 않고 오히려 황색 비슷하다. 또 두 여자의 배후에는 거울을 든 시녀가 있는데, 색채가 떨어져 나가 마치 황혼에 멀리 있는 사람을 보는 느낌이었다. 그러나 상하 난간의 교창과 장막을 위로 묶어 올린 것과 가로선은 인식할 수 있었다.

다음에 이 여자상과 병행하는 동벽의 북쪽 가까이 서벽에는, 상부에 소달구지를 끄는 두 사람이 남쪽을 보고 전후에 줄지어 걷는 그림이 있었다. 그들은 머리 위에 진립풍(陳笠風)의 빨간 갓 같은 것을 쓰고 머리 꼭대기에는 검은 털을 붙이고, 의복은 색채가 뚜렷하진 않지만 아마 서벽의 망아지를 끌던 인물과 같은 통소매일 것이며, 턱에 삿갓 끈이 있는지 명확

하지 않으나 앞으로 삐친 수염 모양도 있다. 또 남쪽으로 치우친 인물은 손에 채찍을 들었는데, 가슴 부분 이하는 모두 소달구지에 가려서 확실하지 않다. 또 달구지 포장 색이 불분명하지만, 그 측면의 하부는 황색을 띠고 상부는 희미하게 와(ワ)자 형으로 가로로 길고, 소는 남쪽으로 치우쳐 앞에 있는 것은 누렇고 다음 것은 붉은 것 같다. 단 달구지의 끌채를 소의 양측에 묶은 방법은 지금과 동일하다. 또 이 달구지 아래에도 2개의 궁차(宮車) 비슷한 것이 전후에 쉬고 있다. 덮개는 모두 황색이며 상부는 궁륭형을 하였다. 또 누런 소는 뒤의 달구지를 배경으로 하여 누워있고, 인물은 두 달구지 사이에서 쉬고 있다. 또한 북쪽 근처에도 무언가 그려져 있는 것 같지만 확인되지 않는다. 또 이 달구지 하부에는 서벽과 같은 1, 2단의 그림이 있었던 모양인데, 지금은 흔적도 남지 않았다.

다음에 북쪽 입구 소실(小室)이 있는 북벽에는 상부에 새와 짐승, 어족(魚族) 같은 것을 가로로 배열하여 늘어뜨린 그림을 나타냈다. 그 밑에는 머리를 묶은 인물이 동쪽을 향해 앉아 있는데 앞에는 쟁반 위에 큰 물고기를 올려놓았다. 그 앞에는 관(棺)인지 상자인지 모를 황색의 것 하나가 가로로 길게 있는데, 남편에게 바치는 것 같은 모양이고, 또 그 밑에도 인물이 있는 것 같은데 모두 명확하지 않다.

이상은 벽화의 대략으로, 이 중에는 추측하여 판단한 것도 있다. 그렇지만 대체로 잘못이 없을 것으로 믿는다. 그리고 이러한 그림은 모두 호분(胡粉)이 밑바탕이 되고, 그 위에 흑선을 긋고 그 위에 채색을 입힌 것 같다. 물론 그중에 흑선이 보이지 않는 것도 있다면 어떤 것은 몰골화(沒骨畵:화조화(花鳥畵) 등에 윤곽이나 쌍선을 그리지 않고 먹이나 채색(彩色)을 찍어서 한 붓에 그리는 법) 같은 것이지 않았을까. 또 호분 바탕 때문에 현재 백색으로 보이는 것은 그 밑바탕이 나왔기 때문인가, 아니면 처음부터 백색을 나타낸 것인가 불명한 점도 있다. 그 남벽 서단 제2의 인물 같은 것은 현재 백의를 입고 있는 것이 확실하여, 오래된 색이 떨어져 나간 증거라고 주장하는 것은 불가능하다. 색채의 종류는 황(黃), 녹(綠), 홍(紅), 흑(黑), 백(白) 등 5개이지만, 이 중에서 홍적(紅赤)색의 사용이 많아 보인다.

또한 우마(牛馬) 가운데 누런 소는 황소를 나타내고 적마(赤馬)는 빨갛게 나타냈겠지만 모두 형체가 작은 것은 주목할 만하다. 이상은 한편으로는 회화술의 유치한 점에 기인한 것이라고 할 수 있지만, 또 사실상 만주 혹은 조선의 우마와 같이 소형(小形)의 풍속을 나타낸 것인가 하는 것도 현재는 판단하기 어렵다.

5. 석실 내에서 발견한 유물류

이 큰 돌방의 옛 무덤에서 덧널 안에 4개의 석관을 붙여 설치한 것은 앞에서 설명했고 오래전 몇 번이나 발굴한 것으로 보이며, 개석의 한 모퉁이가 파괴된 흔적이 있다. 또 널의 북쪽에는 모두 호석(戶石)을 둔 것으로 생각되며, 이 중에는 돌 앞에 눕혀진 것도 있었지만, 대개는 이미 존재하지 않는다. 이미 이러한 상태이니 널 안도 텅 비었을 뿐 아니라, 덧널 내의 회랑(廻廊)도 단지 매몰된 진흙만으로 가득 차 있다. 그래도 운 좋게 남서(南西) 구석의 부부상 전면에서 고천(古泉) 수십 개와 토기 조각 10여 개를 발견하여 고증의 단서를 얻게 됨에 따라 먼저 다음과 같은 종류를 기록하며, 다음에 필자의 소견을 서술할 것이다.

(1) 반냥(半兩) 1개
(2) 오수 60개 남짓
(3) 화천(貨泉) 2개

이중 반냥의 일종은 전체 지름이 8분, 구멍은 가로 지름 2분 56리(厘: 약 0.3mm), 세로 지름 2분 67리이며 주위에 윤곽이 없다. 진대(秦代) 이후의 반냥과 비교하니, 전한(前漢) 문제(文帝)의 인자반냥(人字半兩)[4] 이라 하는 것과 유사하다. 다음에 화천에 대해 말하자면, 고천(古泉)이 왕망(王莽) 시대에 속하는 것은 논할 필요가 없으며, 이 천(泉)이 있기 때문에 그 이전의 고묘(古墓)가 아닌 것도 거의 추정할 수 있다. 다음에 오수전은 수량이 비교적 많고 크기와 글자체 등은 선제(宣帝) 오수, 또는 무제(武帝) 오수와 비슷하기 때문에 아마 위의 시대에 속하는 것일 것이다. 그리고 이외에 사출오수(四出五銖)가 1개 있는데 이것은 후한 광무(光武) 시대에 해당하는 것과 동일하기에 그 시대쯤이라고 볼 수 있을 것이다. 다음에 무륜오수(無輪五銖) 몇 개가 있는데 주변과 구멍 주변에 모두 곽(廓)이 없고 문자도 상당히 선명하지 않다. 또 전혀 보이지 않는 것도 있으나, 그래도 보이는 것부터 추론해보면, 대소 형상은 거의 동일하지만, 처음부터 문양이 없는 동전으로 세상에 나온 것은 아니고 작법이 제대로 갖추어져 있지 않기 때문에 우연히 이러한 현상이 생기는 것 같다. 그런데 이들 고천은 세상에서 다소 논의가 있을 것이지만, 지나간 해에 나카가와 치카노리(中川近禮) 군이 고증하였던 핵심을 얻어서, 다음에 예를 드니 참고하길 바란다.

    애초 이 작은 모양의 오수전을 오흥(吳興)의 심윤(沈允)이 주조하게 한 것은 무엇 때문일까.
    『진서(晋書)』「식화지(食貨志)」에 '吳興沈允又鑄, 小錢, 謂, 之沈郎錢(오흥 심윤이 또 소전을 만들었는데, 이를 심랑전이라 한다)'라고 하고, 전문(錢文)을

---

4 『漢書』卷4「文帝紀」第4
    五年...四月...鑄錢令更造四銖錢[應劭曰 文帝以五分錢太輕小更作四銖錢 文亦曰 半兩今民間半兩錢最輕小者是也](역자주).

올리지 않았다. 홍준(洪遵)의 『천지(泉志)』에 '구보(舊譜)에게 말하기를, 혹시 말하는데 오수보다 작다고 한다. 문자의 경중(輕重)은 아직 듣지 못하였다'고 되어 있다. 또 이효미(李孝美)가 말하기를, "이 돈은 보지 못했지만 이하(李賀)가 모아놓은 「잔사곡(殘絲曲)」에 말하기를, '시드는 느릅나무 꼬투리는 얼마나 되는지, 심랑(沈郎)의 푸른 동전 성 아래 길을 가득 메웠다'고 했다. 암암리에 옛 시인이 시로 읊었는데. 그 돈의 크기를 말하려 하지 않았던 것은 아니다. 한(漢)이 일어나서 돈을 느릅나무 꼬투리처럼 만든 것이 그렇게 많겠는가?"라고 하였다. 후세 중국의 고천가(古泉家)가 작은 모양의 오수를 심랑전(沈郎錢)이라고 한 것은 이효미의 억설(臆說)에 구애된 것에 의한다. 마땅히 역대의 통화를 고증하는 데 한 시인의 대구(對句)에 의거하는 것 같은 것은, 경솔하다고 해야 할 것이다.

성도옹(成島翁)이 중국은 서물(書物)에서의 고증이 뛰어나고, 실물의 감식에 소홀하다고 말했던 것은 실로 당연하다고 한다. 시험삼아 심랑오수의 제작을 보라, 윤곽(輪廓)이든 문자(文字)든 구멍 아래에 반성(半星)이 있는 것이든 (천상횡문(穿上橫文)이라고 하는 자도 반드시 있을 것이다). 하나같이 한(漢)의 제작에 따르지 않은 것은 없다. 그 모양이 극히 작더라도, 또 두꺼워도 비하하지 않는다. 더구나 이 천범(泉范)은 천상횡문 천하반성(穿下半星) 혹은 한(漢)의 연호를 뒤에 기입한 전한(前漢) 오수(五銖)의 천범과 함께, 서한(西漢)의 오랜 수도였던 장안에서 발굴한 것에 대해 하물며... 운운

설명이 꽤 길지만 어쨌든 오수가 작고 곽(廓)이 없고, 또 문자를 반절(半折)한 것 같은 것은 한 대에 만들어진 것이라고 단정하고, 진 대의 심랑전(沈郎錢)이 아닌 것을 명확하게 한 것은 나카가와 군의 탁견이었다. 그리고 요양에서 발견한 소전오수(小錢五銖)가 위의 부류에 해당한다면 역시 한 대라고 봐도 될 것이다.[5]

다음 널방 내에서 발견한 오래된 토기류는 다음과 같은 것이 있다.

(1) 무형유공토기(蕪形有孔土器)

전체 형태를 알 수 있는 것이 1개 있는데, 하복부 주위에 3개의 구멍, 밑바닥에 1개의 구멍이 뚫려있다. 상부에는 통형(筒形)의 긴 입이 있다. 또 몸과 입의 개별 파편이 6개 있는데 이중 큰 것은 외면의 주위에 이중선의 심문(沈文)이 있다. 색은 전부 흑색으로 완연히 일본의 이마토야키(今戸燒)[6]를 보는 것 같다. 때문에 이와이베(祝部風)[7]와는 다르다. 단 몸통 부분에는 모두 주위와 바닥에 둥근 구멍을 뚫은 것이 전자와 동일하며, 언뜻 보기에 신비한 느낌을 받는다.

(2) 단지형 토기(壺形土器) 조각

이것은 모양을 보고 항아리(缸)라고 부르는 종류로 상부의 입은 바깥쪽으로 뚫린 것 같고, 색은 청쥐색(靑鼠色)이며 축부토기와 비슷하지만 질은 매우 부드럽다.

(3) 투각 화병형 깊은 단지(透刻花瓶形深壺)

이것은 몸의 형상이 자라목 술병 또는 화병에 속하는 종류로 입 부분이 크고 가장자리가 바깥쪽으로 접혀 있다. 색은 축부풍이며 토질은 유연하다.

(4) 주발형 토기(椀形土器) 조각

여러 개가 있어서 전체 수를 알기 어려운데 아마 12개일 것이다. 형상은 구부러지고 입 주변은 열려있으며 저부(底部)는 확실치 않은데 색은 축부

---

5 서한(西漢) 오수전의 주전 현황은 서한 무제 건원(建元) 원년(bc140) 삼수전→무제 원수 5년(bc118) 오수전→무제 원정 2년(bc115) 적광오수전→무제 원정 4년(bc113) 상림삼관오수전 및 소오수전→소제 연간(bc86~74) 소제오수전→선제 본시 원년(bc73) 선제오수전→신 왕망전(ad7)의 순으로 나타난다(박선미, 『고조선과 동북아의 고대 화폐』, 학연문화사, 2009, p.232 표18 인용, 역자주).
6 동경 아사쿠사(浅草)의 이마토마치(今戸町) 부근에서 만들던 질그릇으로 일용 잡기(雜器)·기와·今戸 인형 등을 만들었다(역자주).
7 이와이베(いわいべーどき) 토기. 일본의 고분시대 유적에서 발굴된 도질토기로 쥐색의 딱딱한 초구이 제품이며 상당한 고온에서 구운 것으로 추정된다. 제작에 녹로(물레)를 이용했다고 생각되는 것이 많다(출처:https://kotobank.jp/word, 역자주).

풍이다.

(5) 가옥형 토기(家屋形土器)

이것은 지붕의 일부 및 측면 일부로 생각되는 조각이며 색은 축부풍이다.

(6) 비상(飛觴)

타원형 윗부분에 좌우로 돌출한 소매 비슷한 것을 붙인 술잔의 하나이다. 내외 모두 모양이 없고, 색조는 약간 축부풍과 비슷하다. 완전한 것 2개와 파편 1개가 있는데 완품(完品)은 비교적 큰 편이고 파편은 작은 편이다.

(7) 국자(勺)

이것은 일본의 손잡이가 짧은 사기 숟가락(散り蓮華, 렌게)과 같은 모양의 크기이며 손잡이 끝이 결손 되었고, 색은 축부풍이지만 극히 취약하다.

이러한 것 중 종래 세상에 많이 알려진 것은 비상류이며 국자(勺) 및 가옥형의 모조품이 그다음이고 무형(蕪形)의 유공토기(有孔土器)는 그 예가 극히 적은데, 오늘날 겨우 노철산 고분에서 채집한 완품이 하나 있을 뿐이다. 이들 토기는 보통 축부토기의 연약한 부류에 해당된다고 한다. 이외에 일본의 이마토야키와 비슷한 것도 가끔 있는데 이러한 경향의 토기는 몽고 주변과 조선의 함경북도에서 나온 예도 있어서 모두 계통상 재미있는 점이기 때문에, 다시 다음 단계에서 서술하겠다. 또한 토기 전반을 보면 백토(白土)에 백색(白色) 소성을 한 것과 적색풍(赤色風) 부류가 교차하는데 이 고분에는 견줄만한 것이 없기 때문에 기술을 제외한다.

6. 이상에 대한 고설(考說)

요양에서 발견한 벽화고분은 구조, 벽화 및 유물의 종류 등은 거의 앞서 말한 것과 같았다. 그렇다면 이를 어느 시기의 총묘(塚墓)로 볼 것인가, 또 어떤 민족이라고 결단할 것인가, 이것은 실물과 기록상에서는 판정할 수 없을 것이다. 필자의 만주 고분 조사 기간은 길지 않지만 다른 기술(記述)과 실물을 직접 방문한 예는 비교적 많다. 그래서 이상을 참조하여 다시 고대의 문헌에 비추어 보고 필자의 고찰을 서술해 보고자 한다. 여러 가지를 합하여 논하는 것은 혼잡의 우려가 있으므로 먼저 연대를 기록하고 다음에 민족론으로 옮기도록 하겠다.

(갑) 벽화고분의 연대론

벽화고분을 논하려면 먼저 석관곽의 구조와 벽화의 풍속 상태와 유물이 어떤지를 관찰하지 않을 수 없다. 이를 남만주 전체에서 조사하는데 석관곽 고분은 원래 만주에 많지 않고 대개는 연와총(煉瓦塚)이며 그밖에는 조개무덤(貝墓)류이다. 물론 석총은 여순의 노철산에 있으며 개석이 밀려나온 석곽은 석목성(析木城) 및 양용점(亮用店) 등에도 있다. 모두 고분으로서는 최고(最古)의 것으로 대부분 석기시대에 속하는 것 같다. 이상을 제외하고 다른 예를 찾으니 이 종류의 유적은 요양 이외에는 존재하는 것이 하나도 없어서 비교를 시도하는 것은 곤란하다. 다행히도 중국이 고분 사정을 판명한 것이 있어 그 점을 언급하고 다시 만주 쪽을 논급하겠다.

중국의 한(漢)민족도 처음부터 고분대총(高墳大塚)을 만들었던 것은 아니지만 춘추시대부터 문묘(文廟)가 상당히 성대하게 되고 진·한(秦漢)에 이르러서 그것이 극에 달하였다. 지금 이 경로를 상고해 보니, 주·진·한(周秦漢)의 제릉(帝陵), 왕릉과 여러 제후의 분묘 등은 대개 그 내부에 석관곽을 두었다. 물론 중국 내지와 만주에도 확실히 한 대라고 인정할 수 있는 연와총 비슷한 것이 있지만 중국 본토에서 왕후귀인은 반드시 석실을 이용하였다. 이 석실 즉 석곽을 최고의 것이라고 해야 할지 아닐지는 불명하지만, 초기에 성행하였던 오래된 방식인 것은 확실하다. 그리고 연와총은 제2기의 예이겠지만, 요양지역은 진·한 이래의 도성이고 또 한족의 근거이기 때문에 고분도 아마 처음에는 석실구조의 예를 나타내고 재차 경제상 편리하기도 하고 작업상 쉽기도 하여 연와총을 만들었을 것이다. 이러한 중국 본토의 발달 순서를 헤아려 생각하면 요양 부근의 석곽 고분은 한족 최초의 것이든지, 혹은 왕후 또는 그 일족에 한하여 이용한 예라고 말하지 않을 수 없다. 그렇지만 그 수가 의외로 많은 동시에 크기도 크고 작은 것이 있는 것을 보면 왕후 일족에 한정한다고 하는 점도 어찌 된 것인지라고 생각되며 유품도 각별히 고식류(古式類)로 한정하지 않는다면 그 최고설(最古說)도 의심스럽다. 그래도 작품상에서 생각한다면 확실히 옛날식이기 때문에 대개 중국식 분묘로서 만주에 지어진 것은 먼저 이 종류의 석실이 존재하는 것으로 인정할 수 있다. 또 연와총 고분은, 훗날은 별개로 하더라도, 처음에는 죄인관계의 묘가 아닐까라는 의심이 있었다. 단방(端方)[8]의 저서 『도재장석기(陶齋藏石記)』를 보니, 부록 권1에 다음과 같이 기록되어 있다.

> 이에 죄인의 무덤 벽돌을 모아 살펴보았는데, 격식은 매우 간략하면서도 독특했다. 내가 「강후주발세가(絳侯周勃世家)」를 잘 읽어보았는데, 출세한 관리들 모두가 옥리(獄吏)를 무서워했고, 한(漢)의 법이 가혹하다는 생각이 들었다. 지금 '영평사하전문(永平巳下塼文)'을 보니, 그 죄인이 죽은 뒤에, 매우 먼 뒷날을 계획하여, 봉역(封域)을 표시해두었다.

다음에

---

8 청말의 정치가, 금석학자, 수집가(역자주).

漢江原完城旦葬甎 永平2年專

蜀邢江原完城旦(正面) □米代□□永平年八月二日死背面行.

의 설명을 아래와 같이 하였다. 즉,

위의 벽돌 양면(兩面)은 서로 연관되어 문장을 이룬다.『후한서(後漢書)』「군국지(郡國志)」의 촉군(蜀郡)에는 강원현(江原縣)이 있다. 이것은 곧 그 현의 죄인이 죽은 뒤의 무덤 벽돌이다.『한서(漢書)』「형법지(刑法志)」에 승상(丞相) 장창(張蒼)과 어사대부(御史大夫) 마경(馮敬)이 글을 올려 율령(律令)을 정했는데, 모두 '완(完)'이 되었으며, '완'은 성단용(城旦舂)이다. 그 주(注)에서 신찬(臣瓚)은 문제(文帝)가 육형(肉刑)을 없앴고, 때문에 '완'으로 '곤(髡)'이 되게 했고, 이로써 마땅히 '곤'이란 '완'이라 말할 수 있다고 했다.[9]『통전(通典)』은『경(經)』을 인용하여 평상의 여러 '수(鬚)'가 '완'이며, 성단(城旦)이란 문의(文義)는 '순(順)'이며, 무릇 법(法)에 의해 고쳐지는 것을 말한다고 한다. 한(漢) 시기에 성단용(城旦舂)은 두 등급이 있었는데, 중(重)한 자는 곤겸(髡鉗)이고 경(輕)한 자는 곤겸이 아니며 '완'이라 했다. 이 벽돌에서 완성단(完城旦)이라 한 것이 바로 서로 부합된다.『통전』의 주(注)에서 이르기를, 성단은 성(城)을 쌓는 것에서 비롯되고, 용(舂)이란 부인이지만 절구질하여 쌀을 만드는 것이라 했다. 또한『한서』에서 말하기를, 주(周)의 법에 여자는 들어가 절구질을 하고, 당시의 남자는 죄를 지으면 또한 모두 머리를 깎는다 했고, 성단은 이에 의거하여 남자들의 형벌이고, 용은 여자들의 것으로서, 본래부터 두 가지 이름이 있었다. 다음 줄의 '미(米)'란 글자는 '용'이란 글자

---

9 『漢書』卷二十三 「刑法志」第三
丞相張蒼 御史大夫馮敬奏言:「肉刑所以禁姦, 所由來者久矣 陛下下明詔, 憐萬民之一有過被刑者終身不息, 及罪人欲改行為善而道亡繇至, 於盛德, 臣等所不及也 臣謹議請定律曰:諸當完者, 完為城旦舂;
臣瓚曰:「文帝除肉刑, 皆有以易之, 故以完易髡, 以笞代劓, 以鈇左右止代刖 今既曰完矣, 不復云以完代完也 此當言髡者完也 (역자주)

와 어울리며, 죄인의 성(姓)으로 볼 수 없다. 『씨족략(氏族略)』에 근거하면, 한(漢) 이전에는 '미(米)'란 성(姓)이 있을 수 없다. 혹은 '주(朱)'란 글자가 마멸되어 그렇게 보인 것인가.

이상 기록한 것과 같이 한 대에는 죄인이 죽은 후 영원한 봉역(封域)을 나타내기 위하여 벽돌무덤을 만들었다고 한다. 또 그 죄인은 성단용(城旦春)으로 이것에는 2가지 구별이 있는데 무거운 놈은 곤겸(髡鉗)으로 하고 가벼운 놈은 완(完)이라고 하였다. 곤겸은 중처럼 머리를 깎고 목에 쇠로 된 칼을 씌우고 완은 여자여서 곤겸하지 않는다고 하는 설은 맞는 것인지 알 수가 없다. 게다가 이상은 단방(端方)이 우연히 찾은 고전(古甎)에 의해서만 증명되며, 그 외는 다를지도 모른다는 설이 없다고는 할 수 없다. 그렇지만 오늘날까지 알려진 연호가 들어간 묘전(墓甎)은 단방의 '영평(永平) 2년(후한 명제(明帝), 59년)'으로 거슬러 올라가는 예가 없으며, 또 따라서 여기 있다고 하는 것도 묘전인지 아닌지 알 수가 없다. 그렇다면 묘전으로서 정확하고 연호가 들어간 것을 기초로 하여, 어떻게 생각하면 최초는 죄과를 받은 인물이 묘실에 들어가고, 후세에 전하여 일반인들 사이에 행해졌다는 생각이 든다. 물론 죄인은 반드시 나쁜 일을 범한 것이 아니며, 당시는 정치상, 군사상 문제 때문에 대관(大官)이나 거족(巨族)이 죄를 지은 예도 많다. 이에 이러한 인물이 정식의 돌덧널 구조를 꺼려 특별히 전묘(甎墓)를 쌓은 적이 없다고 말할 수는 없다. 이런 전묘는 옛날의 장안이나 낙양과 같은 제도(帝都)에 있다는 것은 들은 적이 없다. 그러면 이것이 있는 곳은 만주, 산동, 절강과 같은 변비(邊鄙) 지역에 한정하는 것 또한 앞 가설의 결과와 유사하다. 그렇지만 시간이 지나면서 세상에 널리 행해지고 사람들이 달리 이를 싫어하지 않고 오히려 경제상, 축조 기간상 간편하여 일반인들도 앞장서 이를 이용한 것이다. 이미 이 시기에 이르러서는 고풍(古風)의 상황을 알 수 없지만, 어쨌든 본래의 기원이 앞서 기술한 바와 같은 점이 있었기에 요양에 한하여 석실구조의 무덤이 있었고, 연대가 비교적 오래된 이유도 저절로 이해될 수 있을 것이다.

다음에 벽화의 풍속 상태를 논하고자 하는데, 이것은 세상에 기원연혁을 기재한 사람과 이를 깨달아 아는 자가 극히 부족한 상태이기 때문에 먼저 이점을 말해두고자 한다. 중국에서 벽화의 기원은 어느 시기쯤 될까. 이 문제는 아직 누구도 기록한 예가 없으며, 또한 실물도 부족하기 때문에 지금에 이르러서도 확실하지 않다. 나는 일찍이 동아(東亞)의 벽화 기원을 이집트에서 발생한 것으로 논한 적이 있다(명치 40년대(1907~)의 동경일일신문). 중국의 벽화는 직접 이집트에서 들어온 것이 아니고 인도를 경유하였는데, 성행은 육조(六朝)시대 불교의 감화가 알려졌기 때문에, 고분의 벽화는 아마 말기일까라고 말한 적이 있다(대정 23년경[10] 경성일보 지상(紙上)). 그렇지만 중국 벽화의 기원은 확실하게 언급하지 않았다. 그 후 문헌 연구를 통해 기원이 먼 주대(周代)에 있었으며, 분묘에 벽화를 그린 것은 실로 진시황(秦始皇)의 대릉(大陵)에서 시작된 것을 알 수 있었다. 이 증명을 다음에 서술한다. 「충산지(衝山志)」(『강희자전(康熙字典)』에서 인용한다)에서 말하기를.

> 초의 영왕 시기에 형산이 무너지며 축융의 무덤이 무너졌는데, 그 가운데에 영구의 구두도가 있었다(楚靈王之世, 衝山崩而祝融之墳壞 中有營丘九頭圖).

여기서 영왕(靈王)이라고 하는 것은 초(楚)의 강왕(康王) 이후이며 주(周)의 경왕(景王)시대 즉 춘추전국쯤으로 공자와 시기를 같이한다. 당시 충산(衝山)에 축융(祝融)의 분묘라고 하는 것이 이것인지 아닌지는 확실하지 않지만, 소위 전설적인 것, 또는 가정상의 것은 반드시 존재했을 것

---

10 겐로쿠(元祿)의 연호 대정(大正) 시기는 1912년~1926년으로 대정 23년은 없는 시기이다(역자주).

이다. 왜냐하면, 『문헌통고(文獻通考)』(권123)의 「왕례(王禮)」에는 태호(太皞)에서 은탕(殷湯)까지 10능의 소재지를 기재하였다.[11] 이것들은 애초 정확하다고는 말할 수 없지만 다소 고래(古來)의 전설이 있고, 이렇게 가정했기 때문에 후세에 전해지는 것이니, 따라서 축융의 고묘도 이상의 부류라고 볼 수 있을 것이다. 그렇다면 '구두도(九頭圖)'라고 하는 것은 무엇인가 하였더니, 그것은 『사기보(史記補)』의 「삼황본기(三皇本紀)」에,

인황(人皇) 9명이 영거(靈車)를 타고 육우(六羽)를 몰았으며 곡구(谷口)를 나와 형제 아홉이 구주(九州)를 나누어 다스렸다(人皇九頭, 乘雲車駕六羽, 出谷口 兄弟九人, 分長九州).

라고 하고, 또 「춘추위(春秋緯)」에,

개벽(開闢)에서 획린(獲麟)에 이르기까지 무릇 327만6천 년이며, 10기(紀)로 나누었다고 하는데, 그 첫 번째를 구두기(九頭紀)라 하며, 두 번째는 운운하였다(自開闢至獲麟, 凡三百二十七萬六千歲, 分爲十紀, 云云一曰九頭紀,, 二曰 云云).

라고 하여 중국 개벽 신화를 가리킨다. 그중에서 가장 오래된 것으로, 위의 그림(圖)이라고 생각되는 것은 후세의 무량(武梁) 석벽(石壁)[12] 그림 중에도 있다. 생각하건대 축융고분의 '구두도'도 아마 이러한 석벽 조각 비

---

11 『文獻通考』 卷123 「王禮考」 18 山陵
    太皞葬宛邱 女媧葬趙城縣東南 炎帝葬長沙 黃帝葬橋山 顓頊葬臨河縣 高辛葬濮陽頓邱城南 唐堯葬城 陽穀林 虞舜葬九疑山 夏禹葬會稽 殷湯葬汾陰 (역자주).
12 무씨사(武氏祠) 혹은 무씨묘석사(武氏墓石祠)는 중국 산동성 제녕시(濟寧市) 가상현(嘉祥縣) 지방진(紙坊鎭) 무적산(武翟山) 북쪽 산기슭에 위치하는 후한 말기 무씨(武氏) 가족묘지의 3좌 사당과 쌍궐(雙闕)의 총칭이다. 후한 말 환제(桓帝) 건화(建和) 원년(147)에서 영제(靈帝) 건녕(建寧) 원년(168)

숫한 것이고, 이 벽화는 반드시 이집트 고분벽화와 어딘가 관계하고 있을 것이다. 단 이들의 여하(如何)는 여기서 생략하고 논하지 않겠지만, 어쨌든 중국 고분벽화는 주(周) 이전, 혹은 주 시대에 다소 행해지고 있었던 것은 앞의 기술에 의거하여 그 상황을 엿볼 수 있었다. 그렇지만 다른 예에서 벽화 조각에 최초로 색을 칠했는지 어떤지는 의문이다. 과연 진시황릉의 벽화는 색채법을 이용하였을까라고 생각되는 점이 없지 않다. 그 까닭에 먼저 이 예문을 든다. 『문헌통고(文獻通考)』 권124 「왕예고(王禮考)」에 이르기를,13

> 진(秦) 이세(二世)는 시황을 여산(驪山)에 장사지냈다. 시황이 처음 즉위하여, 여산을 뚫고 공사를 벌였다. 천하를 통일하자, 천하에서 모아서 보내온 죄인 70여만 명을 시켜서 삼천(三泉)을 파고 구리로 틈새를 메워 곽(槨)을 짓고 궁관(宮觀), 백관(百官), 기기(奇器), 진괴(珍怪)들을 옮겨다가 그 안에 가득 채웠다. 장인(匠人)에게 명하여 노시(弩矢) 장치를 만들어놓고, 뚫고 접근하는 자가 있으면 그를 쏘게 하였다. 수은(水銀)으로 백천(百川), 강하(江河), 대해(大海)를 만들어 기계로 수은을 넣어 흘러가게 하였다. 위에는 천문(天文)을 갖추었고, 아래는 지리(地理)를 갖추었다. 도룡뇽의 기름으로 초(燭)를 만들었다...

라고 하였으며 이 글은 『사기(史記)』에서 찾은 것과 거의 같다. 오오무라

사이에 축조된 것으로 추정된다. 세키노의 실측 복원도가 있다. 무씨사의 무량사당에는 43폭의 역사고사도상, 10폭의 고대제왕도, 7폭의 열녀도와 효자고사도상, 동공왕과 서왕모도상, 사주승선도, 상서도 등이 있다. 무씨사 전석실인 무영사당에는 선인도상, 제신출행도, 풍백도, 천제도, 천벌도 등이 있다(신입상, 참고: 신입상 저/김용성 역, 『한 대 화상석의 세계』, 학연문화사, 2005, 역자주).

13 『文獻通考』卷124「王禮考」19 山陵
...秦二世葬始皇驪山 始皇初即位穿治驪山 及并天下 天下徒送詣七十餘萬人 穿三泉下銅而致槨 宮觀百官奇器徙藏滿之 令匠作機弩矢有所穿近者輒射之 以水銀為百川江河大海機相灌輸 具天文下具地理 以人魚膏為燭... (각주)

세이가이(大村西崖) 군은

상산분(上山墳)을 높게 만들어 그 높이가 50여 장(丈), 주변의 길이가 5리(里) 남짓(『수경주(水經注)』에는 3리 남짓이라 한다), 석곽(달리 동곽(銅槨))을 만들어 유관(游館)으로 하고, 위에는 천문(天文) 성수(星宿)의 모양을 그리고 …운운.

라고 하였다. 이 문장은 『사기』 이외에 『전한서』, 『수경주』14, 왕자년(王子年)의 『습유기(拾遺記)』15 『삼보고사(三輔故事)』16, 『장안지(長安志)』17를 합친 것이기 때문에 이들 중 어느 것에 의한 것으로 보인다. 따라서 『사기』 이후의 기술은 그 가치가 떨어지는 것으로 보지만, '위에는 천문(天文) 성수(星宿)의 모양을 그리고'라는 것은 단순히 '천문을 갖추었다(具天文)'라고 기록한 구문(舊文)을 개작한 것이 아니고 어딘가에 의거한 것이 있는 것 같다.

필자가 『사기(史記)』의 '위에 천문을 갖추고 아래에 지리를 갖추었다(具天文, 下具地理)'라는 문장을 일종의 채화(彩畫)로 보고자 하는 데는

---

14 북위(北魏) 역도원(酈道元)이 편집한, 고대 중국의 수로(水路)를 기술한 『수경(水經)』의 주석서(역자 주).
15 『습유기(拾遺記)』는 전진(前秦) 선소제(宣昭帝) 부견(符堅, 357~385)을 보좌했던 왕가(王嘉)가 지은 책으로 주워서('拾') 전하는('遺') 이야기 모음으로 원래 19권 220편이었다. 시절을 지내며 훼손된 것을 양(梁)나라 소기(蕭綺)가 수집, 교정하여 총 10권으로 제작하고 여기에 서(序)와 록(錄)을 첨가한 것이 전한다. 내용은 춘황(春皇) 포희(庖犧), 염제(炎帝) 신농(神農)으로부터 위·촉·오 삼국, 진(晉)까지 시기가 배경인 이야기들이다(김영지, 『습유기』, 한국학술정보(주), 2007, pp.23~25, 역자 주).
16 진(晉)나라 때 장안(지금의 섬서 서안)과 그 인근 지역의 궁궐, 누대, 지원(池苑) 등에 대한 자료를 적은 고서(古書)로, 진한(秦漢)시대의 역사적 내용을 담고 있다. 원서(原書)는 이미 산실되었고 청대(淸代)의 학자 장주(張澍)의 집록본(輯錄本)이 있다(출처: 바이두 백과, 역자주).
17 북송(北宋) 송민구(宋敏求)가 희녕(熙寧) 9년(1076)에 지은 책으로 현재 전하는 북송의 지방지 중 하나이다. 역대 건도(建都), 제현(諸縣), 성곽관부(城郭官府), 산천도리(山川道里), 진량우역(津梁郵驛), 풍속물산(風俗物産), 궁실사원(宮室寺院) 등에 대해 상세히 기술하고 있다(출처: 바이두 백과, 역자주).

2가지 이유가 있다. 하나는 「시황본기(始皇本紀)」 27년 조(條)에

> 위수(渭水) 남쪽에 신궁(信宮)을 짓고, 그 뒤 다시 명령하여 신궁을 극묘(極廟)라 개명하여 천극(天極)을 상징했다(焉作信宮渭南, 已更命信宮, 爲極廟, 象天極).

라 하고, 또 같은 35년 조에

> 아방(阿房)으로부터 위수(渭水)를 건너 함양에 이르게 했는데, 천극(天極)과 각도(閣道)가 은하수를 건너 영실(營室)에 이름을 상징한 것이다(自阿房渡渭, 屬之咸陽, 以象天極閣道, 絶漢抵營室也).

라고 되어 있기 때문이다. 이들은 모두 새로이 건축하는 궁전(宮殿) 각도(閣道:건물과 건물 사이에 비나 눈이 맞지 않도록 지붕을 씌워 만든 통로)를 천극(天極)으로 모방한 것인데, 선인(仙人)신앙의 시황으로서는 애초 이러한 일이 당연히 있을 수 있을 것이다. 그리고 상기 예문의 지붕 밑을 비롯하여 사방의 벽화 등에는 천극인 이유를 나타낼 수 있는 회화류가 없었을까, 필자는 그것이 있었을 것으로 상상한다.

두 번째 이유는 『습유기(拾遺記)』에 의하는데, 시황 원년 건소국(騫霄國)에서 옥에 훌륭한 그림을 새기는 명공(名工) 열예(烈裔)라는 사람을 바친 적이 있다.[18] 이것으로 시작하여 유회풍(油繪風)의 그림을 그리기도 했

---

18 『拾遺記』 卷4 秦始皇
始皇元年 騫霄國獻刻玉善畫工名裔 使含丹青以漱地 即成魑魅及詭怪羣物之象 刻玉為百獸之形 毛髮宛若真矣 皆銘其臆前 記以日月 工人以指畫地 長百丈 直如繩墨 方寸之内 畫以四瀆五岳列國之圖 又畫為龍鳳 騫騖如飛 皆不可點睛 或點之 必飛走也 始皇嗟曰 刻畫之形 何得飛走 使以淳漆各點兩玉虎一眼睛 旬日則失之 不知所在 山澤之人云 見二白虎 各無一目 相隨而行 毛色相似 異於常見者

다고 하면, 이집트의 그림과 비슷하게 바탕에 호분을 바르는 신법(新法)은 당시 중국에서도 행하고 있는 것이 아닐까. 어쩌면 벽화가 백악(白堊:석회암으로 이루어진 토양)의 경우 외에, 호분을 바르지 않으면 유지될 수 있는 것이 아니었다. 그리고 시황릉에 그려진 것이 만약 사실이라고 한다면, 아마 열예(烈裔)의 신식 기법에 의한 것일 것이다. 또 조선 고분의 예를 보니 위에 천문을 그린 벽화가 왕왕 있는데, 이것은 '구두기(九頭紀)'와 다른 계통으로 일종의 도가(道家) 선인파(仙人派)와 관계를 갖는 것이 아닐까.

이상은 대략이지만, 중국 고분벽화는 최초에 조각(彫刻)으로 주(周)나라 이전 혹은 주대(周代)에 시작하고, 채화(彩畵)는 시황(始皇)시대에 행해진 것으로 보는 견해가 있음을 대략 앞의 문헌에서 설명하는 것과 같다. 그렇지만 후세의 유품으로서 세상 사람들에게 인정받은 것은 대개 한대 이후이며 육조(六朝) 때는 비교적 많았던 것 같다. 이미 중국에서 벽화의 유래가 이렇게 오래된 것이었다면 훗날 만주에 들어가고 조선에 전해지는 것은 의심할 필요가 없지만, 내가 조사한 요양의 것은 과연 어느 시기의 것일까, 이 점은 깊이 상고할 필요가 있다.

지금 이 풍속을 보니 주인공 부부 이하 크게 그려진 인물상은 모두 넓은 소매의 옷을 입어서 완전 중국풍과 비슷하다. 그렇기는 하나 주인공의 관(冠) 위에는 일종의 털뭉치를 그리고, 종복(從僕)은 매우 만주풍으로 나타냈는데, 이러한 것들은 시대 관계 이외에 민족의 차이를 밝히는 것과 관계되는 것으로, 이는 나중에 설명하기로 하고, 처음에 말한 연대에 대해 언급하겠다.

至明年 西方獻兩白虎 各無一目 始皇發檻視之 疑是先所失者 乃刺殺之 檢其臆前 果是 元年所刻玉虎 迄胡亥之滅 寶劍神物 隨時散亂也(역자주).

요양의 벽화고분이 어느 시기의 것인가. 이것을 풍속 면에서 크고 작음을 논하는 것은 너무나 장황하고 번거롭기에, 세상에 알려진 유물을 대조하고 그 적부(適否)를 생각해야 한다. 곧 예로부터 내려오는 고분벽화로 증명하였더니 '한(漢)의 주유(朱鮪) 사당의 각화(刻畵)'라고 칭하는 것과 거의 일치하였다. 이것은 이미 『중국미술사』 「조소편(彫塑篇)」 부록 제204도(圖)에 나타나 있다. 또한 같은 책에서는 이 그림에 대해서 다음과 같이 기록하였다.

주유(朱鮪)(자는 장서(長舒))의 묘는 산동 금향현성에서 3리(『금석지(金石誌)』8, 『통지(通志)』20에는 5리라고 함)에 있다. 묘 앞에는 석실이 있는데 3간(間)으로 만들어졌다. 벽에 화상(畵像)을 전각(鐫刻)하였다(『한석존목(漢石存目)』하권에는 11석(石)). 이에 대해 기록한 것(『평진속비기(平津續碑記)』, 『금석췌편(金石萃編)』21)은 『산좌금석지(山左金石志)』8권이 가장 정통하다. 말하기를, '오른쪽의 화상본은 모두 연속해서 확장시킨 것으로, 나누어서 25폭을 이룬다. 상층 12폭은 모두 높이 1척 5촌, 하층 13폭은 모두 높이 3척 5촌이고 다만 가로 폭의 척촌(尺寸)은 같지 않다. 폭마다 장막과 병풍이 나열되었고 배·반·존·작(杯盤尊勺)이 있으며, 모두 빈객을 연향(燕饗) 하는 것이다. 대략 남자는 관단면(冠端冕) 차림인 자, 사모(紗帽)를 쓴 자, 승려와 같이 2층으로 된 자, 건자(巾子)와 같이 쌍량(雙梁)인 자가 있다. 이책(裏幘)을 앞을 향하여 맨 자가 있으며 위를 향하도록 사발 모양으로 만든 자가 있다. 아래는 둥글고 위는 뾰족한 것이 종류가 하나가 아니며, 옷깃과 소맷부리는 모두 주름이 있고 테두리는 없다. 여인상은 머리를 틀어 올렸는데 모양은 둥글게 하여 정리하고, 혹은 쪽찐머리, 묶음머리로 나누어 위에는 비녀를 장식하고 가닥 사이에 구슬을 댄 것도 있고, (중략) 『제영주지(諸寧州志)』를 살펴보고 말하면, 한(漢)의 평적장군(平狄將軍) 부후(扶侯) 주유(朱鮪)의 묘 석실 화상은, 심존중(沈存中:심괄)이 『몽계필담(夢溪筆談)』에 넣어서 진실로 한제(漢制)

라 한다. 지금 탁본을 하여 이를 시험하였더니, 전부 무씨사(武氏祠)의 여러 조각과 다르며, 그 가운데 인물의 의관과 소소(蕭疎)한 생동은, 당송인(唐宋人)의 화법에 비슷하거나, 혹은 이것은 부구의 후인(後人)이 선대를 추숭하여 만들었을 뿐이다. 그러므로 한비(漢碑)의 말미에 붙인다(자세한 주는 생략).

이상의 설명에 의하면, 전부 25폭으로 상당히 많은데 본서에 예를 든 것은 2폭에 지나지 않는다. 이 설명이 여전히 부족한 곳이 많아 다음에 필자의 해설을 싣는다.

'주유(朱鮪) 사당의 각화는 상하 2단으로 나타냈는데, 모두 모조풍(毛彫風:금속·상아 등에 끌을 사용하여 무늬나 문자를 가는 선으로 새기는 것과 그 조각물)의 침조(沈彫)이며 만막(幔幕:식장·회장 따위의 주위에 치는 장막) 종류는 전혀 보이지 않으며, 단지 인물과 향연(饗宴) 하는 기구만 보인다. 상단의 것부터 그 모습을 말하면 대략 다음과 같다.

위의 그림은 평평하고 두꺼운 장방형 대(臺)를 건반처럼 나열하고, 정면의 대 위에는 왼쪽을 향하는 여인 4명이 줄지어 앉아 있다. 그중에 왼쪽 끝에 있는 여인은 손을 공손히 하고 배후(오른쪽)를 바라보고, 다음 두 번째 여인은 두 손을 펼치고 다른 사람을 맞이하는 것 같고, 다음 한 여인도 같은 모양을 한 것 같다. 그러나 손 부분이 결손되어 확실하지 않다. 또 가로 방향의 대 위에는 인물이 줄 서 있는데, 아랫부분은 다소 불분명하다. 특히 왼쪽 끝의 한 인물은 겨우 이를 상상할 수 있는 데 불과하나, 그러나 앞에 있는 사람은 확실히 손을 공손히 하고 서 있다. 뒤돌아보니 이 두 사람은 내빈이며 다른 4명은 주인측인 것이다. 단 이들 인물은 모두 넓은 소매의 옷을 입고 따로 바지를 입지 않았다. 머리 부분은 옛날에 우리나라 유녀가 머리를 틀어 올렸던 화곡(花髻:꽃모양으로 틀어 올린 머리 모양) 모양 머리를 나타내고 그 위에는 요양 고분의 두 여인에게 보이는 것 같은, 비녀로 생각되는 것을 8개 꽂고 있다.

그리고 대 아래에는 오른쪽 끝에 비녀를 꽂은 여인이 앉아서 오른쪽을 향하고, 그 배후에는 순무 모양(蕪形)의 덕리(德利:목이 짧은 술병)가 엎어져 있다. 다음에 머리를 묶은 여인이 왼쪽을 향해 앉아서 왼손에 접시를 들고 오른손에 작은 숟가락을 들고 단지 속의 음식을 옮기고 있다. 그 앞에는 요양 고분의 벽화와 유품에 보이는 것처럼 다리가 3개 있는데 위에 주발 같은 것을 두었으며, 또 무형의 덕리가 있고, 쟁반 위에는 물건이 수북하고, 기타 항아리(缸) 같은 네모난 깊은 단지 같은 것이 있다. 모두 향연의 그림인 것은 얼핏 보아도 알 수 있다.

다음에 하단의 그림은 정면에서 보아 오른쪽 끝에 손을 소매 속으로 공손히 한 여인의 일부분이 있다. 그 옆에 두 손으로 책을 들고 읽고 있는 듯한 모습으로 왼쪽으로 향한 부인이 있다. 그 옆에는 윗부분을 묶은 큰 꾸러미가 있다. 다음에는 두 손을 모은 여인이 작은 깔개 위에 허리를 굽히려고 하고 있다. 다음엔 두 손을 모으고 서서 왼쪽을 향한 부인이 2명 있다. 이 공손히 모은 손은 상하 두 그림 모두 넓은 소매 속에 넣은 모양이고 머리모양은 전자와 동일하지만, 대개는 확실하지 않다. 이러한 인물들은 전자와 같은 모양으로 하나의 대 위에 올라 있는데, 탁본으로는 확인할 수 없다. 다음에 이상의 인물 아래에는 우측에 오른쪽을 향해 앉아 있는 여인이 1명 있다. 그 앞면의 오른쪽에 네모난 다리가 붙은 쟁반과 배가 나온 단지가 하나 있다. 이 인물의 배후에는 네모난 소반 모양인 것이 있고 그 위에 컵 모양의 기물(器物) 두 개가 나란히 있다. 이 소반의 좌측에 앉아 있는 인물이 있다. 머리는 꽃 모양을 하고 있지만, 용모는 남자인 듯하다. 그 배후에는 위 그림과 같은 모양으로 다리 3개의 대 위에 원통형의 물건을 가로로 둥글게 자른 형(輪切形)의 주발을 둔 그림이 있고, 다음에 접시 위에 숟가락을 올린 그림이 있다. 다음에 무형의 덕리가 있고, 생각컨대 이것도 일종의 향연도 아닌가.'

이상의 설명은 다소 장황하고 번거로운 듯해도, 풍속과 기물(器物)이 요양 고분의 벽화와 너무나도 일치하기 때문에 대조해 보기 위해 여기에 적었다. 그리고 주유의 각화는 「조소편(彫塑篇)」의 저자가 이를 당·송(唐宋)의 화법에 비슷하다고 하고, 또 후세사람이 추숭(追崇)에서 나왔다고 하지만, 이것은 하나의 추측이다. 게다가 본래의 각화(刻畫) 즉 최초의 것이 당·송의 작품이라고 하는 것이 아니고, 오히려 그것은 한(漢) 시기의 작품이다. 옛 그림이 훼손될 우려가 있어 후세사람이 모사(模寫)하였다고 한다면, 그 풍속을 한(漢)으로 보는 것은 명확하다.

이상 서술한 것처럼 요양의 벽화고분은 돌널덧널의 구조이고 발견한 유물의 종류, 그중에서도 특히 화천(貨泉)이 후한 초기의 것이라든가, 또 풍속화가 한 대에 속하는 주유의 각화와 일치하는 곳이 있는 실례(實例)라든가, 모든 점에서 한(漢) 이후의 고분이라고 인정할 수밖에 없다. 그렇지만 붉은 옷을 입고 털뭉치의 모자를 쓰고 부부가 마주하는 풍속이 예로부터 중국에 있었는지 아닌지, 또 이 고분 속의 인물은 과연 한족(漢族)으로 인정해야 하는지 아닌지, 이런 점 또한 생각하지 않으면 안 된다. 현재 고분에 의거하여 조사하는데 붉은 옷을 겉옷으로 하는 양식은 주대(周代)의 여러 제후 사이에 있었으며, 때문에 『시경(詩經)』「양수(揚水)」편에 주박(朱襮), 주수(朱繡)라는 말이 있다.[19] 이 박(襮)의 주(註)에 '겉에 입는 옷(表衣)'이라고 되어 있기에 '겉옷'인 것은 확실하다. 또 『묵자(墨子)』의 「명귀(明鬼)」편에 주(周) 선왕(宣王)이 신하 두백(杜伯)을 죄 없이 죽였는데 3년 후 선왕이 사냥할 때 두백의 혼령이 백마에 흰 수레를 타고 주의관(朱衣冠)을 입고 나타나서 주궁주시(朱弓朱矢)를 잡고 선왕을 마

---

19 『詩經』卷之三(朱熹集傳) 唐一之十 揚之水
揚之水 白石鑿鑿 素衣朱襮[襮, 領也。諸侯之服繡黼領而丹朱純也] 從子于沃 旣見君子 云何不樂 揚之水 白石 皓皓 素衣朱繡[朱繡, 卽朱襮也] 從子于鵠 旣見君子 云何其憂 揚之水 白石粼粼 我聞有命 不敢以告人(역자주).

차 위에서 쏴 죽인 기록이 있다.[20] 또 같은 책 「공맹(孔孟)」편에, '옛날 초(楚) 장왕(莊王)은 화려한 관에 색실로 짠 관끈을 달고 진홍색 옷에 너른 포(袍)를 입고 그 나라를 다스렸다고 한다(昔者楚蔣王, 鮮冠組纓, 絳衣博袍, 以治其國)'라고 하였다. 아마도 임금의 겉옷이 사계절 홍적(紅赤)의 의복에 한정되는 것이 아닐지라도, 그러한 종류가 많은 것은 이상의 고서(古書) 기록에 의해 대략 추측할 수 있을 것이다. 또 한(漢)에 이르러서 광무(光武)가 의병을 일으켰을 때, 진홍색(絳色)의 홑옷에 붉은 모자를 쓴 것이[21] 『동관기(東觀記)』[22]에 보이며, 이후 붉은색 옷을 입는 풍속(朱衣風)이 연속해서 세상에 행해진 예는 많고 사전(史傳)에 실렸기 때문에, 하나하나 열거할 필요가 없을 것이다. 이미 주·한(周漢) 이래 상류사회에 붉은 옷이 성행함은 이 벽화의 부부상에도 남겨져 있는데, 다만 주인공의 관 위에 깃털 장식이 있는 것은 다른 한풍(漢風)에 보이지 않는 예이어서 혹시 만주의 고식(古式)이 있을까라고 생각되는 것이다. 고서(古書) 혹은 그 상세함을 전하지 않고서 우연히 흔적을 남기는 일이 있을 수 있으니, 여전

---

20 『墨子』卷8「明鬼」下 第31
  周宣王殺其臣杜伯而不辜 杜伯曰 吾君殺我而不辜 若以死者為無知則止矣 若死而有知 不出三年 必使吾君知之 其三年 周宣王合諸侯而田於圃 田車數百乘 從數千 人滿野 日中 杜伯乘白馬素車 朱衣冠 執朱弓 挾朱矢 追周宣王 射之車上 中心折脊 殪車中 伏弢而死(역자주).
21 『東觀漢記』卷1「紀」1 世祖光武皇帝
  ...絳衣赤幘...光武起義兵, 暮聞塚上有哭聲, 後有人著大冠絳單衣(역자주).
22 "동관(東觀)은 후한의 장서각이다. 명제(明帝)가 반고(班固), 진종(陳宗), 윤민(尹敏), 맹이(孟異)에게 「세조본기(世祖本紀)」와 건무(建武) 시대의 공신열전을 짓게 하고 후에 유진(劉珍), 이유(李尤)에게 건무 이후 영초(永初) 시기까지의 기전(紀傳)을 짓게 하였다...114편을 완성하여 『한기(漢記)』라 하였는데 이것은 후한사(後漢史)의 맹아이다. 희평(熹平) 중에 마일제(馬日磾), 채옹(蔡邕), 양표(楊彪), 노식(盧植)이 『동관한기(東觀漢記)』를 계속하여, '동관지서(東觀之書)'는 이렇게 성사되었다... 사마천의 『사기(史記)』, 반고의 『한서(漢書)』와 『동관기(東觀記)』가 삼사(三史)가 된다...이것은 후한의 모든 책의 비조(鼻祖)이다."
  『東觀漢記』卷23 姚之駟後漢書補逸東觀漢記序:
  東觀, 後漢藏圖書之所也...自明帝詔班固, 陳宗, 尹敏, 孟異作世祖本紀及建武時功臣列傳, 後有劉珍, 李尤雜作建武以後至永初間紀傳...成百一十四篇, 號曰漢記, 此後漢史之權輿也. 熹平中, 馬日磾, 蔡邕, 楊彪, 盧植續為東觀漢記, 而東觀之書於是乎成...典午時以司馬遷史記, 班固漢書及東觀記為三史, 隋, 唐以後乃漸遺逸. 然披其枝葉, 尋厥根荄, 東觀記, 其後漢諸書之鼻祖乎!(역자주).

히 이 방면의 여하는 다른 날의 연구에 맡겨야 할 것이다. 단 춘추시대 조(趙)나라의 무령왕이 호복(胡服)을 하고 말 타고 활쏘기를 좋아했던 것은 유명한 이야기로, 「호광설(湖廣說)」에는 '구슬로 머리를 장식하고, 앞에 초미(貂尾)를 올린다(以瑞飾首前搖貂尾)'라고 기재하였다. 이 초미(貂尾)의 위치는 투구 앞면 장식 근처일 것인데, 여기에 새의 깃털을 한 것은 조선 대동강 가까이 진지동(眞池洞)의 고구려 고분을 떠올리게 하고 석곽벽화에도 존재하였다. 어쩌면 관(冠)의 꼭대기에 깃털을 장식하는 것은 역시 부류에 속하는 동이(東夷)의 풍습에 가깝다고 말할 수 없는 건 아니지만, 필자는 우선 이 문제를 보류한다.

(乙) 벽화에 보이는 인물과 민족은 어떠한가

다음에 벽화에 보이는 부부상은[24] 옛날부터 지금까지 중국식 석벽화에는 없으며, 이상은 모두 부여족의 선조인 주몽 부부를 제사 지내는 상태와 비슷한 점이 있고, 이 계통은 조선의 고분벽화와 서로 관계되는 것에 의하여, 이것을 고구려족과 비슷하다고 말할 수 없는 것은 아니다. 그렇지만 조선의 고분벽화는 그 예가 증가함에 따라서 중국 고분의 석각화상(石刻畵像)과 일치하는 곳이 많다. 중국 벽화의 실례가 장차 세상에 나타나기에 이르렀기 때문에, 이러한 종류의 풍속을 나타낸 적이 없다고는 말

---

[23] 『史記』卷43「趙世家」第13
   ...乃賜胡服. 明日, 服而朝. 於是始出胡服令也...遂胡服招騎射...
   『史記』卷110「匈奴列傳」第50
   ...而趙武靈王亦變俗胡服, 習騎射...(역자주).

[24] 평양과 집안의 무덤벽화에 보이는 부부합좌상은 한 화면에 나란히 앉은 모습, 정면을 보고 앉는 남주인을 측면으로 바라보고 있는 부인의 모습, 벽을 달리하여 각각 그려지는 모습으로 나타난다. 첫 번째는 약수리고분, 천왕지신총, 쌍영총의 경우이고 두 번째는 각저총, 수산리고분, 통구12호분, 삼실총의 경우이며 세번째는 안악3호분의 경우이다. 요양지역의 부부합좌상은 삼도호 요업2현장묘와 4현장묘, 봉태자2호묘, 영수사묘, 남설매촌1호묘에 보이는데 두 번째 경우의 모습이다(박현정, 「高句麗 古墳壁畵에 나타난 生活風俗圖의 性格-墓主 夫婦像 분석을 중심으로-」, 이화여자대학교 사학과 석사학위 논문, 1997, 역자주).

할 수 없다. 그래서 요양의 벽화는 우연히 그 단서를 발견할 수 있는 실례인지도 모른다. 특히 대체로 풍속이든, 기물(器物)이든, 천화(泉貨)든, 돌널덧널이든, 하나같이 중국식 아닌 것이 없고, 다만 종복(從僕)의 풍속이 완전히 만주식인데 불과하다. 그렇지만 이러한 종복만으로는 주인공의 민족론을 결정할 수는 없는 것이다. 그렇기 때문에 필자는 이를 중요시하지 않고, 그 전반에서 관찰하고 이 고화(古畵)와 인물은 모두 후한시대 혹은 삼국의 초기를 지나지 않는 한족 관계의 것으로, 특히 대관(大官)에 속하는 것을 주장하고자 한다. 유독 이 벽화 속에는 조선식 사신(四神)이 없고 또 일월(日月)도 없고 오히려 한(漢) 때의 석각화에 가까운 점이 있는 것은, 연대의 오래됨 때문일까.

필자는 이러한 귀중한 자료를 만철(滿鐵)의 선로 근방에서 발견하고 더불어 이를 조사할 수 있는 것을 기쁘게 생각하고 이에 소견을 기록하여 동호(同好)의 제씨(諸氏)에게 알리며, 부족한 점, 깨닫지 못한 곳은 후일 새로이 다시 기록할 것이다. 독자가 만약 아는 것이 있다면 부디 가르쳐 주길 바란다. (대정 9년(1920) 7월 10일 기록하다.)

덧붙여

이밖에, 유적상 본 태자하 유역의 변경(變更), 즉 태자하가 옛날부터 요양의 남서쪽으로 내려와서 바다로 들어가던 것이 지금처럼 동쪽으로 변한 실상을 논하려 했으나 생략했다. 또한 몽고식과 북한식 토기는 역시 그 근원을 한무(漢武) 토기로 밝히고 이미 당(當) 고분에도 존재하였던 것, 대저 두 지방의 것과 어떻게 관계가 있는지 등의 것도 더불어 논하고자 하였지만, 이상은 너무 장황하게 되기 때문에 생략하고 다른 날 따로 기록하기로 하겠다. 아마 만주의 유적 조사는 단순히 그 지역 사정을 아는 데 그치지 않고 동시에 중국 본토 및 몽고, 조선 등의 사항을 이해하고 해석할 수 있어서 특별히 흥미로웠다. 세상의 학자들이 이 점에 주의하여 널리 깊게 조사하기를 바란다.

2. 요양 태자하(太子河) 부근의 벽화고분[1]

츠카모토 야스시(塚本靖)

오늘 밤 이야기는 충분히 연구한 보고가 아니라, 실은 작년 한 해의 마지막 즈음에 만철(滿鐵)의 건축부 사람이 건축학 교실로 소식을 보내 요양의 태자하 부근에서 벽화가 있는 고분을 발굴했으니까 보러 오지 않겠느냐고 해서, 가서 본 것이다. 이 고분을 보기 전에 여순 박물관의 야기 쇼쟈부로(八木奘三郎) 씨를 방문하여,

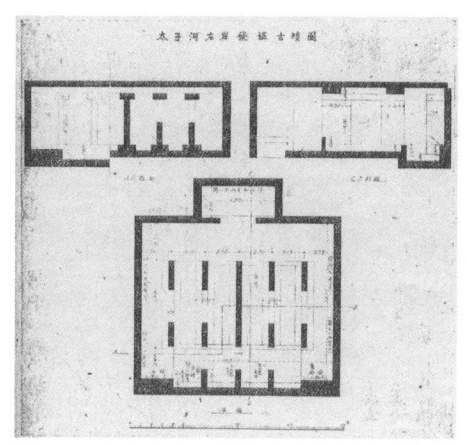

태자하 우안(右岸) 발굴 고적도

여기서 태자하 고분벽화의 모사(模寫)를 보았다. 요양은 기록상으로 봐도 태자하의 범람으로 침수되었던 적이 가끔 있는데 실제로 재작년 홍수로 철도선로가 침수되어 만철에서 철로를 보호하기 위해 제방을 쌓느라고 이 부근의 흙을 파냈는데, 그때 우연히 어떤 고분을 발견한 것이다.

만철 요양공무소 직원의 말에 의하면 야기 쇼쟈부로 씨가 출토한 유

---

[1] 고고학회 1920년 6월 월례회 강연에서 발표한 원고를 『考古學雜誌』제11권 제7호(1921년 3월 5일 발행)에 실은 것이다. 본문은 2017년 박지영·임찬경이 발표한 「요양 영수사 벽화묘의 고구려 관련성에 관한 두 편의 논문」(『仙道文化』제23권)에 번역되어 실려 있다(역자주).

물을 전부 가지고 돌아갔다고 하는데, 필자는 시간이 없었기 때문에 여순 박물관에서는 단지 발굴한 고전(古錢)만을 보았다. 또 공무소 직원의 말에 의하면 야기 씨가 벽화를 조사하는 중에 소나기가 내려서 눈앞에서 벽화가 떨어져 나가는 것을 보았다고 한다. 이상과 같은 상황으로 벽화는 발굴 당시와 지금은 어느 정도 달라져 있고 벽화의 운명은 실로 위태한 지경에 있다고 하였다.

고분의 넓이는 약 7평 정도로 그 형태는 대체적 구성이 장방형이고 한 방면 즉 북벽의 중앙에는 도코노마(床の間. 일본식 방의 상좌(上座)에 바닥을 한층 높게 만들어 장식물을 두는 곳)처럼 들어간 곳이 있다. 장방형의 방(室) 중앙에는 천정에 닿는 칸막이벽이 있고 이것에 병행하여 좌우로 각각 두 개의 벽이 있다. 이 벽은 중앙의 3분의 1만큼이 없는 형태로 이들 벽으로 칸막이 한 부분에 시상(屍床)(지금은 남아있지 않지만, 그 흔적은 인정된다)을 설치했다. 시상 밑은 텅 비어 있고 주위에 통로가 있으며 그 남쪽의 한 면(面)만이 낮게 되어 있다. 이 고분의 구조와 재료는 모두 점판암으로 두께 4, 5촌 정도의 것을 이용하였는데 평평한 곳은 깨진 그대로이고 마구리는 끌로 파내었다.

벽화는 사방 둘레 벽에 있고 또 천정에도 간단한 색선(色線)으로 구획한 흔적이 있다. 이 벽화는 조선의 기양(岐陽) 고분과 같이 돌 위에 직접 회구(繪具)로 그려져 있다. 주제는 북쪽 도코노마로 보이는 부분의 벽 상부에 산동성 가상현의 무릉사(武陵祠) 석각에 있는 것처럼 집 처마에 새 등을 매달아 늘어뜨린 것 같은 것이 보이는데 아마도 부엌인 듯하다. 맞은편 좌측 서벽은 중앙에서 왼쪽으로 치우쳐 세로로 선을 하나 긋고 이것을 두 개로 나누어 그 오른쪽을 몇 단(段)으로 나누어 그곳에 풍속화를 그렸다. 산 모양의 돌기가 3개 있는 모자를 쓴 마부가, 등에 안장을 얹고 빨간 천으로 장식한 검은 말을 끄는 것은, 조선의 고분벽화에 보이는 것과 같았다. 또 우산과 같은 지붕이 있는 수레 모양이 있는데, 이 수레는 붉은 말이 끌고 있다. 왼쪽 한 구획 안에는 소벽(小壁)[2]과 같은 모양이 있고, 그 아래에 막을 친 우산과 같은 지붕이 있다. 그 아래에 부부가 대좌하고 있는데 앞에는, 선명하진 않지만 소반 같은 것을 두고 과일 같은 것을 갖추고 앞에 탁자를 설치하고 주발을 놓고 음식을 수북이 담아 놓고 있다. 남벽 오른쪽에도 위에 과실이 달린 줄기가 있고 그 아래에 큰 인물 두 명, 작은 인물 두 명을 그렸다. 동벽은 마치 서벽을 마주하는 것 같은 구획을 하고, 그 오른쪽에 여자 인물이 머리에 서양 부인이 모자를 고정할 때 꽂는 비녀 같은 것을 많이 꽂은 채로 그려져 있다. 왼쪽의 한 부분에는 이를 몇 개 구획으로 나누어 풍속화를 그렸는데 소달구지, 소를 수레에서 풀어 놓은 모양, 소를 끄는 남자 등의 모양이 있으며 소를 따라가는 남자의 모자는 원추형으로 꼭대기에 적색의 털뭉치를 붙이고 있다. 이상이 벽화의 대략이며 사용한 회구(繪具)는 흑(黑), 주(朱), 백록(白綠), 주토(朱土), 백(白)의 다섯 종류이다.

  이 벽화를 대략으로 보면 남벽 및 동서벽의 남부 약 3분의 1씩은 그림 무늬가 크고 기타 부분은 그림 무늬가 작은데, 이렇게 대소의 그림 무늬를 같은 벽에 나타내는 방법은 조선의 고분과 서로 비슷하다. 단지 구조 면에서 이 고분은 조선의 것과 달리 널길(羨道), 널방(玄室)의 흔적이 없고 땅을 아래로 파 내려간 것 같으며 옆에서 출입하는 것처럼 되어 있지 않다는 것이다. 야기 씨는 도코노마처럼 되어 있는 곳이 입구인 것 같다고 말했다고 하지만, 필자는 오히려 남쪽이 정면이었던 것은 아닐까 하고 생각

---

[2] 천장과 상인방(上引枋:창이나 문틀 윗부분 벽의 하중을 받쳐 주는 부재) 사이에 있는 폭이 좁은 작은 벽(역자주)

https://www.google.co.jp/imgres?imgurl=https://kotobank.jp

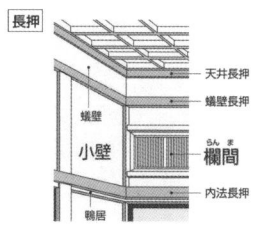

한다. 또 중앙의 몇 개 구획은 돌 위에 남겨진 회반죽의 상태로 생각해 보면 이곳에 앞뒤로 석판을 댄 시상(屍床)이 있어 그 위에 시신을 놓고 돌로 만든 뚜껑을 덮었다고 생각된다. 조선 기양(岐陽)의 고분에는 조(俎:도마) 모양으로 돌에 널 자리가 있고 또 프랑스의 오래된 석관에는 바닥에 구멍이 있어서 사체에서 나오는 액체를 아래로 빼는 것과 같은 장치를 한 것이 있으니까, 이 널의 시상 밑이 텅 비어 있는 것은 아마 같은 식의 생각에서 만들어진 것으로 생각된다. 또 북벽에 있는 도코노마와 같은 곳은 주인공의 시신을 두는 장소이고 앞면 네 구획은 주인공의 제1부인·제2부인 등 즉 그의 처첩의 시신을 넣었다고 생각되며, 이들 주인과 처첩의 초상(肖像)은 상기 고분 앞면 벽화에 크게 나타내어져 있는 것이 아닐까라고 생각된다. 중앙벽만 특별히 천정까지 도달하게 한 이유는 구조상 이 고분을 튼튼히 하기 위한 것은 아닐까라고도 생각된다.

마지막으로 이 고분의 연대인데 야기 씨는 한대(漢代)의 것이라 하고, 경대(京大)의 모씨의 설에서는 고구려시대라 한다고 전해 들었다. 야기 씨가 가져간 토기를 보지 않아서 알 수 없지만 발굴한 고전(古錢)은 사출(四出)의 오수, 반냥(半兩), 화천(貨泉)인데 사출오수는 동한(東漢) 영제(靈帝) 때부터 만들어진 것으로, 고전만으로 시대를 단정하는 것은 위험하다고 하나, 필자는 오히려 벽화의 성질로부터 고구려시대의 것이라고 생각하는 것이 좋을 것으로 생각한다.

(대정 9년(1920) 6월 월례회 강연)

3. 요양 부근의 벽화고분[1]

하마타 코사쿠(濱田耕作)

규모의 크기에 있어서 여순 목양성, 영성자 부근의 고분에 필적하며, 게다가 벽화를 가지고 있는 점에서 달리 유례가 없는 만주의 고분은, 대정(大正) 7년(1918) 요양 태자하 북쪽에서 발견된 고분일 것이다. 이에 대해서는 이미 야기 쇼자부로(八木奘三郎) 및 츠카모토 야스시(塚本靖) 박사, 아리타카 이와오(有高巖) 학사 등이 여러 곳에 발표한 것이 있기 때문에 지금 새삼스레 자세히 서술할 필요는 없다. 그러나 필자도 작년(대정 9년(1920)) 11월에 이 고분을 한 번 볼 기회가 있었고 또 발굴품인 벽화의 모사(摸寫) 등을 여순 박물관에서 야기 군이 보여 주었기 때문에, 여기에 간단히 소개하고 싶다.

이 고분은 지상에서는 아무런 봉토의 흔적이 없다. 이곳을 방문하는 사람은 도대체 이 밭 천지 어디에 고분이 있나 하고 의아할 것이다(제1그림). 그런데 밭을 조금 파고 무덤방 천정 일부에 뚫

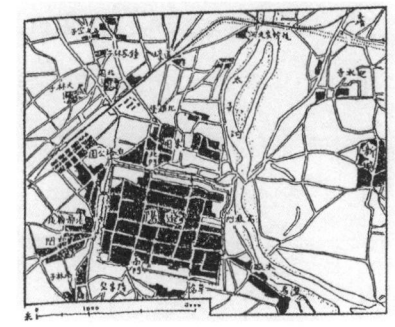

[제1그림] 요양 부근 지도

---

1 하마타 코사쿠(濱田耕作) 선생 저작집간행위원회, 『하마타 코사쿠(濱田耕作) 저작집』 제4권, 「동고대문화(東亞古代文化)」(2), 同朋舍, 1990, 298~303쪽.

린 구멍으로 내부에 들어가면, 수십 첩(疊:다다미)이나 되는 큰 무덤방이 있는 것에 깜짝 놀라지 않는 사람이 없다. 전체는 장방형이고 천정도 평면이며 북쪽에 작은 부실(副室)이 딸려있다. 필자는 츠카모토 박사와 함께, 역시 남쪽 방향이 입구일 것이라고 생각했다. 축성 재료는 이 지방에서 나는 캄브리아기(寒武利亞紀, Cambria) 판상(板狀)의 큰 석판석(石板石)으로 굉장히 멋있는 것이다. 필경 이 부근의 작은 소위 돌널(石棺) 계통의 고분과 같은 재료로, 단지 형식을 크게 하고 또한 복잡하게 한 것이었다. 도리이(鳥居龍藏) 군도 이와 약간 비슷한 '큰 돌널(大石棺)'을 일찍이 요양에서 발굴하였다.

내부에는 4개의 돌널이 있으며 각각 돌벽으로 경계 지어져 있다. 자세한 설명은 츠카모토 박사의 논문으로 대신한다. 다만 한마디 덧붙이고 싶은 것은 야기 군의 논문에 삽입된 고분의 그림과 츠카모토 박사의 실측도 사이에 큰 차이가 있는 것이다. 야기 군의 것은 졸업할 때의 갑작스런 조사로 보이고 츠카모토 박사의 것이 아주 신뢰할 만한

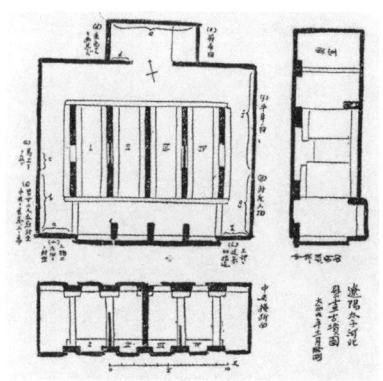

[제2그림] 요양 태자하 북방 고분의 평면도

증거로 필자의 약측도를 여기서 인용하였다(제2그림). 벽화는 큰 널방 주위 및 부실의 벽에 있다. 자세한 기술도 두 사람의 문장으로 대신하며 평면도 안에 요약을 첨부해 두기로 한다. 단 이 중에서 주의해야 할 그림의 1은 부실 내의 부엌을 나타낸 것이며 새나 짐승을 처마에 매단 경우는 마침 한화상석(漢畵像石)에 있는 광경과 같은 것이다. 또 큰 널방 남벽에 의관(衣冠)한 남녀 인물이 대좌하고 있는 것은 이 무덤의 벽화에 대해 누차 반복되는 제목(題目)으로 조선 평양 부근의 고구려 고분 안의 벽화와 분위기를 같이하고 있다. 단지 조선의 것은 전부 정면을 향한 그림뿐인데 이

고분의 것은 약간 반측면을 나타내며 '원근법(perspective)'의 원시적인 시도를 하고 있다. 이것은 화법의 진보된 양식이라고 하지 않을 수 없다(시대가 새롭다고 하는 것은 다른 의미이다). 한 가지 재미있는 그림은 동벽의 소달구지(牛車), 서벽의 견마(牽馬:남이 탄 말의 고삐를 붙들고 걸어가면서 말을 모는 일) 등일 것이다. 채색은 전부 호분(胡粉)을 바탕 위에 입히고 적색이 특별히 선명하게 남아 있는 것 외 흑색, 황색 등이 겨우 보이는 정도이다. 필자가 웨스터코닥으로 찍은 벽화(서벽)가 진귀하게 찍힌 것을 이에 삽입해 둔다(제3그림).

[제3그림] 요양 벽화고분
요양 태자하 북쪽의 벽화고분
1. 고분 소재지   2, 3. 널방 내부
4. 여순 박물관으로 옮긴 석실

내부에서 발견된 유물은 각종 고전(古錢)(반냥(半兩) 1, 오수 60, 화천(貨泉) 2)과 토기 조각뿐인데, 이 고분은 일찍이 도굴된 것이 확실하다. 토기 중에는 가옥모형이 1부, 양 귀가 붙은 그릇(兩耳附坏), 국자(勺) 등이 있으며 오수전 중에는 사출오수(四出五銖) 1개, 무륜오수(無輪五銖)[2] 4개가 포함되어 있다. 반냥(半兩)은 전한(前漢), 보통 오수는 전한 무제(武帝) 혹은 선제(宣帝), 화천은 왕망시대, 사출오수는 후한 영제(靈帝)의 것이라고 하며 또 무륜오수는 야기 군의 말에 따라 여하튼 한 대의 것이라

---

2 전한 말기의 동전으로 동전 가장자리의 윤곽을 자르고 만든 것이다(역자주).

고 한다면, 옛날 돈(古泉)으로부터 거의 후한시대의 고분이라 할 수 있다. 또 토기는 만주의 다른 한 대 고분에서 나온 것과 같은 성질이기 때문에 시대를 후한으로 봐도 그리 지장이 없을 것 같다. 그런데 벽면의 성질은 조선의 소위 고구려 고분과 비슷하기 때문에 츠카모토 박사, 나이토 토라지로(內藤虎次郞) 박사 등의 말에 따라서 고구려라고 해도 좋다. 어쨌든 후한으로든 고구려로든 연대라는 점에서 말하면 서기 1, 2세기경의 것이 되니 양설(兩說) 모두 같다. 물론 조선의 고분벽화도 한 대 회화의 영향으로부터 생겨난 것이니까 그것과 비슷하다고 해서 바로 고구려설이 마땅하다고는 할 수 없다. 다만 요양 부근의 것은 벽돌무덤과 돌널 두 종류가 있어서, 전자는 중국 각지의 묘와 비교하여 보통 한인(漢人)이라 하고 후자는 조선의 고구려와 같이 석재로 하고 있기 때문에 고구려인이라고 하는 것이 보통의 설인데, 이 논리에 따라 말한다면 고구려설이 바르게 보인다. 한편 벽돌무덤과 돌널에서 발견되는 유물은 전부 동일하고 그들 사이에 아무런 구별을 할 수가 없기 때문에, 벽돌을 이용한 한인도 적당한 석재가 있는 요양 부근에서는 돌널을 만들었다고 해도 절대로 불합리하지 않다. 이러한 점들로 인해 이 문제를 오늘날에는 거의 해결하기 어렵다고 할 수밖에 없다. 다만 다소 고구려설 쪽이 온당한가 하고 생각할 뿐이다.

한(漢)이 어쩌면 고구려인가, 이것은 그대로 두고, 또 벽화의 미술적 가치의 보존 정도는 조선의 것에 비해 떨어진다고는 하나, 이 고분은 만주에서는 가장 중요한 고분의 하나인 것은 말할 필요가 없다. 이미 조가둔 고분은 벽돌 전부를 여순 박물관으로 옮겨 박물관 후원에 재현하였다고 하고 요양의 본 고분도 요양의 백탑(白塔)공원으로 옮겨 보호받을 계획이라고 하니 기쁘다. 나는 이것이 하루라도 빨리 실행될 것을 희망해 마지않는다.

〈참고논저〉

八木奘三郎 君「遼陽發見の壁画古墳」(『東洋学報』第十一巻 第一号)

塚本靖「遼陽太子河附近の壁画ある古墳」(『考古学雑誌』第二巻 第七号)

有高巖 君「太子河畔の古墳」(『満州日日新聞』大正 八年 六月)

関野 博士 等『朝鮮古跡図譜』第二册(李玉職 発行´朝鮮古墳壁画集)

鳥居竜蔵 博士『南満州調査報告』等

덧붙여

본 논문은「南滿州に於ける顯著なる古墳(남만주에서의 현저한 고분)」이라는 제목의 후반부이지만, 다른 부분은 앞서 기술한 조가둔 및 목성역 고분 등에 관계되며, 중복되기 때문에 이를 생략하였다.³ 또 본 고분은 그 후 여순 박물관으로 옮겨 설치되어, 현재 이 박물관의 앞뜰에서 볼 수 있다.

(대정 10년(1921) 7월)

---

3 본문 341~384쪽 참조(역자주).

4. 남만주 요양 부속지 발견의 석관고분[1]

우메모토 슌지(梅本俊次)

1. 제 언

　　요양 땅이 남만(南滿)에서 가장 오래된 도읍이라는 사실은 이제 와 새삼스레 군말이 필요하지 않다. 그 증거로 지금까지 상당한 양의 유적유물이 반출되고 있다. 지금부터 언급하려는 돌널무덤(石棺古墳) 역시 결코 생소한 것이 아니다. 이미 학계에 정평이 나 있는 태자하 강변에서 발견된 벽화고분은 대정(大正) 7년(1918)에 세상에 소개되어 지금은 여순 박물관에 보관되고 있다. 시대는 한나라 또는 고구려시대라고 한다. 다시 말해 서기 1, 2세기경으로 추정되고 있다. 이 시대의 유물로 요양 부근에서 발견된 고분에는 대략 두 종류가 있는 듯하다.

　　그중 하나는 벽돌무덤(塼墓)이라 부르며 벽돌로 축조한 것으로, 이 종류의 고분은 요양 부근에서 시작하여 안산(鞍山), 개평(蓋平), 나아가 웅악성(熊岳城) 방면까지 퍼졌다(*관동주(關東州)[2] 내에 대해서는 다시 언급

1　『만몽(滿蒙)』 제15기 上, 6월호, 「北支那事情特輯號」, 소화 9년(1934).
2　요동반도의 대련, 여순 지역. 일본은 포츠머스강화조약(1905.9)과 청일만주선후조약(1905.12)에 따라 요동반도('관동주')의 조차와 남만주철도(러시아의 동청철도 내 장춘부터 여순항까지) 및 부속지 등의 경영 이권을 러시아로부터 계승받았다. 관동주는 조차지였지만 철도와 부속지는 본질적으로는 청국령이었다(나카미 다사오 외 지음/박선영 옮김, 만주란 무엇이었는가, 소명출판, 2013, p.264에서 인용, 역자주).

하고자 한다)³. 그리하여 요양 이북 땅에서는 지금까지 발견되었다는 소식이 없다.

두 번째로 돌널무덤은 판상(板狀)의 큰 석판석(石板石)으로 만든 것으로, 석재는 캄부리아기의 점판암질이다. 이 종류의 고분은 대부분 요양 부근, 즉 부속지(附屬地)⁴내 및 태자하 연안 일대 및 그 상류 부근에 한정되어 있으며 요양역 구내에서 발견된 것을 시작으로 태자하 철교 동쪽 및 선로 서쪽, 요양 연병장 부근, 요양 만방회사 앞 도로, 요양성 동문(東門) 밖의 태자하 좌안(左岸) 땅, 그리고 새롭게 발견된 태자하 상류(*요양에서 동쪽 10리) 경가둔(耿家屯) 부락 부근에까지 분포한다. 그리하여 이러한 종류의 고분이 요양 부근 및 태자하 강가에서만 발견되고 다른 남만 땅에서는 발견되지 않는 점도 특수한 사항으로 고찰할 필요가 있다고 생각한다.

필자는 소화(昭和) 2년(1927) 10월 처음으로 이러한 종류의 돌널무덤 발굴에 참여하고 그 어마어마한 규모에 놀랐다. 그러나 유감스럽게도 이미 도굴된 후로 그저 그 잔해를 정리한 것에 불가하다는 느낌이 있지만, 이번에 발굴된 요양 부근 부속지 내의 돌널무덤은 첫 발견 때부터 조금도 함부로 도굴되는 일 없이 원래 매몰 상태 그대로를 발굴했다는 점에서 다른 여타 발굴에 비해 가장 정확한 것이라고 자신할 수 있다.

2. 고분의 위치

---

3 원문의 해설은 (*)로 표시하였다(역자주).
4 남만주 철도 선로의 양쪽 폭 62m 범위 및 역사(驛舍) 중심의 부지. 만철은 700마일에 걸친 철도 연선(沿線)의 역을 중심으로 대련, 와방점, 웅악성, 대석교, 요양, 봉천, 철산령, 개원, 사평가, 공주령, 장춘, 안동, 본계호, 무순 등에 시가지를 경영하였다(나카미 다사오 외, 앞의 책, p.281, 역자주).

그림에 나타난 바와 같이 요양 부속지 남단, 아사히마치(朝日町)[5]의 만주면화회사(滿洲棉花會社, *사장 이소자키(磯崎) 씨)의 경내 동남부, 만주방적회사(滿洲紡績會社) 정문 앞 도로의 동쪽으로 멀리 요양 태자하 좌안 땅에 해당한다. 이 땅으로부터 서쪽 3정(町) 정도 떨어진 만

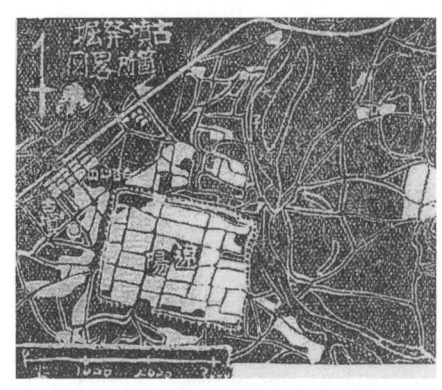

[1] 석관고분의 위치

방(滿紡)회사의 서요양역 구내에서는 소화 2년(1927) 10월에 이와 거의 비슷한 돌널무덤이 발견되었고(*이 고분은 대련 만몽자원관(滿蒙資源館) 지하실에 있다.) 추가로 만방회사 정문 앞 도로(*동서로 통한다.) 위에서도 이런 종류의 돌널무덤이 발견되고 있다. 생각건대 과거 태자하는 현재의 강바닥보다도 훨씬 서쪽으로 흘렀을 것으로 보이는 점이 있다. 그리고 그 강가 땅이 그 주민의 주거지였을 것이라는 추측이 고분이 소재한 지점을 통해 추측할 수 있다.

이 종류의 돌널무덤이 발견된 기존의 것을 제시하면

1) 태자하 철교 동쪽(*벽화석관고분)
2) 동(同) 철교로부터 북쪽으로 1정 정도 선로 서쪽
3) 요양역 구내 남단 수도 탱크 아래
4) 동 성(城) 북쪽 연병장 토루(土壘) 부근
5) 동 성 동문 30정 남짓 태자하 우안
6) 동 동쪽 8리 궁장령(弓張嶺) 서북 경가둔(*태자하 상류)

---

5 '부속지(附屬地)'라는 이름의 영토는 일종의 식민지이다(고바야시 히데오 지음/임성모 옮김, 『만철, 일본제국의 싱크탱크』, 산처럼, 2004, p.15). '조일정(朝日町)'은 '아사히마치'라는 일본식 주소로 보인다(역자주).

이상은 지금까지 알게 된 발견지로, 이외에도 현재 요양을 중심으로 태자하 연안 등에는 여전히 여러 개 매설된 것이 존재하리라 쉬이 상상할 수 있다.

3. 널방의 구조 및 발굴 경과

소화 8년(1933) 4월 발굴지 만주면화회사 사장 이소자키 씨의 호의로 모든 편의와 토공(土工)을 제공받은 필자는, 토공의 감독으로 회사 측 도요후쿠(豊福) 씨와 조수로 의형제인 스즈키(鈴木) 씨에게 폐를 끼치며 4월 14일 즉 발견 당일부터 발굴이 끝나는 18일까지 주도면밀하게 주의를 기울여 발굴에 종사했다.

[2] 최초 발굴 당시 뚜껑돌 일부

고분은 표토(表土)가 불과 1m 정도인 지하의 동남쪽 위치에 매몰되어 있었으며 처음 발굴한 부분은 앞쪽의 뚜껑돌 일부였다. 게다가 이 뚜껑돌은 가로 1m

[3] 고분 전체 널뚜껑 노출도

72cm, 세로 1m 25cm로 겉면을 향해 'Z'자 형으로 깊게 파여 있어서 마치 비석을 여기에 세운 듯한 느낌을 주었다.

이 뚜껑돌을 중심으로 발굴하기로 하고 노출된 전체 면을 발굴한 결과, 전체 형상이 마치 '丁'자 형을 이루고 뚜껑돌은 모두 7장으로, 점판암질의 평판석(平板石)으로 뒤덮여 있었다. 이를 평면도로 측정한 결과 '丁'자 형을 이루며 전실의 폭은 2m 95cm, 후실의 폭은 1m 70cm, 전체 길이 4m 60cm임을 알 수 있었다.

이어서 이 고분의 깊이를 알기 위해 표면에 해당하는 동남쪽 모퉁이를 발굴한 결과, 전실 내부의 부석(敷石:(길이나 뜰 따위에 깐) 납작한 돌)까지의 깊이가 1m 50cm임을 알 수 있었다. 이 고분은 'ㅜ'자 형을 이루며 전실은 깊이 1m 50cm, 폭 2m 95cm, 전체 길이 4m 60cm이었다. 전체 모습을 드러내기 위해 적어도 고분 주위를 뚜껑돌보다 폭 1m, 깊이 1m 50cm까지 발굴하여 흙덩어리를 반출한 후 점차 뚜껑돌을 제외하고 덧널 안을 발굴하기로 했다. 그리하여 이틀째 드디어 작업에 들어가는데 여기에서 전혀 이해하기 어려운 문제에 봉착하게 된다.

그것은 고분 견취도(見取圖:건물 따위의 모양이나 배치를 알기 쉽게 그린 그림) 전측면도에 나타난 것처럼 고분의 전측면 중앙부에 반달 모양의 구멍(*가로 60cm, 세로 58cm)이 노출된 것이다. 이 반달 모양의 구멍 위쪽의 뚜껑돌이 'Z'자 형으로 잘려 나가고 위아래로 맞물리게 하는 것이 있었다. 그리하여 이 구멍으로부터 덧널 안의 일부까지를 통해 미루어 짐작할 수 있었는데, 덧널 안은 대부분 흙덩어리로 가득 차 있었다. 그렇다고 하더라도 이 구멍은 어떤 목적으로 만들어진 것일까. 구축 당시부터 이미 설계된 것이라면 당시 매장의 한 양식으로 보고 자세히 살펴볼 가치가 있을 것이며 후대인이 인위적으로 한 것이라면 아마도 도굴되었을 것이라는 직

[4] 고분 전면 우측 반달 모양 구멍

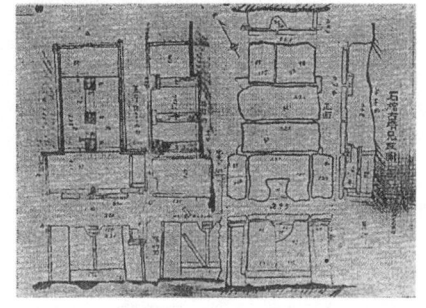

[5] 고분 견취도(見取圖)

관을 갖게 하는데, 적잖이 처음의 기대를 저버리게 하는 것이다. 그리하여 후실 측면을 발굴하다가 여기서 또다시 같은 유형의 반달 모양 구멍(*가로 48cm, 세로 26cm)이 발견되면서 다시금 의문을 갖게 되었다.

이상의 구멍에 전적으로 의구심을 갖고 발굴을 계속하였는데 드디어 뚜껑돌 전부가 제거되고 덧널 안을 드러내고 전실 측면의 돌덧널(石槨)을 제거하면서 발굴을 이어가는데 여기서 뜻하지 않게 반달 모양 구멍 조각 석재가 전실 덧널 안으로 굴러떨어졌다. 게다가 그 조각 때문에 뚜껑돌 지주(支柱)가 왼쪽으로 비스듬히 기울어져 있는데(견취도 참조) 여기서 의심의 여지없이 도굴 사실을 발견하고 처음 기대가 몹시 손상되어 버린 것이다. 그렇다 하더라도 후실의 구멍은 어떤 의의가 있는지에 대해 고찰하였다. 애당초 후실 구멍을 계획했던 것일까 아니면 내부 채광 때문에 도려낸 것일까. 이에 대해서는 〈결론〉에서 언급하고자 한다.

덧널방 구조는 그림과 같이 '丁'자 형을 이루고 전실 내부는 폭 93cm, 길이 2m 90cm, 깊이 1m 60cm이며 중실은 한 단(*높이 34cm) 높은 폭 1m 74cm, 길이 2m 30cm, 높이 1m 26cm이고 후실은 폭 1m 74cm, 길이 92cm, 높이 1m 10cm로 된 구조이다. 뚜껑돌의 지주로 폭 9cm 정도의 석재를 전실 입구에 한 개, 중실 입구에 한 개, 중앙에 한 개, 후실에 한 개(*견취도 뚜껑돌을 제외한 내면 및 뚜껑돌을 제외하고 발굴 완료 후의 사진 참조)를 배치하고 추가로 폭 27과 30cm 초석 위에 아무런 고정도 없이 세운 지주 상부에 다시 받침돌(臺石)을 두어 거대한 뚜껑돌을 지지하게 했다. 게다가 가로로 두 개의 마룻대돌(棟石)을 걸쳐서 중실 양 측면의 석재를 관통시켜 뚜껑돌을 받치는, 묘기와 같은 구조는 실로 놀라지 않을 수 없었다. 특히 중실 양 측면의 석재는 가로 2m 30cm, 세로 1m 26cm로 된 한 장의 돌을 사용하면서 우측 내면에 장식으로 보이는 쇠못 모양을 구름 모양으로 새겨 넣은 것이다. 나아가 벽화의 파편이 후실 우측면에서 떨어져 겨우 그 흔적만 남기고 있는 것도 매우 흥미롭다.

4. 발견 유물

이 고분이 이미 도굴되었다는 것은 앞에서 지적하였다. 먼저 전실(前室)을 발굴하면서 덧널 안 표토 30cm에서 이미 토기 파편을 발견하였는데 이로 미루어 보아 도굴되었음을 짐작할 수 있었다. 또한 75cm에서는 인골 파편이 발견되어 더더욱 도굴 사실을 확인시켜 주었다. 이렇게 1m 30cm에 이르기까지 토기 파편, 인골 파편, 두개골 파편, 벽돌 파편 및 나무널 부식 잔편(*안에는 붉은색, 밖은 옻칠의)과 나아가 한나라의 화전(貨錢) 오수 열 몇 개가 출토되었다.

이상에서 도굴 당시 중실(中室)의 매장 인체와 그 외의 부장품을 전실로 옮겼다는 것을 알았다. 그리하여 1m 30cm 이하, 즉 전실이 깊이 1m 60cm이라는 점에서, 30cm인 전실의 하부에서 사진에 나타난 바와 같이 관상(棺床) 출토품이 나와, 먼저 중앙 좌측에서 두개골 파편 및 인골의 일부를, 나아가 그 좌측 구석에서 두개골의 일부가 발견되었으며 부식된 관재(棺材)는 중앙 좌측 벽 가까이에 활모양으로 남아 있었다. 그 앞

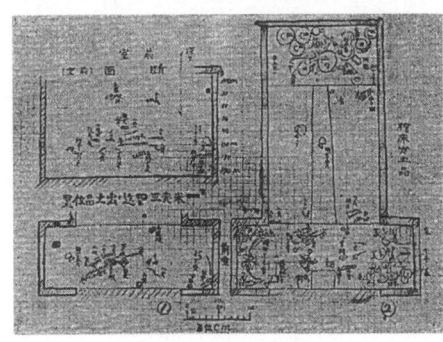

[6] 발견 유적의 위치

[7] 전실 내부(우측) 유물 출토 상태
(발견 유물의 위치 참조)

쪽에서 호박(琥珀)의 장식 옥(玉)
이 나왔다. 게다가 화병 모양의 토
기(*사진16참조)가 출토되고 있으
며 또한 관재 앞쪽에서 사람의 이
(人齒)가 출토된 것 외에 짐승뼈
의 일부로 보이는 것도 나오고 있
다. 중앙 우측에서는 지주의 받침
돌 가까이에 오수전이 다수 출토

[8] 전실(우측) 유물 출토 상태
(발견 유물의 위치 참조)

된 것이 확인되었고 추가로 우측 안쪽에서 부뚜막, 와옥(瓦屋), 굽다리접시 모양의 토기가 출토되었고 와옥 안에서 물고기가 그려진 도마(*사진11 참조)가 출토되었다. 그 외에 항아리 모양의 토기 파편 및 항아리 뚜껑으로 보이는 파편도 다수 발견되었다.

전술한 바와 같이 중실 내부는 대부분 도굴당해 거의 전실로 반출되었으며 그림과 같이 중앙 우측에서는 와옥의 파편과 항아리 파편이, 좌측에서는 하악골 일부가, 또 왼쪽 구석에 인골 한 조각이 있었다. 중앙부에 두개골 파편, 좌측 후부에 주먹만한 돌 두 개, 후부의 중앙 우측에서 항아리 한 개, 토기 파편을 발견했을 뿐, 물건이 하나도 없다고 할 정도로 도굴의 흔적이 역력하였다.

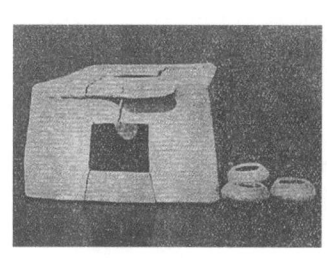
[9] 부뚜막과 가마

[10] 와옥(瓦屋)
(발견 유물의 위치 참조)

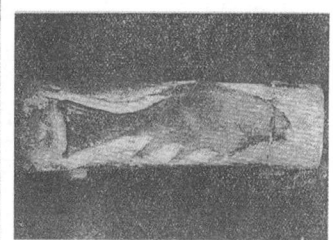
[11] 와옥 내 도마

후실 내에서는 엄청난 수의 부장품 명기류가 출토하고 있다(*사진12 참조).

1) 궤(櫃) 모양 토기

내부에 색을 칠한 돌조각에 국자를 얹은 것이 있고 궤 겉에는 도철(饕餮) 문양의 수환(獸環)을 붙였다(*사진13 참조).

2) 향로(香爐) 모양 토기

바닥에 반달 모양의 활을 조각하고 내부에 한 치 남짓의 목탄이 가득 차 있다(*사진14 참조).

3) 가마(釜) 모양 토기

입 지름(口徑) 양쪽에 길게 시각형으로 두 개의 구멍을 팠다(*사신15 참조).

4) 잔(瓦杯, 羽觴)

여러 개 출토하였는데 문양이 없다.

5) 물병(水指) 모양 토기

컵과 비슷하며 손잡이를 붙였다.

6) 접시(皿) 모양 토기 몇 개

7) 우물(井) 모양 토기

8) 굽다리접시(高杯) 모양 토기

9) 도철면(饕餮面)

무슨 장신구인지 판명되지 않았다(*사진17 참조).

10) 오수전

11) 인골 파편

12) 평평한 국자(杓子) 모양 토기

13) 벽화 파편

이상 열거한 바와 같이 다수의 명기류(*부장품)를 출토하고 있다.

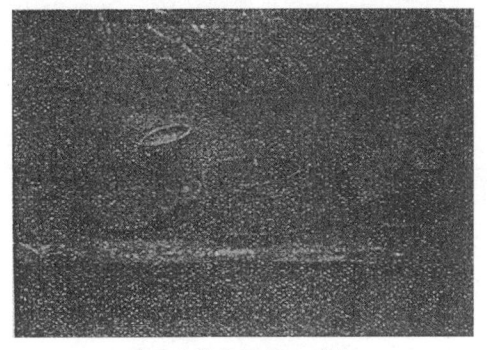
[12] 후실 유물 출토 상태

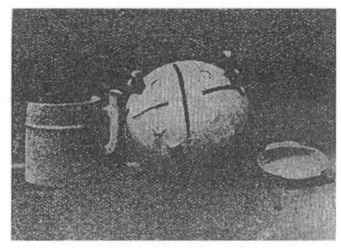
[13] 궤모양·가마모양 토기, 국자

[14] 향로모양·물병모양 토기, 잔(羽觴)

[15] 가마모양·접시모양·우물모양 토기

[16] 화병모양·굽다리모양 토기와 뚜껑

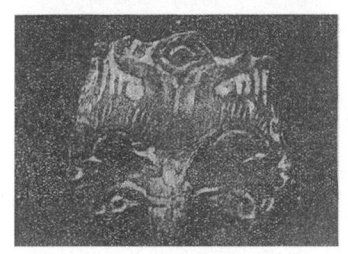
[17] 도철면

[18] 관재와 벽화 파편, 오수전, 색깔을 칠한 궤 안의 돌

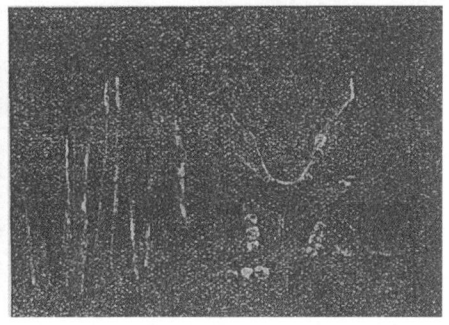
[19] 두개골, 하악골 골편과 인치(人齒)

5. 결 론

이상의 기술을 종합하면, 먼저 이 돌널무덤이 매장 후 얼마 후에 도굴되었다는 사실은 전실 측면의 반달 모양의 구멍을 통해 증명되었다. 나아가 유력한 증거는 발굴하면서 그 상층부에서 이미 토기의 파편 및 인골 파편이 출토되었다는 것이다. 매장 인체에 대해서는 두개골 지편(紙片) 및 인치(人齒)로 추정하여 세 구가 매장되었다는 것을 알게 되었다. 다시 말해 4개의 두개골 파편이 반출하고 있지만 전실 안, 중앙부 좌측의 것이 한 몸으로 (이는 짓눌린 듯한 체형으로 다소 완전한 것이었다.) 도굴할 때 중실 내에 있던 것이 굴러떨어진 것으로 추정된다. 또한 전실 좌측 구석에 한 구, 중실 내의 하악골과 두개골 파편, 상층에서 출토된 파편 등은 모두 중실 내의 다른 인체로 추정된다.

반출된 인치를 검진한 요양 아이미(金井) 치과의사의 검안에 따르면 두 구의 인치 중에서 상악골이 비교적 원형을 유지하고 있는 것은 치조와(齒槽窩)가 확인되며 추정 연령이 약 50세이고 다른 한 구는 상악골의 외형이 확실하지 않지만, 추정 연령이 25세 이상 35세 이하이다. 그 외 한 구는 확인할 인치가 없지만, 전실 내 좌측 구석에 있었던 두개골 조각과 널의 일부가 남아있는 것으로 보아 분명 한 구가 더 존재했다고 보기에 충분하다고 생각한다. 즉 전실에 한 구, 중실에 두 구가 존재했고 후실 즉 내실(內室)은 부장품의 매장실인 것이다. 그 외에 짐승뼈의 조각으로부터 한나라 고분에 자주 보이는 희생(犧牲)을 위한 매장이 이루어지고 있었음을 알 수 있다. 게다가 나무널 부스러기로 추측건대 나무널은 내주외칠(內朱外漆)로 된 상당히 귀중한 것으로 관재의 일부가 부식한데다가 활모양을 한 점에서 배 모양으로 되어 있음을 상상할 수 있다. 돌덧널 내부 장식으로 중실 좌측 벽에 구름 모양의 쇠못 같은 것을 설치한 점과 후실 우측 벽에서 몰타르에 백악(白堊)과 담홍색을 칠한 사방 2촌(寸) 정도의 벽화

조각이 남아있다는 점에서 후실 내부에 벽화를 그렸다는 것을 짐작할 수 있다. 나아가 도철 모양 추면(醜面)의 출토와 호박 장식옥의 출토, 그 외 토기류의 정교한 제작 기술 등으로 보아 이러한 종류의 돌널무덤으로서는 상당한 귀인의 분묘이었음을 충분히 알 수 있다. 단지 유감스러운 것은 도굴로 인해 그 귀중한 매장품 등이 흩어져버린 점으로 첫 기대를 저버린 사실은 아무리 생각해도 아쉽다. 오수전 출토 및 명기류 제작 기술 등으로 보아 후한 시대, 즉 지금으로부터 1700년 전으로 추정된다.

이 돌널무덤은 발견지 요양면화회사 사장인 이소자키 씨가 안산(鞍山)중학교에 기증한 것으로 중학교에서는 창립 10주년 기념사업의 한 업적으로 이를 교정에 구축(構築)하여 오랫동안 향토사적 자료로 보존하고 있다(*20 참조).

[20] 안산중학교 교정에 복원 구축한 고분 전도(全圖)

휘보

5. 남만주 요양에 있어서 고분 조사[1]

코마이 카즈치카(駒井和愛)

소화 16년(1941) 9월 중순에서 10월 중순에 걸쳐 일본학술진흥회의 사업으로 만주국 요양 부근에서 한 대의 유적에 대한 조사가 수행되었다. 동경제국대 국문학부 고고학연구실의 하라다 요시토(原田淑人) 박사가 주도하여 세키노 타케시(關野雄), 시마다 마사오(鳥田正郎), 와지마 세이치(和島誠一), 토츠카 유키토미(戶塚幸民) 제군(諸君) 및 필자가 여기에 참가하고, 만주국에서는 민생부의 미야케 도시나리(三宅俊成) 씨, 만일(滿日)문화협회의의 스기무라 오죠(杉村男造), 사에구사 아사시로(三枝朝四郎) 씨들도 참석하였다.

요양 부근은 한(漢)의 요동군치(遼東郡治)에 놓인 양평현(襄平縣) 지역으로 만주에서 한 대 문화의 흔적을 고찰하는 데 무엇보다도 중요한 곳임은 누구라도 알고 있겠지만, 아직 고고학적 조사와 같은 것은 충분하다고 말할 수 없었다.

그런데 한 대 군치의 터라고 추정되는 토성은 오늘날 존재하고 있지 않지만, 현재의 현성(縣城) 부근에 한와(漢瓦)의 단편이 흩어져 있고 특히

---

[1] 『考古學雜誌』 제32권 제2호(1942), 46~47쪽, 휘보(彙報).

서북쪽 및 동남쪽에 걸쳐서 '천추만세(千秋萬歲)[2]'라는 네 글자를 나열한 와당(瓦瑞) 등이 발견된 것은 주목할 만한 가치가 있을 것이다. 즉 한 대의 군치가 있던 곳과 지금의 현성은 그리 다르지 않은 것으로 생각된다. 또 현성의 주위 및 태자하 부근에는 한 대의 분묘가 상당히 남아 있으며 그 종류도 벽돌덧널(塼槨), 돌덧널(石槨), 옹기널(甕棺) 등을 들 수 있다.

벽돌덧널무덤은 그다지 큰 것은 없었다. 대략 하나 또는 두 개체를 넣는 정도의 것이고 평면의 폭은 길이 12, 3척 정도이며 반달형 천정이 동일하게 벽돌로 쌓아져 있다. 벽돌은 모두 장방형의 작은 것이며 문양이나 색이 칠해져 있는 것은 볼 수 없었다. 그러나 가옥, 부뚜막, 우물, 잔, 소반, 주발, 단지, 그밖에 박산로 등의 와제명기류가 꽤 많이 머리 쪽에 부장되어 있고 그중에는 정연히 정렬된 모양을 복원해 볼 수 있을 것 같은 것도 있었던 것은 흥미로운 점일 것이다. 또 오수나 화천이 많이 출토되었다.

돌덧널무덤은 평편한 수성암(水成巖)의 석재로 짜고 같은 석재로 천정을 한 것으로, 간단한 1개체 또는 2개체를 넣는 데 불과할 것 같은 것에서, 약간 복잡한 몇 개의 방도 설치되고 기둥이나 두공(枓栱) 등이 설치된 것 같은 것이 있다. 게다가 이들 돌덧널무덤으로부터 오수가 채집되고 출토된 와제명기에는 상기 벽돌덧널방의 것과 같은 기법으로 된 것이 적지 않은 점은 영위한 시대가 서로 같은 것임을 나타내는 것일 것이다. 더군다나 돌덧널무덤의 하나로 남림자에서 발견되는 것의 측벽에는 흡사 한(漢)의 화상석을 보는 것 같은 인물 등이 그려져 있다. 그 수법에는 낙랑채협총(樂浪彩篋冢)의 채협을 연상하게 하는 것이 있다. 그동안 요양 부근에

---

[2] 와당에 새긴 명문에는 이외에도 '안평락미앙(安平樂未央)', '장락미앙(長樂未央)', '장생미앙(長生未央)' 등이 있다(윤내현, 『고조선연구』 상 만권당, 2015, P266, 역자주).

서는 영수사(迎水寺)에서 벽화가 있는 돌덧널무덤 1기가 발견된 것에 불과하나, 그 연대에 대해 혹은 한 대라 하고 혹은 고구려시대는 아닐까 하고 의심하고 있었다. 그런데 이번 발견으로 이 종류의 벽화고분이 한 대의 것이라는 것이 겨우 밝혀지게 된 것은 큰 수확이라고 할 수 있다.

다음에 옹기널(甕棺)은 한 대의 평와(平瓦)에 보이는 것과 같은 석문(蓆文:돗자리문양)과 가로대(橫條帶)를 하고 있었던 것으로 그 시대가 추정되는데, 요양에서는 처음으로 발견된 측에 속한다. 이것은 소아용일 것이다.

이상과 같이 우리는 주로 이 지역의 한 대 유적 조사를 따르고 있었는데, 여기에는 대정통보(大定通寶)[3] 등을 꺼낸 금대(金代)의 돌널(石棺) 이외에 대해서도 주의를 게을리하지 않았다. 이들 채집품은 동대(東大) 고고학 연구실에 운반되어 지금 정리 중이다.

---

[3] 금(金) 5대 황제 세종 시기(대정 18년~29년((1178~1189))에 제작한 동전(역자주).

6. 요양 남림자(南林子)의 벽화고분[1]

하라다 요시토(原田淑人)

1

　만주국 요양은 한대(漢代)의 양평현치(襄平縣治)이며 요양군의 치소여서 태수가 이곳에 있으면서 요동 일대를 통할하였다. 후한시대에는 요동군의 호수가 6만 4천 남짓, 인구가 8만 천 정도에 달하였는데1 양평읍(현재 요양)의 호구도 아마 상당수 계산하여 올렸을 것이다. 따라서 요양은 조선 낙랑군의 치소인 평양과 같이 동방에 있어서 한 대 문화의 한 중심지를 이루고 있었던 것이다. 그런데 그 후, 각 시대를 통해서 계속해서 신도시가 건설되어 발전하나 부근을 흐르는 태자하의 끊이지 않는 범람에 씻겨버려서 당시의 토성은 흔적도 없이 소멸하고 분묘는 모두 봉토를 상실하여 지금 지상에는 아무런 흔적이 남아 있지 않다. 그렇지만 종래 가끔 개간, 토목공사 등에 의해 한 대의 벽돌무덤(塼墓), 돌무덤(石墓) 등이 발견되어 학계에 소개된 것도 적지 않았다. 근년에 이르러 시(市)의 서쪽이나 남쪽 근교에서 연와소(煉瓦燒)의 흙을 파거나 공장 건축이 성행하게 됨에 따라 한묘(漢墓)가 노출되는 것이 많이 늘어나서 유적은 날로 파괴되고 유물은 급속히 흩어지고 없어져서 학계가 매우 안타까워하고 있다. 때

---

[1] 『國華』제53편 제4책, 1943, 105~109쪽.

마침 일본학술진흥회는 제15소위원회를 조직하여 중국 문화유적의 고고학적 조사를 계획하였는데 요양의 조사가 갑자기 하루로는 하기 힘든 것에 봉착하였다. 이에 한 반(班)을 파견해서 발굴을 수행하게 하고 우리가 위촉되어 이를 담당하였는데 만주국 민생부·만일(滿日)문화협회·요양시 공서(公署) 등의 원조 하에 소화 16년(1941)과 17년(1942) 2회에 걸쳐서 새로이 전묘와 석묘 5기를 발굴하여 그 성질을 연구할 기회를 얻었다. 이 소편(小篇)에 소개하려고 하는 벽화고분은 요양시 남교(南郊) 남림자(南林子)에 있으며 구조에 있어서도, 또 벽화의 채화에 있어서도 매우 주목할 가치가 있다. 그리고 이것에 의하여 이 지역의 오래된 문화를 알 수 있는 반면, 나아가서는 중국 내지(內地)에서 한 대의 문화를 밝힐 수 있는 하나의 단서를 만들고자 한다.

2

앞서 밝힌 바와 같이 요양시 부근의 분묘는 모두 봉토를 잃고 지상에는 그 존재가 나타나 있지 않지만 근래 발견 상태에서 추측하면, 그저 가로(街路)나 밭이 아니고 그 밑바닥에는 무수한 고분이 매몰되어 존재하고 있는 것 같다. 이 지역의 한묘(漢墓)는 주로 전묘와 석묘 두 종류인데, 전묘는 내부 길이 12~3척, 폭 5~6척, 높이 5~6척을 나타내는 소규모의 것으로, 길이 1척, 폭 5촌, 두께 1촌 남짓의 벽돌을 가로와 세로로 교대로 포개 쌓아(疊積) 네 벽을 만들고, 동일한 벽돌을 망대형(望代形)으로 깔아 마루를 만들고 있다. 천정은 모두 붕괴되어 원형을 남기고 있지 않지만, 동일한 장방전(長方甎)에 쐐기꼴 벽돌을 교차해서 반월형(蒲鉾形)으로 구성하고 있었을 것으로 추정된다. 그리고 마루 위에는 널 같은 판석을 설치하고 또는 벽돌을 배열해서, 한 개의 널 혹은 2개의 널을 올려놓을 수 있는 시설을 하고 있다. 또 널의 머리 위에 단(壇)을 만들고 혹은 선반을 설치하여 명기(明器)를 나열하였다. 석묘는 태자하 물가에서 잘라낸 점판암의 큰 석재를 얽어매어 만들고 작은 것은 거의 전묘와 규모를 같이하고 있으며 게다가 내부 구조도 단(壇), 선반, 관대(棺臺) 등의 설비가 있어서 전묘의 경우와 비슷하다. 단지 그 큰 것은 이 소석실(小石室)을 한 단위로 하여 몇 단위인가를 종횡으로 접속하여 복잡한 구조를 나타내고 있어서 종래의 전묘와 형식상 관계가 없는 것처럼 생각되었다. 부장품은 전묘, 석묘 모두 가(家)·부뚜막(竈)·우물·음식그릇 등을 모방한 와제(瓦製) 명기, 반냥·오수·화천 등의 전화(錢貨), 그 밖에 장신구 등을 주로 하고 있다. 그리고 벽화는 모두 큰 석묘에 그려져 있다.

그런데 남림자의 벽화고분은 우리가 조사한 석묘 중에서 가장 큰 것으로 길이가 19척 남짓, 폭이 20척 남짓, 높이가 7척 정도이며 전실·현실(玄室)·현실을 통하는 낭실(廊室) 및 전실의 우측 끝에 접하는 측실로 이루어지고(오른쪽 평면도 참조), 기둥과 대들보, 둘레의 벽 구조도 당시의 목조건축을 석재로 모방한 것 같은 점이 보이는데(아래 제1그림 및 제2그림 참조) 중국 건축사상 귀중한 자료이므로 손실되지 말아야 한다.

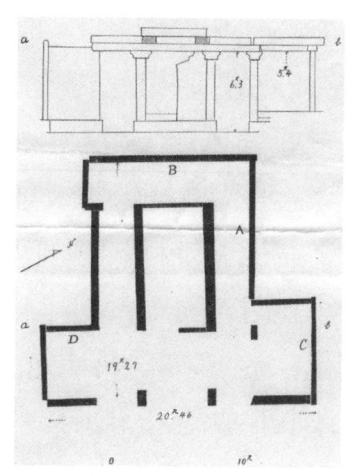

[제1그림] 남림자 벽화고분 석실

[제2그림] 남림자 벽화고분 석실

6. 요양 남림자(南林子)의 벽화고분

벽화는 원래 무덤 안의 각 벽·기둥과 대들보·천정 등에 그려졌던 것으로 보이며 여러 곳에 색깔의 흔적이 확인된다. 그러면서 석면(石面)을 엷게 백색으로 칠하고 그 위에 진흙 회구(泥繪具)로 그렸던 것이기 때문에 현재는 평면도에 나타낸 ABCD 부분에 남아 있는 정도에 불과하다. 또한 본 무덤은 일찍이 청조(淸朝) 말엽에 그 입구를 열었던 것이, 무덤 벽에 '咸豊七年五月來看(함풍 7년(1857) 5월 방문하다)'라고 새겨 기록되어 있기 때문에 확실하다. 단 D부분은 이번에 조사할 때 매몰된 흙을 제거한 결과 발견된 곳이다. A부분의 벽화는 대소 두 석판으로 만들어졌는데 큰 석면에는 천정에 접하는 곳에 약간 작게 인물 좌상 11명을 그리고 그 아래쪽에 약간 크게 인물 좌상 5명과 서 있는 사람 2명을 그렸다. 다시 그 왼쪽 가장자리에 쌓은 울타리라고 생각되는 것을 그리고 이를 사이에 두고 왼쪽에 큰 인물 좌상 4명을 그리고 있다. 그리고 작은 석면에는 전자(前者)와 연속해서, 같은 큰 인물 좌상 부류로 확인되었다. 이상의 인물은 왜관(矮冠)을 쓰고 넓은 소매의 옷을 입고 깔개 위에 앉아 있는데 그 사이에 탁자 같은 것이 여러 곳에 놓여 있다. 또 서 있는 사람 중의 한 사람은 막연하지만 무용하는 것처럼 생각된다. B부분의 벽면에는 중앙에 크게, 가지를 좌우로 펼친 나무 한 그루가 흑색으로 그려져 있는데 그 밖에는 모호하여 어떠한 그림인지 판단하기 어렵다. C부분의 벽면에는 위쪽에 장막을 꽉 조이고 그 사이에 벽옥(璧玉)을 달아 아래로 꼿꼿하게 드리운 모양이 그려져 있는데, 아마 그 아래쪽에 원래 인물의 좌상이 그려져 있었을 것이다. 마을 사람들 말에 의하면, 이 측실의 천정에는 해와 달의 그림이 그려져 있었던 것 같다는데, 지금은 완전히 떨어져 나가 이를 확인할 방법이 없다. D부분의 벽면에는 위쪽에 북(皷) 같은 것을 세우고 그 옆에 두 사람이 서 있고 아래쪽에는 오른쪽으로 향하는 소달구지 1대가 약간 크게 그려져 있다. 그리고 벽화의 색채는 흑색 이외에는 약간 주갈(朱褐)의 두 채색을 확인할 수 있는 데 불과하였다.

3

다음에 본 무덤의 연대인데 앞서 서술하였듯이 요양의 석묘는 작은 것이 같은 지역의 전묘와 구조상 밀접한 관계를 갖으며 큰 것이라 해도 소석실의 확대로 복잡화한 것에 지나지 않는 점, 또 소석실의 부장품이 전묘의 것과 부류를 같이하고 있는 점으로 추측하면 본 무덤의 축조 시대가 한(漢)이라고 할 수 있다. 본 무덤은 이미 청대(淸代)에 개구(開口)해 있었던 것이기 때문에 부장품의 존재는, 물론 원하는 것은 아니지만, 아래의 밑에 있는 흙을 제거하고 있었을 즈음에, 가형(家形) 등의 와제명기(瓦製明器)의 단편 이외에, 전화(錢貨)·금반지·칠기 파편 등이 발견되고 특히 왕망(王莽)이 주조한 대천오십(大泉五十)이 출토된 것으로 보아 연대가 전한(前漢)으로 올라가지 않는 것을 알 수 있다. 또 A벽화의 소형 군상이 일렬횡대로 묘사되고 그중에 한 좌상이 뒤를 돌아다보고 담화를 나누고 있는 모습과 이들 인물의 의관 풍속은 저 낙랑채광총(樂浪彩筐冢)² 에서 출토된 채광(彩筐:채색바구니)의 가장자리를 장식하고 있는 칠화(漆畵)의 인물(제3그림 참조)과 일치되는 것이 있다. 또 C벽화의 장막을 꽉 조이고 그 사이에 벽옥을 늘어뜨리고 있는 모양도 같은 채광 칠화에 보이는 것과 일맥상통하는 점이 있다. 그밖에 B벽화의 나무의 경우, 또 D벽화의 북을 세운 것이나 소달구지의 경우도 후한대(後漢代)에 새긴 화상석에 포함된 것과 같은 요소라고 할 수 있을 것이다. 따라서 우리는 본 무덤의

---

2 평남 대동군 남천면 남정리에 있는 횡혈식 목실분('남정리 116호분')으로 채화칠협(彩畵漆篋)이 발견되어 '채협총'으로 불린다. 1931년 10월 조선고적연구회(朝鮮古蹟研究會)가 발굴하였다. 서울의 조선총독부박물관에 보관되어 있다가 평양부립박물관으로 옮겨진 후, 현재는 평양 조선중앙력사박물관에 소장되어 있다(오영찬,「'낙랑칠기' 연구와 식민지주의」,『百濟文化』제49집, 2013, p.95, 역자 주). 이 채협총은 대나무를 잘게 쪼개 바구니를 짜고 겉에 광택이 나게 흑칠을 했다. 그 위에 주(朱)·황(黃)·적(赤)·농록(濃綠)·다갈(茶褐)·박묵(薄墨)으로 채칠(彩漆)하여 인물과 무늬를 그렸는데 바구니 몸체 상부에 30명, 몸체와 뚜껑의 네 모서리 부분에 2명씩 그려져 있다(김영섭,「평양 대동강면 무덤떼 축조집단 연구」, 인하대학교 대학원 융합고고학과 박사학위 논문, 2021, pp.129~130, 역자 주).

[제3그림] 낙랑채협총 채광

축조연대를 후한에 두고 그 축조자를 한인(漢人)으로 추정한다. 단 석묘 축조의 민족관에 있어서 종래 이설(異說)이 있기에 서문에서 한마디 언급해 두고자 한다.

 요양 부근에서 벽화고분의 발견은 절대로 이번이 최초가 아니다. 이미 대정 8년(1919) 태자하의 북안(北岸) 영수사(迎水寺) 마을에서 제방을 수리할 때 우연히 노출된 것이 있었다. 이 석묘는 현재 이전되어 여순 박물관 옥외에 설치되어 있는데 벽화는 거의 다 떨어져 나가 겨우 그 흔적만 남아 있을 뿐이다. 다만 동(同) 박물관에서 당시 임시로 제작한 모형도를 보관하고 있어서 벽화의 개요를 엿볼 수 있다. 이 석묘는 동서 18척, 남북 13척 5촌이며 남림자와 구조상 유사한 점이 많고 벽화의 수법 또한 상통하는 것이 있다. 벽화의 주제는 당시 직접 이 고분을 조사한 츠카모토 야스시(塚本靖) 박사[2]의 기술을 싣고자 한다. 즉,

이 주제는, 북면 도코노마로 보이는 부분의 벽 상부(上部)에는 산동성 가상현의 무릉사 석각에 있는 것처럼 집 처마에 새 등을 매달아 놓은 것 같은 것이 보인다. 아마 부엌 모양인 것 같다. 맞은편 바로 왼쪽 서벽은 중앙에서 왼쪽으로 치우쳐 세로로 한 선을 그어 이를 두 개로 나누고 그 오른쪽은 몇 구획인가로 나누었는데 그곳에 풍속화가 있다. 산 모양의 돌기가 있는 모자를 쓴 마부가 등에 안장을 얹고 빨간 천으로 장식한 흑마(黑馬)를 끌고 또 조선의 고분벽화에 보이는 것처럼 우산 같은 지붕이 있는 마차 모양이 있다. 이 수레는 적마(赤馬)가 끌고 있다. 왼쪽 한 구획 안에는 소벽(小壁) 모양과 같은 것이 있고, 그 아래에 막을 친 우산 같은 지붕이 있다. 부부가 그 아래에 대좌하고 있다. 앞에는 선명하지 않지만 소반 같은 것을 두고 과일 같은 것을 비치하고 앞에 탁자를 두어 주발을 놓고 음식을 가득 쌓아 두고 있다. 남벽 오른쪽에도 위에 막이 있고 그 아래에 큰 인물 두 명, 작은 인물 두 명을 그렸다. 동벽은 마치 서벽을 마주 대하는 것 같이 구획되어 오른쪽에 여자 인물을 그렸는데 머리에 서양 부인의 모자를 고정하는 비녀 같은 것을 많이 꽂고 있다. 왼쪽의 한 구획은 몇 개 층으로 나누어 소달구지, 소를 수레에서 풀어 놓은 모양, 소를 끄는 남자 등의 풍속화를 그렸다. 소를 따라가는 남자의 모자는 원추형이고 모자 꼭대기에 붉은 털송이를 붙이고 있다.

벽화의 모사도(模寫圖)와 츠카모토 박사의 기술에 의하면 영수사촌에서 사진 찍은 고분벽화는 남림자의 것과 약간 다르며 한인(漢人)으로 보이지 않는 풍속을 나타내는 것이 있다. 따라서 이 석묘를 축조한 사람에 대해 학자 사이에서 민족론이 일어난 것이다. 이 석묘를 최초로 조사한 야기 쇼자부로(八木奘三郎)[3] 씨는 그 풍속, 특히 하인이 만주식인 것이 있지만 전체로 보면 중국식이고, 또한 출토한 유물이 한인 고유의 와제명기나 반냥·오수·화천 등의 전화(錢貨) 등이므로 이 고분은 후한 혹은 삼국 초기 경의 한인 관계의 것으로 주장하고 있다. 이에 반하여 츠카모토 박사는 그 도상(圖像)이 조선 평양 부근의 고묘와 비슷하여 이를 고구려시대의 것으로 추정하였다. 또 하마타 박사는 이 두 설에 대해서 다음과 같이 말하고 있다4.

> 어쨌든 후한의 경우든지 고구려의 경우든지, 연대의 점에서 말하면 서기 1, 3세기경의 것이라면 양설(兩說) 모두 같을 뿐 아니라 조선의 고분벽화도 물론 한대 회화의 영향에서 생겨난 것이므로 그것과 비슷하다고 해도 바로 고구려설로 돌아가 맞다고는 할 수 없다. 다만 요양 부근의 것은 전와의 묘와 석관 두 종류가 있는데 전자는 중국 각지의 묘와 비교하여 보통 한인이라 하고 후자는 조선의 고구려와 같이 석재로 하고 있으므로 고구려인이라고 하는 것이 보통의 설이어서 이 논리에서 말한다면 고구려 설이 맞는 것처럼 보인다. 그러나 또 한편으로 보면, 이 전묘와 석관에서 발견된 유물은 전부 동일하여 그 사이를 조금도 구별할 수가 없기 때문에 전와를 사용한 한인도 적당한 석재가 있는 요양 부근에서 석관을 만들었다고 해도 조금도 불합리하지 않다. 이런 점들을 보면 이 문제는 오늘날 거의 결정하기 어렵다고 할 수밖에 없다. 다만 다소 고구려설이 온당한가라고 생각할 뿐이다.

실제 이 민족론이 있었던 당시는 이 벽화와 비교할 만한 자료로 오직 한(漢)의 화상석과 조선의 고구려 고분이 있었을 뿐이었고, 또 전묘와 소석실이 구조상 비교연구를 할 수 없었기 때문에 한인과 고구려인 두 설이 생긴 것도 오히려 당연한 일이다. 그런데 다행히도 이번 조사에 의해 전묘와 석묘 모두 구조상 밀접한 관계가 있는 것이 확실하게 되고 남림자의 벽화고분 같은 순수한 한식 회화를 확보하여, 일전에 하마타 박사가 보류한 난점이 결정되고, 또 야기 쇼자부로 씨의 주장이 헛되이 끝나지 않은 것을 느끼는 바이다.

덧붙여

본편은 일본학술진흥회 제15소위원회의 허가를 얻어 가장 큰 조사를 기록한 것이며 상세한 것은 다른 날 간행되는 동 회의 보고서에 공표하기로 한다.

1) 『후한서(後漢書)』「군국지(郡國志)」
2) 츠카모토 야스시(塚本靖) 博士 「遼陽太子河附近の壁畫ある古墳」(考古學雜誌, 第11の7)
3) 야기 쇼자부로(八木奘三郞) 氏 「遼陽發見の壁畫古墳」(東洋學報, 第11の1)
4) 하마타 코사쿠(濱田耕作) 博士 「遼陽附近の壁畫古墳」(民族と歷史 六の1)

7. 요양 발견의 한대(漢代) 고묘(古墓)[1]

코마이 카즈치카(駒井和愛)

1. 서 설

중국의 농북, 원래 요양(遼陽)은 고대 요동반도에서 중국인의 정지 분화의 큰 중심지이고, 이미 연국(燕國)에 의하여 양평이라 불리고, 이어서 진·한(秦漢)시대에 이르러서도 이 이름이 거듭되었다. 특히 한(漢)의 요동군 군치를 이 양평 땅에 두고 있었던 것은 이곳이 발전상 큰 역할을 완수하고 있었다고 볼 수 있다. 후한(後漢) 말, 요동의 태수였던 공손탁(公孫度)이 이곳을 중심으로 일종의 독립국 같은 것을 만들어 3대(代)나 계속하였다. 공손탁의 후손인 연(淵) 때 위(魏)의 장군 사마의(司馬懿)가 이곳을 정복하고 연을 제거하여 이 지역은 한때 위의 세력 범위가 되었다. 또 고구려시대에는 여기가 요동성(遼東城)으로 불리고 당조(唐朝)와의 쟁탈의 지점이 되었다.[2] 그리고 이 지역이 현재의 명칭인 요양이라 불리게 된 것은 거란(契丹), 즉 요대(遼代)부터이고 이때쯤 여기에 처음에는 남경(南京) 요양부, 이어서 동경(東京) 요양부가 설치되어 있었다. 단 거란이 이 양평, 요동성 등의 고지(故地)에 요양이라는 이름을 붙인 것은 완전히 우연한

---

[1] 『考古學研究』제1책, 동경대학문학부 고고학연구실, 소화 25년(1950).
[2] 연나라 때의 '요동'과 이후 시기의 '요동'은 같은 '요동'이 아니다. '요동'이라 불리는 지역은 이 명칭이 생기는 연나라 때 이후 점차 동쪽으로 이동하게 되는데 본 눈문에서는 시종일관 현재의 요양 지역을 '요동'으로 지칭하고 있다(역자주).

것이었고 따로 깊은 이유가 있었던 것은 아닐 것이다. 요양이라고 하는 명칭은 한(漢)의 요동군 현성(縣城)의 하나이고 그 지역은 요수(遼水), 즉 소요수(小遼水), 현재의 혼하(渾河)에 해당되는 것의 북쪽에 있었던 것으로3 『대청일통지(大淸一統志)』4와 이를 따르는 역사가에 의해 지금 요양의 서북쪽, 혼하와 태자하가 서로 만나는 부근으로 비정되고 있다.5 『요양현지(遼陽縣志)』6의 편자는, 구(舊) 요양현 지점이 세하구(細河口)의 약간 남쪽으로, 마침 혼하의 우안(右岸)에 있는 장원(牆垣)의 기지(基址)에서 지금까지 큰 벽돌, 녹와(綠瓦), 옛날 물건, 천도(泉刀) 등이 출토된 것을7 생각하고 이런 점에 맞추고 있지만, 그 유물 중에 녹와(綠瓦)가 보인

---

3 『後漢書』 卷33 「郡國志」 第23 郡國5
　遼東郡[秦置雒陽東北三千六百里 案本紀 和帝永元十六年郡復置西部都尉官]十一城 户六萬四千一百五十八 口八萬一千七百一十四 襄平 新昌 無慮 望平 候城 安市 平郭 有鐵 西安平[魏氏春秋曰縣北有小水南流入海 句驪別種因名之小水貊] 汶 番汗 沓氏 (역자주)

4 청(淸) 강희제 시기에 들어 강역이 넓어져 이전 왕조에서 제작한 기록으로는 이를 다 담아내지 못해 새로운 책을 만들게 했다. 건륭 8년에 책을 만들었는데 각 성(省)에서 도·표(圖·表)를 정해 분야(分野), 건치연혁(建置沿革), 형세(形勢), 직관(職官), 호구(戶口), 전부(田賦), 명환(名宦)을 통괄했다. 여러 부(部)와 소속 주(州)에서도 표(表)를 세워 분야, 건치연혁, 형세, 풍속(風俗), 성지(城池), 학교(學校), 호구, 전부, 산천(山川), 고적(古蹟), 관애(關隘), 진량(津梁), 제언(堤堰), 능묘(陵墓), 사관(寺觀), 명환, 인물(人物), 유우(流寓), 열녀(列女), 선석(仙釋), 토산(土産)의 21문(門)으로 나누어 342권을 완성했다. 외번(外藩)과 조공국은 따로 부록으로 달았다. 칙명에 따라 엮은 책을 건륭 29년에 올렸다.
『欽定大淸一統志』 目錄
欽定大淸一統志四百二十四卷 乾隆二十九年奉 勅撰 是書初於乾隆八年纂輯成書 每省皆先立統部 冠以圖·表 首分野 次建置沿革 次形勢 次職官 次戶口 次田賦 次名宦 皆統括一省者也 其諸府及直隸州又各立一表 所屬諸縣系焉 皆首分野 次建置沿革 次形勢 次風俗 次城池 次學校 次戶口 次田賦 次山川 次古蹟 次關隘 次津梁 次堤堰 次陵墓 次寺觀 次名宦 次人物 次流寓 次列女 次仙釋 次土産 各分二十一門 共成三百四十二卷 而外藩及朝貢諸國 別附錄焉 (역자주)

5 『遼陽縣志』 卷1 建置沿革
　...今遼陽城而在太子河渾河交會處...
　『欽定大淸一統志』 卷38 「奉天府」
　...渾河 在承德縣南十里 國語曰瑚努呼 源出邊外自興京界內 流入至遼陽州西北會太子河 即古小遼水也...(역자주)

6 '요녕성 『요양현지(遼陽縣志)』'는 '中國方志叢書 東北地方 第12號'로 비환성(斐煥星) 수(修), 백영진(白永眞) 찬(纂)으로 민국(民國) 17년(1928) 연인본(鉛印本)으로 출간되어 있다. '요양 과거사실 일람표'를 서두에 두고 지리(권1~6), 인물(권7~16), 정지(권17~23), 인사(권24~27), 물산(권28~30), 예문(31~40)으로 구성되어 있다(역자주).

7 『遼陽縣志』 卷1 建置沿革
　一由實現之舊蹟證之 細河口稍南渾河右岸 常有古甎古瓦古器泉刀等物發見 土人往往得之 民國三年河水旁溢沖刷河岸 露出柱礎大甎綠瓦各器具甚多 牆垣之基址猶有可尋者因此土人皆目此爲古城 以

다고 반드시 한(漢) 현성의 흔적이라고 말할 수 없을 것이다. 『독사방여기요(讀史方輿紀要)』8도 양평의 북방 70리에 요양현(遼陽縣)이 있었던 것을 기록하고 있다.9 우리도 요양에서 지내는 중에, 오랜 요양현의 흔적을 확인하고 싶어 서북 10방리(邦里) 정도의 고성자(古城子)를 목표로 조사하였는데, 이것 또한 어떤 확증을 잡을 수 없었다는 것을 덧붙여 말해두고 싶다.

그런데 현재의 요양 부근, 즉 옛날 양평현 지역에서 연국(燕國)의 화폐인 명도전(明刀錢)이 많이 출토한 것은, 여기가 연나라 때 하나의 중심지였던 것을 나타내는 것일 것이다. 또 이 지역에 한 대의 분묘가 있는 것이 주의를 끌었던 것은 일찍이 일로(日露)전쟁 당시였고 도리이 류죠 박사가 주로 발굴에 쫓아다녔다. 나중에 명치 42년(1909)에도 다시 동(同) 박사에 의해 조사가 계속되어, 그 결과 한 대에 적어도 돌덧널(石槨), 벽돌덧널(塼槨) 두 종류의 분묘가 행해지고 있었던 것을 명확히 하였다. 그러나 요양에서 한 대의 분묘가 학계에 두루 알려지게 된 것은 대정 7년(1918) 태자하 근처 영수사(迎水寺)에서 발견된 큰 돌덧널의 벽면에 회화가 그려진 사실을 발견하고 나서부터 일 것이다. 특히 당초에, 이 벽화에 대해서는 츠카모토 야스시(塚本靖) 박사와 같이 고구려시대의 것이라고 인정하는 학자가 있고 야기 쇼자부로(八木奬三郎) 처럼 출토한 오수전 등으로부터 추

今證昔與一統志及水經所載 適相符合且地在 渾河右岸名曰遼陽核與水北曰陽之義 亦復不謬其他諸設不盡足據也(역자주).

8 『21사방여기요(二十一史方輿紀要)』. 청나라 때 고조우(顧祖禹) 집저(輯著), 순치(順治)·강희(康熙) 연간에 역사지리를 지어, 전체 130권을 20년 걸려 완성하였다. 부록으로 『여지요람(輿地要覽)』 4권이 있다. 전반 9권은 역대 왕조의 성쇠흥망을 기술하였는데 역대 주역(州域)을 포괄한다. 중간 114권은 명대(明代) 양경(兩京) 13포정사사(布政使司)와 소속 주현(州縣)의 강역, 연혁, 하거(河渠), 식화, 둔전, 마정(馬政), 염철, 기타 발생한 역사 사건 등을 기록하였다. 6권은 천독(川瀆)의 이동(異同)에 대한, 마지막 1권은 〈분야(分野)〉에 대한 내용이다. 명대(明代) 이전 역사지리학의 집대성이다(참고: 維基百科, 역자주).

9 『讀史方輿紀要』 卷37 山東8 遼陽城 今司治....襄平城 司北七十里(역자주).

측하여 한 대의 것으로 주창하는 학자도 있고, 하마타 코사쿠(濱田耕作) 박사와 같이 한 대라고도, 고구려시대라고도 보이는 점이 있기에 이 해결은 후세에 다시 논의해야 할 것이라고 논한 학자도 있어서, 아직 학계에 정설이라고 할 만한 것이 없었다. 소화 2년(1927) 및 동 8년(1933)에 우메모토 슌지(梅本俊次) 씨는, 같은 석전(石塼)인데 벽화가 존재하지 않는 것을 몇 예 발굴하였는데, 씨 또한 연대에 대해서는 한(漢)과 고구려 두 설을 소개하는 데 그쳤다.

이와 같이 요양에 한 대의 분묘가 존재하는 것이 세상 사람들의 주의를 끌고 있었기에 필자도 이미 소화 2년(1927)에 이곳을 조사하고 수많은 와기(瓦器)의 단편을 채집하고 있었다. 그 후 요양 시가의 발전에 따라 도로 공사, 공장 건설 등이 있어서 이 지역의 고분이 파손되는 것에 대해 한탄하는 소리를 듣게 되었다. 우리는 요양에서 유학한 사이토 키쿠타로우(斎藤菊太郎) 씨로부터도 그 이야기를 듣고, 이것을 유감으로 생각하고 급히 조사할 필요를 설명하러 온 것이다.

우연히 일본학술진흥회의 주관하에 소화 16년(1941) 가을과 다음 해 17년(1942) 봄 2회에 걸쳐 고고학적인 조사를 착수하게 되었다. 두 번 다 하라다 요시토(原田淑人) 박사가 주도하여 제1회에는 박사 이외에 동경에서 코마이 카즈치카(駒井和愛), 세키노 타케시(関野雄), 토츠카 유키토미(戸塚幸民), 와지마 세이치(和島誠一), 시마다 마사오(鳥田正郎) 등 5명, 전 만주국 문교부에서 미야케 도시나리(三宅俊成) 씨, 만일문화협회의에서 사에구사 아사시로(三枝朝四郎), 스기무라 오죠(?)(杉村男造) 양 씨, 만주국립박물관에서 이문신(李文信) 씨 등이 참가하여 조사를 담당하였다. 제2회는 토츠카 씨를 제외하고 앞서 기록한 모두가 발굴에 나섰다. 제1회 때는 9월 16일에 모든 인원이 요양에서 합류하여 17, 18 양일간 부근의 일반조사에 착수하고 19일부터 현성의 북쪽에서 서쪽에 걸친 지대(地帶)의 돌덧널, 벽돌덧널을 발굴하고 28일부터 현성 남문 밖의 돌덧널 및 옹기널(瓦

棺)을 발굴하여 10월 11일에 종료하였다. 제2회 때는 5월 3일에 일행이 요양에 도착하여 4일에 발굴을 개시하고 20일에 종결하였는데, 그 사이 현성의 남림자(南林子)와 옥황묘에서 벽화가 있는 돌덧널 2기의 조사에 종사하였다.

그 후 소화 19년(1944)이 되어 현성의 북쪽 북원(北園)의 임산화학공업회사 내에도 벽면이 있는 돌덧널이 발견되었기 때문에 일만(日滿)문화협회 주최의 조사가 행해져 필자가 주사(主査)가 되어 이를 담당하였다. 이것이 제3회째인데 이때는 필자 이외 시마다 마사오, 와지마, 사에구사 아사시로, 마지천(馬智千)의 제씨(諸氏) 등이 참가하여 소화 19년(1944) 5월 6일에 개시해서 동(同) 24일에 종료하였다.

전후 3번의 조사에 있어서 그 당시 요양시 공서(公署)의 우치다(內田) 부시장을 비롯하여 현(縣)과 시(市) 및 임산화학공업회사 등에서 받은 후의는 도저히 지면에 다 쓰기 어려운 점이 있다. 그중에서도 요양시 도서관장 나카하마 카네히코(中浜金彦) 부처(夫妻)로부터 공사(公私) 모두 적지 않은 신세를 진 것은 한평생 잊을 수 없는 바이다.

2. 한대(漢代)의 유적

요양 부근의 한 대 유적에 대해 말하기 전에 먼저 양평현치(襄平縣治), 즉 당시의 요동군치(遼東郡治)의 성터가 어디에 있었는지부터 시작하지 않으면 안 된다.

옛날 양평현성의 실제 위치에 대해 열심히 생각한 것은 『만주구적지(滿洲旧蹟志)』의 저자 야기 씨였다. 씨는 처음에, 사마의(司馬懿)가 공손연을 토벌할 때 우연히 큰 유성(流星)이 길이 수십 장(丈)의 빛을 끌고 수산(首山)의 동북에서 양평성의 동남에 떨어져, 뒤이어 연군(淵軍)이 깨져 도망가고 공손연은 유성이 떨어졌던 곳에서 맞아 죽는다[10]고 하는 것에 기인하여, 지금의 요양 부근에서 고분의 분포 상황을 대조하여 현재의 팔리압(八里壓) 부근에서 성터를 찾아야 할 것이라고 서술하였다. 씨는 그 후, 현성의 서북쪽에서 도랑을 뚫었을 때 한 대의 와당(瓦當), 한무(漢武) 토기를 발견했다고 하는 사실, 또 요양역 동쪽 방면에 큰 제방이 있는 곳에서 주대(周代)의 큰 제기(敦)가 출토되었다고 하는 말을 전해 듣고 이전의 주장을 버리고 지금의 성곽 북쪽 교외에 양평현이 있었을 것이라고 주창하기에 이르렀다.

한(漢)의 양평이 요양 부근인 것은 학계에서 이론(異論)이 없는 바이지만 그 지점에 대해서는 아직 확실한 것을 알지 못하며, 물론 야기 씨의 설에 의해서도 확고한 결론이라고 할 만한 것이 내려진 것은 아니다. 우리도 가능한 한 이를 밝히기 위해 한 대 토성으로 추정되는 곳을 먼저 찾아보았지만 결국 발견할 수 없었다. 그래서 다음으로 큰 건축물이 있었던 것을 나타내는 와당 등이 많이 출토한 장소를 조사하고 찾았다.

요양 부근에서 발견했다고 하는 한 대의 와당에 대해서 보면, 일찍이 도리이 박사가 소개한 것이 있는데, 분묘 내 인골의 머리 근처에서 출토되었다고 하지만 그 분묘가 어디에 있었는지는 명확하지 않다. 또한 봉천(奉天)에 있었던 타나카 교(田中堯) 씨는 철서(鐵西)라고 하는 곳에서 '천추만세(千秋萬歲)'의 와당을 1개 채집하였다. 또 대련(大連)의 자료관에 요양에서 출토한 한 대의 궐수문(蕨手文:고사리무늬) 와당이 있는데 이것이 출토한 장소는 모르고 있다. 우리가 처음 2회의 조사에서 채집한 한 대의 와당은 수 개인데, 모두 '천추만세'의 문자를 표시한 것으로, 나중에 언급하지만, 옥황묘 동쪽 토취장(土取場)에 떨어져 있었다. 다음 제3회째 때

---

10 『三國志』「魏志」卷8 公孫度
八月丙寅夜 大流星長數十丈 從首山東北墜襄平城東南 壬午 淵衆潰 與其子脩將數百騎突圍東南走 大兵急擊之 當流星所墜處 斬淵父子 城破 斬相國以下首級以千數(역자주).

는 북원의 벽화고분의 봉토 안에서 돌로 만든 추 1개, '천추만세' 와당 1면(面)을 발견하였다(도판 6).

그런데 앞서 말한 야기 쇼쟈부로 씨의 말 등을 참작하더라도, 당시 대건축의 존재를 이야기하는 데 충분할 정도의 와당 출토지는 없으므로 이것에 의해서도 돌연 현치(縣治)의 흔적을 인정할 수 없다. 다만 억지로 상상해 보면, 지금의 현성 주위에서 몇 개의 와당이 출토되고 또 엄청난 고분이 발견되고 있는 것에서, 옛날 현성 또한 지금의 그것과 큰 차이가 없는 곳에 약간 작게 짓고 있었던 것이겠지라는 억측을 하는 데 불과하다(제1그림). 이 점으로부터 말하자면 명대(明代)에 나온 『요동지(遼東志)』「지리지(地理志)」 '고적' 조(條)에 양평성을 요양성 서북 구석이라고[11] 하는 등이 대략 맞는 것은 아닐까.

한 대의 양평현치의 유지(遺址)에 관해서는 위에 서술한 바이지만, 이것에 반하여 당시의 분묘는 앞서 기록한 대로 일찍이 학계에 알려져 있고 오늘날까지 발견된 것이 실로 무수하다. 그리고 이 지방의 한 대 분묘로 돌덧널과 벽돌덧널이 소개되어 있지만 우리는 옹기널(甕棺), 즉 와관(瓦棺)이 행해지고 있었던 사실까지도 밝혔다. 단 요양 부근에는 한 대의 나무덧널이 아직 하나도 발견되지 않고 있다. 이것은 당시 이 지방에 나무덧널에 적합한 큰 목재가 적었기 때문이며, 이것을 대신할 만한 혈암(頁巖)(泥板巖)과 같은 석재가 많이 생산되었기 때문에 이를 이용해서 돌덧널을 지었을 것으로 생각된다. 또 요동반도의 한 대 분묘로 여순 부근에서 개평(蓋平) 주변까지 분포하고 있는 조개무덤(貝墓)은 습기를 막는 것으로 당시 중국인에게 크게 존중되었던 것으로 생각되는 것인데, 요양에서는 결국 볼 기회를 얻지 못하였다. 어쩌면 당시 분묘에 조개껍데기를 이용한 것은 해안

---

11 『遼東志』「地理志」 古蹟
　襄平城 [遼陽城西北隅 今定遼東西後三衛治](역자주).

이나 이에 가까운 하천 유역이었을 것이니까, 이것이 요양 부근까지 이르지 않았던 것도 오히려 당연할지 모른다. 그래서 다음에 새로이 돌덧널, 벽돌덧널, 옹기널 등의 모습을 기록해 두고자 생각하는 바이다.

[주]
요양의 한대 분묘에 대해서는 도리이(鳥居) 박사의 「南滿洲調査報告」, 우메모토 슌지(梅本俊次)의 「南滿洲遼陽附屬地發見の石棺古墳」(『만몽(滿蒙)』), 그밖에 벽화고분에 대한 문헌은 하라다(原田) 박사의 「遼陽南林子の壁畵古墳」(『국화(國華)』)에 자세하다.

3. 돌덧널(石槨)

앞서 기록한 3회의 조사에서 우리가 취급한 석전(石塼)은 여섯 기(基)이며 모두 혈암을 짜 맞춘 것이었다. 흙을 파는 등의 공사를 할 때 우연히 출토한 것으로, 이미 봉토는 없어졌기 때문에 분구(墳丘)의 형상 등은 확실하지 않았다. 지금 간단한 것부터 순차적으로 설명하기로 한다.

제1호 돌덧널

철서(鐵西)라 불리는 지대에 서왕자(徐往子)라는 부락이 있는데 그 동북 방향 3정(町:약 109.1m) 남짓한 곳에 넓은 토취장(土取場)이 있다. 흙을 파내니 구덩이 가장자리 부근에 수많은 한 대의 무덤 덧널이 노출되고 있었다. 그중에 입구를 거의 서쪽으로 열고 있었던 돌덧널이 있었는데 돌덩이가 반쯤 떨어져 나간 채로 비바람을 맞고 있고 천정의 돌은 없어졌다. 평면은 '凸'자 같고 튀어나온 부분을 주실(主室)로 하고 거기에 약간 폭이 넓은 측실 같은 것이 안에 붙어 있는 것 같다. 주실은 내부 길이 7척 8촌 5분, 폭 5척 1촌 5분이고 안쪽의 측실 같은 것은 길이 3척, 폭 9척 정도이다.

주실의 좌우 벽 높이는 4척 5촌 정도이고 모두 2개의 큰 돌이 세워져 있었다. 앞면에는 높이 1척 5촌의 돌이 두 개 늘어서서 문지방같이 되어 있었다. 아마 입구의 돌문짝(扉石)은 그 위에 세워져 있었을 것인데 어딘가로 들고 가버린 것일까, 볼 수가 없었다. 주실 중앙에 낮은 벽이 있고, 그 양측 바닥 부분 위에는 평평한 돌널받침(石棺臺)이 놓여있었다. 안쪽의 측실 같은 것은 주실의 바닥면에서 1척 2촌 정도 높게 되어 있고 2개의 돌이 깔려있었다. 방(室)이라기보다 오히려 명기(明器) 등을 진열해 두는 선반이나 제단(壇) 같은 것이라고 생각된다(도판1-1).

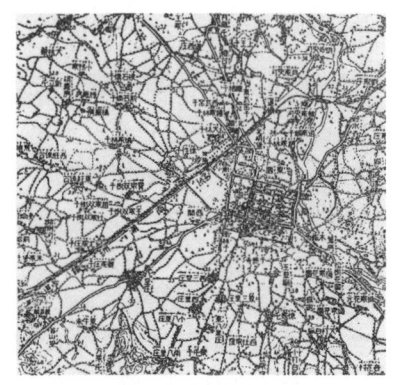

[제1그림] 요양 부근도

[도판1-1] 제1호 돌덧널

이 돌덧널을 짓는 데는, 먼저 지면에 시신을 묻을 큰 구덩이를 파고 주실 및 제단(壇)인 곳에 상석(床石)을 깔고 이어서 주위의 벽을 설치하고 마지막으로 천정돌을 올렸던 것인데, 다만 널을 넣기도 하기 위한 입구의 돌문짝은 개폐할 수 있게 되어 있었던 것으로 생각된다. 다음에 서술하는 제2호 돌덧널과 함께 요양에서 발견한 돌덧널 중에서 가장 간단한 방법에 속하는 것이다.

이 돌덧널에서는 벽화의 흔적을 확인할 수 없었다. 출토한 유물은 다음과 같다.

마리제 장식옥(瑪璃製飾玉) 1개, 길이 : 8분(제2그림1)
철제 사각 화살촉(鐵製四角錐鏃) 1개, 길이 : 촉(鏃) 2촌, 자루 2촌 2분

청동제 가락지(銅製指環) 1개,
지름 : 6분 5리(厘)
와제명기 쟁반(瓦製明器盤) 1개

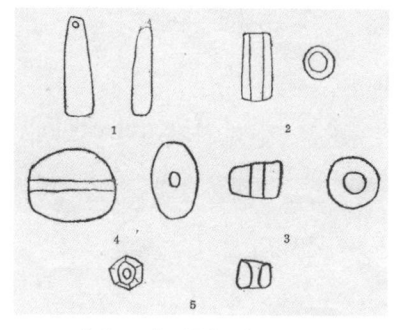

[제2그림] 식옥(飾玉) 실측도
3. 유리구슬 4. 호박구슬 2.5. 마리소옥

제2호 돌덧널

현성 남문의 남쪽 방향 9정(町) 남짓한 곳에 옥황묘로 통하는 새로운 도로가 있는데 그 동쪽으로, 안쪽 벽과 여기에 접하는 좌우 양 벽, 그리고 두께 6촌의 천정돌이 남아 있었다. 바닥 부분은 도로의 아래에서 발견되었고 전체 길이 1장(丈) 4척, 폭 7척 정도의 곳에 4판의 평평한 돌이 깔려 있었다(도판 1-2).

바닥면에서 천정까지의 길이는 4척 5촌이고 바닥면에서 2척 8촌인 곳에 폭 2척의 선반이 있었다. 선반은 얇은 돌판이고 안쪽 벽에 끼워져 있었다. 선반 아

[도판1-2] 제2호 돌덧널

래의 바닥면도 한 구획을 하고 있고 그 칸막이로 높이 3촌, 폭 8촌의 돌이 놓여있었다. 이 구획 안에 엄청난 와제명기의 부서진 조각이 남아 있는 것으로 헤아려보면, 이곳과 선반 위에 원래 부장(副葬) 명기류가 진열되어 있었던 것으로 상상된다. 현재 이들 명기를 복원해 보면 다음과 같다.

와제명기(瓦製明器)
1. 문짝(門扉) 1쌍   2. 우물(井) 1개   3. 부뚜막(竈) 1개   4. 솥(鼎) 1개
5. 잔(杯) 1개   6. 바가지(匏) 2개   7. 국자(勺) 2개   8. 도마(俎) 1개

9. 경대(奩) 1개

또한 이들 와제명기 이외에 벼루 1개가 있었다. 그 길이는 3촌, 폭은 1촌 2분, 두께는 1분 정도이며 낙랑과 그 밖의 한 대 유적에서 누차 출토되는 것이다.

제3호 돌덧널

옥황묘 동쪽에 벽돌을 굽는 가마가 있는데 그 남쪽 100척 정도 떨어진 곳에 취토 작업으로 생긴 구덩이가 있었다. 그 안에 많은 돌덧널이 무참한 상태로 남아있었고 그 봉토는 물론 내부의 흙까지도 파내진 상태였다. 돌덧널

[도판2-1] 제3호 돌덧널

은 제2호 돌덧널에 비해 약간 복잡한 구조를 가지고 있다(도판2-1).

제3호 돌덧널은 입구가 남쪽으로 열려있고 평면은 '工'자 형을 하고 동서의 폭은 12척, 남북의 길이는 11척으로 계산된다. 중앙 부분이 주실(主室)인데 동서 폭 6척, 남북 길이 7척, 높이 3척 7촌으로 바닥에 두 개의 널받침을 놓고, 그 사이에 장벽이 설치되어 있다. 북측은 방(室)이라기보다 오히려 제단(壇)으로 봐야 하는 것으로 그 바닥면은 널받침 면(面)보다 1척 2촌 5분이나 높다. 이에 비해 전실의 바닥면은 널받침보다도 낮아 4촌 5분 정도였다.

전실(前室)의 남쪽에 있는 입구 위에 눈썹돌(楣石)이 놓여있었다. 주실 중앙의 장벽과 양측의 벽도 '凸'자 형을 하고 있어서 움푹 파여 들어간 곳에 천정의 지지대가 되는 판판한 돌이 끼어들어 있는 것처럼 되어 있다. 천정돌은 이들 눈썹돌, 지탱하는 돌 위에 놓여있었기 때문에 중앙에 두 개

의 거대한 돌을 나란히 세우고 전실과 뒤 제단 위에 약간 소형인 것을 각 3개씩 올려놓았던 것이니까, 도합 8개를 사용하고 있는 것이다. 와제명기 및 조각이 여기저기 흩어져 출토되었는데 원래는 뒤 제단 위에 놓여있었던 것일 것이다. 이 돌덧널 등은 앞의 두 개의 것에 비교하면 훌륭한 것이어서 혹시 벽화라도 있을까 하고 주의해서 살폈지만, 그와 같은 것은 발견되지 않았다. 유물은 깔때기 모양의 작은 유리로 만든, 완전하지 않은 귀걸이 한 개 이외 모두 위에 기록한 와제명기이고 그 종류는 다음과 같다.

1. 우물(井) 1개   2. 부뚜막(竈) 1개   3. 두(豆) 1개   4. 국자(勺) 2개
5. 잔(杯) 1개   6. 쟁반(盤) 5개   7. 도마(俎) 1개 8. 경대(奩) 1개
9. 촛대(燭臺) 1개 10. 기타 대(臺) 등

제4호 돌덧널

제3호 돌덧널을 사이에 두고 서남으로 100척 정도 떨어진 밭에서 땅 밑으로부터 2척 6촌 정도의 곳에 큰 돌덧널의 천정돌이 노출되어 있어 이를 조사하였다. 평면은 '凹'자 형이라고도 하는 것으로 움푹 파인 곳은 서쪽을 향하

[도판2-2] 제4호 돌덧널

고 북면 길이 10척 6촌 4분, 남북의 내부 길이 16척 4촌 3분이었다. 돌덧널의 높이는 6척 6촌이고 입구는 북쪽으로 향하여 열리고 3개의 큰 돌문짝이 달혀 있었다(도판2-2).

주실은 덧널의 서쪽 벽을 이용하여 중앙부에 설치되고 그 동쪽에 측실이 있고 전실과 후실도 붙어있었다. 이들 각 방 중 전실은 바닥면에서 천정까지의 높이가 6척 1촌, 주실은 5척 4촌, 동쪽 방에서는 4척 6촌이었다.

그런데 후실은 이들에 비교하면 약간 작아서 바닥면에서 천정까지의 높이가 4척 2촌이었는데, 이것은 방이라기보다 오히려 제1호 돌덧널과 그 외에 보이는 제단이라고 볼 수 있다. 주실은 장벽에 의해 두 칸으로 나뉘고 각 바닥 위에 널받침이 놓여있다. 널받침의 두께는 3촌 정도이며 동쪽의 것은 기둥의 초석과 동쪽 방의 바닥을 받침대로 하여 놓여있고, 서쪽의 것은 기둥의 초석과 돌덧널 서벽의 토대가 되는 돌을 받침대로 하여 놓여있다.

이 돌덧널에서 주의해야 할 것은 입구의 큰 문짝을 떼어낸 곳에 세워두었던 중앙 기둥의 운기(雲氣)가, 또 그 기둥머리에 산절(山節)이라고도 생각되는 산형(山形) 문양이 선명한 붉은색으로 그려져 있는 것이다. 또 기둥이나 벽의 북면, 즉 입구에서 보이는 부분에는 어디든 같은 구름 모양이 그려져 있었던 것으로 보이며, 그 흔적이 여기저기 남아 있었다. 유물로는 오수전과 와제명기 및 파편만을 채취한 데 불과하지만, 명기에는 동물을 본뜬 드문 것이 있었다.

와제명기
1. 문짝(門扉) 1개 2. 바가지(匏) 1개 3. 쟁반(盤) 1개
4. 촛대(燭臺) 1개 5. 박산촉(博山燭) 1개 6. 가축(家畜) 1개

제5호 돌덧널

현성의 서남 모퉁이에서 밖으로 나온 곳이 남림자(南林子) 거리인데 그 남쪽으로 이어지는 밭에도 돌덧널이 남아있었다. 이 돌덧널은 요양의 한 대 분묘 중에서도 큰 쪽에 속하는 것으로 일찍부터 사람들의 주의를 끌고 있었다고 보이며 덧널 벽에 '咸豊七年(1857년)五月來者[12]', '大淸光緖三十三年(1907년)' 등의 낙서가 새겨져 있었다.

---

[12] 하라다 요시토의 보고서에는 '看'으로 기록하고 있다(102쪽 참조, 역자주).

[도판3-1] 제5호 돌덧널

[도판3-2] 제5호 돌덧널 전실

[도판4-1] 제5호 돌덧널 주실

[도판4-2] 제5호 돌덧널 전실

평면은 '凸'자 형의 돌출부가 서쪽으로 향하고 동서 길이 20척 4촌 6분, 동서의 내부 길이 19척 2촌 7분으로 입구는 동쪽을 향해 열려있었다. 돌덧널 안은 중앙의 주실과 주실의 동쪽에 있는 전실이라고 해야 하는 것과, 주실과의 사이에 회랑으로 거리를 두고 서, 북, 남의 작은 방으로 나누어져 있다. 높이는 7척 6촌이다(도판 3-1).

주실의 크기는 내부 치수로 정면의 폭(間口:내림) 4척 9촌, 내부 길이 9척, 북쪽 방은 내림 6척 8촌, 내부 길이 4척 2촌(도판4-1)이며 전실은 약간 널찍하다(도판3-2, 4-2). 천정은 먼저 주실의 상부를 제외한 주변에 큰 돌을 놓아 이것으로 까치발(持送:선반 등 수평의 돌출부를 갈고랑이 모양의 구조로 받치는 건축 부재나 장식. bracket)의 역할을 하게 하고 그 위에 동일한 거대 판석을 올려서 주실 위를 덮는 것처럼 되어 있다.

이 돌덧널에서 특별히 언급해야 하는 것은 출입구의 바깥쪽이 완전히 봉토로 묻혀버렸기 때문에 이 종류의 분묘 구축법(構築法)이 잘 관찰된 것이었다. 즉 큰 문짝 앞쪽 3척 3촌 정도 떨어진 곳에 지면을 파서 생긴 구덩이의 벽이 보였고 그 벽은 모두 13척의 폭에 완만한 경사로 동쪽으로 올라가 있어서 일종의 언덕을 이루고 있었다. 이것은 돌덧널의 바닥면이 먼저 만들어져 있는 것과 함께 주목해야 할 점일 것이다. 이것들로 생각해 보면, 돌덧널을 지을 때 전체의 평면보다도 약 3척 정도 여유를 둔 넓이의 구덩이를 팠을 것이다. 거기에 돌덧널의 상석(床石)을 깔아 나열하고, 이어서 측벽 등을 조립하고 큰 문짝의 돌로 개폐를 자유롭게 할 수 있도록 해 두고, 최후에 천정의 돌로 지붕을 이었을 것이다. 위에 기록한 경사진 길은, 이들의 석재를 운반하기 위해서도 필요했을 것이고, 나무널을 반입하는 데에도 도움이 되었을 것이다. 또한 돌문짝 아래의 문턱과 구덩이 벽 사이에는 1척 정도의 두께로 석탄과 자갈을 채워 메우고 있었다. 이렇게 해서 돌덧널을 짓고 나서 나무널을 넣고 봉토분을 만들었을 것이다.

본 무덤길 또한 심하게 도굴되어 있었기 때문에 주실 앞의 기둥 부근에서 황금반지를 출토하고(도판5) 주실 안에서 호박(琥珀)구슬(제2그림4)을 채취한 것 이외 오수, 대천오십, 칠기 조각, 와제명기 및 그 파편 등을 발견할 수 있었을 뿐이다. 다만 이 돌덧널에는 옛날에 각 벽면에 그림이 그려져 있었던 것으로 보이며 지금도 전실의 남쪽 서벽 한 군데에 큰북과 인물과 수레 그림이, 또 북실 벽에는 벽에서 내렸던 막(幕) 등의 모양이 어슴푸레 남아 있다. 큰북은 불길함을 끝낸다는 의미일까. 벽화에는 수목(樹木)도 있었다.

와제명기

1. 집(家) 1개   2. 부뚜막(竈) 1개
3. 도마(俎) 1개   4. 경대(奩) 1개   기타

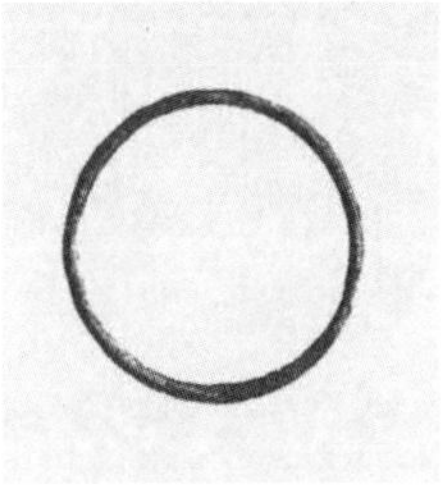

[도판5] 황금반지

제6호 돌덧널

북원(北園) 거리의 임산화학공업회사의 부지 안에서 발견된 돌덧널도 혈암의 판판한 판을 연결하여 만든 높이 10척 정도의 것이다. 입구는 대략 서쪽으로 향해 열리고 주실과 이를 에워싸고 있는 회랑과 평면은 동서 17척, 남북 16척으로 사각형을 하고 있다. 게다가 회랑을 사이에 두고 동쪽에 4척 4방(方:분(分)) 정도의 작은 방이 한 개, 남쪽에 2개, 북쪽에 3개의 측실이 붙어있어서 전체 평면은 요철(凹凸)이 있는 사각형을 나타내는 것이 된다. 주실과 회랑 사이에는 남과 북에 같은 혈암 장벽이 설치되고 주실에는 3개의 혈암으로 된 널받침이 나열되어 있다(제3그림).

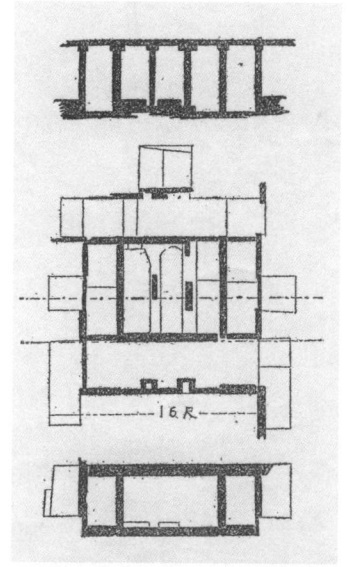

[제3그림] 제6호 돌덧널 실측도

이 돌덧널은 지금까지 몇 번이나 도굴을 당하고 또 태자하의 범람으로 홍수 피해를 입은 것으로 보이며 유물로는 칠(漆) 벼룻집 조각, 오수 이외 인골 파편과 와제명기 조각 등이 바닥 위에 흩어져 있었을 뿐이고 특별히 서술할 만큼의 것은 출토되지 않았다(도판6). 단 여러 곳의 벽면에 훌륭한 벽화가 남아 있었기 때문에 당시의 그림 자취

[도판6] 제6호 돌덧널 안의 인골과 와당 조각

를 엿볼 수 있는 귀중한 자료를 제공할 수 있는 것은 가장 경사스러운 일이었다. 이들 벽화에 대해서는 나중에 언급할 것이며 명기 유물은 다음에 싣는다. 단 긴 목 단지(長頸壺) 1개만이 완전하고 나머지는 깨진 조각

에 불과하다.

1. 집(家)　　2. 우물(井)　　3. 부뚜막(竈)　　4. 소반(案)
5. 바가지(匏)　6. 국자(勺)　7. 잔(杯)　　　8. 쟁반(盤)
9. 단지(壺)　　10. 보(簠)(제기)　11. 경대(奩)　12. 기타 대(臺), 열쇠(鍵) 등

4. 벽돌덧널(塼槨)

요양에서 발굴한 한 대의 벽돌덧널은 5기(基)였는데 모두 같은 규모의 것으로 앞서 기록한 돌덧널에서 보였던 것과 같은 큰 것은 없었다. 벽돌은 길이 1척 정도의 소형으로 회색을 띠고 줄무늬는 있지만, 장식은 붙어 있지 않다.

제1호 벽돌덧널

서왕자 부락의 동쪽, 대사령(大沙嶺)으로 통하는 넓은 도로의 서쪽에 직경 50간 남짓의 원형으로 흙을 파낸 구덩이가 있는데, 그 안에 석전(石塼)의 잔해, 벽돌덧널의 벽돌 조각 등이 보였기 때문에 이곳이 무덤 지대였던 것을 한눈에 확인하였다. 그 서남 모퉁이에 마침 좁은 도로 아래의 단면지표 아래 3척인 곳에 혈암의 가늘고 긴 판이 종단면을 노출하고 있었기 때문에 조사하기로 한 것이었다.

발굴 결과, 가늘고 긴 돌판이 널받침이고 그 아래에 소형의 장방전(長方塼)을 그물(網代)처럼 깔아 채운 벽돌덧널의 바닥면이 있는 것을 알았다. 벽돌덧널의 벽면은 남쪽이 약간 남아 있었는데 그것은 소형 장방전을 2개씩 늘어놓고 이를 겹쳐 쌓아 올린 것으로, 높이가 1척 1촌이었다. 이것으로 보면 평면은 내부 치수로 동서 길이 11척 8촌 5분, 남북 폭 6척 정도

였을까. 벽의 두께는, 위에 기록한 것 같은 장방전 2개 분량 정도이니까 1척이 되지 않을 것이다.

입구는 서벽의 일부에 열려있었던 것으로 생각된다. 바닥면이 널받침의 원위치를 유지하고 있다고 생각되는 곳은 북쪽이고 두께가 2촌 남짓 정도의 것을 2개 늘어놓고 있었다. 남쪽의 것도 같은 모양이었겠지만 1개만이 원위치에 있었다.

이상과 같이 원래 2개의 널이 넣어져 있었던 것으로 부장품도 적지 않았겠지만, 청동으로 만든 반지와 유리구슬(제2그림3) 이외 명기의 단편이 널받침의 동쪽, 즉 시신의 머리 부분 쪽에서 출토한 것에 불과하였다.

와제명기
1. 우물(井) 1개   2. 부뚜막(竈) 1개   3. 바가지(匏) 1개   4. 국자(勺) 1개
5. 잔(杯) 4개   6. 쟁반(盤) 4개   7. 도마(俎) 1개   8. 단지(壺) 1개
9. 경대(奩) 1개   10. 기타

제2호 벽돌덧널

서왕자 동쪽 취토장, 즉 앞서 기술한 제1호 돌덧널의 앞쪽 겨우 18척 남짓한 곳에 입구를 동으로 향해 열려있던 벽돌덧널이 있었다. 천정 부분은 손실되었지만 기타 부분은 비교적 잘 남아있었다. 평면은 내부 치수로 남북 폭 5척 1촌 5분, 동서 내부 치수 13척 7촌이었다. 무덤을 만들 때 먼저 무덤구덩이를 파고 그 바닥 전체에 장방전을 그물처럼 깔아 바닥면을 만들고 이어서 같은 장방전을 가로쌓기, 세로쌓기로 번갈아 쌓아 올려서 높이 3척 9촌 9분 정도의 주벽(主壁)을 지었다. 천정은 네 벽의 각 면 상부에 쐐기형의 벽돌을 이용하여 약간 안쪽으로 굴곡시켜 만든 것으로, 전체가 일종의 반달형으로 되어 있다고 생각된다. 그 모양은 서쪽에서 더 잘 관찰되었다.

바닥면 위, 입구 가까운 곳에 각각의 남북 화벽(畵壁)에 접해서 두 개의 널받침이 만들어져 있었다. 이 널받침은 제1호 벽돌덧널의 경우와 같이 석재로 만든 것이 아니고 바닥면에 보통의 소형 장방전을 쌓아 나무널을 넣는 데 충분할 만큼의 장소를 확보하는 데 불과하였다(도판7-1). 입구 위에는 두께 6촌, 길이 7척 9촌 2분, 폭 1척 5촌인 혈암의 눈썹돌이 놓여 있었다. 입구는 하관(下棺)한 뒤 벽돌이나 돌, 흙 등을 이용하여 이를 극히 무작위로 채웠던 것으로 생각된다(도판7-2).

또 이 벽돌덧널에 있어서 주목해야 하는 것은 안쪽 벽, 즉 서벽에 접해서 바닥면에 내부 치수 2척 7촌 정도의 구획을 설치하고 그 경계로 장방전을 3개 대어 쌓은 것인데, 이 구획 안에는 명기가 진열되어 있었던 것으로 보이며 그 깨진 조각이 상당히 많이 발견되었다. 또한 이 부분의 위에 안쪽 벽, 좌우 양 벽 각 3군데에, 벽면의 벽돌을 2, 3개 튀어나오게 하고 이것을 받침대로 하여 혈암의 얇은 판을 올린 선반이 만들어져 있었던 것 같은데, 우리가 발굴했을 때는 이것이 아래 명기의 파편 위에 놓여 있었다. 돌선반의 높이는 바닥 위부터 재서 3척 4촌이며 그 위에 와제명기가 놓여 있었던 것으로 상상된다.

시험 삼아 이 벽돌덧널에 사용된 소형 장방전의 수를 세어 보니 안쪽 벽에 적어도 7백 개, 양측 벽에 2천 개, 기타를 합하면 무려 수천 개였던

[도판7-1] 제2호 벽돌덧널 내부

[도판7-2] 제2호 벽돌덧널 구조

것을 알 수 있기 때문에 이 종류의 벽돌덧널을 짓는 비용도 막대한 것이었다고 생각된다. 마리소옥(瑪璃小玉) 2개(제2그림2, 5) 이외 주의해야 할 것은 명기였다.

와제명기

1. 우물(井) 1개　2. 부뚜막(竈) 1개　3. 잔(盃) 1개　4. 국자(勺) 1개
5. 잔(杯) 3개　6. 쟁반(盤) 5개　7. 도마(俎) 1개　8. 단지(壺) 3개
9. 박산로(博山爐) 1개　10.기타 대(臺) 1개

제3호 벽돌덧널

상기의 제2호 벽돌덧널이 출토된 토취장(土取場)에서 동북으로 1정(町) 반 정도 거리에도 흙을 판 구덩이가 있는데, 거기에 천정도 없고 사방의 벽도 거의 사라져버리고 다만 그 기저부만 남은 것이 있었다.

덧널의 평면은 내부 치수가 남북 10척 7촌, 동서 5척 5분이고 전체 바닥면은 소형 장방전이 그물처럼 깔려있고 네 벽의 바닥에도 같은 소형 장방전 2열을 어금쌓기(:길이모쌓기[벽돌의 긴 면을 가로로 하여 쌓는 일]에서, 벽돌을 '之'자 모양으로 쌓는 일)한 것이 한 겹 남아 있었다. 바닥 위 남벽에 접해서 동쪽에 폭 1척 5촌, 두께 1촌 2분 정도의 돌을 3개 나열해서 모두 길이 7척 정도가 되는 널받침이 있었다. 또 이것과 나란히 하여 서쪽에는 폭 2척 7촌, 남아 있는 길이 4척 정도의 위치에 장방전을 세로로 깔아 나열한 곳이 있었는데, 이것 역시 널받침일 것으로

[도판8-1] 제3호 벽돌덧널 내부

생각된다(도판8-1). 이들 널받침이 나열되어 있는 곳에서 북쪽으로 장경호(長頸壺), 소반, 부뚜막 등의 와제명기가 정연하게 진열된 채로 출토되

었다. 와제명기 등이 관제(棺題) 쪽에 놓여 있는 것이 일반적인 것 같으므로 이 벽돌덧널의 입구는 남쪽으로 열려있다고 생각된다(도판8-2).

와제명기
1. 우물(井) 1개   2. 부뚜막(竈) 1개   3. 소반(案) 1개   4. 국자(勺) 2개
5. 잔(杯) 1개   6. 쟁반(盤) 5개   7. 단지(壺) 5개

[도판8-2] 제3호 벽돌덧널 구조

제4호 벽돌덧널

제3호 벽돌덧널의 서남 30간(間) 정도의 곳에서 출토된 것은 평면의 내부 치수가 길이 11척 8촌, 폭 5척 4촌으로 바닥면에 벽돌을 그물처럼 깔고 주벽은 2열로 늘어세운 것처럼 생각되는 것으로 지금까지 기록한 것과 큰 차이가 없는 것 같았다. 다만 이것은 널받침도 없고 유물도 북측에 그저 1개의 장경호가 있었을 뿐이었다. 이것 또한 입구는 남쪽으로 열려있는 것일까.

제5호 벽돌덧널

요양역 서남쪽 6정(町) 정도의 땅 밑 4척 5촌인 곳에도 벽돌덧널이 대략 남북방향으로 남아있었다. 그 평면의 내부 치수는 동서의 폭이 5척 5촌 5분, 남북의 길이는 13척 7촌 정도이고 사방의 벽체는 높이 약 3척 정도가 남아있었다. 바닥면에 벽돌을 그물처럼 깔아 놓은 것, 측벽을 세로쌓기와 가로쌓기로 한 점은 다른 벽돌덧널과 같은 점이다. 벽돌의 크기는 길이 1척, 폭 5척, 두께 1촌 2분 정도이다(도판9-1).

바닥면에는 널받침이 없고 바로 2개의 나무널이 나열하고 있었던 것으로 보이며 썩어 버린 관재(棺材) 흔적만이 남아있었다. 관재에는 뚜껑과 바닥이 있었던 것 같고 벼룻돌이나 반지, 끈으로 꿴 화천 뭉치가 그 사이에서 검출되었다.

바닥면의 서북 모퉁이에 장방전을 깔아 나열한 2단의 대(臺)가 있는데 그 하단은 1개를 깔아서 남북이 3척, 동서가 2척 5촌이고 상단은 2개를 겹쳤는데 남북이 2척이 되지 않고 동서는 2척 5촌 정도이다. 이 하단에서 와제명기의 소반이 부서져서 출토되고 그 위에 잔이 1개 올라가 있었다. 또 상단의 북쪽 구석에

[도판9-1] 제5호 벽돌덧널 내부

[도판9-2] 제5호 벽돌덧널 내부

도 단지 등이 쓰러져 있었다. 아마 이 단은 와제명기를 진열한 곳으로 상기 제2호 벽돌덧널에서 본 선반과 같은 역할을 하고 있었던 것일지도 모른다. 그리고 이곳에서 주목해야 하는 것은 장경호와 쟁반 모양의 작은 기물이 모두 5개씩 출토되고 그중에는 장경호가 쟁반 모양의 것 위에 놓인 채로 발견된 것도 있는 점이다(도판9-2).

와제명기가 복원된 것을 예를 들면 다음과 같다.

   1. 우물(井) 1개 2. 부뚜막(竈) 1개 3. 솥(釜) 1개 4. 잔(杯) 1개
   5. 쟁반(盤) 3개 6. 단지(壺) 3개 7. 경대(奩) 1개

5. 옹기널(瓦棺)

우리는 상기의 제3호 돌덧널의 남쪽 약 42척쯤에 흙을 파내며 생긴 구덩이 언저리에서, 땅 밑 2척인 곳에서 맞댄 항아리(甕)가 대략 동서 방향으로 묻혀 있었던 것을 발견하였다(도판10). 이것은 거의 수평 위치에 장대한 두 개의 항아리가 입을 맞추고 있는 널인데 항아리 두께는 4, 5분이고 입구 지름은 1척 2촌 정도로 복원될 것으로, 전체 길이는 8촌에 이르는 것으로 생각되며, 파손되어 있었다. 특히 서쪽 항아리는 바닥 부분이 없어졌지만, 그 안에서 다리뼈 조각이 발견된 점으로 추측해 보면 동쪽 항아리에 머리뼈가 들어있는 것으로 봐야 할 것이다. 머리뼈 등은 없었지만 다리뼈를 보면 노년기 부인이 매장되어 있었을 것으로 추정한다. 항아리는 회흑색에 삿자리(繩蓆)무늬가 있으며 그 위에 5분 정도의 간격을 두고 횡선이 둘려 있어 그것에 의해 일종의 미늘창(鎧戶) 식의 요철(凹凸) 모양이 만들어지는데 그 기법에서 진·한(秦漢)시대의 것임을

[도판10] 옹기널

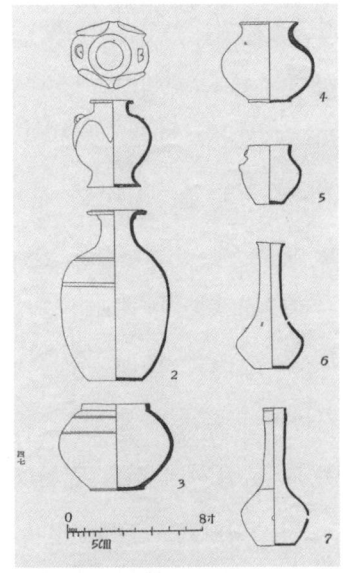

[제4그림] 명기실측도

추측할 수 있을 것이다. 부장품으로 흙단지가 1개 있다. 회갈색으로, 유약을 바르지 않고 저열에서 구운 것이고 무늬가 없고 입 지름(口徑) 2촌 7분, 높이 3촌 7분의 작은 것이어서 이 시대의 특색을 나타낼 정도의 것은 아니었다(제4그림5). 게다가 이 옹관이 출토된 가까운 흙 속에 갈아 만든

돌도끼 잔편이 섞여 있었는데, 이것은 전혀 다른 시대의 유물일 것이다.

『주례(周禮)』[13] 「고공기(考工記)」[14]에 유우씨(有虞氏)의 '도옹(陶甕)'에 관한 것을 기록하고 그 '정주(鄭注)'에 순(舜)임금이 도예를 귀중히 여긴 것을 말하고, 게다가 '와관((瓦棺)'이라고 한 것을 참작하면, 이 종류의 옹관을 중국 고대에는 '와관'이라 부르고 있었던 것을 알 수 있다. 『예기(禮記)』의 「단궁(檀弓)」편에 와관을 '무복지상(無服之殤)', 즉 나이 7세 이하의 소아를 장사지낼 때 쓴 것으로 기록하고 있고,[15] 우리도 노철산 기슭의 목양성에서 소아를 장사지낸 와관을 발굴한 적이 있었다. 그러나 요양의 유례로 생각하면 적어도 한 대에 있어서는 와관이 성인의 매장을 위한 것으로 상당히 다량으로 제작되고 있었던 것으로 상상된다. 요양에서 우리가 발굴한 것은 겨우 1기뿐이었지만, 그 부근에 동일한 와관 파편이 많이 흩어져 있었다. 그리고 이들 가운데는 우리가 조사한 것과 같이 성인을 매장한 것도 적지 않다고 생각된다. 어쩌면 당시 널·덧널(棺槨)을 훌륭하게 하는 것은 세상의 풍조였던 것으로 그러한 매장을 행할 수 없는 사람 사이에는 오로지 이러한 와관이 사용되었던 것이 아닐까. 이것을 옛 문헌에서 보면, 앞서 언급한 「고공기(考工記)」에 와관을 소박한 것으로 기록하고, 또 『후한서(後漢書)』 권61 「왕당전(王堂傳)」에서 왕당이 나이 86세에 졸(卒)한 것을 서술하며 그의 유언에 따라 박렴(薄斂)하여 와관

---

[13] 『주례(周禮)』는 주나라의 모든 관직 명칭과 그 직무 범위를 총망라해 놓은 것으로 최초로 법과 관직의 체계를 세운 것으로 불린다. 주(周)의 관직을 크게 육관(六官: 천관(天官)·지관(地官)·춘관(春官)·하관(夏官)·추관(秋官)·동관(冬官))으로 분류하고 그 아래에 360개의 산하 관청을 두었는데, 그 인원과 관직에 따른 직무 범위를 자세하게 기록하였다. 『의례』, 『예기』와 함께 삼례(三禮)에 속한다. 주나라의 이상적인 제도에 대해 주공 단(周公 旦)이 지었다고 하며 일부는 후세 사람이 증보했다고 한다(이준영 해역, 『주례』, 자유문고, 2002, p.5, 역자주).

[14] 『周禮』 卷12 「冬官考工記」 下
...陶人爲甗實二鬴厚半寸脣寸 盆實二鬴厚半寸脣寸 甑實二鬴厚半寸脣寸七穿 鬲實五㝅厚半寸脣寸 庾實二㝅厚半寸脣寸...(역자주).

[15] 『禮記』 「檀弓」 上
...有虞氏瓦棺, 夏后氏堲周, 殷人棺椁, 周人牆置翣。周人以殷人之棺椁葬長殤, 以夏后氏之堲周葬中殤下殤, 以有虞氏之瓦棺葬無服之殤(역자주).

(瓦棺)으로 매장하였다고 기록하고 있는 것[16] 등이 무엇보다도 참고가 될 것이다. 이와 같이 생각하면, 요양에서 발견된 성인용 와관 등은 한 대의 보다 간단한 장례식을 증명할 수 있는 적당한 표본이라 할 수 있을 것이다.

[주]
하라다 요시토(原田淑人), 코마이 카즈치카(駒井和愛), 『목양성(牧羊城)』, 동방고고학총간 제2책을 참고하십시오. 또한 낙랑이나 성락(成樂)에서는 한 대의 평와(平瓦)를 이용한 관도 있었다. 이것은 코마이(駒井), 「주한와관고(周漢瓦棺考)」, (『도원(桃源)』 제3호 1947년4월)에 소개해 두었다.

6. 벽 화

앞에서도 언급한 것과 같이 요양에서 발견한 벽화는 영수사의 것이 세상에 나온 당시, 한 대에 속한다고도 하고 고구려의 것이라고도 말하고 있었는데, 우리가 남림자의 벽화고분에서 '대천오십' 등을 발굴하기에 이르자 고구려 것이 아닌 것만은 확실하게 되었다. 이 남림자 벽화에는 각종의 제재(題材)가 있는데 겨우 알아볼 수 있는 것은 몇 명인가의 인물이 앉아 있는 부분이다(도판11). 이것은 새하얀 벽에 갈색 기와를 올린 토담 같은 것을 나타내고 그 안쪽에 멍석을 깔고 여섯 사람이 앉아 있는 것, 같은 멍석 위에 다섯 사람이 대좌하고 있는 모양을 그린 것이다. 인물의 얼굴이나 의복의 주름이 파란색을 나타내고 있을 뿐이고 약간 명료함이 부족하지만, 전체로서 낙랑의 채협칠화(彩篋漆畫)나 산동성 효당산의 화

---

16 『後漢書』卷31「郭杜孔張廉王蘇羊賈陸列傳」第21
...王堂字敬伯,廣漢鄭人也...年八十六卒。遺令薄斂,瓦棺以葬。子稚,清行不仕。(역자주).

[도판11] 남림자 벽화무덤의 인물상

상(畫像) 등을 생각나게 하였다. 좌상의 높이는 4촌 5분이고 이들 인물이 뭔가 춤추는 것이라도 보고 있는 것 같은데 그 점을 상세히 하기 어렵다.

남림자 벽화에 비교하면 북원(北園)의 것은 그림의 내용도 풍부하고 그 보존도 우수하였다. 먼저 입구로 향해있는 주석(柱石), 미석(楣石)에 연기가 낀 것 같이 붉은색으로 운기(雲氣)가 그려져 있고 그 안에는 '운중군(雲中君)'17, '뇌공(雷公)'18으로도 지각되는 괴물이 나타나 있었다. 남과 북의 장벽에는 기마의 문관과 무인, 그 밖에 수레 등의 행렬이 있다. 또 회랑과 측실의 벽면에는 누각, 주거, 창고, 수목, 인물, 그밖에 잡기(雜伎), 싸움닭의 그림 등이 남아있었다(화보 7~14쪽). 다음에 이들 벽화의 중심이 되는 것에 대해서 서술해 보겠다.

---

17 구름을 맡은 신. 『초사(楚辭)』 권2 「九歌」 중에 '운중군(雲中君)'을 읊은 내용이 있다((참고: 신입상 저/김용성 역, 『한 대 화상석의 세계』, 학연문화사, 2005, 역자주).
...浴蘭湯兮沐芳, 華采衣兮若英. 靈連蜷兮既留, 爛昭昭兮未央. 蹇將憺兮壽宮, 與日月兮齊光. 龍駕兮帝服, 聊翱遊兮周章. 靈皇皇兮既降, 猋遠舉兮雲中. 覽冀州兮有餘, 橫四海兮焉窮. 思夫君兮太息, 極勞心兮忡忡.

18 천둥의 신. 『논형(論衡)』 권6 「雷虛篇」의 '뇌공(雷公)'에 대한 묘사는 아래와 같다(참고: 신입상 저, 앞의 책, p.210, 역자주).
...圖畫之工圖雷之狀 纍纍如連鼓之形 又圖一人若力士之容謂之雷公 使之左手引連鼓 右手推椎若擊之狀 其意以為雷聲隆隆者連鼓相扣擊之意也 其魄然若敝裂者椎所擊之聲也 其殺人也 引連鼓相椎并擊之矣 世又信之 莫謂不然 如復原之 虛妄之象也...

[도판12] 북원 벽화무덤의 행차도(위) 북원1호 무덤 기마인물도(아래)

북측 장벽의 남면(南面)에는 기마인물이 몇 명인가 그려져 있다. 말의 크기는 3촌 5분 정도이고 말의 윤곽은 검은색으로 그리고 장식 모두는 붉은색, 장니(障泥)는 흰색, 인물의 얼굴도 흰색, 관(冠)은 검은색으로 나타나 있다. 말이 약동하고 있는 모양이든, 그 필치든, 참으로 훌륭한 것이어서 이에 의해서도 한 대 회화가 얼마나 조예가 깊은지를 엿볼 수 있었다(도판12).

　남측 장벽의 남면에는 기마인물과 마차의 행렬이 있다. 마차의 높이는 6촌 3분 정도이며 마차바퀴는 검은색으로 그리고 수레는 담청색(水色)으로 칠하고 뚜껑은 흰색으로 나타내고 일산(蓋蚤:日傘)에서는 선명한 붉은색 선이 내려오고 있다. 말은 갈색이고 마차 위의 한 사람은 붉은색, 다른 한 사람은 검은색의 옷을 입고 있다. 이 마차와 기마 그림을 접하는 순간 필자는 뜻밖에도 산동에서 발견한 한 대 화상석 중에 같은 장면이 있는 것을 생각해 낸 것을 고백하지 않을 수 없다. 아마 화상석은 이러한 벽면과 같은 것을 석조(石彫)로 번각(飜刻)한 것으로 생각하였다.

　이 남측 장벽의 북면 동쪽에 보이는 기마인물 옆에 일종의 표식이 그려져 있다. 이 기(旗) 같은 것은 상하 2단으로 되어 있는데, 위는 검은색으로, 아래는 붉은색을 칠하고 있다. 이 종류의 기 같은 장식은 다음에 서술하는 잡기의 도건(圖巾)과 큰북에도 그려져 있고, 또 한(漢)의 화상경(畫像鏡) 중에도 자주 보이는 것이다. 기의 앞부분부터 말의 발바닥까지 길이는 7촌 6분이다(도판13 14쪽 상단).

　또 같은 면의 서쪽에 보이는 기마인물은 갑옷과 투구(冑)를 입고 긴 병기(長兵)를 손에 들고 있다. 병기의 앞쪽에서 말의 발까지의 길이는 6촌 6분이다. 갑주(甲冑)는 검은색으로 그리고 그 가장자리에 붉은색으로 점을 찍고 있다. 갑주에 창(戟) 종류를 갖춘 모습을 나타내고 있는데, 문헌에 기록된 계(棨:나무로 만들어 윗부분을 적흑색의 비단으로 싼 의장용 창. 고위 관리가 행차할 때 사용)인지도 모르겠다(도판13 화보 14쪽 하단). 이 남쪽 장벽 북면은 하얀

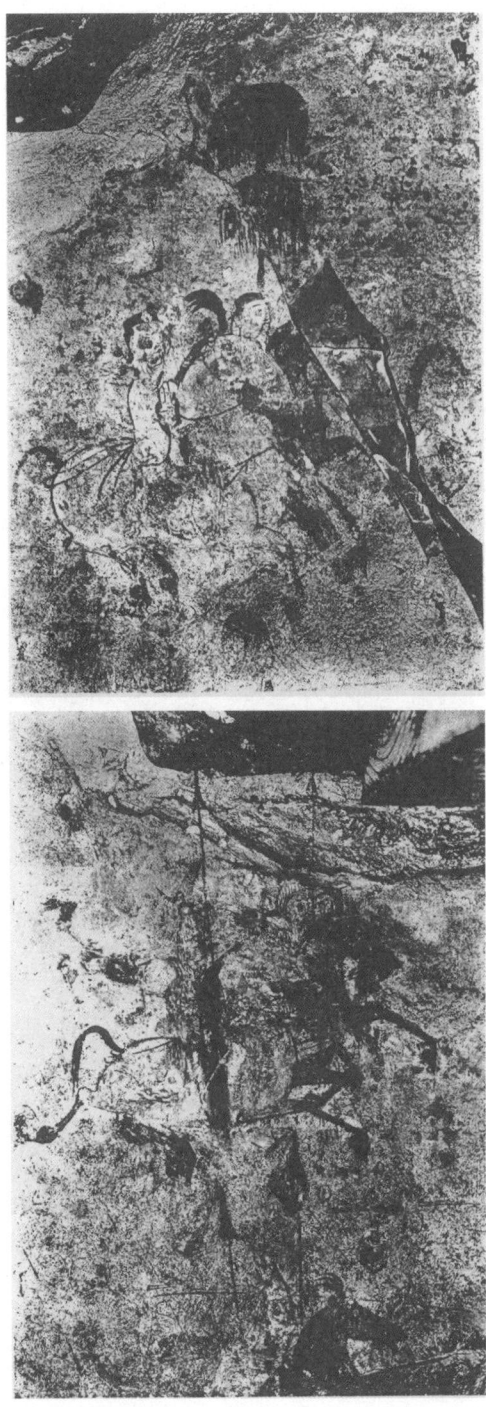

[도판13] 북원 벽화무덤의 기마무사도

게 호분을 바르고 그 위에 그리고 있는 것이 그 밖의 경우와 다른 것이다. 또 갑주를 입은 무사가 타고 있는 말 등에 담갈색으로 밑그림이 그려져 있는 것도 주의를 끈다.

다음에 회랑의 벽화에 대해서 말하자면 동쪽 회랑 동벽의 남부에는 3층의 누각이 있다. 전체 높이가 3척 6촌 3분 정도의 큰 것으로 기와지붕은 검은색으로, 제1층 벽은 담청색으로, 기둥과 제2층, 제3층은 붉은색으로, 상층 옥상의 봉황(鳳凰)은 담청색으로 그리고 그 위에 붉은색을 찍고 있다. 제1층의 기둥이 모두 배흘림기둥처럼 되어 있어서 꼭대기에 큰 봉황 장식이 놓인 3층의 높은 누각이 조금도 불안정한 느낌을 주지 않게 표현된 것은 특히 유의할 가치가 있는 부분이다. 그리고 이것은 한 대에 이런 배흘림기둥 같은 건축이 행해지고 있었던 것까지 웅변하고 있는 것일 것이다(화보 11쪽). 또한 이 부분의 벽화에서 흥미로운 것은 누각 앞에 큰북(太鼓)을 세우고 그 주변에서 농환(弄丸), 농검(弄劍), 도립(倒立), 그 밖의 잡기를 부리고, 또 이를 위하여 9명 정도의 사람이 막대 모양의 기물(器物)을 손에 들고 흥을 돋우고 있는 그림이 있는 점이다(도판14-1). 큰북은 높이가 8촌 3분으로 선명한 붉은색으로 그려져 있다. 구슬을 공중에 높이 던졌다가 받는(弄丸) 사람의 옷은 갈색으로 윗도리는 붉은색이다. 검으로 재주를 부리고 있는(弄劍) 사람의 옷은 윗도리가 갈색, 물구나무서기 재주를 부리고 있는(倒立) 사람의 옷은 붉은색, 그밖에 흥을 돋우고 있는 사람의 옷은 붉은색, 갈색, 담청색 등으로 보이며 이들의 배합에 대한 묘함을 이해하는 것도 재미있다.

---

19 장자(莊子)의 이름은 주(周), 자는 자휴(子休), 양(梁) 혜왕(惠王), 제(齊) 선왕(宣王)과 동시대 사람으로 송(宋)나라 몽(蒙) 출신으로 칠원(漆園)지기의 벼슬을 한 것이 사마천의 『사기』「장주열전(莊周列傳)」에 전한다. 당 현종은 장자를 존경해 '남화진인'이라 부르고, 『장자(莊子)』를 『남화진경(南華眞經)』이라 불렀다. 현재 전하는 책은 서기 4세기 서진의 곽상(郭象)이 정리하고 주석한 33편 본으로 내(內)·외(外)·잡편(雜篇)으로 구성되어 있다. 이 책은 중국적 논리로 '해탈'을 밝힌 책으로 인간이 어떻게 하면 부자유한 현실 속에서 어디에도 얽매이지 않는 자기를 지닐 수 있는지를 밝히려

[도판14-1] 북원 벽화무덤의 잡기도

중국 고대의 잡기에 대해서는 『장자(莊子)』[19] 「서무귀(徐无鬼)」편에 초(楚)의 용사(勇士) 선료(宣僚)가 농환을 잘하는 것이 실려 있으며,[20] 또 『열자(列子)』[21]의 「설부(說符)」편에 초(楚)가 송(宋)을 공격했을 때 송인(宋人) 난자(蘭子)가 검으로 재주를 부린 것을 서술하기를 '칠검을 부리는데', '오검은 항상 공중에 있다'라고 기록되어 있다.[22] 그렇다면 이러한

한다(안동림 역주, 『莊子』, 현암사, 1993, pp.11~22, 역자주).
20 『莊子輯釋』卷8中「徐无鬼」24
仲尼之楚 楚王觴之 孫叔敖執爵而立 市南宜僚受酒而祭曰 古之人乎 於此言已 曰 丘也聞不言之言矣 未之嘗言 於此乎言之 市南宜僚弄丸而兩家之難解 孫叔敖甘寢秉羽而郢人投兵 丘願有喙三尺...[疏]...宣僚正上下弄丸而戲...(역자주)
21 『충허진경(沖虛眞經)』이라고도 한다. 도가(道家)의 저서 8권으로 열자(列子: 御寇)가 지은 것으로 전해진다. 민간 설화와 우화, 신화 등이 많아 문학적 가치가 높고 철학사상이 깊이 담겨 있다. 만물은 무형에서 생겨나 변하지 않고 어떠한 것도 완벽하지 않으며, 천지와 성인을 포함해서 사람은 자연계의 법칙을 파악하고 이용해야 한다는 내용이다. 당나라는 『열자』를 『충허진경』이라 하고, 북송은 '지덕(志德)'으로 봉하여 도교의 중요한 경전 중의 하나로 채택하였다(참고: 國學大師, 『列子』, 역자주).

종류의 잡기는 늦어도 전국시대에는 지금의 회하(淮河) 유역에서 행해지고 있었던 것을 알 수 있다. 농환, 도립 등의 그림은 한대의 화상석이나 화상경에서도 볼 수 있지만, 농검의 실황을 묘사한 것은 실로 상기 요양 벽화를 첫 예로 인정할 수 있다. 또 북쪽 그림의 위쪽에는 나체의 어린이가 공중에 날아올라서 활을 쏘고 있는 것이 보이고 옆에 '鼓吠演詵歡戲(고폐연선환희)' 라는 여섯 자가 먹글씨로 쓰여 있다. 이밖에 동쪽 측실과 북쪽 측실에는 가옥이, 남

[도판14-2] 북원 벽화무덤 벽의 글자

쪽 측실에는 창고 그림이 있고 이에 동반하여 사람 그림도 보인다. 인물 속에는 영성자(營城子) 벽화23와 화법이 상당히 비슷한 것이 있다. 문자는 위에 서술한 것 이외에 관대 옆 기둥에 '季春之月(계춘지월) 운운'이라고 하는 글자가 1촌 남짓의 크기로 호분(胡粉)으로 쓰여 있는 것(도판14-2)과 창고 그림 위에 '代郡庫(대군고)'라는 세 글자를 묵서(墨書)한 것이 남아있었다.

이상이 북원(北園) 벽화고분의 개황이었다. 어쨌든 이들 벽화는 안료로 주(朱), 흑(黑) 이외 백(白), 자(紫), 갈(褐), 담청색 등의 흙의 회구(繪具)

---

22 『列子』「說符」
... 宋人有蘭子者 以技干宋元 宋元召而使見 其技以雙枝 長倍其身 屬其踁 並趨並馳 弄七劍迭而躍之 五劍常在空中 元君大驚 立賜金帛 ...(역자주).

23 대련시 감정지구 영성자공사 남쪽에 있는 벽돌무덤으로 널길-전실-후실-동·북 측실로 이루어져 있다. 동측실 벽에 명기대가 있고 그 위에 도정(陶井)·소반(案)·옥(屋)·저(猪)·부뚜막(竈) 등의 명기가 흩어져 있다. 후실 동·남·북벽에서 묵선으로 그려 채색한 벽화가 발견된다. 묘주, 시종, 새, 용, 노인, 우인(羽人), 운기문, 주작 등과 남벽의 문에 괴수, 문 양쪽에 문지기, 후실 문밖에 검을 든 무사가 그려져 있다(강현숙, 『고구려와 비교해 본 중국 한, 위·진의 벽화분』, 지식산업사, 2005, pp.134~137, 역자주).

가 이용되고 판석 면에 직접 그려져 있는 것, 판면에 호분을 칠하고 그 위에 그려져 있는 것, 혹은 밑그림이 존재하는 것 등이 있다. 필치에서도 도판12와 같이 섬세하지만 힘이 있는 것이나, 영성자의 벽화에 보이는 줄(繩) 등을 가지고 있는 문지기(전에 신다(神荼)와 울률(欝壘)24 두 신을 그린 것으로 상상한 것)처럼 간략하고 보잘 것 없는 선으로 그린 것 등이 있어서 몇 명인가의 화공에 의하여, 아마 약간의 시간 차이를 두고 제작한 것으로 생각할 수밖에 없다. 종래 한 대의 회화는 앞서 언급한 영성자 벽화 이외 낙랑 유적에서 발견한 칠기에 보이는 칠회(漆繪) 등을 주요 소재로 하여 고찰하거나 혹은 화상경, 화상석과 같은 금석 조각을 참작하여 추정하던 참이어서 그 자료가 반드시 완전하고 좋은 것이라고는 말할 수 없었다. 그런데 북원에서 출토한 벽화는 화면의 크기에서, 내용이 풍부한 점에서, 참으로 한 대 회화의 귀중한 표본이라 해도 과언이 아니다. 앞서 기록한 남림자의 것도 훨씬 이에 미치지 못할 것이다.

우리는 상술한 바와 같이 화상석을 통해 한나라의 회화를 비추어 보고 있는데, 기마인물상이나 마차도와 같이, 모두 요양 벽화에 보이는 것과 비슷하였다. 즉 한의 화상석이 같은 시대의 벽화를 항구적인 시각에서 석각으로 남겼던 것이 새삼스럽게 수긍이 된다. 후한의 왕일(王逸)은 『초사(楚辭)』 「천문(天門)」25에서 초나라 묘당(廟堂) 벽화에 천지와 산천의 신령이나 그밖에 옛날 현성(賢聖)과 괴물(恠物)의 행사(行事) 등이 그려져

---

24 액막이 신. 벽화무덤의 문기둥에 문리도, 복희·여와 도상과 함께 그려지기도 한다. 『풍속통의(風俗通義)』(권8)에 의하면 도삭산에 커다란 복숭아나무가 있는데 귀신이 드나드는 북동쪽 문을 지키고 있는 것이 '신다'와 '울루'라고 한다(신입상, 앞의 책, p.303, 역자주).
...謹按黃帝書上古之時有荼與鬱壘昆弟二人性能執鬼 度朔山上章桃樹下簡閱百鬼無道理妄 爲人禍害 荼與鬱壘縛以葦索執以食虎 於是縣官常以臘除夕飾桃人乘葦茭畫虎於門 皆追效於前事冀以衛凶也 桃梗梗者更也歲終更始受介祉也....
25 '천문(天問)'의 오자(誤字)로 보인다(역자주).

있어서, 산과 숲을 방황하다 우연히 그 아래에서 쉬던 굴원(屈原)이 이들 회화에 질문을 하는 것 같은 체제로 썼던 것이라고 기록한다.26 이것에 대해서는, 후한시대가 벽화가 성행한 시기로, 그래서 추측하여 초나라에서도 같았을 것으로 생각할 수도 있지만, 이것이 반드시 증거가 되지는 않는다고 말하는 사람이 있을지도 모른다. 그러나 화상석과 벽화에 왕래가 있었음이 밝혀지면, 전자에 천지, 산천, 괴물이나 여러 종류의 행사가 나타나 있는 점에서 헤아리면, 적어도 한 대 벽화에도 같은 사항이 그려지고 있었던 것으로 봐도 조금도 이상하지 않다. 그리고 한 대의 문물에 전국 초나라의 영향이 적지 않게 인정되는 것을 생각하면, 어쩌면 왕일이 말하는 것이 반드시 근거 없는 것이라고만 말할 수 없을 것이다.

다음에 요양 벽화에 보이는 기법이 만선(滿鮮)에서의 고구려 분묘와 모양을 같이하고 있는 점은 한 대 문화가 고구려에 흘러 전해졌다고 하는 점에서 봐도 흥미 깊은 것이다. 또 앞서 남쪽 벽화에 보이는 기마무인의 갑주가 만선에 남아있는 고구려 벽화에 그려져 있는 것과 약간 비슷한 것도 놓쳐서는 안 된다. 이것은 이들 두 시대에 비슷한 갑주가 유행하고 있었던 사실을 나타내는 것으로, 그 처음 일으킨 곳이 같았던 것일까, 어쩌면 한 대의 것이 고구려로 파급되었기 때문이었을까, 그 어느 쪽인가로 생각된다. 어쨌든 지금까지 한 대의 갑주를 다룬 것은 찰편(札片) 등이 약간 알려져 있고 거의 이것을 보지 못했기 때문에, 여기에 새로운 자료를 첨가하였다고 할 수 있다.

말할 필요도 없이 요양 등은 한 대에는 극히 한쪽으로 치우쳐 외지고

---

26 『楚辞』卷3 天問
...《天問》者, 屈原之所作也。何不言問天?天尊不可問, 故曰天問也。屈原放逐, 憂心愁悴, 彷徨山澤, 經歷陵陸, 嗟號昊旻, 仰天歎息。見楚有先王之廟及公卿祠堂, 圖畫天地山川神靈, 琦瑋僑佹, 及古賢聖怪物行事。周流罷倦, 休息其下, 仰見圖畫, 因書其壁, 何而問之, 以渫憤懣, 舒瀉愁思。楚人哀惜屈原, 因共論述, 故其文義不(역자주)。

먼 땅에 불과하였다. 그 분묘 벽화 같은 것은 오로지 소위 시골의 예술이었다고 생각된다. 게다가 이같이 우수한 것이 존재하는 점에서 생각하면, 왕연수(王延壽)[27]의 부(賦)에 의해 전해진 '노(魯) 영광전(靈光殿)'[28]의 벽화 혹은 중원(中原)의 한나라 여러 궁전의 벽화 등은 어느 정도였을까. 우리는 당대 회화의 발달에 경탄하지 않을 수 없었다. 이와 관련하여 이 귀중한 북원 벽화의 모사(模寫)도 완성되었을 텐데, 아직 우리들의 손에 닿지 않는다.

[주]
남림자 벽화에 대해서는 앞서 든 하라다(原田) 박사의 「요양 남림지의 벽화고분」(『국화』 제53편 제4책[29]), 북원에 대해서는 코마이(駒井)의 「최근 발견되는 요양 한 대 고분」(上同 제54편 제10책)을 참고해 주기 바란다. 또한 후자에 대해서는 이문신(李文信) 씨도 「요양북원벽화고분지략」을 국립심양박물관주비위원회 휘간 제1책에 실었다.

7. 명기(明器)

상기의 돌덧널, 벽돌덧널에서 출토한 것의 대부분은 와제명기의 깨진

---

27 『後漢書』「文苑列傳」에 왕연수傳이 전한다.
『後漢書』卷80 上「文苑列傳」第70 上
...王逸字叔師, 南郡宜城人也。...子延壽, 字文考, 有俊才。少游魯國, 作《靈光殿賦》。後蔡邕亦造此賦, 未成, 及見延壽所爲, 甚奇之, 遂輟翰而已。曾有異夢, 意惡之, 乃作《夢賦》以自厲。後溺水死, 時年二十餘。(역자주).

28 후한의 왕연수가 노국(魯國)의 영광전을 묘사한 부(賦)가 「魯靈光殿賦」이다. '웅대하고 화려한 영광전은 후한 노(魯)공왕(恭王)유여(劉余)가 세운 것으로 노국의 종묘였을 것으로 보인다'(신입상). ...圖畫天地 品類群生 雜物奇怪 山神海靈 寫載其狀 托之丹靑 千變萬化 事各繆形 隨色象類 曲得其情 上紀開闢 遂古之初 五龍比翼 人皇九頭 伏羲鱗身 女媧蛇軀 鴻荒朴略 厥狀睢盱 煥炳可觀 黃帝唐虞 軒冕以庸 衣裳有殊 下及三后 淫妃亂主 忠臣孝子 烈士貞女 賢愚成敗 靡不載敍 惡以戒世 善以示后...(신입상 저, 앞의 책, p.97에서 재인용, 역자주).

29 본문 99~107쪽 참조(역자주).

조각이다. 그것은 대부분 회색을 띠고 있는 것으로 가끔 붉은색을 칠했던 것이 보였다. 지금 이것을 수리하고 복원해 보니 다음과 같이 되기 때문에 약간의 해설을 해 두고 싶다.

1. 집(家)   2. 문(門)   3. 우물(井)   4. 부뚜막(竈)
5. 솥(鼎)   6. 화(盉)   7. 두(豆)   8. 소반(案)
9. 바가지(匏)   10. 국자(勺)   11. 잔(杯)   12. 쟁반(盤)
13. 도마(俎)   14. 단지(壺)   15. 보(簠)   16. 경대(奩)
17. 촛대(燭臺)   18. 가축(家畜)   19. 박산로(博山爐)   20. 기타

1 집(家)

가옥을 나타낸 명기는 꽤 있었는데 완전한 형태로 복원할 수 있었던 것은 제5호 돌덧널 발견품 1개에 불과하였다(도판15-2). 높이 1척 4촌, 내부 치수 4촌 6분의 2층 구조를 나타낸 것으로 보이고 상부 중앙에 큰 창을 하나 내고 있다. 지붕은 맞배지붕이며 암키와(平瓦), 수키와(丸瓦)로 이은 모양이 잘 표현되어 있고 와당(瓦當)은 붙어 있지 않다. 단 용마루의 양쪽 끝은 높이 휘어 올라가 있고 그 앞에만 ⊕ 표시의 와당이 붙어 있는 것이 주의를 끈다. 당시 용마루에 이같이 이상한 장식이 있었던 것일까. 이 것은 용마루의 단조함을 부드럽게 하기 위해 양 끝의 기와를 약간씩 밀어 올려서 자연히 휘게 한 것으로 처음 시도한 것 같은데, 그 모양은 마치 망새(鴟尾)를 연상케 하는 것이다. 지금도 요양 부근 민가의 지붕에 용마루 양쪽 끝에 기와 가 약간 휘어 올라간 것이 보이는데, 크 게 참조가 될 것이다. 망새의 내력에 대해

[도판15-1]   [도판15-2]
문짝 모양 명기   집 모양 명기

서는 진대(晉代) 이전에는 아직 없다고들 전해지는데 여기에 언급한 명기에 의해서도, 같은 시대의 화상석에 비추어 보아도, 한 대에 이미 그 싹이 움트고 있었던 것을 인정하지 않으면 안 된다.

[도판15-3]
중유 모양 명기

명기 이외에 제6호 돌덧널에서 나온 지붕이 잘되어 있었는데, 그 집지붕 모양을 복원해 보는 것은 어려웠다. 이것 역시 맞배지붕이고 기와로 지붕을 이었다. 특히 처마에 와당을 붙이고 있는 것이 재미있다.

2 문(門)

제2호 돌덧널에서 출토한 문짝은 한 쌍인데 하나의 크기가 길이 3촌 8분, 폭 2촌, 두께 3분 정도이다(제5그림), 제4호 돌덧널에서 발견한 것은 한 짝밖에 없었지만 약간 커서 길이 5촌 7분, 폭 2촌 5분, 두께 3분이다. 그 표면에 수면(獸面)이 나타나 있고 고리는 없어졌지만, 오늘날 문짝의 수환(獸鐶)을 생각나게 하였다. 수환의 표현 방법도 훌륭하다([도판15-1].

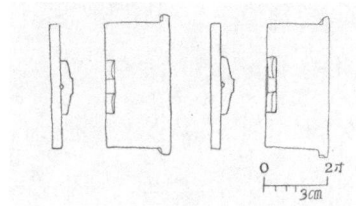
[제5그림] 명기 실측도

3 우물(井)

제3호 돌덧널 입구 가까운 곳에서 출토한 우물은 원통 항아리(甕) 같은 모양을 하고 있고 바깥 치수의 높이가 9촌 4분, 바닥 지름이 3촌 8분이고 바닥의 두께는 2분이었다. 바닥의 가장자리에서 재어 6촌 1분 정도의 곳에 폭 1분이 불룩 솟아 끈 모양으로 선을 두르고 기체(器體)를 외관상 위와 아래 두 부분으로 구획하고 있는 것이 주의 된다. 그리고 윗부분의 입 지름은 내부 치수로 4촌 2분이고 밖으로 향해 폭 6분의 납작한 테두리를 하고 있다. 아랫변에 가까운 양측에 대칭적으로 반월형 비슷한 구멍이 뚫려 있다(도판16-1). 그 구멍은 앞서 제5호 돌덧널에서 발견한 집의 측면에 붙어있었던 것과 비슷한 것을 느낄 것이다.

[도판16-1] 우물 모양 명기

안에 흙이 가득 채워져 있었던 발굴 당시에는 이 명기가 무엇을 나타내는 것인지 판단하기가 어려웠다. 그런데 다행히도 채워져 있던 흙을 파내고 보니 그 밑에 하나의 작은, 흙으로 만든 두레박이 나타나서 이것이 우물을 모방한 명기인 것을 확인할 수 있었다. 양측에 있는 반월형 구멍은, 생각해보면, 명기로 만드는 것에 대한 표시일까. 두레박은 박(匏)을 반으로 자른 모양을 하고 여기에 'ㅜ' 자를 거꾸로 한 것 같은 손잡이가 붙어있다. 어떤 물건과 관련시켜서 사용하는 것을 나타낸 것일까.

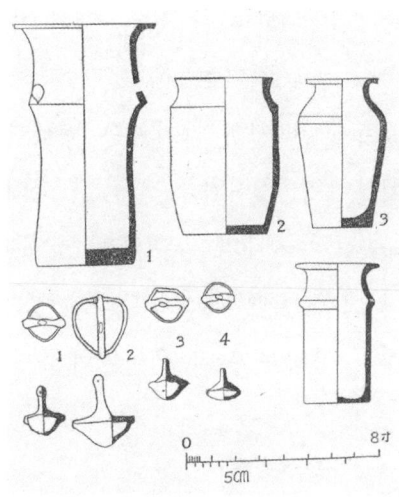

[제6그림] 명기 실측도

이 우물 명기는 위에서 말한 것처럼 상하 두 부분으로 되어 있는데, 둘 다 몸의 지름선이 안으로 향해 살짝 젖혀있어서 각각 미묘한 곡선을 그리고 있다. 이것에 더하여 아랫부분의 높이와 넓이로 나타내고 있는 장방형(矩形)은 그 비율이 우연히 황금비 관계로 서 있는 것일까. 매우 안정적이고 윗부분을 올리고 있는데도 불구하고 조금도 불안한 감이 없다. 게다가 윗부분의 폭과 높이의 관계 또한 대략 황금비로 이루어져 있는 깃도 간과해서는 안 된다. 어쩌면 한 대의 공예기법이 심상치 않은 것은 오히려 이같이 기교를 부리지 않는 것 속에 나타나 있다고 해야 할 것이다(제6그림1).

 요양에서 발견한 명기 우물에는 얼핏 봐서 단지와 같은 느낌의 것이 많다. 제1호 벽돌덧널의 것은 높이 5촌 8분, 제2호의 것은 높이 6촌 3분, 제3호의 것은 높이 6촌이며, 모두 단지 모양을 하고 있는데, 그중에 두레박이 들어있는 것이 있기도 하여 우물로 인정할 수 있는 것이다(제6그림2~4). 계속해서 여순 부근의 벽돌덧널에서 발견된 우물도 비슷한 것인데, 만약 두레박이라도 들어있지 않으면 어떤 물건인지 판정하기 어려울 것이다.

 이같이 요양이나 여순의 분묘에서 발견된 와제명기 우물이 소위 두레우물(車井戶)이 아닌 것은, 당시 이들 지방에서 일반으로 행하고 있었던 우물이 매우 간단한 것이었던 것을 이야기하고 있는 것이라고 할까. 그 두레박 같은 것도 바가지를 둘로 잘라서 버드나무 등의 가지로 만든 손잡이를 붙인 것이며 그것을 긴 막대기에 연결하여 물을 폈을 것으로 생각된다. 같은 시대의 시부(詩賦)에 두레우물이 튼튼한 동앗줄로 금병(金瓶)이나 요옹(瑤甕)을 오르내리고 있는 모양을 서술한 것이 적지 않지만, 그와 같은 상황은 아마 요동군에서는 그다지 볼 수 없었던 것이 아닐까.

4 부뚜막(竈)

 부뚜막은 모두 부스러진 조각을 접합해서 완성시킨 것인데 제2호 벽돌덧널에서 발견한 것 등이 가장 뛰어나다. 윗면에는 다섯 개의 가마구멍(釜孔)이 있고 긴 굴뚝을 붙이

[도판16-2] 부뚜막 모양 명기

고 앞면에 아궁이가 있고 그 상부에 차양이 나와 있다. 아궁이 주변에 비스듬하게 교차한 문양이 가장자리를 둘러싸고 있는 모양 등이 눈길을 끄는 것일 것이다. 폭은 앞이 9촌 1분, 뒤가 5촌 7분, 내부 길이는 9촌, 높이는 3촌 8분이고 가마구멍은 중앙의 것이 지름 2촌 4분, 주변의 것이 1촌 9분 정도이고 아궁이는 2촌 4방(方) 정도이다. 이것과 함께 반출한 가마

(釜), 시루(甑) 류는 원래 구멍이 위로 나 있었던 것이다(도판16-2, 제7그림3). 이같이 긴 굴뚝이 붙어 있는 부뚜막 모형은 라웰 박사의 『화상석연구』에 실려 있는 화상에도 나타나 있다. 또한 제2호(제7그림2)와 제3호 돌덧널(제8그림1), 제1호 벽돌덧널(제8그림2, 3)에서 출토한 부뚜막은 네모형이지만 모두 연기가 나오는 곳은 작은 구멍에 지나지 않는다. 제5호 벽돌덧널에서 출토한 것은 둥근형을 하고 윗면의 지름이 6촌 2분, 높이 3촌 8분 정도이며 윗면에 5개의 가마구멍과 한 개의 작은 연기 구멍이 열려있고 그사이에 생선 모양이 음각되어 있다(제7그림1). 근처에서 나온 작은 가마나 시루는 이 위에 올려 있던 것일 것이다. 이들 부뚜막의 장식 문양으로는 제2호 돌덧널에서 보이는 화염(火炎) 문양 등과 제3호 돌덧널의 것에 나타나 있는 삼각형, 마름모형의 문양이 주의를 끈다.

이상에서 서술했듯이 부뚜막에 관계되는 작은 가마 이외 제5호 벽돌덧널에서 발견된 것과 같이 입 지름이 내부 치수로 5촌 3분, 바깥 치수 5촌 7분, 바닥 지름 3촌 1분, 높이 3촌 8분 정도로 되어 있는 대형품도 있다. 그것의 차양은 입구 끝에서 2촌 2분이 안 되며 폭은 7분이나 된다(제9그림3).

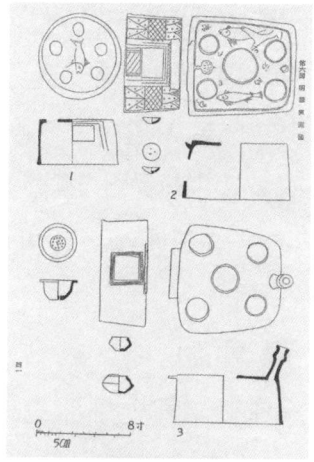

[제7그림] 명기 실측도

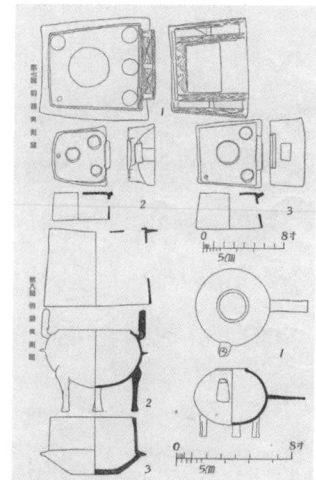

[제8그림] [제9그림] 명기 실측도

[도판17-1] 솥 모양 명기

5 솥(鼎)

제2호 돌덧널에서 출토한 솥(鼎)은 잔편을 연결하여 전체를 복원할 수 있었다. 한 대의 청동기를 모방한 것으로 세 다리와 양쪽 귀를 가지며 귀에는 고리가 붙어 있다. 입 지름이 4촌 8분이고 허리 지름은 6촌 7분이고 뚜껑은 없지만 정돈된 아름다운 모양을 하고 있다(도판17-1, 제9그림).

6 화(盉)

제2호 돌덧널에서 출토한 명기 중에 『서청고감(西淸古鑑)』 등에 초두(鐎斗)라고 하는 것이 있다. 이깃의 전체 높이는 4촌, 입 지름은 2촌, 배 지름은 5촌 2분, 손잡이 길

[도판17-2] 초두 모양 명기

이는 2촌 5분이고 주둥이가 있으며 세 개의 다리가 지탱하고 있다. 원래 뚜껑이 있었을 텐데 찾아낼 수 없었다. 히로야스(容康) 씨는 『연경학보(燕京學報)』에 실린 「한대복어고략(漢代服御考略)」에서 이 종류의 것을 '화(盉)'라고 부르고 도속(陶續)에 '한평도주가화(漢平都主家盉)'라는 기록이 있는 것을 인용하고 있다. 마땅히 따라야 할 것이다(도판17-2, 제9그림1).

7 두(豆)

제3호 돌덧널에서 나온 두(豆)(제10그림)는 입 지름이 내부 치수 4촌 1분, 바깥 치수 4촌 5분이고 바닥 지름은 내부 치수 4촌 3분, 바깥 치수 4촌 7분, 높이 6촌 정도의 것으로 물레의 흔적이 있으며 손잡이 부분 양측에 렌즈 모양의 구멍이 있다(도판18-1). 이 두(豆)와 비슷한데 사실은 뭔가의 받침대(臺)로 사용된 것으로 생각되는 것이 있다. 제2호 벽돌덧널에서 출토된 것은 높이 5촌 7분 정도의 큰 대(臺)(제11그림3)이고 제3호 돌덧널에서 발견한 것은 높이 1촌 2분 정도의 작은 대(제11그림4)이다.

8 소반(案)

칠안(漆案)을 모방한 것은 대체로 분묘에서 출토되고 있으며 그 위에 잔, 쟁반, 국자 등이 놓여있었던 것도 적지 않았지만(도판 참조) 얇은 판이기 때문에 채집이 매우 곤란하고 수리, 복원할 수 있는 것은 적다. 그 모양은 제3호 벽돌덧널의 것과 같이 장방형으로 네 구석에 작은 구멍이 뚫려있는 것과 제4호 돌덧널의 것과 같이 원형으로 세 개의 짧은 다리가 붙어 있는 것도 있다(제11그림). 장방형의 것의 구석에 있는 구멍은 명기이기 때문인지, 혹은 원래 짧은 다리가 끼워 넣어져 있었기 때문일까(도판19). 또한 장방형 소반의 표면에 생선 모양 등이 새겨져 있는 것도 있다.

[제10그림] 명기 실측도

[도판18-1] 두 모양 명기

9 바가지(匏)

두 개로 쪼개진 바가지(匏)는 대소 몇 개라고 할 것도 없이 출토되었다. 그중에는 작은 주발 안에 들어간 채로의 것도 있었다. 여기에 든 작은 바가지는 제4호 돌덧널에서 발견된 것이다(제13그림9, 10). 대형인 것 하나는 제1호 벽돌덧널(제12그림1), 다른 것은 제2호 돌덧널(제12그림2, 3), 제4호 돌덧널(제12그림4) 출토와 관

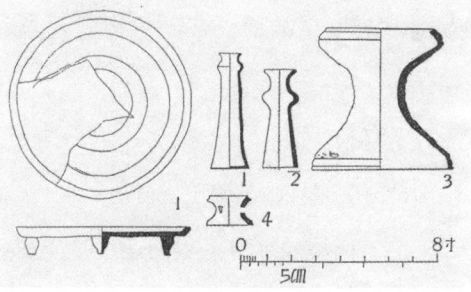

[제11그림] 명기 실측도

7. 요양 발견의 한대(漢代) 고묘(古墓)

련된다. 모두 실용의 크기에 가깝고 그 가운데는 2, 3의 것과 같이 내면에 붉은색의 흔적이 있는 것이나 손잡이 부분이 일종의 물 따르는 입처럼 되어 있는 것도 있다.

현재도 요양 부근뿐 아니라 조선에서도, 또 우리의 대마도에서도 호롱박을 반으로 자른 것으로 물을 푸고 있고 그것의 명칭까지 거의 비슷한 것은 사람들이 널리 알고 있는 것일 것이다. 중국에서는 예로부터 이것을 사용하고 있었는데 명기를 통해 한 대에도 왕성하게 사용하고 있었던 것을 알 수 있다.

[도판19] 국자, 소반 모양 명기

10 국자(勺)

국자(勺)도 대소의 모양이 있으며 이 중에는 제2호 돌덧널의 발견품과 같이

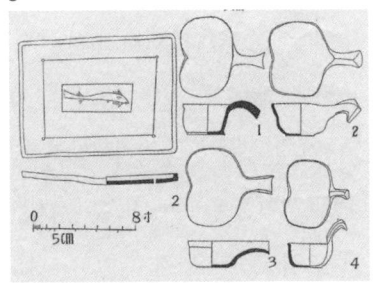
[제12그림] 명기 실측도

안쪽에 붉은색이 칠해져 있고 손잡이 끝에도 용(龍) 모양이 새겨져 있는 우수한 것도 있다(도판19, 제13그림5). 제4호 돌덧널의 것은 손잡이가 구부러져 있고(제13그림6), 제2호 벽돌덧널에서 발견한 작은 국자는 입 지름 2촌 2분, 높이 1촌 1분 정도의 작은 사발 안에 든 채였다(제13그림7), 또한 제1호 벽돌덧널의 국자는 변변치 못한 것이었다(제13그림8).

11 잔(杯)

잔(杯)도 상당히 많고(제14그림2), 이 중에는 내면에 붉은색을 칠한 것, 혹은 제1호

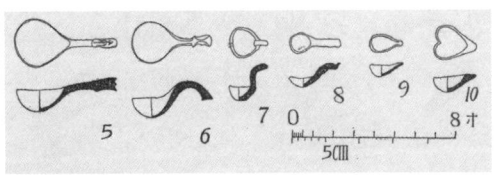
[제13그림] 명기 실측도

벽돌덧널과 같이 내면의 중앙에 새와 같은 모양을 얇게 부조로 나타낸 것도 보인다(도판20, 제14그림1).

12 쟁반(盤)

쟁반(盤)에는 직경 7, 8촌(도판20-1)에서 2, 3촌에 이르는 대소 각양각색이 있다(제15그림). 제5호 벽돌덧널에서 출토된 쟁반은 입 지름의 바깥치수 8촌 9분, 내부 치수 7촌 6분, 높이 2촌 7분 정도이고 두 마리의 물고기 모양이 선으로 새겨져 있었다(제15그림1). 또 같은 곳에서 나온 지름 2촌 7분 정도에 높이 7분인 작은 것은 위에 기록한 것같이 장경호의 받침 접시로 사용되고 있었다. 또한 둥근 쟁반에는 물레의 흔적이 확실히 보인다. 제1호 벽돌덧널에서 속 깊은 바리(深鉢)에 다리가 3개 있는 것도 출토되었다(제15그림2).

다음에 장방형의 일종의 쟁반이라고도 보이는 것이 있었다. 제1호 벽돌덧널에서 발견한 것은 길이 5촌, 폭 3촌, 깊이 8분 정도로 표면 가장자리 부근에 파형(波形) 문양, 안쪽면 밑바닥에 마름모꼴 문양을 나타내고 있었고 제3호 돌덧널에서 출토된 비슷한 크기의 것에는 표면 중앙에 물고기 모양을 선으로 새기고 있었다. 이 종류의 쟁반은 또는 '려(廬)'라고 불리던 종류인 것일까 (도판20, 제14그림3, 4).

13 도마(俎)

도마(俎)는 두 개의 다리 위에 하나의 판을 걸친 것으로 제1호 벽돌덧널의 출토품과 같이 다리에 장식이 없는 것(제10그림1), 제2호 벽돌덧널, 제3호 돌덧널

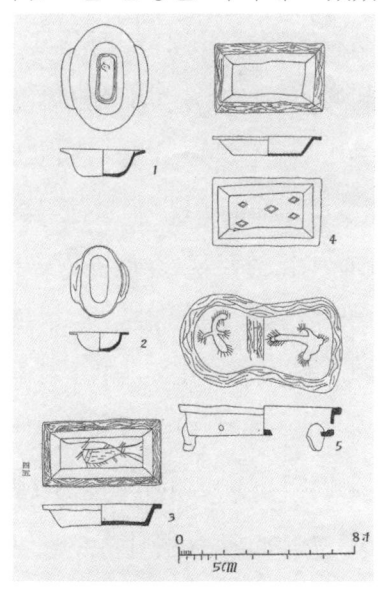

[제14그림] 명기 실측도

출토품에 보이는 양 다리에 각각 장방형 구멍을 통과시키고 있는 것(도판20, 제10그림5)이 있다. 도마 위에 생선을 조각해 놓은 것이 보통이고 그중에는 물고기와 칼을 합쳐서 나타낸 것도 있다. 도마는 두(豆)와 같이 음식을 올리는 받침으로 사용되고 있는 것일 것이다.

14 단지(壺)

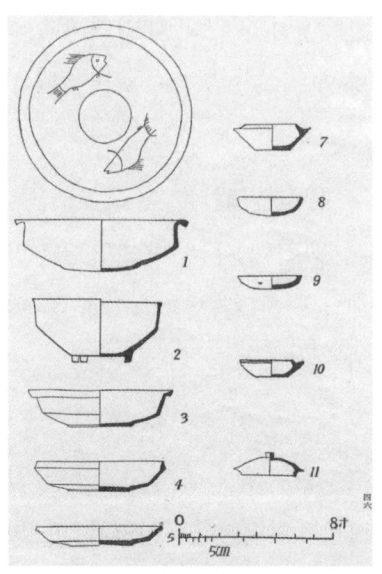

[제15그림] 명기 실측도

제1호 벽돌덧널에서 나온 입 지름 3촌 9분, 배 지름 6촌 9분, 높이 5촌 3분 정도의 것(제16그림3)과 제3호 벽돌덧널의 소반 옆에 놓여 있는 것 같이 입 지름의 내부 치수 2촌 3분, 바깥 치수 3촌 5분, 배 지름 5촌 4분, 바닥 지름 2촌 5분, 높이 5촌 4분 정도의 것도 있다(제16그림4). 제5호 벽돌덧널에서는 높이 1척의 장대한 것이 나왔다(같은 그림2). 모두 보통 한무(漢武) 토기로 보는 것들이다. 이밖에 석전(石塼)의 두 무덤에서 다수 출토된 것에 장경호가 있다. 전체의

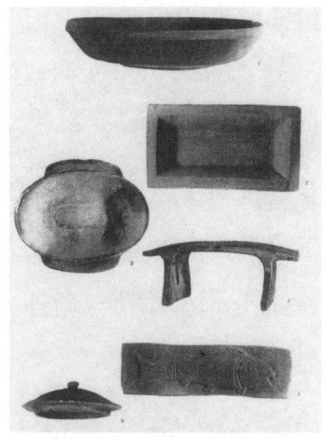

[도판20] 잔, 쟁반, 도마 모양 명기

높이가 8촌 5분 정도, 목의 높이가 5촌 정도의 것으로 복부 또는 밑바닥 부분에 작은 둥근 구멍이 뚫려 있다(도판21). 이 중에는 작은 네모 구멍이 나 있는 것도 있다. 이들 구멍은 아마도 명기의 단지가 실용품이 아님을 나타내는 것일 것이다(제16그림6, 7).

그밖에 일종의 단지로 볼 수 있는 것이 제2호 벽돌덧널 속에서 한 개 검출되었다. 입 지름은 바깥 치수로 2촌 7분, 내부 치수로 2촌 1분, 바닥

은 가로가 2촌 3분, 세로가 2촌 2분, 높이가 5촌 1분이었다(도판21, 제16그림1).

15 보(簠)

제6호 돌덧널에서 출토한 잔편 중에 보(簠)의 뚜껑을 나타내고 있다고 생각되는 것이 있었다. 『주례(周禮)』「추관 장객(秋官掌客)」조(條) '정주(鄭注)'[30]에 '네모난 것을 보(簠)라 한다'라고 하고 '서직(黍稷:찰기장과 메기장. 옛날 나라 제사에 낼 것으로 썼음)과 도량(稻粱)을 담는 그릇'이라고 하는 것도 참고가 될 것이다. 전면에 붉은색의 흔적이 있다.

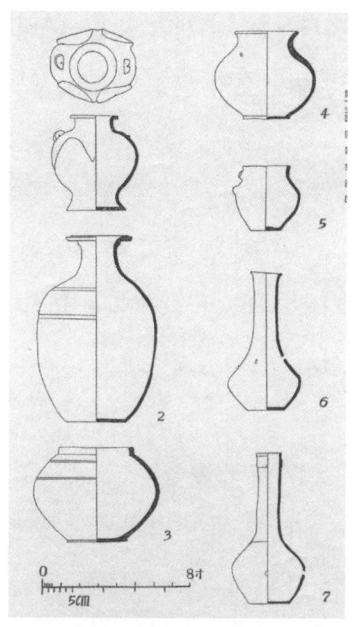

[제16그림] 명기 실측도

16 경대(奩)

경대(奩) 중에는 둥근 것과 장방형의 것이 있다. 제3호(제17그림3), 제5호(같은 그림1) 돌덧널에서도 나왔는데, 특히 후자의 것은 높이 6촌 1분 정도로 복원할 수 있었다. 그 표면에 붉은색을 칠하고 모양이 그려져 있다. 아마 칠기 염색을 흉내 낸 명기일 것이다(도판21-1). 또 제5호 벽돌덧널에서 발견한 것으로 경대의 몸체가 있는데

[도판21] 경대, 단지, 장경호 모양 명기

---

30 『周禮注疏』 卷38 漢鄭氏注
　... 云簠稻粱器也 ...

여기에는 세 개의 짧은 다리가 붙어있다(제17그림2). 또한 이것과 함께 장방형의 것이 출토되었다. 크기는 몸체의 길이가 바깥 치수로 1척 4분, 폭이 7촌 2분, 높이 4촌 9분이고 내면의 바닥에 쌍어(雙魚) 문양이 새겨져 있다. 뚜껑은 크게 모난 곳이 없고 윗부분에 못(鋲)을 본뜬 것이 붙어 있다. 내면에도 물고기 모양이 붙어 있다. 높이는 6촌 8분이다. 이것 또한 칠기를 나타낸 것임에는 의심이 없다(제18그림).

17 촛대(燭臺)

제3호 돌덧널에서 출토한 높이 3촌 8분 정도의 것과 제4호 돌덧널에서 발견된 높이 4촌 5분 정도의 것은(도판22) 모두 촛불을 세우는 송곳이 있는 것은 아니지만 구멍이 난 곳에 양초를 꽂아서 사용했던 것으로, 일종의 등(鐙)이라고 해야 했을까. 중국에는 지금도 이와 같은 모양의 금속제 촛대가 사용되고 있다. 그 연원은

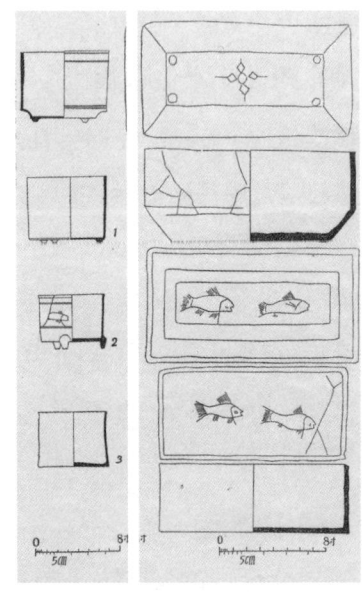

[제17그림] [제18그림] 명기 실측도

한 대 주변으로 거슬러 올라갈 수 있다고 할 수 있을 것이다(제11그림1, 2).

18 박산로(博山爐)

제2호 벽돌덧널에서 전체 높이 9촌 2분 정도의 훌륭한 박산로를 본뜬 것이 출토되었다. 뚜껑 꼭대기에 새 모양을 집어넣고 산 모양의 돌기가 사이에 있고 모두 18개의 작은 구멍이 뚫려있다. 손잡이 부분 중간쯤에 2개의 작은 구멍, 그 아래쪽에 3개의 삼각형 구멍이 있는데, 투과하게 되어 있다(도판23-1). 제4호 돌덧널에서는 박산로의 뚜껑만 출토되었다(도판

23-2, 제19그림).

19 가축(家畜)

제4호 돌덧널에서 발견한 동물을 본뜬 것은 아주 작은 파편 조각을 모아서 접합해 보고 소인지 뭔지라는 것을 알았다. 길이가 7촌 5분, 높이가 3촌 3분인데 얼굴 표현이 재미있었다. 속이 텅 비고 바닥에 길이 3촌 7분, 폭 7~8분의 가늘고 긴 구멍이 나 있다(도판23-3).

20 기타

이상 명기 이외 주목할 만한 것이 4종류 정도 있다. 그 하나는 도판22와 같이 네모와 원을 겹친 것 같은 쟁반인데 길이가 7촌 4분이다. 전체 높이가 2촌 2분으로 세 개의 다리가 붙어

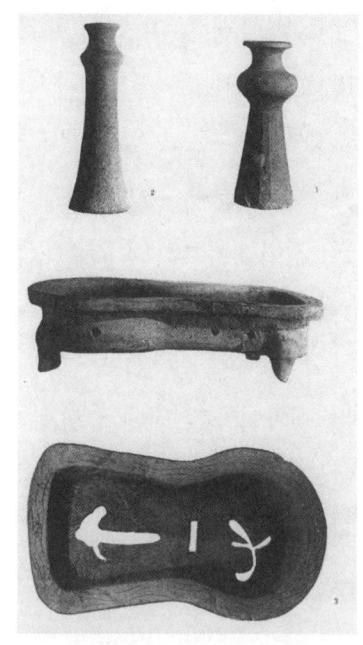

[도판22] 촛대 모양 명기와 쟁반

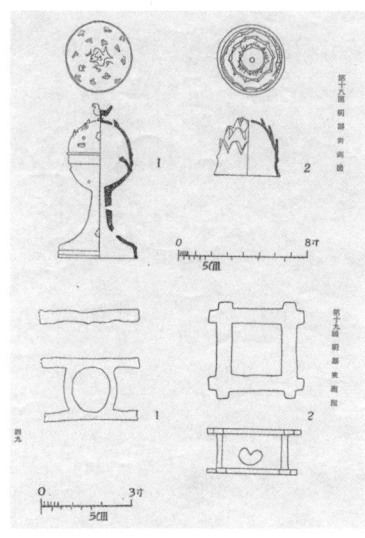

[제19그림][제20그림] 명기 실측도

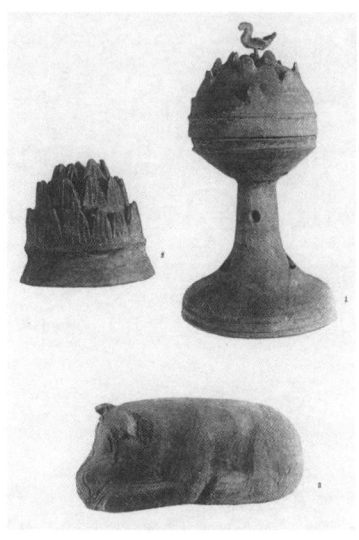

[도판23] 박산로, 짐승 모양 명기

있고 바닥에 두 마리의 새 모양이나 장방형으로 투과 구멍이 나 있다(제 14그림5). 제5호 돌덧널에서 출토한 잔편을 접합해서 완성된 것인데, 어떤 명칭으로 부르고 있었는지 자세하지 않다. 약간 비슷한 것이 여순의 영성자 벽화고분에서 출토하고 있다. 이것은 장방형으로 길이 7촌, 폭 4촌 6분, 깊이 1촌 1분의 기부(器部)에 높이 9분의 네 다리를 갖추고 내면에는 5개의 투과 구멍이 가로로 나열하고 있으며 흰색과 누런색, 두 색을 이용하고 세로에 선(線) 모양이 보인다. 이들 두 개는 바닥에 투과 구멍이 있는 쟁반이라는 점에서 서로 비슷하다. 이와 같은 쟁반이 얼음이라도 쌓았던 것을 본뜬 것은 아니겠지 하고 의심되는 것이 있어서『주례(周禮)』「천관 능인(天官凌人)」조(條)를 조사하니 '빙감(氷鑑)', '이반(夷槃)'이라고 하는 것이 더욱 잘 맞는 것 같다.[31] '빙감'은 얼음으로 그 안에 음식을 두고 온기를 막는 것이고, '이반'은 얼음을 넣어 시신이 있는 마루 밑에 두는데, 시신을 차갑게 하기 위한 것이다. 이같이 쟁반의 바닥에 투과하는 구멍이 있었을 것은 상상하기 어렵지 않다. 이것이 사용되고 있었다고 한다면 그것을 모방한 명기가 출토되는 것 또한 아무런 이상함이 없을 것이다.

다음에 길이 7, 8촌의 가늘고 긴 상자 모양의 것이 제4, 제6의 돌덧널에서 출토되었다. 혹시 열쇠 종류를 본뜬 것인가. 그 밖에 제1호 벽돌덧널(제20그림1), 제5호 돌덧널(제20그림2)에서 나무로 짠 '井'자 형의 우물 난간인가로 보이는 것이 있는데, 이것에 대해서도 단언하는 것을 피하고 싶다.

마지막으로 제5호 돌덧널에서 발견된 도판15의3에 대해 약간 자세하게

---

31 『周禮』卷第2「天官冢宰」下
...凌人掌冰 正歲十有二月令斬冰三其凌 春始治鑑 凡外內饔之膳羞鑑焉 凡酒漿之酒醴 亦如之 祭祀共冰鑑賓客共冰大喪共夷槃冰 夏頒冰掌事秋刷...(역자주)

서술하고자 한다. 이것은 둘레 8촌 2분, 높이 2촌의 상자 몸체 같은 것으로 둘레 9촌 4분 정도의 판을 올린 모양을 하고 그 판면 한가운데 지름 2촌 1분의 큰 구멍이 있고 네 모퉁이에 작은 구멍이 뚫려있는 보기 드문 명기이다. 이것의 사방에 난간이 있고 사방으로 출입구가 나 있는 것은 그림에서도 볼 수 있을 것이다. 네 모퉁이의 작은 구멍은 명기에 자주 보이는 것과 비슷하기에 특별한 의미로 보이지 않지만, 중앙의 큰 구멍이야말로 이것이 무엇인가를 푸는 열쇠가 되지 않을까. 그런데 이것과 같은 것이 제6호 돌덧널에서도 출토되었다. 이것은 제21그림 같이 둘레 1척, 높이 4촌 2분 정도의 상자 뚜껑 같은 것으로 그 표면 중앙에 3촌 정도의 구멍이 뚫려있고, 여기저기 작은 구멍이 나 있다. 표면에 가로 세로로 새긴 선이 있어서 얼핏 보면 장방전을 깔아 놓은 바닥면으로도 생각되는 것이다.

  이 두 가지를 보면 후자는 토단(土壇)일지 모르지만, 전자는 반드시 토단이라고 하기 어렵고 어쨌든 바닥면을 나타낸 것 같다. 여기서 중앙의 큰 구멍은 벽돌을 까는 장소이고 벽돌이 깔려있지 않은 곳, 즉 바꿔 말하면 흙이 있는 곳을 나타낸 것이라고 말할 수는 없을까. 과연 위와 같이, 이것을 흙을 봉한 것으로 생각하는 것이 허락된다면, 이것은 토신(社)을 나타내는 것으로 볼 수 없는 것도 아니다.『위지(魏志)』「공손탁(公孫度)」전(傳)에 '양평에 연리(延里)의 토신'이 있었던 것을 기록하고[32] 있기에 요양에서 한 대의 유적으로 토신과 관련 있는 것이 출토되는 것도 이상하지 않을 것이다. 다만 명기에 그와 같은 의미를 나타내는 사당을 본뜬 것을 만들었을까.

  그런데 나라나 마을의 토신과 같이 집에서 땅(흙)을 제사 지내는 것이

---

32 『三國志』「魏志」卷8 公孫度
   ...時襄平延里社生大石 長丈餘 下有三小石為之足 或謂度曰 此漢宣帝冠石之祥 而里名與先君同 社主土地 明當有土地 而三公為輔也...(역자주).

'중유(中霤:집의 가운데 있는 방. 중유제(中霤祭): 음력 유월의 토왕일(土旺日)에 토지신에게 지내던 제사)'라고 하는 것이 알려져 있다. 『예기(禮記)』 「교특성(郊特性)」에 '사(社)는 땅을 신(神)으로 하는 방법의 깨달음이다'라고 하고, '집은 중유(中霤)를 주로 하고 나라는 사(社)를 주로 한다'라고 한다.33 그 '정주(鄭注)'34에 '중유 또한 토지(흙)의 신(神)이다'라고 하는데, '소(疏)'35에는 '경대부(卿大夫)의 집에서 토신(土神)을 주제(主祭)하는 것은 중유에 있다'라고 기록하고 있다. 이 '소(疏)'의 해석은 『백호통(白虎通)』36의 「오사(五祀)」조(條)에 이미 나타나 있다.37 말할 것도

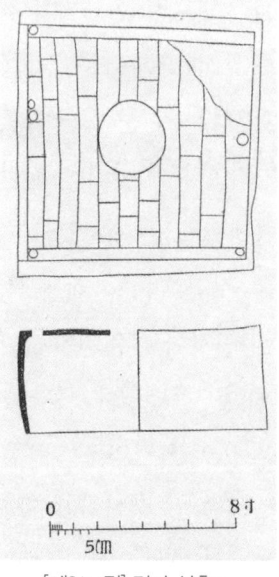

[제21그림] 명기 실측도

---

33 『禮記注疏』 卷25 「郊特牲」
    社 所以神地之道也 地載萬物 天垂象 取材 於地 取法於天 是以尊天而親地也 故教民美報焉 家主中霤而國主社 示本也 [注 中霤亦土神也] 唯為社 事單出里 唯為社田 國人畢作 唯社 丘乘共粢盛 所以報本反始也(역자주).

34 후한(後漢) 정현(鄭玄)의 『예기(禮記)』 주석(역자주).

35 『예기주소(禮記注疏)』. 후한(後漢) 정현(鄭玄)의 주석서에 당(唐)나라의 공영달(孔穎達)이 해석하여 '소(疏)'를 단 것(역자주).

36 "『후한서』 「유림전」에 의하면 (장제(章帝)가) 건초(建初) 중에 북궁(北宮) 백호관(白虎觀)에 유생들을 크게 모아 오경(五經)의 동이(同異)를 상세히 고증하게 하여 사신(史臣)으로 하여금 통의(通義)를 짓게 하였다. 당나라 장회태자(章懷太子) 현(賢)의 주석에 의하면 『백호통의(白虎通義)』는 한(漢) 반고(班固)가 짓고 후에 모아 『통의(通義)』라 하였다고 한다. 당지(唐志)『(예문지(藝文志)』) 해제에서는 『백호통덕론(白虎通德論)』이라고 불렀다."
    『白虎通義』 提要(欽定四庫全書)
    後漢書儒林傳序言 建初中大會諸儒於白虎觀 考詳同異連月乃罷肅 宗親臨稱制如石渠故事顧 命史臣著為通義 唐章懷太子賢注云 即白虎通義是足證固撰集後 乃名其書曰通義 唐志所載蓋其本名書錄解題 稱白虎通德論 失其實矣...(역자주).

37 『白虎通德論』 卷第2 「五祀」
    五祀者 何謂也 謂門 戶 井 竈 中霤也 所以祭何 人之所處出入 所飲食 故為神而祭之 何以知五祀 謂門戶井竈中霤也 月令曰 其祀戶 又曰 其祀竈 其祀中霤 其祀門 其祀井 獨大夫巳上得祭之何 士者位卑祿薄 但察其先祖耳 禮曰 天子祭天地 諸侯祭山川 卿大夫祭五祀 士祭其祖 曲禮下記曰 天子祭天地 四方山川 五祀 歲徧 諸侯方祀 祭山川 五祀 歲徧 卿大夫祭五祀 士祭其先 有廢莫敢擧 有擧莫敢廢 非所當祭 而祭之名曰淫祀 淫祀無福 祭五祀所以一徧何 順五行也 故春即祭戶 戶者 人所出入 亦春萬物始觸戶而出也 夏祭竈 竈者 火之主 人所以自養也 夏亦火王 長養萬物 秋祭門 門以閉藏自固也

없이 '오사'에 대해 『여씨춘추』38나 『예기』의 「월령(月令)」39에는 '호(戶), 조(竈), 중유(中霤), 문(門), 행(行)'이 일컬어지고,40 『회남자(淮南子)』41 「시칙훈(時則訓)」에는 '행'을 대신하는 것으로 '정(井)'이 실려 있어42 어느 시점엔가 '행'이 '정'이 된 것을 알 수 있다. 그것은 양자의 자형(字形)이 비슷하기 때문이라고도 말할 수 있을 것이다. 어쨌든 『회남자』만이 아니라 『백호통』이나 『논형(論衡)』43에 오사의 하나로 정(井)이 들어있으므

秋亦萬物成熟 内備自守也 冬祭井 井者 水之生藏任地中 冬亦水王 萬物伏藏 六月祭中霤 中霤者 象土在中央也 六月亦土王也 故月令春言其祀戶 祭先脾 夏言其祀竈 祭先肺 秋言其祀門 祭先肝 冬言其祀井 祭先腎 中央言其祀中霤 祭先心 春言戶 祭所以時先脾者何 脾者 土也 春木王煞土 故以所勝祭之也 是冬腎六月心 非所勝也 以祭何 以爲土位在中央 至尊 故祭以心 心者 藏之尊者 水最卑 不得食其所勝 祭五祀 天子諸侯以牛 卿大夫以羊 因四時牲也(역자주).

38 기원전 239년 중국 진(秦)나라의 재상인 여불위가 주도하여 편집한 백과사전. 『禮記大全』卷6 「月令」第6 "呂不韋集諸儒著十二月紀 名曰 呂氏春秋 篇首皆有月令言十二月政令所行也"라 하고 있다(역자주).

39 『예기』「월령」편은 고대 음양오행사상을 체계화시켜 기술한 문헌으로 1년을 12개월과 중앙(中央)으로 구분하고 각 월(月)에 해당하는 당시의 기후변화를 기록하고 있다. 또한 국가를 통치하기 위해 반드시 시행해야 하는 정령(正令)들과 그 시기를 어겼을 때 어떤 재난이 생기는가를 소상히 기록하고 있어 당시 사람들의 생각과 사유 방식을 이해할 수 있다. '월령'이란 이름은 12개월 동안 시행해야 할 정령들을 계통을 세워 기록해 두었기 때문이다. 이 편은 『여씨춘추』의 수장(首章)에 실려 있는 12개월의 기(紀)의 내용을 근본으로 삼고 예(禮)의 전문가들이 은택이 베풀어진 좋은 선정을 취합하여 수록하고 있다(宋 陳澔 編/附 鄭玄 注/정병섭 역, 『譯註 禮記集說大全』, 학고방, 2010, pp.5, 34, 역자주).

40 『呂氏春秋』「季夏紀」六月紀
其日丙丁 其帝炎帝 其神祝融 其蟲羽 其音徵 律中林鐘 其數七 其味苦 其臭焦 其祀竈 祭先肺
『禮記』卷6 「月令」第6 其數五
天五生土 地十成之 四時皆擧成數 此獨擧生數者 四時之物 無土不成而土之成數又積 水一火二木三金四以成十也 四者成則土無不成矣 其味甘其臭香 甘香皆屬土 其祀中霤祭先心 古者陶復陶穴皆開其上以漏光明故雨霤之後 因 名室中爲中霤亦土神也 祭先心者 心居中君之象 又火生土也 ○蔡邕獨斷曰 季夏土氣始盛 其祀中霤 霤神在室 祀 中霤 設主于牖下(역자주).

41 전한(前漢) 회남왕(淮南王) 유안(劉安)이 편찬한 일종의 백과사전(역자주).

42 『淮南子』卷5 「時則訓」
季夏之月 招搖指未 昏心中 旦奎中 其位中央 其日戊己 盛德在土 其蟲臝 其音宮 律中百鐘 其數五 其味甘 其臭香 其祀中霤 祭先心(역자주).

43 후한(後漢)의 왕충(王充, 27~96?)이 지은 책. 왕충은 후한 광무제·明·章·和帝 시기 동안 살았는데, 이는 나라가 최번성기에 이르렀다가 점차 쇠해지기 시작하는 시점까지 산 것이다. 이러한 시대적 배경이 반영된 시대 문제를 『논형』에서 논하고 있다. 후한제국의 성세(盛世) 중에 문리(文吏)는 중용하고 유생(儒生)을 경시하는 정황, 성현(聖賢)을 숭배하고 유학을 신비화하나 사실에 부합하지 않는 문헌기록의 학술풍토, 의식주에 있어 宅不西益, 諱姓名과 門向, 起宅蓋屋必擇日以避太歲, 沐浴洗髮擇日, 육(育)에 있어 忌諱撫養正月·五月出生之子, 制定姓名·字求吉, 學書와 禮樂之諱, 諱婦人乳子의 미신금기가 많고 厚葬淫祀 성행, 儒墨之說과 鬼神적 迷信 등의 사회습속과 災異祥瑞充斥

로, 한 대의 오사가 '호, 조, 중유, 문, 정'이고 게다가 한 대의 명기 중에 앞서 기록한 바와 같이 호, 즉 가(家), 부뚜막, 문의 문짝((門扉), 우물 등이 많은 것은 주목할 가치가 있는 것일 것이다.⁴⁴ 필자는 오래전부터 한 대의 명기와 오사(五祀)라는 것을 생각하고 있었는데, 위에 설명한 것 같이 명기의 어떤 것을 중유에서 모방한 것이라고 할 수 있다면, 결국 그 증거를 얻은 것이 된다.

지금 기록한 '중유'를 나타낸 것의 하나는 남림자 고분에서, 다른 하나는 북원에서 검출되었다. 이미 서술한 것처럼 우리가 발굴한 고분 중 이들 두 개가 가장 크고, 남은 부스러기(殘欠)에 의해 부장 유품에 칠기가 있었던 것을 알 수 있으며, 뛰어난 벽화도 있어서 그 시기에 상당한 신분의 것이라고 할 수 있다. 그렇다면『백호통』등에 '경대부(卿大夫)는 오사를 제사 지낸다'라 하고, '다만 대부 이상은 이를 제사 지내는 일을…'라고 기록하고 있는 것과 뜻이 맞지 않는 것도 아니다. 경대부는 봄에 호(戶), 여름에 조(竈), 가을에 문(門), 겨울에 정(井), 그리고 6월에 중유(中霤)를 제사 지냈던 것으로 옛날 양평에서도 어떤 신분의 사람은 그것을 행하고 있었기에 그와 같은 사람들이 상대의 묘(上代의 墓:奧津城)에 명기의 집, 부뚜막, 문, 우물과 함께 중유까지도 포함한 것일 것이다. 그것이 남림자와 북원의 분묘에서 출토한 것도 참으로 우연이 아니다.

이 성행하여 祈禱救災, 仁德仁政以救災, 雩祭徙市攻社 등으로 陰陽에 협조하는 풍조 등에 대해 다루고 있다(陳穎君, 앞의 논문, 역자주).

44 『呂氏春秋』·『禮記』·『淮南子』의 오사(五祀)(정병섭 역, 앞의 책 참조, 역자주).

	봄			여름			중앙	가을			겨울		
	孟春	仲春	季春	孟夏	仲夏	季夏		孟秋	仲秋	季秋	孟冬	仲冬	季冬
	1월	2월	3월	4월	5월	6월		7월	8월	9월	10월	11월	12월
『禮記』「月令」	戶			竈			中霤	門			行		
『呂氏春秋』「孟夏紀」	戶			竈			中霤	門			行		
『淮南子』「時則訓」	戶			中霤			·	門			井		

이와 같이 생각해서, 필자는 이 두 개의 명기를 '중유'를 나타낸 것으로 해석하고 싶다. 그리고 중유가 반드시 높은 토단으로 한정하지 않았던 것은 『독단(獨斷)』[45]에 '유신(霤神)은 방(室)에 있다'라고 하고, 이어서 중유를 제사 지내는데 '평상(牖) 아래 두고 한다'라고 기록하고[46] 있는 것으로도 알 수 있다고 생각한다.

8. 결 론

요양 부근에서 우리가 조사한 분묘는 모두 12기였는데 돌덧널이나 벽돌덧널이나 모두 오수, 화천, 대천오십 등이 출토하였기 때문에 후한 시대에서 공손씨 때에 걸친 것을 명확하게 하였다. 옹기널(瓦棺)은 약간 오래된 시기부터 행해지기 시작해

[도판24] 진혼제

서 계속해서 같은 시대에서도 보였던 것일까. 게다가 돌덧널에서도, 옹기널의 옆에서도, 석기시대의 유물이 채집된 것은, 이 지역이 옛날부터 문물제도가 개화된 곳이었던 것을 나타낸 것과 다르지 않을 것이다. 우리가 발굴한 분묘 중 남림자와 북원에 있는 2기는 현지에 보존하기로 하고 공사에 착수하고 있다. 또 인골은 거의 부스러진 조각이 되어 이를 하나로 모아 교외에 매장하고 새로운 무덤(塚)을 만들고 도사(道士)에게 부탁하여 공양하였다(도판24). 그중에서 계측(計測)이 가능한 약간의 것은 동경대

---

45 후한 채읍(蔡邕, 133~192)이 지음. 각주 40번 참조(역자주).
46 『獨斷』卷上
　...中霤 季夏之月, 土氣始盛, 其祀中霤° 霤神在室° 祀中霤, 設主於牖下也°... (역자주)

학 인류학 교실로 보내 지금 연구 의뢰 중인데 그것을 담당하고 있는 스즈키 히사시(鈴木尙) 박사는 북원 돌덧널의 인골 등에 대해서 중국인이라기보다는 오히려 북방적인 느낌을 받는다고 한다. 이것은 북원에서 발견한 벽화 옆에 '대군고(代郡庫)'라는 3자가 쓰여 있던 것과 함께 생각해야 할 것인지도 모른다. 또한 이 글에서는 인골의 계측, 분묘의 실측에 대해서 상세하게 서술하지 않았는데 이것은 다른 날 보고할 예정으로 미루어 둔다.

다음에 필자가 이상의 제항(諸項)에서 서술한 것을 요약하면 다음과 같다.

1. 지금의 요양현성 주변에 한대(漢代)의 분묘가 많은 것을 보고, 현성(縣城)의 어떤 곳이 요양군 양평(襄平)의 뒤를 이었다고 생각된다.
2. 우리가 조사한 돌덧널, 벽돌덧널에 대해서 말하면, 그 행해진 시대에서 전후에 있는 것으로는 생각되지 않는다.
3. 돌덧널, 벽돌덧널 모두 후장(厚葬)에 속하는 것이지만, 그중에서도 전자에 호장(豪莊)을 극진히 한 경우가 많다. 석재는 태자하 주변에서 생산되는 캄부리아기의 혈암을 잘라낸 것이다.
4. 돌덧널, 벽돌덧널, 옹기널 모두 분묘를 만드는 일정한 방향이 있었다고는 보이지 않는다.
5. 옹기널은 반드시 있어야 할 것으로 소아용의 것으로만 한정할 수 없다. 성인의 시신을 넣은 널도 있는데, 박장(薄葬)에 속하고 시대도 얼마간 거슬러 올라갈 것이다.
6. 돌덧널 중에는 벽화가 있는 것이 있어서 이것을 통해 한 대의 화적(畵迹)을 볼 수 있다. 산동성에 있는 한 대의 화상석과 같은 모티브 등도 있어서, 회화를 항구적(恒久的)으로 하기 위해 화상석이 발달

한 것임도 명확하게 되었다.

7. 요양의 돌덧널 벽화에 대해 한(漢), 고구려설이 있지만, 이것이 공손씨 시대를 포함한 후한시대의 것인 것도 명확하게 되었다. 게다가 그 기법은 고구려 벽화에 큰 영향을 끼쳤던 것으로 볼 수 있다.

8. 덧널 안의 관제(棺題) 방법으로 와제명기 등을 진열하였다. 이들 명기는 집(家), 우물(井), 부뚜막(竈), 그 밖의 일용품을 모방한 것이 많은데, 이것 이외에 오사(五祀)의 사상에 의해 얻어진 것으로 생각되는 것이 장대한 돌덧널에서 출토하였다. 가옥, 부뚜막, 문, 우물의 명기와 함께한 중유에 의하여, '경대부의 집에서는 중유에 토신(土神)을 제사 지냈다'고 하는 사정이 숨어있었던 것 같다.

9. 흙으로 만든 명기 중에 솥(鼎), 화(盉) 등은 청동기를, 잔(杯), 쟁반(盤), 소반(案) 등은 칠기(漆器)를 모방한 것으로 생각된다.

10. 벽화, 명기에 의하여 한 대 문물이 오늘날 중국인 사이에 생생하게 전해지는 것을 알 수 있다.

덧붙여

본서의 도판에 사용한 사진은 문학부 토츠카 유키토미(戶塚幸民) 씨가 촬영하고, 실측도는 연구실의 요시다 쇼이치로(吉田章一郞), 가지 미노루(加地稔) 양 군이 제작한 것인데, 다만 도판 중에 3, 4, 6, 12, 13, 14의 실측도는 사에구사 아사시로(三枝朝四郞) 씨를 번거롭게 하였다. 여기에 명기하여 감사를 표시하고 싶다.

부록

발해(渤海)의 불상

특히 이불병좌석상(二佛竝座石像)에 대하여

　발해국은 우리가 나라(奈良)·평안(平安)시대[1]의 양조(兩朝)에 걸쳤을 무렵, 만주 대부분과 조선의 북부, 게다가 시베리아 연해주에도 이르러 크게 세력을 팽창하고 있던 독립 국가이다. 안으로는 상경(上京), 동경(東京)을 비롯한 다섯 개의 도(都)를 갖추고[2] 제도 문물에도 볼 만한 것이 있으며, 밖으로는 우리나라와 교제를 맺고[3] 또 당조(唐朝)와도 사신을 통하고 있었던 것은 사승(史乘)에 기록된 명확한 것이다. 따라서 그 당시 동아(東亞)에 널리 유행하고 있었던 불교[4]와도 교섭이 있어 그 문화에 응하였

1　일본은 701년 다이호(大寶) 율령으로 통일국가의 법제를 마련한 후 중앙집권 정치가 정리되어 가자 그에 상응한 대규모 수도가 필요하게 되었다. 이에 겐메이(元明)천황은 수도를 나라(奈良)로 옮기고 (710) 당나라 장안성을 모방하여 헤이조쿄(平城京)를 건설하였다. 이때부터 간무(桓武)천황이 784년 나가오카쿄(長岡京), 794년 헤이안쿄(平安京)로 옮기기까지의 시기가 나라시대이다. 헤이안쿄 이후 시기가 헤이안(平安)시대이다(참고: 권혁선 옮김, 『일본인이 배우는 일본사』, 에듀진, 2020, pp.54~67, 역자주).

2　『신당서(新唐書)』에 의하면 발해에는 5경 15부 62주가 있다(『新唐書』 卷219, 「列傳」144, 北狄, "渤海...地有五京十五府六十二州..."). 이 글의 저자는 '경(京)'을 '도(都)'와 같은 개념으로 사용하였다. 옛 중국에서, 권력자를 중심으로 일정한 지역에 사람들이 모여 살던 '읍(邑)'에서 규모가 커진 상태를 '도(都)'라 하였는데 주(周)나라 때는 종실 및 경대부의 채읍(采邑)을 '도(都)'라 하였고 이곳은 배타적 제사권을 갖는 정치권력의 범위였다. 한나라 때 천자의 도(都)를 '경사(京師)'라 부르는데 이 '경(京)'이 종묘가 있는 도(都)처럼 천자의 도시를 지칭하게 되었다. 한편, 『주례(周禮)』「고공기(考工記)」에 '도성(都城)의 격자형 가로구획'이 나오는데 이는 신분질서를 나타내는 구도로, 이러한 도로구획이 있는 곳을 '경(京)'이라 하였다. 즉 종묘가 있는 '도(都)' 중에 격자형 도로구획이 더해져 있는 곳을 '경(京)'이라 한 것이다(권순홍, 「도성 관련 용어 검토」, 『사림』 제62호, 2017). 발해의 상경성, 동경성으로 추정되는 중국 흑룡강성 영안(寧安), 길림성 훈춘의 팔련성(八連城)에서 격자형 가로

던 것도 오히려 당연하니, 그러한 사정은 『책부원구(册府元龜)』5, 『경국집(經國集)』6, 기타 문헌에서도 말하고 있다. 또 지난해 우리가 발굴해서 이미 그 보고서 『동경성(東京城)』7을 간행해 둔, 상경 용천부지(龍泉府址)에서 출토한 소불(塑佛), 건칠불(乾漆佛)8, 석불(石佛), 전불(塼佛), 금동불(金銅佛) 및 철불(鐵佛) 등의 유품에 의해서도 충분히 엿볼 수 있다1.

구획의 흔적이 발견된다(권순홍, 「발해 五京制에서 京의 의미와 五京制의 성립 시점」, 『高句麗渤海硏究』제67집, 2020, pp.161~165, 역자주).

3 727년 발해사(渤海使)가 처음 일본에 파견된 후, 발해가 멸망할 때까지 근 200년 동안 34회(919)에 걸쳐 발해사가 일본으로, 일본에서도 13회에 걸쳐 발해로 사절을 파견하였다. 특히 헤이안쿄(平安京)로 천도한 후 수도로 입경(入京)한 외교사절단은 발해사가 유   일하다. 발해사절단의 성격도 처음에는 무관이 파견되다가 6회 때부터 문관이 파견되면서 문화교류가 이루어진다. 후기에는 교역이 주목적이 된다(김정희, 「헤이안 시대 문학작품에 나타난 발해에 대한 인식과 그 영향」, 『아시아문화연구』제55집, 2021, p.33). 일본 동아고고학회(東亞考古學會)는 소화 8~9년(1932~1933)에 당시 만주 목단강성(省) 영안현에서 발해국 상경 용천부지로 추정되는 곳을 발굴 조사하였는데 제5 궁전지(宮殿址) 서쪽 방 마루에서 나라시대의 주화 화동개보(和同開珎)를 발견하였다. '『속일본기』에 의하면 「화동(和銅) 원년(708) 7월에 동전 주조를 명하여 8월부터 시행하다」는 기록이 있다.' 동전은 직경 2분(分, 22mm)의 둥근 모양으로 가운데 사방 5리(厘, 6mm)의 구멍이 있고 구멍 주위에 和·同·開·珎가 양각되어 있다. 이는 양국 교류의 증거이다(東方考古學會, 東方考古學叢幹 甲種第5册『東京城』, 1939, pp.76~77, 89, 도판118, 역자주).

4 후한 시기부터 중국에서 불교 조상(造像)이 나타나는데, 중국에 불교가 널리 정착하게 된 것은 서역과 교역하던 유목민족이 왕조를 세운 5호16국시대부터 이다. 후조(後趙) 때 서역 승려 불도징을 영입하고 그의 제자 도안은 전진(前秦)에서 크게 활약하였으며 전진의 부견(苻堅)은 쿠차의 구마라습을 데려와 불경을 한문으로 번역하게 하였다. 북조(北朝)에서는 돈황석굴, 운강석굴, 용문석굴, 천룡산석굴 등 석굴을 많이 만들고 조상(造像) 활동, 공덕 수양, 업보에 대한 담론 등을 중시하였고 남조(南朝)에서는 의리(義理-이치)를 중시하고 현학(玄學)을 탐구하는 풍조였다(박한제 외 지음, 『아틀라스 중국사』, 사계절, 2015, pp.68~71: 진웨이누오 지음/홍기용·김미라 옮김, 『중국미술사』2, 다른생각, 2011, p.226, 역자주).

5 『册府元龜』考據
景德二年九月丁卯 命資政殿學士王欽若 知制誥楊億 修歷代君臣事適...
북송(北宋) 진종(眞宗)의 칙명으로 왕흠약(王欽若)·양억(楊億) 등이 경덕(景德) 2년(1005)부터 상고시대~오대 중국의 역대 황제·재상·관료의 정치, 역대의 제도 연혁에 대한 기록을 모아 분류한 책이다. 31부(部) 1000권의 분량이다. 卷972 「조공(朝貢)」조에 의하면 당 원화(元和) 9년에 발해 사절이 금은불상(金銀佛像) 각1을 조공하고 있다. (『册府元龜』卷972 「朝貢」第5... 憲宗 元和 九年 正月 渤海使高禮進等三十七人 朝貢獻金銀佛像各一...역자주).

6 『경국집(經國集, けいこくしゅう)』. 일본 헤이안시대(平安時代)에 왕명에 따라 시게노노 사다누시(滋野貞主)가 편찬한 한시집(勅撰漢詩集). 이 시대는 문예를 통한 국가 융성을 추구하는 문장(文章) 경국(經國) 사상이 활발하여 한문학이 발달하였는데(권혁선 옮김, 앞의 책, pp.69~72), 발해 사신과의 교류가 중요한 역할을 하였다. 758년 발해 사신단의 부사(副使) 양태사(楊秦師)의 한시 "야청도의(夜聽擣衣)" 즉 '밤에 다듬이질 소리를 듣는다'는 제목의 시가 『경국집』에 남아 있다(김효숙, 「일본고전문학에 나타난 발해(渤海)의 형상」, 『동아시아고대학』제34집, 2014, p.363). 권10에 아베 요시토(安培吉人)와 시마다 나기사다(島田渚田)가 발해국의 손님이 부처를 예배하는 것을 보고 느낀 것을

지금 시험 삼아 기술해 보면, 한 절(寺)의 안쪽 벽 흔적에서 전불(塼佛) 등을 파내었을 때는, 마치 개펄에서 조개잡이를 할 때 조개를 잡는 것 같은 느낌이 있었다. 그 좌상은 광배(光背)도 높이 약 2촌 9분이고 입상(立像)은 전체 길이 3촌 7분 정도이며 입상의 관음 중에 상체를 오른쪽으로 비틀고 오른손을 뺨에 대 소위 정사(靜思)의 자태를 취하고 있는 것을 볼 수 있는 점이 주의를 끈다. 또 전불 중에는 좌상(坐像)을 하고 높이 3촌 3분이나 되는 큰 것도 있었다.

전불은 모두 모양을 찍어 만들었는데 황갈색이다. 얼굴, 옷의 문양 등에 혹은 자색 또는 녹색의 색채를 남기고 있는 것, 혹은 유약이 발라져 있었던 것을 나타내는 것도 있고, 이밖에 광배에 자색 또는 흑색 등으로 윤곽을 붙인 것도 있다. 또 그중에는 전체에 금박을 입힌 흔적이 남아 있는 것도 볼 수 있었다. 입상에도, 좌상에도 연좌(蓮座)의 아래 바닥에 쇠못이 부착되어 있다. 이것은 아마 산서성(山西省) 대동(大同) 운강(雲岡)의 북위(北魏) 석굴[9]의 하나에 보이는 것 같이 벽 사이에 작은 감실(龕室)이 설치되어 그 안으로 밀어 넣어서 안치되어 있었던 것인지, 혹은 같은 산서성 태원(太原) 부근 천룡산의 북제(北齋) 석굴[10]의 어떤 것 같이 안쪽 벽

적은 시가 전해진다(『東京城』 앞의 책, p.41 각주13, 역자주).

7 발해 상경 용천부지로 비정되는 지역(흑룡강성 영안)의 발굴 당시(소화 8~9년:1932~1933), 지역에서 '동경성'으로 불리고 있어 발굴보고서 제목을 『동경성(東京城)』으로 한 것으로 보인다. 보고자들은 발해 상경 지역의 동·서 양 구역을 그 지역에서 동경·서경으로 부르다가 동측의 시가가 발달하여 '동경'으로 전래된 것이 아닌가 추측하고 있다(『東京城』 앞의 책, p.40 각주5). '발해 상경 용천부지는 홀한성(忽汗城)으로 이곳은 홀한하(忽汗河) 혹은 홀한해(忽汗海) 유역으로 『당서(唐書)』「발해전(渤海傳)」과 「지리지(地理志)」, 『요사(遼史)』「태조기(太祖紀)」 기사 중의 홀한 기사가 알려져 있다. 홀한으로 기록되어 있는 강은 호이합하(瑚爾哈河)로 현재 목단강(牧丹江)으로 비정되는 것은 의심의 여지가 없다'(『東京城』 앞의 책, p.3 각주2)는 것을 전제로 한 비정이다(역자주).

8 각주7)의 상경 용천부지 발굴 중 '제2 절터에서 타다 남은 건칠(乾漆) 조각을 발견하였는데 이것을 통해 일본이나 다른 나라에서처럼 발해에서도 건칠불이 있었음을 짐작할 수 있다'(『東京城』 앞의 책, p.74에서 인용)는 주장에 의한다(역자주).

9 산서(山西) 대동시 서쪽 무주산 남쪽 기슭에 동서 방향으로 1km 정도 이어져 있으며 동(東)·중(中)·서(西) 구역으로 나뉜다. 현존하는 동굴은 45개이고, 크고 작은 조상(造像) 5만여구(軀)가 있다. 운강석굴의 개착에 대해서는 『위서(魏書)』「석로지(釋老志)」에 기록되어 있다. 문성제(文成帝) 때 담요가 주도하여 착공한 5굴(제16굴~제20굴)과 효문제(孝文帝) 때의 대형 쌍굴, 제3기 석굴인 중소

에 나뭇가지 모양의 장식이 토대를 만들어 거기로 밀어 넣어져 있었던 것인지를 나타내는 것일 것이다. 또한 이들 전불의 뒷면은 매우 허술하게 되어 있어 평활하지 않다.

철불(鐵佛)은 높이가 4촌으로 그 형태는 앞서 전불 좌상의 어떤 종류의 것과 분위기가 같다. 또 금동(金銅)으로 만든 관음상은 높이 3촌으로 지금 광배는 없지만, 오른손을 들고 왼손에 보병(寶瓶)을 들고 있다. 이것 또한 위에 언급한 전불의 관음과 비슷하므로 발해인이 제작에 관계된 것으로 인정할 수 있을 것이다.

그밖에 금동석가불(金銅釋迦佛)은 우리 조사반이 조사를 마친 후에 동경성 마을에서 출토된 것이다. 나는 전(前) 경성대학의 도리야마 키이치(鳥山喜一) 교수의 후의로 그 사진을 찍을 수 있었다. 전체 높이는 2촌 6분인데 이것 또한 매우 고졸(古拙)한 것이었다.

이상 서술한 것이 동경성에서 발견한 발해 불상의 전부는 아니지만, 이러한 것들에 의해 개략적으로 그 특색을 잡을 수 있다고 생각해도 좋을 것이다. 나는 가정하여 이를 발해의 '용천부식(龍泉府式)'이라 불러 둔다.

그러나 내가 이곳에 소개하고자 하는 것은 같은 발해국도(渤海國都) 중에 동경 용원부(龍原府) 유적지로 비정되는 만주 훈춘현(琿春縣) 반랍성(半拉城)[11]에 있는 폐사지(廢寺址)에서 발견된 몇 예(例)인가의 이불병좌석상(二佛竝座石像)이다. 같은 식의 불상이 상기(上記)의 상경 용천부지 쪽에서 출토되지 않은 점이 많은 사람의 주의를 끄는 점이다.

형의 굴감 등이 있다. 낙양으로 천도한 후에는 용문석굴 조영으로 이어진다(진웨이누오, 앞의 책, pp.171~182, 역자주).

10 북위의 뒤를 이은 북제(北齊)의 고환(高歡)은 지금의 태원시 서남쪽의 천룡산과 몽산(蒙山)에 대규모 굴을 개착하여 불상을 조성하였다. 천룡산에 21개 석굴이 있다(진웨이누오, 앞의 책, pp.202~205, 역자주).

11 훈춘현 팔련성(八連城). '斎藤優, 『牛拉城-渤海の遺蹟調査』, 琿春縣公書(1942)'처럼 일본학자의 논문에서는 '반납성(半拉城)'으로 불리고 있다(역자주).

지난 소화 17년(1942) 여름, 발해의 동경 용(원)부 유적으로 추정하고 있는 훈춘현 서쪽 약 1방리(邦里) 정도의 반랍성이라 불리는 지역을 미야케 슌세(三宅俊成), 시마다 마사오(島田正郞) 양 씨 등과 함께 조사할 기회를 얻었다. 그 결과 이 고성(故城)은 수(數) 정(町)의 토벽으로 둘러싸이고 안에 남쪽에서 북쪽으로 이어지고 있는 토단(土壇)이 남아있으므로 토단 위에 궁전이 지어져 있었던 것을 확인하게 되었다. 아마 이 토성은 성곽 전체에서 말하면 내성(內城)이었을 것으로, 따라서 궁성이 있었던 곳으로 생각되었다. 외성의 성벽으로 보이는 것은 발견하지 못했지만, 상기 성내의 북벽 서단(西端)이 바깥쪽으로 연장되어 점차 낮아지고 있었던 것, 또 내성의 남벽 중앙에서 주작대로라고도 할 수 있는 것이 보이는 것, 혹은 원래 내성 밖에 낮은 외성의 토벽이 쌓여 있어서, 게다가 현재 해당 지역 민가의 담에 보이는 것 같은 목책이 이어져 있었는지도 모른다. 발해의 동경을 일명 '책성(柵城)'[12]이라고 하는 것도 그 때문이 아닌가라고 생각된다.

이 외성은 대강 둘레가 30정(町) 정도 있었을까. 과연 그렇다면, 이 반랍성에 남아있는 발해의 도성도, 저 영안현(寧安縣)의 동경성에 있는 상경 용천부와 같은 계획으로 만들어진 것이라 할 것이다. 이 성곽이 발해 도성의 하나인 것은 의심이 없지만, 이를 무엇에 해당된다고 해야 할지에 대해, 실은 반드시 정설이라고 할 만한 것이 없다. 그러나 지금은 처음 이 고성을 학계에 소개하고 이를 동경 용원부의 유적일 것이라고 논했던 토리야마 교수의 설명을 따르고 싶다.

그런데 이 발해 동경 용원부지로 비정되는 성터도 상경 용천부지와 같이 내성 이외에 중앙 큰길에 의해 갈라지는 동서의 구분이 있고 대강 3개의 구역으로 되어 있는 것 같은데, 이 중앙대로를 품고 동구(東區)에 두

---

12 『新唐書』 卷219 「列傳」 第144 北狄
渤海... 獩貊故地爲東京 曰龍原府 亦曰柵城府...(역자주).

개, 서구(西區)에 하나의 절터가 있으며 특히 그중의 두 개는 길을 끼고 동서로 마주 보고 있는 것도 흥미 깊은 점이다.13 이곳에서 기술하려고 하는 이불병좌석상(二佛竝座石像)은 모두 이 동서로 마주 보고 의지하고 있는 동쪽의 성지(城址)와 서쪽의 성지에서 출토한 것이고, 특히 후자에서 많이 발견되었다고 한다. 또한 이들 불상은 모두 우리가 그곳을 방문하기 전에, 즉 소화 17년(1942) 3월에 사이토 진베(齋藤甚兵衛) 씨에 의해 발굴된 것인데 보수(補修), 비교 등의 목적으로 우리가 있는 곳으로 보내온 것이다.

이들 이불병좌상의 재료는 암석인데, 그 질이 조밀한 것과 성긴 것이 있고, 또 안에는 표면을 담갈색으로 칠하고 그 위에 광배, 대좌 등을 검은색과 붉은색으로 장식한 것도 있다. 대좌(對座) 아래 무엇인가에 밀어 넣기 위해 만든 것(造出)이 있는 것, 불상의 갸름한 얼굴, 그 입언저리, 약간 긴 목, 오른쪽 것은 왼손이 위로, 왼쪽 것은 오른손이 올라가 있는 모양, 좌우대칭으로 늘어뜨리고 있는 옷의 주름을 나타내는 법 등은 모두 공통으로 보이는 특색이다.

이곳에 사진을 들어 둔 것 하나는(도판 1) 양 절터에서 발견한 것에 관계되며 석영안산암질응회암(石英安山巖質凝灰岩)으로 만들어지고 현재 광배는 없지만, 현존 높이는 5촌 8분이고 대좌는 가로 4촌 5분, 세로 2

[도판1]

---

13 발해 동경성으로 비정되는 팔련성의 발굴 조사 결과, 외성으로 보이는 곳의 바깥에 발해 시기 불교사원 유지 3곳이 발견되었다. 팔련성의 중축선을 연장하여 주작대로로 상상하여 그리면, 2호와 3호 사지(寺址) 사이를 지나는데 이것으로 주작대로를 사이에 두고 대칭으로 불교사원을 배치했음을 알 수 있다. 이런 구조는 발해 상경성과 일본의 평안성(平安城)에서도 확인된다(권순홍, 앞의 논문, 2020, pp.163~165에서 인용, 역자주).

촌, 높이는 2촌 8분, 그 아래에 있는 조출(造出)의 높이는 5분이다2. 이것과 함께 고구려의 와당이 나와 있는 것도 주의를 끈다. 다른 하나는 같은 서쪽 절터의 출토품으로 사암제(砂巖製)이고 광배는 거의 없지만, 현존하는 높이는 7촌, 대좌는 높이 2촌 7분이며 3단으로 되어 있다(도판1).

또한 이것과 같은 석질의 불두(佛頭)가 서쪽 절터에서 발굴되었다. 그 하나는 높이 6촌 5분, 다른 하나는 높이 4촌 5분으로 이들의 이불병좌식 여부는 명확하지 않지만, 눈언저리와 입언저리, 목 모양에 공통점이 보인다. 그밖에 같은 절터에서 높이 2촌의 금강불 머리가 출토되었다. 표현에 다른 점이 있지만, 참고로 들어 둔다(도판2).

[도판2]

그런데 이들 석상에 보이는 것 같은 이불병좌의 모습이, 저『법화경(法華經)』14「견보탑품(見寶塔(땅속에서 솟아 나온 보탑을 본다)品)」에 석가가 법화 설법을 할 때 그 앞에 높이 5백 유순(由旬:고대 인도의 거리 단위)의 칠보탑(七寶塔)이 출현하고 탑 안의 다보불(多寶佛)이, '선재(善哉), 선재, 석가모니불(釋迦牟尼佛), 기분 좋게 이 법화경을 설하신다, 우리 이 경을 듣기 위하여 여기에 왔다'라고 말한 것을 서술하고, 이어서 그때 다보불이 보탑 안에서 자리 반을 나누어 석가모니불에게 주고 이 말을 하시기

---

14 묘법연화경(妙法蓮華經). 삼국시대부터 우리나라에서 가장 많이 유통된 불교경전으로 초기 대승(大乘) 경전 중에서 가장 중요한 불경이다. 기원 전후 서북 인도에서 처음 소부(小部)가 만들어지고 2차에 걸쳐 증보되었다. 우리나라에는 구마라습(鳩摩羅什)이 번역한 8권이 가장 널리 보급되어 있다. 28품으로 되어 있으며 제11품「견보탑품(見寶塔品)」은 불탑을 중시하는 사상을 반영하고 있어 다보탑·석가탑 조성의 모체가 되었다. 제25품「관세음보살보문품(觀世音菩薩普門品)」이『관음경(觀音經)』으로 편찬되어 많이 독송되고 있다(출처: 한국정신문화연구원,『한국민족문화대백과사전』, 1991년, 역자주).

를, '석가모니불이여, 이 자리에 오르소서, 즉시(卽時)에 석가모니불이여, 이 탑 안에 들어가시어 그 반좌에 앉아서 결가부좌(結跏趺坐)하소서'라고 기록하고 있는 것에 기인하여 만들어진 것은 누구라도 쉽게 인정하는 점일 것이다. 즉 이들 이불병좌석상은 석가다보이불(釋迦多寶二佛)을 나타낸 것이다.

일본의 경우인데, 군마현(群馬縣) 후지오카 쵸(藤岡町) 가까이에 토사신사(土師神社)가 있다. 여기에 정본(正本) 7년 임(壬) 2월에 새겨진 비석판이 하나 보관되어 있는데

  남무다보여래(南舞多寶如來)
  남무묘법법화경(南舞妙法法華經)
  남무석가모니불(南舞釋迦牟尼佛)

이라고 조각되어 있다. 이것들도 이불병좌상의 무엇이 석가를 나타낸 것인가를 생각하는 데 도움이 될 것이다. 어쨌든 이 유적에서 이불병좌상이 적지 않게 발견된 것은 당시 이 지역에서 법화 신앙이 성행했던 것을 나타내고 있는 것으로 볼 수 있다.

상기의 서쪽 절터에서 출토한 이불병좌석상은 아마 원래는 사원의 벽간 작은 감실(龕室) 혹은 작은 탑 안에 그 조출 부분을 밀어 넣어 이를 안치해 둔 것일까. 그 모양은 우리가 장곡사 동판 천불다보탑이나 운강, 용문석굴의 2층, 3층 또는 5층탑이나, 혹은 돈황 벽화에 보이는 다보탑 등의 이불병좌 도상(圖像)에 의해 이를 떠올려 생각할 수 있다. 또 시렝 박사가 『중국조각』권2 도판146B에 실은 육조불의 하나인 이불병좌상이나 네즈(根津)미술관의 제1회 전시 목록43에 보이는 북위(北魏) '태화(太和) 13년(489)'을 새긴 금동불병좌상(金銅佛竝座像)에는 왼쪽 부처만이 오른손을 들고 있다. 또한 일찍이 소화 6년(1931) 10월에 동경 동미구락부

(東美俱樂部)에서 개최한 경도천합상아당(京都川合尙雅堂)과 동경강등장안장(東京江藤長安莊)이 주최한 '중화금석서화전람회(中華金石書畵展覽會)'에 진열된 불상 속에도 사암제의 육조시대 이불병좌상이 있었다(「중화금석서화전람회도록(中華金石書畵展覽會圖錄)」102). 그 밖에 돈황 벽화에 보이는 이불병좌도에는 하나가 반가(半跏) 모양으로 되어 있고, 법화경 문구와 합치하지 않는 것 같은 것도 있다.

이와 같이 석가다보이불을 나열해 나타낸 것이라도 종종 변화가 보이는 것은 매우 흥미로운 점이며 위에 언급한 발해의 이불좌상 전부 왼쪽 부처가 그 손을 오른쪽 부처의 왼손 위에 올려놓고 있는 것도 일종의 지방적 색채로 볼 수 있다.

도판3에서 보는 것 같은 광배의 흔적도 있다. 서쪽 절터에서 나온 석영안산암질(石英安山巖質)의 응회암제(凝灰岩製)로, 현재 남아있는 것은 높이 7촌 남짓, 폭 7촌 5분 정도, 두께는 중앙 부분에서 1촌, 가장자리 부분이 약간 얇게 되어 있다. 표면을 보면 동그란 광배가 두 개 조각되어 있어서 여기에 이불(二佛)이 나란히 앉아 있었던 것을 상상할 수 있다. 좌측의 광배는 위로 겹쳐 있는데 이것이 석가의 것일까. 또한 주위의 화염 장식 안에 있

[도판3]

는 몇 개인가의 법화좌상의 불상은 무게가 느껴지는 표현이 볼만하고, 그리고 나아가 이 석가, 다보 이불이 뛰어난 작품이었던 것까지도 추측할 수 있다. 같은 도판3은 안쪽 면이고 거기에도 계단 모양으로 진열된 작은 불상이 보인다.

본디 발해국의 수도[15]는 처음에는 중경 현덕부에 정했었는데 제3대 대

흠무(大欽茂) 시대에 잠시 상경 용천부로 옮겼다가 이어서 동경 용원부로 옮겼다가 제5대 대화여(大華璵) 때 다시 바꾼 이래 제15대 인선(諲譔) 때, 즉 멸망할 때까지 계속해서 그곳에 두었기 때문에 수부(首府)로서 동경 용원부가 번영했던 것은 비교적 이른 시기라 하지 않을 수 없다. 원래 동경 용원부도 5경의 하나로 영원히 그 중요함을 잃어버리지 않았으므로 그 연고가 있는 성(城)에서 출토된 것 전부가 발해 초기의 것이라고는 판단할 수 없다.

그러나 앞서 기록했던 것처럼 발해의 이불병좌석상에 중국의 북위시대나 일본의 아스카시대[16]의 불상 등의 얼굴 모양이나 옷의 주름 비슷한 것이 있는 점은 명료할 것이다. 또 고구려 석불 등과 약간 오인할 만한 것이 있어서[3] 이것과 그 동경성에서 출토한 것과는 일단 구별해서 생각하지 않으면 안 될 것이다. 나는 이것을 발해의 '용원부식(龍原府式)'이라 칭해 둔다. 또한 용원부식의 것을 전기(前期)로 하고 '용천부식'의 것을 후기로 하는 것도 가능할 것이며 전기의 것에 고구려 불상의 영향이 짙고 후기의 것으로 발해 불상의 표형(標型)이 된다고 해야 할까. 즉, 발해의 불상을 전기의 고구려식과 후기의 발해국식 두 개로 나눌 수 있으며 그중 전자에 속하는 좋은 예를 반랍성에서 출토한 석불에서 볼 수 있다.

요약하면 발해의 동경 용원부 절터에서 발견한 이불병좌석상은 이 지역에 『법화경』 신앙이 있었던 것을 이야기하는 것이다. 또 상경 용천부 터

---

15 『新唐書』卷219 「列傳」 第144 北狄
渤海…天寶末, 欽茂徙上京, 直舊國三百里忽汗河之東…貞元時, 東南徙東京. 欽茂死, 私諡文王. 子宏臨早 死, 族弟元義立一歲, 猜虐, 國人殺之, 推宏臨子華璵為王, 復還上京, 改年中興。(역자주)
16 6세기 중엽 백제로부터 전래된 불교를 중심으로 한 문화. 전래 과정에 고구려, 백제, 신라, 육조(六朝)의 문화도 함께 전래되어 조형미술과 건축술이 한창 발전한다. 당시 정권을 잡고 있던 소가씨와 쇼토쿠 태자 등은 위세를 과시하기 위해 큰 사원들을 많이 지었는데 씨족 차원의 사원을 '우지테라(氏寺)'라 한다. 아스카테라(飛鳥寺), 호류지(法隆寺), 스텐노지(四天王寺), 교류지(廣隆寺) 등이 당시에 지어졌으며 훌륭한 당탑(唐塔), 불상조각, 회화 등이 제작되었다. 교토 교류지의 목제 반가사유상과 호류지 소장의 백제관음상 등이 아스카 조각의 명작이다(일본사학회 지음, 『아틀라스 일본사』, 사계절, 2015, pp.28~29, 역자주).

에서 출토한 입상은 거기에 관음(觀音) 숭배가 존재하고 있었던 것을 나타내는 것이라고 하지 않을 수 없다. 그래서 발해의 불상은 그 형식에서 말하면 적어도 전후 두 시기로 나누어서 보는 것이 타당하다고 생각한다.

[주]
1. 하라다(原田) 박사, 코마이(駒井) 공저, 『동경성(東京城)』 참조.
2. 석불의 재료를 조사하기 위해 지름 1cm 정도, 두께 0.03mm 정도의 단편으로 하여 관찰용 표본으로 올려서 현미경으로 관찰하였다. 그 결과 이것은 전형적인 자연암석 '석영안산암질응회암(石英安山巖質凝灰岩)'이고 간도 지방에 발달하고 있는 고제3기(古第3紀), 또는 백악기에 속하는 것 같은 것이 분명하게 되었다. 흔쾌히 관찰해준 동경대학 지질학교실의 이치가와 코이치로(市川浩一郎) 이 학사에게 감사드린다.
3. 모로오카 에이지(諸岡榮治) 씨가 가지고 있었던 고구려 석불이 참고가 될 것이다. 사이토 타다시(斎藤忠) 군의 「조선불교미술고(朝鮮佛敎美術考)」에 이를 소개하고 있다. 그 외에 옛날 오리정사(五里庭寺) 터에서 나온 전불(塼佛)도 간과해서는 안 된다.

8. 요양 상왕가촌(上王家村) 진대(晉代) 벽화무덤 발굴 보고서[1]

이경발(李慶發)

1957년 9월 요양의 상왕가촌 농업협동조합이 밭에서 약초 움을 파다가 벽화 무덤 하나를 발견했다. 무덤은 요양시 북쪽 교외에서 약 10리, 남쪽으로 봉태자에서 약 1리, 남동쪽으로 긴 철로를 사이에 두고 삼도호와 약 8리 떨어져 있다. 1958년 5월 요녕성 박물관은 요녕성 문화국의 지시에 따라 발굴하였다.

1. 무덤방 구조

무덤방은 모두 담청색 남분혈암석판으로 쌓았으며 평면은 'T'자형이고 문은 동쪽을 향하는데 16도 정도 남쪽으로 기울어 있다. 무덤방은 동서 깊이가 5m, 남북

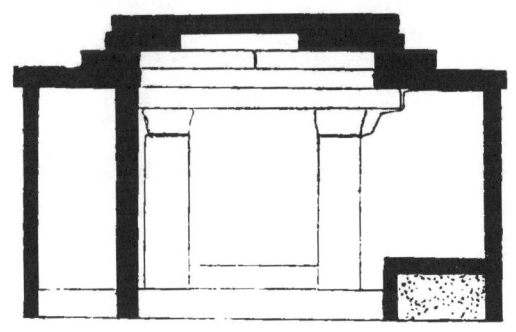

[그림1] 널방 횡할면도(橫割面圖)

---

1 李慶發, 「遼陽上王家村晉代壁畵墓淸理簡報」, 『文物』, 1959年 第7期

너비 4m, 최대 높이 2.5m이고 앞 복도, 좌우에 작은 방, 두 널방이 있다 (그림1, 그림2). 무덤은 석회로 틈을 메우고 돌판을 평평하게 해서 그림을 그리기 좋게 하였다. 무덤 문은 사각 돌판을 이용해서 담을 봉하고 문 안은 양쪽으로 지지를 세웠는데 사각기둥 위로 아치형 돌과 인방(引枋)을 떠받치고 아래로는 사각 초석을 깔았다. 기둥 사이에는 문턱이 있고 안쪽에는 길이 2.36m, 너비 2m의 복도가 있다. 복도 좌우에 작은 방이 있어 오른쪽 방은 길이 2.65m, 폭 0.95m이고 아래에 명기대가 있는데 높이가 52cm이다. 왼쪽 방은 높이 2.4m, 너비 약 0.6m이고 중간에 기둥 하나가 있어 위로 무덤 지붕을 받치고 있다. 복도 뒤쪽에는 좌우로 나란히 널방과 접하고 있다. 가

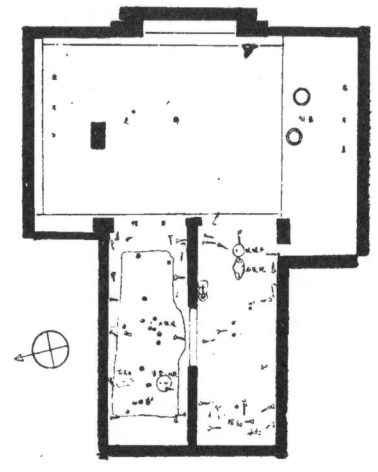
[그림2] 유물 분포도

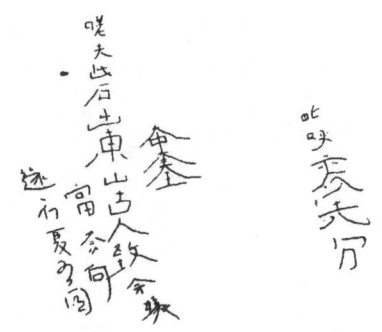
[그림3] 널방 후벽 각자(모사도)

운데 칸막이의 한쪽 벽은 아치형 돌과 대들보를 받치고 창 같은 문이 있어 양쪽 널방이 서로 통한다. 무덤 천정은 대부분 돌판을 이용해서 평평하게 덮었다. 다만 앞쪽 복도의 천정 부분은 네 줄의 석판을 이용하여 서로 말각(抹角)으로 눌러 평평한 네모 천정을 이루었다. 이런 구조는 요양에서 처음 발견되었다.

   무덤방의 뒷벽 위에는 글자가 새겨져 있는데(그림3), 무덤을 쌓기 전에 석공이 마음대로 돌판에 새겼을 가능성이 있다. 위의 글자를 통해 석재가 대략 요양 동산(東山) 일대에서 나온 것을 알 수 있다.

2. 장구(葬具)와 유물

양쪽 방에는 이미 썩은 나무널이 각각 하나씩 놓여 있는데, 널에는 50여 개의 못이 남아 있다. 못의 머리는 둥글고 몸은 각져 있는데 전체 길이는 19cm, 지름은 3.6cm이다. 널 못의 위치로 볼 때 관의 길이는 약 2.3m 내외, 폭은 약 60~70cm로 추정된다. 널 못에 남은 나무 흔적으로 보면 관의 두께는 대략 8cm이다. 인골은 불완전한 상태로 약간의 두개골과 뼈 부스러기만 남아 있다. 돌베개와 두개골의 위치를 보면 머리는 동쪽을, 발은 서쪽을 향하고 얼굴을 위로 하고 몸을 곧게 편 장식(葬式)이며 오른쪽은 남자, 왼쪽은 여자인 것으로 보인다.

부장품은 적다. 남성의 널에서 편평뉴(扁平鈕)에 지름 14.5cm의 철경(鐵鏡)이 하나 출토되었는데 비단으로 싸여 있었다. 남성의 오른팔 옆에서 청자호자(靑瓷虎子) 하나가 나왔는데 호랑이 머리에 뱀 꼬리가 붙은 손잡이와 허리 부분의 날개가 있고 전체 길이는 25cm, 높이는 19cm이다(그림4). 여성 널에서 철경(鐵鏡)이 하나 나왔는데 붉은 옻칠을 한 둥근 경대합 안에 놓여 있었다. 직경은 약 20cm이고 합은 이미 부서져 있었다. 오른쪽 작은 방의 명기대 위에서 회색 옹기 소반 2개가 출토되었는데(그림5) 물레로 만들었고 지름이 20cm이다. 하나의 바닥에는 '徐' 자가 새겨져 있다

[그림4] 청자호자

[그림5] 도반

[그림6] 도반 저부 문자탁본

[그림7] 출토 화폐

(그림6). 화폐는 두 개의 널에서 나뉘어 출토되었는데 모두 70개이고 오수, 전륜오수, 화천 세 종류였다(그림7). 대체로 주조(鑄造)가 거칠고 두께가 일정하지 않으며 글자체가 명료하지 않다.

3. 벽화

 널방 앞 기둥과 좌우 2개의 작은 방 벽면에는 빨강, 검정, 노랑, 흰색 등의 색으로 그린 벽화가 있다. 주로 붉은색을 위주로 하고 윤곽은 검은색으로 그려져 있는데 구도가 단순하고 선이 굵다. 한(漢)·위(魏)와는 스타일이 다르다. 오른쪽 작은 방의 정면에는 주인이 음식을 먹는 장면이 그려져 있는데 당상(堂上)에는 붉은 장막이 높게 드리워져 있고 붉은 휘장이 네 귀퉁이에서 아래로 늘어져 있다. 남자 주인은 네모난 평상 위에 단정하게 앉아 있다. 머리에 관을 쓰고 수염을 기르고 있고 오른손에는 주미(麈尾)를 들고 있는데 입고 있는 옷은 흐릿해서 알 수 없다. 앞에 붉은 사각 소반이 있고 뒤쪽에 붉은 병풍이 있다. 평상 오른쪽에 한 사람이 시립(侍立)해 있는데 검은 두건을 쓰고 허리를 묶은 긴 웃옷을 입고 있다. 홀(笏)은 주인을 향하도록 들고 있고 머리 부분에 선명한 먹글씨로 '서좌(書佐)'라 써서 시자(侍者)의 신분을 명기했다. 병풍 뒤에 세 명이 시립해 있는데 모두 검은 두건을 쓰고 허리를 묶은 긴 웃옷을 입고 홀(笏)이 주인을 향하도록 들고 있다. 평상 왼쪽 사람이 주인에게 음식을 대접하는 것 같은데 흐릿해서 확실하지 않고 다만 손에 이배(耳杯) 등 물건을 들고 있는 것이 보일 뿐이다(그림8). 왼쪽 작은 방 정면에는 거마출행도(車馬出行圖)가 그려져 있다. 기수 8명이 길 양쪽으로 나뉘어 선도하고 있는데 모두 검은 두건에 긴 웃옷을 입고 손에 홀을 받쳐 들고 있다. 안장과 굴레는 완전하게 갖추고 있다. 뒤쪽에 황소가 끄는 검은 바퀴의 수레 1대가 있다. 수레 안에 앉아 있는 사람은 검은 관(冠)을 쓰고 손을 모은 상태인데 당연히 무덤 주인이다. 마부는 검은 두건에 짧은 웃옷을 입고 소고삐를 잡고 걷고 있다(그림9). 작은 방 오른쪽 벽에는 붉고 검은 선이 거칠게

[그림8] 묘주인 연음도(우소실)

[그림9] 거기출행도(좌소실)

나타나는데 잘 보이지 않아 알아보기 어려우나 대략 모양은 가옥임을 알 수 있다. 널방 벽 위에 붉은 붓질의 갈고리 모양 윤곽선이 있어 벽면에 원래 그림이 있었을 것으로 보인다. 침수되어 씻겨 내린 탓에 색이 많이 퇴락했을 것이다. 널 앞쪽의 돌기둥 위에는 유운도(流雲圖) 무늬가 그려져 있다.

우리가 알기로는 이 무덤이 지금까지 발견된 동한(東漢)에서 위·진(魏晉)에 이르는 10여 기의 요양 벽화 무덤 중에서 가장 늦은 시기의 것이다. 요양 벽화 무덤은 동한에서 위·진시대까지 총 10여 기가 발견되었다. 이

중 위·진 때의 벽화 무덤은 오른쪽 작은 방이 왼쪽 작은 방보다 길다. 화면 색상은 단순하고 그림 선은 투박하며 시신의 머리 아래에는 항시 석회 베개가 있고 부장품은 매우 적다. 이 무덤은 모두 이런 특징을 갖추고 있는 외에, 모서리를 겹겹이 쌓은 평평한 천정인 점, 그리고 벽면의 내용과 화법이 조선 안악(安岳) 동진(東晉) 동수(冬壽) 벽화 무덤과 동일하다. 그림 위의 글자에 따르면 옹기 소반 위의 '徐' 자는 이미 해서(楷書)에 가깝다. 청자호자와 같은 출토물을 보면 무덤의 연대가 서진보다 이를 수 없고 동진보다 늦을 수 없다는 것을 알 수 있다.

이 무덤의 발견으로 다음과 같은 문제 해결에 도움을 준다.

1. 이 무덤의 발굴과 더불어 우리는 1955년 발굴한 요양 삼도호의 '太康二年八月' 벽돌이 있는 작은 돌무덤보다 진일보한 추단을 할 수 있다. 동북박물관문물공작대가 1955년 보고한 삼도호 요업2공장 제1, 2호 벽화 무덤은 응당 진(晉)의 무덤이고, 위(魏)보다 이른 것은 불가능하다고 결론짓는다.

요업2공장 제2호 무덤의 무덤방 구조와 본 무덤은 거의 동일하다. 이 점은 벽화의 연대 구분과 진나라의 역사 유물 연구에 도움이 될 뿐만 아니라 우리나라 위·진시대 회화사를 연구할 수 있는 자료도 제공한다.

2. 조선 안악에서 발견된 동진 동수 무덤이 한(漢)나라 벽화 무덤과 고구려 벽화 무덤 사이에 있다면, 이 무덤은 한(漢)·위(魏) 벽화 무덤과 동진 동수 벽화 무덤의 중간에 있을 것이다. 한나라 무덤이 고구려 무덤에 미치는 영향의 연원(淵源) 관계 면에서 이 무덤은 무시할 수 없는 하나의 자료이다.

3. 기남 화상석(沂南畫象石) 무덤의 시대는 한대(漢代)라고 하기도 하고 서진(西晉)이라고 하기도 하며 아직 정론이 없다. 이 진나라 벽화 무덤의 발견은 기남 무덤의 시대구분에 참고가 될 수 있다.

4. 호자(虎子)의 용도이다. 육조(六朝) 무덤에서 출토된 호자는 술그릇, 물그릇이라는 설이 있다. 우리의 견해로는, 호자의 모양이나 남성 묘주 곁에서 단독으로 출토되는 정황으로 보아 술그릇이라기 보다는 요강[溺器]으로 본다.

9. 요양시 봉태자(棒台子) 2호 벽화무덤[1]

왕증신(王增新)

이 무덤은 1956년 여름 초에 발견되었고 요녕성 박물관에서 1957년 6월에 발굴 정리하였는데 왕보선(王宝善), 반경의(潘景宜), 풍영겸(馮永謙), 왕증신(王增新) 등이 작업에 참여했다. 무덤은 요양시 동북 교외 4km 봉태자둔(棒台子屯) 동쪽 약 200m의 평지 위에 있는데 서북 약 1km 지점에 '1호 벽화묘'가 있고 동남 약 500여m 지점에 '거기묘(車騎墓)'가 있는데 세 무덤은 알맞게 일직선상에 연달아 있다. 정리를 마친 후 심양미협화가(瀋陽美協畵家)를 초청해서 전체 벽화에 대해서 모사(模寫)를 진행하고 또한 벽화석(壁畫石)을 박물관으로 옮겨서 보존한 것이다.

1. 묘실 구조

무덤의 정상은 현 지표에서 90cm 떨어져 있고 지면에는 이미 봉토의 흔적이 없다. 덧널방 평면은 'エ'자 형이고 큰 덩어리의 남분암 판석(南芬岩板石)을 기둥으로 삼고 석회로 메웠다. 건축 규모가 비교적 커서 세로

---

[1] 王增新, 「遼陽市棒臺子二號壁畫墓」, 『考古』, 1960年 第1期.

4.66m, 앞 너비 5.96m, 뒤 너비 5.12m이고 실내 높이는 1.9m이다. 내부는 앞 회랑(前廊) 1, 좌우 소실(小室) 2, 널방(棺室) 4, 후실(後室) 1로 이루어져 있다. 사방을 둘러싼 석판이 벽이 되고 위, 아래도 석판을 깔고 천장에는 석조횡방(石條橫防)을 더했다. 무덤문은 2개가 있는데 정문은 앞벽 중간 부분에 남향에서 동쪽으로 20도 기울어져 있고 돌기둥 셋이 나란히 있어 문을 나눠 4개 구역(洞)이 된다. 기둥 위에는 노두(櫨斗)가 있고 위에 문미(門楣)가 얹혀 있으며 아래에는 주춧돌이 있고 앞에는 가로로 문지방이 있다. 측문 1동(洞)의 벽은 후실 좌벽으로 쓰이고 위아래로 문미와 문지방이 있으며 좌우에는 문틀이 있다. 양쪽 문은 모두 석판을 사용하여 바깥쪽을 단단히 막았다. 무덤 안은 종렬로 널방 4개가 나란히 있는데, 담을 3개 세워 벽의 간격을 이루고 있고 우측의 제1·3 두 벽은 전후로 끊어져 열려있다. 제1널방 천장 덮개에 한사람이 출입할만한 구멍이 하나 뚫려있는데 일찍이 도굴당한 흔적으로 보인다. 오른쪽에 세워진 제1·3 두 널방에는 각각 장방형의 돌널이 1구씩 있고 돌바닥은 평평하며 석판으로 네 벽을 세우고 다시 그 위를 석판으로 덮고 있다. 제1널방의 널은 길이 1.85m, 너비 0.46m, 높이 0.6m이고 제3널방의 널은 길이 2.14m, 너비 0.48m, 높이 0.58m이다. 제2널방 안에는 나무널 1구가 큰 석판 위에 놓여있는데 관목(棺木)은 이미 썩어버렸고 널의 나무 부스러기에 남아 있는 칠(漆), 진흙과 좌우 대칭의 널못이 연달아 눌러 붙어있는 것이 겨우 보인다. 제4널방 안에는 큰 석판의 시상(尸床) 1구가 평평하게 놓여있다(그림1).

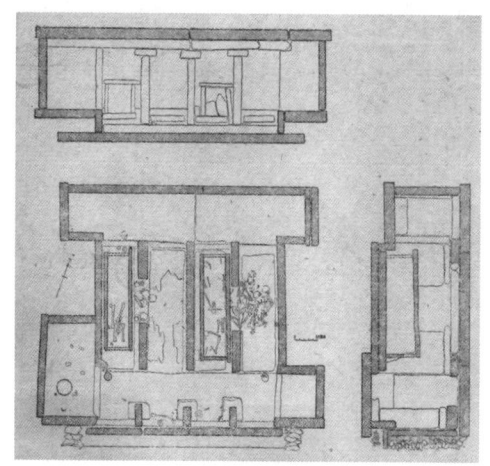

[그림1] 요양시 봉태자2호 벽화무덤 구조

2. 장식(葬式)과 유물

　무덤 안을 보면 6인을 합장한 무덤일 가능성이 있고 시신은 모두 인위적으로 어질러 놓았다. 제1널방 돌널 안에는 인골 1구가 있는데 하지골은 비교적 양호하게 보존되었고 머리는 북쪽으로, 다리는 남쪽으로 해서 사지를 편 상태로 묻혔다. 다리뼈 아랫면에는 삿자리(葦席) 조각이 남아 있다. 부장품은 쇠칼·작은 쇠못·쇠고리 각 1개씩, 은박조각 1개가 있는데 모두 하지골 부근에서 출토되었다. 돌널 앞 경사 부분에서 유리귀고리 1개가 출토되었다. 이것은 이 방 중간의 원래의 장례 유물과는 다르다.
　제2널방에는 인골 1구가 있고 널방 안에 또 하나의 부서진 뼈가 있는데 두개골과 하지골이 앞 회랑 바닥에서 출토되었다. 유물은 작은 찬합(套盒)·작은 도기받침(陶器座)이 각 1개씩, 도기솥·도기덮개가 각 2개씩, 도기항아리(陶罐) 4개가 있는데 모두 제1·2널방 사이에 세워진 벽 중간 부분 바닥에서 출토되었다.
　제3널방 돌널 안에는 인골 2구가 있는데 성인 하나, 어린이 하나일 가능성이 있고 유골은 뒤죽박죽이어서 완전하지 못하고 약간 인위적으로 어질러 놓았다. 돌널 뒷부분에서 도기사발(陶碗) 1개가 출토되었다.
　제4널방은 최소 인골 2구가 있는데 남녀이고 유골은 인위적으로 널 중간 부분에 쌓아 놓은 것 같고 이차장(二次葬)을 한 것으로 보이며 뼈무더기 밑에 도기이배(陶耳杯) 1개가 보인다.
　후실에서는 도기덮개 2개가 출토되었다. 앞 회랑에서 흠이 있는 도기병 1개·도기대야 2개·백옥장식 1개·오수전 41개가 출토되었다. 모두 원래 위치는 아니다. 우측 소실 바닥에는 운모편(雲母片) 한 겹이 깔려 있는데 이미 부서졌다. 그 위에서 둥근 도기소반(陶案) 1개가 출토되었는데 소반 아래에는 또한 적지 않은 칠기(漆器) 조각들과 청동고리 1개가 있고 이 외에 칠기 위의 청동장식 2건이 있다.

원래 위치가 명확하지 않은 유물 38개가 있는데, 예를 들면 도기우물(陶井)·네모난 부뚜막·삼족경대(三足奩)·단지·항아리·손잡이잔(把杯)·긴 사각 쟁반·고족천공기(高足穿孔器)·제기(豆)·그릇받침(器座) 등이다(그림2).

[그림2] 부뚜막·우물·손잡이잔

3. 벽 화

무덤 안의 주요 벽면에는 모두 채색벽화가 있다. 내용에는 문지기·연음(宴飮)·거기(車騎)·누택(樓宅)·거열(車列)·유운(流雲) 장식 등의 그림이고 각각의 그림은 좌우 양 소실 각 벽·후실 벽 그리고 문미·널방 사이 벽과 노두의 전면에 있다. 대부분 그림면은 비교적 양호하게 보존되어있고 채색을 활용하였으며 선으로 묘사한 것들은 모두 매우 소박하고 자연스러운 데 거친 부분은 호탕했다.

문졸도(門卒圖)

문지기 2인이 무덤문 좌우의 소실 앞 벽에 나눠 그려져 있다. 벽 높이 1.4m, 왼쪽 벽 너비 0.88m, 오른쪽 벽 너비 1.45m이다. 두 문지기 모두 얼굴은 무덤문을 향하고 옷을 입었고 동작이 기본적으로 일치한다. 왼쪽에 서 있는 자는 비교적 분명하여 무사 옷차림에 머리에는 붉고 검은 두건을 하고 정수리는 붉은 매듭으로 장식하였다. 옷깃 가장자리는 석록색(石綠色)이고 검은 신발을 신었다. 오른손은 뚜렷하지 않으나 왼손은 방패를 잡고 있으며 고개를 들고 눈을 크게 뜨고 있는데 붉은 입술은 크고 위풍당당해 보인다(그림3, 4).

[그림3] 봉태자2호 무덤 벽화

연음도(宴飮圖)

　그림은 우측 소실 오른쪽 벽에 있다. 벽 높이는 1.4m이고 너비는 1.9m 이다. 그림 정중앙에 네모난 평상이 2개 있어 각 한 사람씩 앉아 있는데 왼쪽은 남자이고 오른쪽은 여자이다. 묘주인 부부가 마주 앉아서 음식을 먹는 것으로 보인다. 남자는 정수리에 흑색 두건을 평평하게 두르고 있는데 그 이하는 너무 희미해서 확인이 어렵다. 그 뒤에 시중드는 두 사람이 서 있다. 앞에 서 있는 사람은 흑색 두건을 쓰고 붉은 깃의 석녹색 두루마기를 입었는데 바지 아래에 신발 한 쌍이 드러나며 얼굴과 눈과 양팔은 모호하여 불명확하다. 뒤에 서 있는 사람 역시 흑색 두건, 붉은 깃의 황토색 두루마기, 검은 신발 차림이고 붉은 주머니를 안고 있다. 부인 머리 위에는 높게 세운 머리꾸미개 같은 것이 있고 자주색 깃의 붉은 옷을 입고 석녹색의 내의를 드러내고 있는데 아래에는 붉은색의 굽은 선이 있는 주름치마가 보이고 오른손에는 잔을 쥐고 있다.

　두 평상 사이에는 길고 작은 탁자 하나가 있고 탁자면 중간은 흑색인데 양 모서리는 붉은색이다. 탁자면 위에는 자홍색의 둥근 소반(案)이 놓여있는데 안에는 이배(耳杯) 7개, 젓가락 2개가 놓여있다. 소반의 양 가장자리에는 각 1개의 쟁반(盤)이 있는데 음식이 가득 차 있는 것 같다. 여주인 뒤에 서서 시중드는 사람이 3명인데 차례대로 음식을 바치고 있다. 앞에 두 여인은 모두 머리를 모아 묶었고 앞에 두 개의 붉은 비녀를 꽂았다. 앞에 서 있는 사람은 황토 소매의 석록 상의에 아래는 붉은 내의를 입었고 허리에는 붉은 띠를 하고 아래는 가장자리에 석록색을 박아 넣은 진한 홍색의 긴치마를 입었다. 오른손에는 이배(耳杯) 하나를 쥐고 있는데 뒤에서 앞으로 전달하는 자세를 하고 있다. 머리 뒤에는 예서체로 '대비상동(大婢常東)' 네 글자가 검게 쓰여 있다. 두 번째 여자의 얼굴과 눈은 명확하지 않고 붉은 깃의 꽃무늬 옷을 입고 있으며 붉은색의 긴치마는 바닥에 끌리고 허리에는 석록의 리본을 늘어뜨렸다. 오른손에는 잔을 잡고 있다. 그 뒤의 한 남자는 머리에 검은 두건을 하고 있는데 얼굴과 눈은 명확하지 않다. 황토 바지에 자주색 깃의 옷을 입고 검은 신발을 신었으며 손에는 화려한 붉은색 긴 사각 소반을 들고 있는데 안에는 이배(耳杯) 5개, 젓가락 2개가 있다. 그 뒤 땅 위에 겉은 적갈색이고 안은 붉은 국자 모양의 물품이 하나 놓여있는데 음식물을 퍼낼 때 쓰는 도구 같다. 그 뒤에 적갈색의 둥근 쟁반이 또 하나 있는데 안에 컵이 한 개 놓여있다.

두 주인이 앉아 있는 평상에는 모두 붉은색의 휘장이 드리워져 있는데 붉은 휘장은 높이 묶여 있고 붉은 띠는 아래로 늘어뜨려져 있으며 안에는 석록의 짧은 발이 드러난다. 벽 오른쪽 위에는 밝은 달이 높이 나타나 있다(그림3, 6 화보 16쪽).

주부와 의조연도(主簿·議曹掾圖)

그림은 우측 소실 뒤쪽 벽에 위치한다. 벽의 높이는 1.4m이고 너비는 1m이다. 그림에는 부리(府吏) 두 사람이 오른쪽을 향해 잇달아 서 있다. 앞의 사람은 검은 관모에 석록 깃의 자청(赭靑) 두루마기, 펑퍼짐한 바지에 검은 신을 신고 입술 위에는 약간의 수염이 나타난다. 맞잡은 손은 가슴 앞에 위치하며 머리 뒤에는 검은 필적의 예서체로 '주부(主簿)' 두 글자가 적혀있다. 뒷사람 역시 검은 관모를 썼다. 붉은 깃의 자청 두루마기와 펑퍼짐한 바지에 한 쌍의 신발을 신고 입술 위에 역시 수염이 있다. 두 손에 홀(笏)을 받쳐 들고 서 있으며 머리 뒤에는 검은 필적의 예서체로 '의조연(議曹掾)' 세 글자가 있다(그림3, 5 화보 15쪽).

거기도(車騎圖)

계속하여 그림은 좌측 소실 뒤와 오른쪽 양 벽에 위치한다. 벽의 높이는 1.4m, 뒤쪽 벽의 너비는 0.88m, 왼쪽 벽의 너비는 0.92m이다. 사람과 거마 모두 오른쪽을 향해 간다. 뒷벽 그림에서는 기수 3명이 이끄는데 앞

뒤 두 기수는 길 오른쪽에, 가운데 기수 한 명은 길 왼쪽에 있다. 기수·관리 모두 검은 두건과 붉은 옷, 황토색 바지를 입었다. 앞에 가는 자는 붉은 말을 타고 오른손으로 말을 채찍질하고 왼손으로 말고삐를 당기고 있다. 말머리에는 멍에를 얹었고 말꼬리는 묶여 있으며 석록색의 안장과 언치(鞍韉:말이나 소의 안장이나 길마 밑에 깔아 그 등을 덮어 주는 방석이나 담요)가 있다. 가운데서 행차하는 자는 오른손으로 말고삐를 당기고 왼손으로 팔을 돌리며 채찍질을 하는데 얼굴을 좌후방으로 향해 지시하는 모습을 취하는 것 같고 타고 있는 황토색 말에는 붉은 안장과 언치가 있다. 뒤의 기수 한 명은 왼손으로 말고삐를 팽팽하게 잡아당기고 있는데 석녹색의 말을 탔다(화보 15쪽). 좌측 벽 앞 그림은 적토마가 붉은 수레를 끄는 그림이다. 수레는 둥근 꼭대기에 붉은 휘장이 있고 석녹색의 칸막이 좌석에 검은색 바퀴를 하고 끌채 끝에는 새 모양의 짧은 막대를 세웠고 꼭대기는 무성한 깃털 형태로 장식했다. 말은 검은 반점이 있고 네 발굽은 내달리는 듯 빨리 움직이는 것처럼 보인다. 말을 모는 자는 체형이 모호하고 수레 뒤에 따르는 기수 한 명은 검은 두건, 붉은 깃의 석녹색 두루마기와 황토색의 펑퍼짐한 바지 차림이고 오른손으로 말고삐를 당기고 왼손에는 붉은 주머니를 안고 있다. 검은 반점의 적토마를 탔으며 안장과 굴레 갖춤은 완전하다. 하늘에는 밝은 태양이 높이 떠 있다(그림3, 2 화보 16쪽).

누택·거열도(樓宅·車列圖)

그림은 후실 뒷벽에 위치한다. 벽의 높이는 1.4m, 너비는 5.12m이다. 그림면은 침수되어 쓸려 내려가 얼굴색이 크게 퇴락했다. 오른쪽 반 정도 부분 중앙에 희미하게 다층 주택 한 채가 그려져 있는 것을 발견할 수 있다. 정중앙 고층 누각 3층은 검은 기왓등과 기왓고랑으로 사아식(四阿式) 유사하게 지붕을 덮었고 등마루에는 새 머리 모양의 물품이 있는 것 같다. 붉은(朱) 난간과 붉은(紅) 기둥 모두 희미하게 볼 수 있고 아래에는 비교적 높은 석대(石台)터가 있으며 중간에는 왼쪽으로 향하는 돌계단이 있고 1층 누각 안에도 붉은색의 누각 사다리가 있다. 건물 좌측 전방에 우물이 하나 있는데, 우물 난간은 붉은 선으로 그렸다. 누각 왼쪽과 왼쪽 후방에 담장이 있는데 꼭대기는 유수식(流水式) 기와 등마루로 하였다. 집 문은 왼쪽 담장 중간 부분에 있는데 붉은 문의 두 문짝은 안쪽으로 나뉘어 있고 문루(門樓)도 유수식 기와 등마루로 되어 있다(그림3, 3).

왼쪽 절반 부분에 수레 4대가 일렬로 정렬해 있고 집 문으로 나아가는 형태로 되어 있다. 앞에 첫 번째 수레는 붉은 덮개와 붉은 기둥이 있으며 덮개 모서리에는 석록색 장식을 늘어뜨렸고 네 휘장은 없으며 검은 칸막이 좌식에 바퀴도 검은색이다. 남아 있는 그림의 말머리 부분을 보면 말 한 마리에 멍에를 매고 있다. 수레 위에는 한사람이 수레 손잡이(軾)에 의지하여 앉아 있는 것 같은데 애석하게도 모호하여 분명하지 않다. 다음은 검은 덮개와 검은 휘장의 수레로 붉은 격자창이 있고 석록색의 발은 붉은 띠로 묶었으며 수레 손잡이 뒤의 한 사람이 수레를 모는 형태를 하는 것 같다. 백마에 멍에를 걸었고 거마 아랫부분은 모두 분명치 않다. 그다음은 적토마가 수레를 모는데 매우 둥근 천장 장막은 석록색의 휘장을 했고 붉은 목책과 붉은 칸막이 좌석에 검은 바퀴를 하고 있다. 수레 안은 붉은 옷을 입은 한 사람이 앉아 있는 것 같다. 말머리와 네 다리는 분명치 않다. 마지막 한 대도 수레인데 수레 꼭대기는 분명치 않고 붉은 난간과 석록색 칸막이 좌석이 있고 바퀴는 검은색이다. 적토색 소에 멍에를 매었는데 이미 완전한 형태를 알아볼 수 없다(그림3, 1 화보 17쪽).

이 무덤의 무덤방 구조와 인근에서 이미 발견된 각 벽화무덤은 기본적으로 서로 같다. 단 무덤에는 앞쪽과 옆쪽에 문이 있는데 실제로 없어져서 볼 수 없다. 출토된 오수전과 도기 형태와 전서체는 모두 동한(東漢) 말기와 그 이후의 특징이다. 벽화 내용을 보면 시기가 비교적 늦은 1호 무덤과 비슷한 곳이란 것을 알 수 있다. 이 상황들을 설명하자면 이 고분의 연대는 늦어도 위(魏)나라 말기일 리 없다는 것이 더욱 합당한 설명이고 한(漢)·위(魏)의 사이 시기라고 생각한다.

10. 요녕 요양현 남설매촌(南雪梅村) 벽화무덤과 돌무덤[1]

왕증신(王增新)

남설매촌(南雪梅村)은 요양시 동남쪽 17km에 위치하고 요양현(遼陽縣) 안평구(安平區) 소둔향(小屯鄕)에 속한다. 요양은 본계(本溪)의 도로와 철로가 모두 마을의 중앙으로 통과한다. 마을 앞에는 산이 있고 북쪽 0.5km 정도에 탕하(湯河)가 있는데, 북쪽에서 태자하(太子河)로 흘러 들어간다. 서쪽으로 석저자둔(石咀子屯)이 1km 거리에 있고 동쪽으로 경가둔(耿家屯)이 약 2.5km 거리에 있다. 석저자 서쪽 산기슭과 경가둔 동·서 양옆 도로의 남쪽에서 해방 전에 적지 않은 한대(漢代) 돌무덤이 발견되었다. 그러나 당시에 이미 모두 심각하게 훼손되었고 현재는 단지 약간 남은 널방이 흩어져 분포하고 훼손된 작은 도기 조각만 약간 볼 수 있다.

1957년 5월 초 이곳에서 깨끗하게 정리, 발굴한 벽화무덤과 돌무덤은 모두 남설매촌 북쪽 약 400m 지점의 논 중간에 위치한다. 두 무덤은 100m 간격으로 동서로 나란히 정렬해 있다. 벽화무덤(1호로 편성)은 동쪽에 위치하고 1956년 4월에 발견되었다. 돌무덤(2호로 편성)은 서쪽에 위치하고 부근에서 깨끗하게 정리된 여분의 벽화무덤이 같이 발견되었다. 두 무덤 모두 큰 청석판(靑石板)으로 만들고 틈새에 석회를 발랐다. 벽화무

---

[1] 王增新, 「遼寧遼陽縣南雪梅村壁畫墓及石墓」, 『考古』, 1960年 第1期.

덤은 일찍이 도굴당해 파괴되었는데, 널방이 부분적으로 훼손되고 유골은 흐트러져 있으며 유물 대부분은 거의 부서져 있다. 널방 서벽의 파손된 구멍은 바로 초기의 도굴 구멍이다. 정리할 때, 남아 있는 벽화 부분의 간단한 모사가 병행되었다. 정리 후, 흙을 보강해 굳게 봉해 그 자리에 보존하였다. 돌무덤의 보존은 잘 완료되어 무덤 내부는 아직 훼손되지 않았다.

1. 제1호 벽화무덤

널방 구조

널방 정상(頂上)은 지금의 지표에서부터 55cm 떨어져 있다. 덧널방의 규모는 비교적 크고 평면은 '丁'자 형이다. 전후 길이는 5.25m, 좌우 너비는 6.06m, 실내 높이는 1.8m이다. 정문은 벽 중간 부분에, 남쪽에서 동쪽으로 40도 치우쳐 있고 중간에 기둥 하나가 지탱하고 있다. 문으로 나뉘어 2개의 동(洞)을 이루고 위에는 문미(門楣)를 두고 아래에는 문지방이 가로놓여 있으며 큰 석판으로 밖을 막았다. 문 내부는 가로로 된 하나의 장방형 전실(前室)이고 그 좌우 양 끝 모서리에 각각 이실(耳室) 하나가 돌출되어 있다. 앞 회랑 후면에는 좌우 종렬로 큰 돌 3개를 벽으로 세워 네 공간을 두었는데 오른쪽 제1, 2, 4동(洞)은 널방이 되고 제3동은 가운데 회랑이 되어 후실과 통한다. 가운데 회랑 오른쪽 벽의 중간 부분에 네모난 창문이 남아 있어 왼쪽 방형의 널방과 서로 통한다. 벽 위에는 모두 장방형의 노두(櫨斗)가 얹혀 있고 다시 위에 순방향의 들보와 가로 방향의 다목(枋)을 두어 뚜껑돌과 접하게 한다. 각 널방은 모두 큰 석판을 시상(尸床)으로 사용하고 있고 앞에는 횡으로 침대 머리(檔頭)가 있다. 제2 널방의 당두는 이미 훼손되었고 시상도 한번 옮겨졌다. 널방은 모두 후벽이 설치되어 있다. 널방 뒤는 후실이다. 후실의 바닥과 앞 회랑, 가운데 회

랑의 바닥은 평평하다. 후실에는 가
로로 쌓은 명기대(明器臺)가 있는데,
왼쪽은 끝까지 가지 못하고 위쪽을
따라 석벽을 지탱하고 있다. 앞 가장
자리에는 두 개의 돌기둥이 서 있다.
후실 좌벽에는 측문 1동(洞)이 있고
위아래로 문미와 문지방이 있고 밖은
돌로 막았다(그림1).

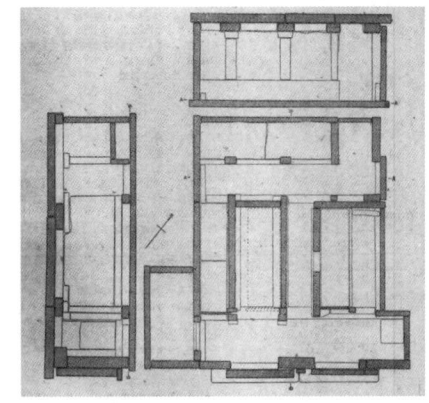
[그림] 요양 남설매1호 무덤 구조

장식(葬式)과 유물

오른쪽 널방에는 인골 2구가 보이는데 모두 이미 흐트러져 있어 겨우 머리뼈만 남아 있고 남녀 각 한 구씩으로 알아볼 수 있는데 모두 노년이다. 유물은 은반지 1개, 장방형의 석연판(石硏板) 1개, 오수전 126개가 나왔는데 그중 8개는 '전륜오수(剪輪五銖)'[2]이다. 대부분의 오수전은 모두 시상 뒷부분에 쌓여 있고 동전 아래에는 삿자리 조각이 남아 있다.

가운데 널방의 시상구조는 이미 훼손되어 흐트러진 흙 속에서, 흩어져 부서진 뼛조각이 소량 보일 뿐이고 장례 방식(葬式)과 성별은 분명하지 않다. 널방 서북 모서리 바닥에서 오수전 17개가 발견되었는데 그 안에 전륜오수 1개가 있었다.

왼쪽 널방 시상 위에는 작은 조각의 머리뼈 1개가 남아 있는데 시상 왼쪽의 흐트러진 흙 속에 약간의 부서진 뼈들이 뒤섞여 있다. 이 방에는 1인을 매장했는데 성별은 확인되지 않는다. 시상 위에 오수전 64개가 흐트러져 있고 널방 왼쪽 후벽 아래에서 도기이배(耳杯) 2개가 발견되었다.

---

2 테두리 둘레를 잘라낸 오수전. 후한 시기의 오수전에서 많이 보인다. '전변오수(剪邊五銖)'라고도 한다(진웨이누오, 앞의 책, p.229 각주, 역자주).

우이실(右耳室)에는 인골 2구가 있 는데 두 머리뼈와 팔다리뼈(肢骨) 일부 가 비교적 양호한 상태로 보존되어있 다. 남자는 왼쪽에, 여자는 오른쪽에 있고 모두 노년이며 머리는 북쪽으로, 다리는 남쪽으로 하고 얼굴을 위쪽으 로 하고 팔다리를 곧게 펴 묻었다. 유 물로는 비단으로 감싼 내향연호문 동

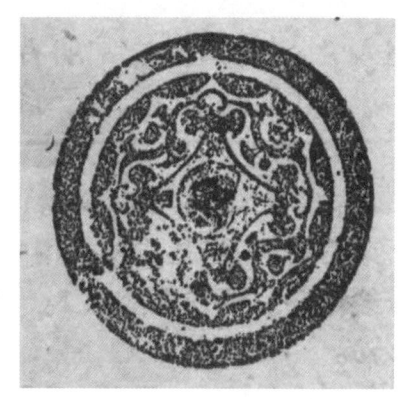

[그림2] 요양 남설매1호 출토 동경

경(內向連弧紋銅鏡) 1매가 있는데 꼭지(鈕座) 사방에 전서체 명문 '장의 자손(長宜子孫)'3 네 글자가 있다(그림2). 칠함(漆盒) 1개와 동경이 아울러 차례로 여성 머리뼈의 앞쪽에 놓여있다. 칠함은 이미 다 썩어버렸지만 칠함 의 겉에 박혀 있는 4개 청동장식은 기본적으로 원형을 유지하고 있다. 동 경 오른쪽 전방에서 쇠고리칼(鐵環刀), 철기 잔존물이 각 1개씩 출토되었 다. 오수전 86개, 화천(貨泉) 1개가 실내 각처에서 흩어져 나왔고 그중에 9매의 전륜오수가 있었다.

전실 바닥에서 둥근 도기소반, 쟁반, 두(豆) 각 1개씩, 이배 5개, 오수 전 21개가 흩어져 나왔다. 도기는 좌이실 판석대(板石台) 위에서 수면(水 面)4을 거쳐 떠내려 온 것으로 보인다. 가운데 회랑 바닥에서 삼족도기단 지(三足陶壺)와 홈 있는 도기 대야가 각 1개씩 나왔다. 후실 바닥과 흐트 러진 흙 속에서 도기바리(陶鉢), 주발(盂), 쟁반(盤), 솥(鍑), 국자, 삼족 동

---

3 한(漢) 황제가 공신들에게 내린 사여품 동경에 새겼던 길상구 중 하나. 가장 이른 편년의 반리문경 (蟠螭紋鏡)에는 '大樂貴富 千秋萬歲 宜酒食', '大樂貴富得所好 千秋萬歲 延年益壽' 등의 명문이 새 겨져 있다. '위지삼공(位至三公)', '군외고관(君宜高官)', '장의자손(長宜子孫)'은 후한시대 지방 호 족들이 번성하면서 나타나는 길상구이다(유영아, 「漢代 銅鏡의 吉祥語句에 비쳐진 사회상의 변천」, 『동국사학』, 2009, 역자주).

4 도굴 구멍을 통한 빗물 등의 유입에 의한 침수를 의미하는 것으로 보인다(역자주).

근 경대(三足圓奩), 긴 목 병(長頸瓶), 이
배 등 10개가 나왔다. 이전에 모두 명기
대 위에 놓여있었을 가능성이 있다. 명기
대 위에 긴 목 병, 세수용의 얕은 대야
와 비슷한 그릇(洗), 솥, 소형의 그릇받
침(器座), 쟁반, 긴 네모 소반(長方案), 이
배 등 19개가 남아 있는데 위치에 변동이
있다. 그중 도기쟁반의 안쪽 위 정중앙
에 '우인지검(羽人持劍)'과 '용격두(龍格
斗)' 장면이 새겨져 있고, 그 사방에 2마
리의 사슴, 인수조신상(人首鳥身像), 투

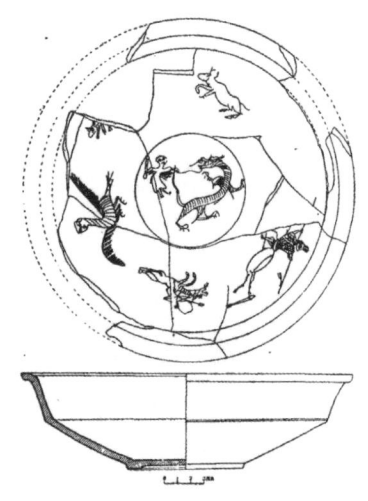

[그림3] 요양 남설매1호 무덤 출토 도기쟁반

구와 갑옷(盔甲) 차림의 두 기사를 새겼다. 두 기사는 한창 싸우고 있는
데, 전자는 창을 들고 있고 후자는 장궁(張弓)으로 활을 쏘고 있다(그림
3).

벽화

이 무덤에 벽화는 많지 않은데, 게다가 침
수로 씻겨서 분명하게 식별할 수 있는 것은
매우 적다. 문기둥과 문미 바깥 면에 붉은색
운기도(雲氣圖)가 보이는데 이것도 이미 색이
바랬다.

[그림4] 요양 남설매1호 무덤 집그림

무덤문 좌우 양 벽에 각각 그림 형식이 서
로 같은 집이 하나 있다. 오른쪽 벽 그림이 비교적 뚜렷한데 건물 구도
가 아주 간단하여 검은 선으로 지붕을 묘사하고 '井'자 형의 붉은 난간
과 붉은 기둥이 그려져 있다(그림4). 벽의 높이는 1.48m이고 가로 너비는
0.76m이다.

중간 널방의 문틀과 문미 전면에도 장식도안이 그려져 있는데, 이것은 비교적 또렷하다. 문미 위는 주(朱)·자(赭)·백(白) 삼색으로 운수(雲水) 도안을 구성하여 파도가 몰려오고 구름과 물이 서로 비추고 있어 자못 아름답게 보인다. 양 문틀에는 단지 붉은 선의 구름무늬만 사용되어 그림선이 드문드문 간단하다. 널방 안에 흩어진 흙 중에서 나온 파손된 판석 위에 흑색 먹으로 그린 동물의 넓적다리 부분이 남아 있는데, 그 형상으로 보아 문지기 개와 흡사하다. 아랫면은 또한 붉은색으로 구름무늬를 그려 완성했다. 이 잔석(殘石)은 아마도 이 널방 앞쪽 당두(檔頭)의 한 부분일 것이다.

왼쪽 널방 후벽에는 아직 인물 그림이 남아 있다(그림5). 위에 붉은색의 휘장을 걸고 휘장 가장자리에는 붉은 띠를 매어 늘어뜨렸다. 휘장 아래에는 좌우 각각 3명씩, 여섯 사람이 손을 마주 잡고

[그림5] 요양 남설매1호 무덤 벽화 연음도

앉아 있는데, 머리 부분과 아랫부분은 모두 너무 오래되어 분명치 않았다. 왼쪽 앞쪽에 녹색 도포를 입은 사람이 한 명 있고 그 앞에 긴 네모의 빨간 것이 있으며 아래쪽에 붉은색 도안 하나가 있다. 뒤에 두 사람 모두 홍색 도포를 입고 있고 아래쪽에 긴 네모의 황색이 있으며 위쪽에 붉은 도안 하나가 있다. 오른쪽 앞 사람은 홍색 도포를 입고 있고 그다음 사람은 적갈색 도포, 뒤의 사람은 녹색 도포를 입었다.

2. 제2호 돌무덤

널방 구조

덧널방 구조는 대략 1호 무덤과 동일하지만, 규모는 비교적 작다. 널방 꼭대기 높이는 현 지표에서부터 약 1m이다. 실내는 세로 깊이 4.4m, 가로 너비 4.78m, 높이 1.8m이다. 실내에는 앞 회랑 1개, 좌소실(左小室) 1개, 우소실(右小室) 전후 각 1개, 널방 3개, 후실 1개가 있다. 세 널방은 모두 세로로 배치되어 있고 주실은 중앙에 있다.

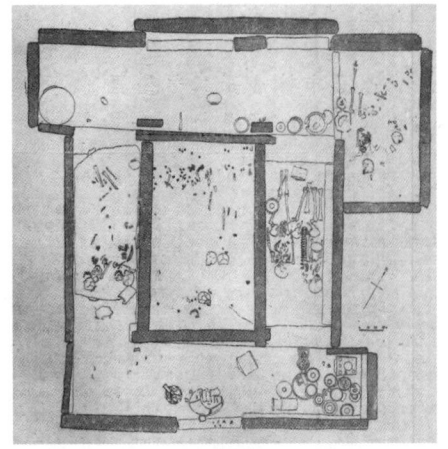

[그림6] 요양 남설매2호 무덤 유물 분포도

두 측실은 비교적 널찍한데 좌·우·뒤 3면은 석판을 세워 벽으로 하고 위쪽으로 들보 각재가 있어 뚜껑돌을 받치고 있다. 바닥에는 석판을 평평하게 깔았다. 양쪽 벽의 앞 끝에 하나씩 있는 돌기둥을 문틀로 삼아 좌우로 여닫을 수 있는 여닫이문을 두 짝으로 설치하였는데 중간 봉합이 빈틈없었다. 좌우 양 널방 앞뒤에는 입석(立石)이 없다. 왼쪽 널방에는 석판 시상 1구가 있다. 문은 또한 2개가 있고 정문은 앞 벽 중앙에 있다. 문은 1호분과 마주 보고 북서쪽으로 30도 기울어져 있다. 문에 동(洞)이 2개 있어 가운데 기둥으로 갈라져 있는데 기둥 위아래로 노두(櫨斗), 주춧돌이 있다. 후문은 하나인데 후벽 중앙에 위치한다. 두 문 위아래에 모두 문미, 문지방 부분이 있고 바깥에 세운 석판으로 굳게 닫혀있다(그림6).

장식(葬式)과 유물

무덤 안에 9사람을 합장했는데 세 널방과 우소실(右小室)의 앞쪽에 나눠 묻혀있다. 뼈는 대부분 비교적 양호하게 보존되어있고 머리는 남쪽으로, 발은 북쪽으로, 얼굴은 위로 향하고 사지는 곧게 펴 묻혀있다.

주실에는 인골 셋이 있는데, 가운데와 오른쪽 인골의 머리뼈와 다리뼈가 비교적 양호하게 보존되어 있고 가운데가 남성, 오른쪽이 여성이다. 왼쪽 인골 대부분은 부식되어 있고 머리뼈는 남성 머리뼈의 왼쪽 후방에서 나왔는데 여성의 것이다. 껴묻기 유물은 많지 않아 왼쪽 여성 머리뼈의 전후로 유리귀고리 1개 이외에 오른쪽 여성 머리뼈 후방에서 1개가 발견되었다. 각 머리뼈 아랫면에는 모두 붉고 검은 2가지 색의 옻 조각이 조금 남아 있다. 남성 다리뼈 중간에서 철기 조각 1개가 나왔고 서북 모서리에서 쇠골무(鐵頂針) 1개가 나왔고, 오수전 193개(전륜오수 5개 포함)와 화천(貨泉) 1개가, 실내 각 곳에 흩어져 발견되었다.

오른쪽 널방에는 인골 둘이 있는데, 완전하게 보존되어 남성이 오른쪽, 여성이 왼쪽에 있다. 인골 윗부분의 토사 중간에서 항아리(陶罐), 경대(奩), 쟁반(盤), 국자(勺)가 하나씩 발견되었는데, 아마도 뒷방에서 물에 떠내려 왔을 것이다.

왼쪽 널방에도 인골 둘이 있는데, 남녀 각각의 머리뼈가 비교적 양호하게 보존되어있다. 오른쪽 머리뼈 아래에서 용와(甬瓦)가 발견되었는데 당시에 베개로 쓰였다. 시상 중간 부분에서 오수전 1개가 발견되었고 앞뒤에서 항아리가 각각 한 개씩 발견되었다. 항아리의 위치는 모두 옮겨진 것처럼 보인다.

앞뒤 소실에서 인골 둘이 발견되었는데, 왼쪽이 남성, 오른쪽이 여성이다. 남성 뼈대는 약간 양호하게 보존되어 있고 머리뼈 아래에 석회 베개가 한 개씩 있다. 남성의 큰 다리뼈 외측에서 큰 항아리와 도기쟁반이 각각 1개씩 발견되었다.

전실에서 도기항아리, 세수용의 얕은 대야와 비슷한 그릇, 쟁반, 솥, 시루, 작은 그릇받침이 1개씩 발견되었고 항아리, 쟁반, 이배가 각 2개씩 나왔는데 위치가 많이 변

[그림7] 쌍이쌍족편호

해 있었다. 오른쪽 후소실(後小室)과 후실
에서 도기우물, 두레박(水斗), 부뚜막, 선반
(鐥架), 도기소반, 도마(俎), 두(豆), 쌍이쌍
족편호(雙耳雙足扁壺)(그림7), 구멍이 있는
삼족기(三足有孔器), 긴 목 병이 각각 1개
씩 발견되었고, 시루, 동이(盆), 쟁반, 항아리
는 2개씩, 바가지(瓢), 이배, 기좌는 각 3개
씩, 솥 4개, 그릇뚜껑 5개가 발견되었다. 이
기물들은 대부분 원래 위치에 보존되어있고,

[그림8] 삼족천공기

그중 구멍이 있는 삼족기(그림8)는 바닥에 많은 구멍이 있고 아래에 다리
3개가 있다. 모서리 끝에서 숯덩이가 나왔는데, 이것은 새로운 발견이다.
유사한 기물이 요양 일대 한나라 무덤에서 많이 출토되었고, 과거에 많이
인정받은 것은 습기 제거용이라는 것이다. 이번에 비로소 아궁이 같은 기
구라는 것을 알았다.

　무덤자리(座墓)의 널방 구조는 기본적으로 일치하고 봉태자(棒台子)
등지의 벽화무덤 형태와 서로 유사했다. 무덤의 양쪽 문 또한 봉태자 2호
벽화무덤과 서로 동일했다. 두 무덤은 가족 합장이고, 더욱이 껴묻기 유
물은 도기 형태가 서로 모두 동일한 풍격(風格)이 있는 기구들이다. 묘장
(墓葬) 형태와 출토유물을 근거로 하면, 두 무덤의 시대는 모두 한·위(漢·
魏)의 시기로 보는 것이 마땅하다.

11. 조양 원태자(袁台子) 동진(東晉) 무덤[1]

요녕성 박물관 문물팀
조양지역 박물관 문물팀
조양현 문화관

　1982년 10월, 요녕성 조양현(朝陽縣) 십이태영자(十二台營子) 공사(公社) 원태자대(袁台子隊) 사원 위홍희(魏洪喜)는 주택 안에서 움막을 파다가 옛 무덤 한 기를 발견했다. 소식을 들은 요녕성 박물관은 현장 조사를 가기 전에 조양지역 박물관, 조양현 문화관과 회동하여 동진 석곽 벽화무덤(東晉石槨壁画墓)(번호M1)임을 확인했다. 상부의 재가를 얻어 동년 11월 초에 발굴을 시작하고 당월 말에 끝마쳤다.

1. 지리 위치

　원태자촌은 조양시 시내 남쪽 12km 떨어진 지역에 위치하는데 서쪽으로 12km 떨어진 곳에 십이태영자공사가 있고 북쪽으로 0.5km 거리에 서태자(徐台子)가 있다. 대릉하(大凌河)는 마을 북쪽 3km 위치에 있는데, 서쪽에서 동북 방향으로 흘러 들어가고 강의 북쪽 물가에는 동서로 뻗은 청룡산(靑龍山)이 있다. 마을 남쪽 2km 지점에는 대백산(大柏山)이 있는

---

[1] 遼寧省博物館工作隊 等,「朝陽袁台子東晉壁畫墓」,『文物』, 1984年 第9期.

데, 이곳은 동서로 넓은 지대를 이루고 있다 (그림1). 한(漢) 요서군(遼西郡) 유성현(柳城縣) 유적이 원태자촌 북쪽 1km 떨어진 도로 북쪽 옆에 자리하고 있는데, 유성 유적의 서·동남·동부 모두 비교적 고분 지역이 밀집 분포해 있다. 이미 발굴된 전국(戰國)·서한(西漢)·선비(鮮卑)족의 고분이 있다.[2]

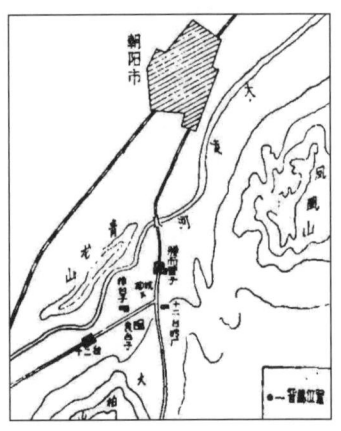

[그림1] 원태자 동진 벽화무덤 위치

2. 무덤방의 결합구조

원태자 동진 벽화무덤은 남쪽 방향에서 동쪽으로 10도 기울어진 곳에 있다. 무덤방 주체(主體)는 장방형으로 모두 녹사암(綠砂岩) 석판이며 돌을 쌓아 무덤길, 무덤문, 이실(耳室), 벽감(壁龕)을 조성했다. 무덤 꼭대기는 지표 1.8m 아래에 위치한다.

앞에 언덕 형태의 장방형 무덤길이 있는데, 길이는 약 7m이고 너비는 2m이다. 무덤문은 남벽 중간 부분에 위치하고 높이 1.1m, 너비 1.08m이다. 문 입구는 네모난 석판으로 막았는데, 석판 바깥면은 돌을 쌓아서 지탱하게끔 만들었다.

무덤방 앞 너비는 3m이고 뒷 너비는 1.8m, 세로 길이는 4m이다. 무덤 안 앞부분 좌측에 이실이 있고 우측에 벽감이 있다. 동서 양쪽 벽의 중간 부분과 후벽에도 벽감이 있다(그림2). 이실은 길이 1.6m, 너비 1m이다. 앞부분 우측 벽감은 높이 1.06m, 너비 0.78m, 세로 길이 0.4m이다.

---

[2] 현 조양시가 한나라의 요서군이라는 것은 현재 중국의 주장으로 한나라 당시의 요서군은 훨씬 서쪽, 현재의 하북성 지역에 있었다. 고분 매장자의 족속에 대한 재상고가 필요할 것으로 사료된다(역자 주).

동쪽 벽감은 높이 1.04m, 너비 0.62m, 세로 길이 0.24m이고 그와 마주 보는 서쪽 벽감은 높이 1.1m, 너비 0.5m, 세로 길이 0.2m이다. 뒤쪽 벽감은 높이 1.08m, 너비 0.6m, 세로 길이 0.24m이다. 문 안쪽 좌우에는 각각 기둥이 하나씩 있는데, 윗돌이 문미(門楣)를 받치고 기둥 양쪽에 각각 석판을 세워 받쳐 남벽을 구성하고 있다. 동·서·북 세 벽 또한 석판을 세워 받치고 있다. 네 벽의 석판 위 끝은 모두 안쪽으로 뻗어있는 돌덩이가 받치고 있는데, 동·서 양벽의 북쪽 끝과 북벽 사이에 모두 각을 좁혀 교대로 쌓은 석판이 있다. 무덤 벽 입구의 받침돌 윗면에 동서로 관통하는 돌들보(石梁) 3개가 있다. 남쪽 끝 대들보는 문미 돌 위를 받치고 있다. 중간 부분 대들보는 양 벽감 앞의 위 끝을 받치고 대들보는 길이 2m, 너비 1.14m, 두께 0.37m이다. 뒷부분 대들보는 벽감 북·동·서 양 벽 위를 받치는데, 길이 2m, 너비 0.66m, 두께 0.39m이다. 뒷부분 대들보 아래에 기둥이 하나 있는데, 기둥머리 위에 장방형의 받침돌이

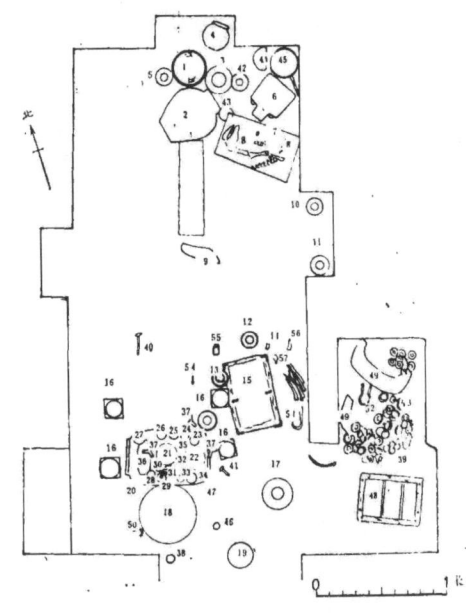

[그림2] 널방 평면도
1. 동과 2. 도옹 3-5, 10-13, 17, 42, 43. 도관
6. 칠호 7. 칠방렴 8. 칠반(附양뼈) 9. 칠렴바닥
14. 골관 15. 나무상자 16. 주춧돌 18. 원칠반
19. 바리 20. 칠안 21. 소칠반 22. 장유자발
23-35. 자완 36. 칠발, 국자 37. 동장각
38.46. 동포식 39. 동령식 40.41. 철관정 44. 동부
45. 동초두 47. 동세 48. 나무상자 49. 안교
50. 마노잔 51. 쇠지팡이 52. 등자 53. 재갈
54. 동대구 55. 은띠쇠 56. 창모양 철기 57. 쇠송곳

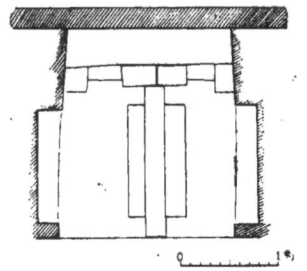

[그림3] 널방 가로 도면
(남쪽에서 북쪽 방향으로)

대들보를 받치고 있다(그림 3·4). 대들보 세 개의 윗면은 석판으로 덮어 무덤 천장을 이룬다. 무덤 바닥에는 크고 작은 형태로 일정하지 않은 석판이 깔려있다.

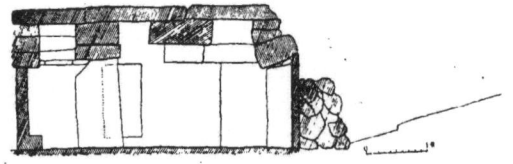
[그림4] 널방 세로 도면(서쪽에서 동쪽 방향으로)

3. 무덤 양식과 유물

무덤 안에서 어수선하게 흩어져 있는 쇠널못(鐵棺釘)(M1:40·41)이 여러 개 출토되었다. 못에 썩은 나무 흔적이 많이 붙어있는데 이는 원래 나무 널무덤이었음을 시사한다. 1980년 4월, 관련 부서에서는 이미 이 무덤에서 동북 100m 떨어진 곳 현지에서 돌무덤 1기를 정리했는데, 고분 결합구조 형태와 그 무덤이 서로 일치했다. 무덤 안에서 나무널 1구가 나왔는데, 널 형태가 머리 부분은 크고 다리 부분은 작았다. 앞부분은 높고 넓으며 뒷부분은 낮고 좁았는데, 이 무덤 나무널 행태가 참고할 만하다. 무덤 안에서 사람 어금니, 갈비뼈가 대량 발견되었고 머리뼈와 팔다리뼈는 찾을 수 없었는데, 무덤 양식과 사자(死者)의 성별은 이미 분별할 방법이 없었다.

이 무덤은 일찍이 도굴당해 도굴 구멍이 봉문석(封門石)의 좌측 윗 모서리에 있었다. 구멍 입구는 직경이 약 0.5m로, 산산조각난 돌조각들은 모두 문밖 봉석 더미 위에 있었고 부근에 유금동(鎏金銅)[3] 장식이 있는데 무덤을 도굴할 당시 흘린 것 같다. 이 무덤이 비록 도굴당했지만, 도

---

3 '도금'과 비슷한 의미로 청동기에서부터 사용되던 고대 금속기의 장식기법이다. 즉 금이나 은을 수은과 섞어 용액을 만들어 유기(銅器) 표면에 바른 후 가열하면 수은은 증발하고 기면(器面)에 붙은 금은은 떨어지지 않는데 이것이 유금은(鎏金銀)이다. '유금은'에 대한 기록은 후한의 연단가(煉丹家) 위백양(魏伯陽)의 『주역참동계(周易參同契)』에 처음 나온다(진웨이누오, 앞의 책, p.287(각주), 역자 주).

기(陶), 자기(瓷), 돌, 청동(銅), 은(銀), 철(鐵), 칠기(漆器)와 화폐 등 문물 수십 개가 나와 아래와 같이 분류해서 서술한다.

1) 도기(陶器)

13개. 무덤방 뒤쪽 부분 또는 벽감 안에서 나온 것을 분별하였다. 종류는 독(甕), 항아리(罐), 바리(鉢)가 있다.

(1) 독(甕)

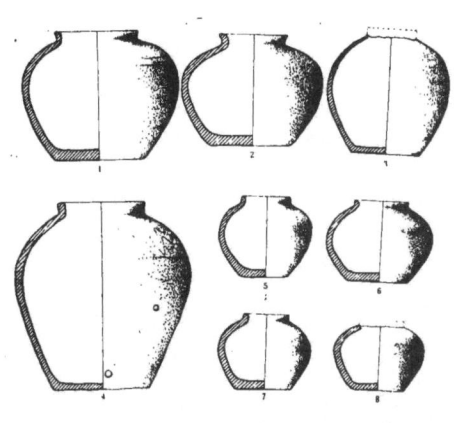

[그림5]
1. 6. 사순도관(ML:4, M1:11) 2. 원순도관(M1:42)
3. 8. 염구도관(M1:17, M1:13) 4. 도옹(M1:2)
5. 7. 평순도관(M1:12, M1:43)

1개(M1:2). 약간 남아 있는데 무덤방 뒷부분 기둥 북측에 있다. 니질회색도기로 물레로 만들었다. 주둥이는 곧고, 입술은 평평하며, 어깨는 둥글고, 배는 깊고, 바닥은 평평하다. 어깨 부분은 새긴줄무늬(凹弦紋) 4줄로 꽃무늬띠(花紋帶) 3개를 이루고, 띠 안은 물결무늬(水波紋)로 꾸며져 있다. 가장 아랫부분 꽃무늬띠 아래에는 송곳으로 찌른 무늬(錐刺紋)가 한 바퀴 둘려 있다. 배 아래에는 구멍 2개가 있다. 높이 35.4cm, 입 지름 17.2cm이다(그림5:4, 그림6).

[그림6] 도옹

(2) 항아리(罐)

11개. 연속한 주둥이 가장자리가 같지 않은데 네 종류로 나뉜다.

① 평평한 입술 항아리(平脣罐)

3개(M1:12·43). 모두 니질회색도기로 물레로 만들었다. 소성온도는 비교적 높으며 조형도 비교적 반듯하다. 입은 작고 곧으며, 입술은 평평하고, 목은 짧고, 배는 불룩하며, 바닥은 평평하다. 무늬는 없고 배 부분에 갈라진 흔적이 있다. 3개의 형태는 서로 같지만, 크기는 좀 다르다. 가장 큰 것은 높이 13.9cm, 입 지름 9.2cm이고(그림5:7, 그림7) 가장 작은 것은 높이 10.2cm, 입 지름 6.7cm이다(그림5:5).

[그림7] 평순도관

② 비스듬한 입술 항아리(斜脣罐)

4개(M1:3·4·10·11). 모두 니질회색도기로 물레로 만들었고 조형(造型)은 반듯하다. 주둥이는 곧고, 입술 안쪽은 비스듬하고, 배는 둥글며, 바닥은 평평하다. 4개의 형제(形制)는 서로 동일한데, 크기는 좀 다르다. 큰 것은 높이 16.4cm, 입 지름 11cm(그림5:1, 그림8)이고 작은 것은 높이 10.5cm, 입 지름 7.4cm이다. 안에 생선뼈가 가득하다(그림5:6).

[그림8] 사순도관

③ 둥근 입술 항아리(圓脣罐)

2개(M1:5·42). 니질회색도기로 물레로 만들었다. 주둥이는 곧고, 입술은 둥글며, 배는 볼록하고, 바닥은 평평한데 약간 오목하고, 배 아래에는 칼로 긁은 흔적이 있다. 두 개의 형태는 서로 같은데, 비교적 큰 것의 높이는 9.6cm, 입 지름은 6.2cm이다(그림5:2, 그림9).

[그림9] 원순도관

④ 주둥이가 그러모아진 항아리(斂脣罐)

2개(M1:13·17). 손상되었다. 니질회색도기로 하나는 물레로 만들었고 하나는 손으로 빚었다. 손으로 빚은 항아리의 안쪽 벽에 접해

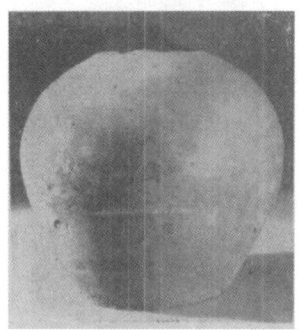

[그림10] 염순도관

있는 데는 손으로 잡은 흔적이 또렷하다. 두 항아리는 모두 주둥이 부분이 남아 있지 않다. 1개는 어깨 부분에 2줄의 줄무늬(弦紋)가 있고 어깨 이상(以上)에는 9조(組)의 세로로 누른 암문띠(暗紋帶)가 있는데, 높이는 22.2cm, 배 둘레는 24.2cm이다(그림5:3, 그림10). 다른 한 개는 높이 8.3cm, 배 둘레 12.2cm이다(그림5:8).

(3) 바리(鉢)

1개(M1:19). 문 안에서 나왔다. 니질갈색도기로 물레로 만들었고 소성온도는 비교적 높으며 이미 열로 변형되어있다. 주둥이는 약간 그러모아져 있고, 입술 안쪽은 비스듬하며, 바닥은 평평하다. 복벽 내외에는 그물 모양의 암문(暗紋)이 칠해져 있고, 바닥에는 '田' 자가 새겨져 있다. 높이 8.7cm, 입 지름 18~20.8cm이고 '田' 자의 긴 너비는 5.5cm이다. 대접 안에 음식물이 있는데, 이미 숯이 되어버렸다(그림11:1, 그림12).

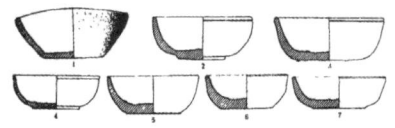

[그림11]
1. 도발(M:19)   4. 장유자발(M1:2)
2. 6 심유자완(M1:24, M1:32)
3. 7. 다유자완(M1:30 M1:25)
5. 심다유자완(M1:26)

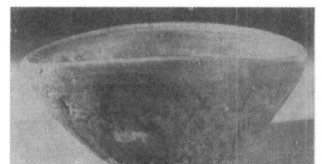

[그림12] 도발

2) 자기(瓷器)

10개가 칠기소반(漆案) 위에 집중적으로 놓여있는데, 배열에 순서가 있다.

(1) 유약 바리(醬釉鉢)

1개(M1:22). 주둥이에 약간 남아 있다. 몸체는 붉은 바탕이다. 주둥이는 넓적하고, 입술은 둥글며, 배는 얕고, 복벽은 줄무늬로 꾸며져 있고, 다리는 짧고 둥글다(矮圈足). 대접 안에는 돋은줄무늬(凸弦紋) 한 줄이 있

고, 세 곳의 적떨어져 나간 곳이 있다. 붉은
유약이 가득 차서 투명하게 반짝이며 빛나는
데 작게 갈라져 있으며(小開片) 태의(胎衣:자
기 표면을 매끄럽게 한 것)를 더하지 않았으며 유약
아래에 기포가 비교적 많다. 높이 6cm, 입 지
름 15.5cm이다(그림11:4, 그림13).

[그림13] 장유자발

(2) 유약 사발(醬釉碗)

5개(M1:24·28·31·32·35). 주둥이는 널찍하고, 입술은 둥글며, 배는 깊
고, 복벽은 활모양이며, 바닥은 평평하다. 주둥이 바깥 언저리 아래에는
새긴줄무늬(凹弦紋) 한 줄이 있고, 배 아래는 칼로 긁은 흔적이 있다. 사
발 안쪽 바닥에는 볼록한 모서리 혹은 오목한 둘레 하나가 있다. 연붉은
유약을 가득 채웠고, 작게 갈라져 있으며 태의는 칠해져 있지 않고, 기포
가 비교적 많다. 5개의 형태는 서로 같지만, 크기는 좀 다르다. 제일 큰 것
(M1:24)은 높이 3.8cm, 입 지름 9.2cm(그림11:2)이고 작은 것(M1:32)은
높이 2.9cm, 입 지름 7.6cm이고, 바닥에는 끈을 자른 흔적이 있다(그림
11:6).

(3) 진한 차 유약 사발(深茶釉碗)

2개(M1:23·26). 회색 태토이고 자기화(瓷器化) 정도가 비교적 높다. 주
둥이는 널찍하고, 입술은 둥글며, 배는 깊고, 복벽은 활모양이며, 바닥은
작고 평평하다. 안쪽 바닥 중심의 오목한 부분 아래에는 세 곳의 적떨어
져 나간 곳이 있다. 진한 차 유약을 가득 채웠고, 작게 갈라져 있으며 유
약 아래에는 기포가 많다. 두 개의 형태는 서로 같고 크기 또한 비슷하다.
M1:26의 높이는 3.5cm, 입 지름은 8.6cm이다(그림11:5).

(4) 차 유약 사발(茶釉碗)

6개(M1: 25·27·29·30·33·34). 회색 태토이고 자기화 정도는 비교적 높
다. 모두 주둥이가 널찍하고, 입술은 둥글며, 배는 깊고, 복벽은 활모양

이며, 바닥은 작고 평평하다. 사발 안쪽 바닥에는 볼록한 테두리 2개가 있고, 바깥 바닥에는 끈이 끊어진 흔적이 있다. 바깥 주둥이 가장자리 아래에 새긴줄무늬 하나가 있는데, 태

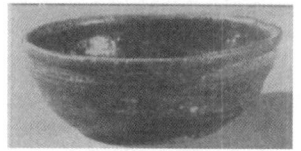
[그림14] 다유자완

토의 벽에 질그릇이 쪼개진 흔적도 충분히 또렷하게 보인다. 연한 차 유약을 가득 채우고 태의는 없으며, 모두 작게 갈라져 있다. 바깥 바닥에 세 곳의 적떨어져 나간 곳이 있다. 6개 형태는 서로 같으나, 크기와 깊은 정도는 좀 다르다. 제일 큰 것(M1:30)의 높이는 3.7cm, 입 지름은 10cm(그림 11:3, 그림14)이고, 작은 것(M1:25)은 높이 2.9cm, 입 지름 8.5cm이다(그림11:7).

3) 청동기(銅器) 12개

모두 거푸집으로 청동을 주조했다. 청동바리(銅鉢)가 칠기소반에서 나온 것을 제외하고, 나머지는 모두 무덤방 북부에서 나왔다.

(1) 가마(釜)

1개(M1:44). 주둥이 평면은 큰 반원형이고, 배는 깊으며, 복벽은 평평하고 곧으며,

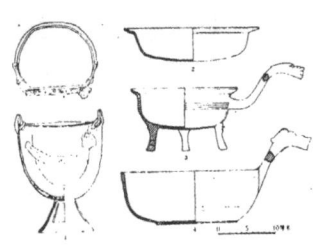
[그림15]
1. 동부(M1:44) 2. 동발(M1:47)
3. 동초두(M1:45) 4. 동고(M1:1)

바닥은 둥글다. 누공(鏤孔)은 나팔형이고 다리는 길다(高圈足). 주둥이 가장자리 아래에는 볼록한 모서리가 하나 있다. 가장자리 위에는 대칭으로 세워진 귀가 있는데, 연결되는 쇠 환량(環梁:ring girder)은 이미 손상되었다. 가마 바닥에는 연기에 그을린 흔적이 있다. 총 높이는 20cm이고 입 지름은 10.7cm~14cm이며 권족(圈足)의 높이는 5.5cm이다(그림15:1, 그림16).

[그림16] 동부

(2) 괴(魁)

1개(M1:1). 주둥이는 넓찍하고, 입술은 둥글며, 배는 얕고, 바닥은 볼록하고, 다리는 짧다(矮圈足). 주둥이 가장자리 한쪽에 교룡머리(螭首)가 붙어있는 굽은 손잡이가 있다. 주둥이 가장자리 아래에는 돋은줄무

[그림17] 동괴

늬 2줄이 있고, 배 부분에도 돋은줄무늬 4줄이 있다. 총 높이는 15cm이고 입 지름은 22.7cm, 손잡이 길이는 9.5cm이다. 괴 안에 6마디의 양 척추뼈가 들어있다(그림15:4, 그림17).

(3) 초두(鐎斗)

1개(M1:45). 주둥이는 넓찍하고, 꺾인 가장자리는 바깥으로 기울었으며, 배는 얕고, 복벽은 활모양이며, 바닥은 평평하다. 배 부분 한쪽에 교룡머리가 붙어있는 굽은 손잡이가 있고, 바닥에는 짐승발굽(獸蹄) 형

[그림18] 동초두

태의 발이 3개 있다. 기물은 돋은줄무늬로 꾸며져 있고, 바깥 바닥에는 연기에 그을린 흔적이 있으며, 실용품으로 적합하다. 총 높이 13.9cm, 입 지름 18.2cm, 발 높이 4.5cm이다(그림15:2, 그림18).

(4) 바리(鉢)

1개(M1:47). 주둥이는 넓찍하고, 가장자리는 꺾였으며, 배는 얕고, 바닥은 둥글다. 높이 5.6cm, 입 지름 23cm이다. 안에는 양 척추뼈 2마디가 채워져 있다(그림15:2, 그림 19).

[그림19] 동발

(5) 물방울모양 장식(泡形飾件)

5개(M1:38·46). 문 안쪽 부근에서 나왔다. 횡단면은 활모양이고, 꼭대

기에 네모난 구멍이 있는데 긴 너
비는 1.2cm이다. 구멍 위에는 네
모난 청동조각이 하나 있는데, 대
갈못(鉚釘)을 사용하여 꼭대기 위
에 채워 넣어져 있고, 바닥 모서
리 바깥 가장자리에는 새긴줄무늬
가 하나 있다. 꼭대기를 채운 네모
난 청동조각의 긴 너비는 2.2cm이
다. 문 위의 장식과 유사하다(그림
25:10).

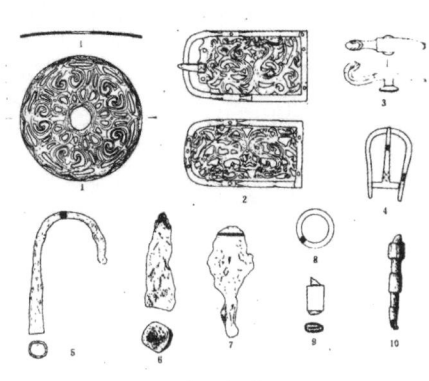

[그림20]
1. 유금루공도 2.4. 은대구
3. 동대구(M1:54) 5. 구형철장식(M1:51)
6. 모형철기(M1:56) 7. 철촉(M1:57)
8. 은환 9. 소철도 10. 잔철

(6) 청동띠쇠(銅帶鉤)

1개(M1:54). 비파형이고 가까운 꼬리 부분에는 가로의 모서리 면이 있
고, 꺾여 굽은 꼬리 갈고리는 새 머리 형태이며, 매듭(紐)은 둥글고 전체가
유금(鎏金)이다. 길이 5.9cm, 너비 1.3cm이다(그림20:3).

(7) 청동장식(銅飾件)

1개. 손상되어 있다. 방두형(方斗形)으로 중앙이 비어 있고, 쇠막대가
중간에서 가로로 돌출해있다. 용도가 분명하지 않다. 총길이 8cm, 기물
높이 1.5cm, 너비 3cm이다.

(8) 유금동장식(鎏金銅飾件)

1개. 손상되어 있다. 버들잎 형태에 가깝다. 한쪽 끝은 네모지게 만들
었는데, 잎에는 나뭇가지 모양을 새기고 네모난 쪽에는 누공 4개가 있다.
길이 약 6cm, 너비 0.8cm, 두께 0.1cm이다.

4) 은기(銀器) 6개

(1) 은대구쇠(銀帶扣)

2개(M1:55) (버클(扣)과 타미(鉈尾)가 있다). 모두 한쪽 끝은 원형이고

다른 한쪽은 사각진 규형(圭形)으로 테(框) 가장자리는 은(銀)을 사용하여 규형으로 합쳤고 테 아래 뚫린 공간에 유금쌍룡상 도안 장식판을 꾸몄다. 장식판 아랫면에도 청동조각 하나를 돋보이게 붙였고, 마지막에 은 또는 청동 못을 사용하여 완성했다. 타미의 무늬장식과 크기는 버클과 같다. 총길이 9.4cm, 너비 4.8cm이다(그림20:2, 그림21).

[그림21] 은대구

[그림22] 은대구

[그림23] 동대잡

(2) 은대구(銀帶扣)

2개. 평면은 규형이고 바늘 꼬리 끝에 'ㄨ' 부호 2개를 새겼다. 총길이 10.7cm, 너비 2.1cm. 걸쇠 바늘(卡針) 길이 4.3cm이다(그림20:4, 그림22).

(3) 은고리(銀環)

1개. 고리형태로 횡단면은 원형을 띤다. 직경 2.7cm, 안쪽 지름 1.9cm이다(그림20:8).

(4) 복숭아잎 모양 은장신구 조각(桃叶形銀飾片)

1개. 손상되어 있다. 잎에는 은 대갈못 3개가 있고 잎 뒷면 위쪽으로 작고 굽은 조각 하나가 뻗어있다. 길이 3cm, 너비 2.5cm이다.

5) 철기(鐵器) 6개

(1) 갈고리 모양 쇠지팡이 장식(鉤形鐵杖飾)

1개(M1:51). 쇠를 두드려서 만들었다. 한쪽 끝에는 둥근 홈이 있고, 홈 안에는 나무 손잡이 잔해가 남아 있다. 한쪽 끝이 굽어 갈고리 형태를 하는데 그 끝에 둥근 면이 있고 그 중간에 구멍이 있어 물건을 연결할 수 있다. 지팡이 갈고리(杖首鉤)라고 생각된다. 길이 17cm, 너비 10cm이다(그림20:5).

(2) 창 모양 철기(矛形鐵器)

1개(M1:56). 손상되어 있다. 두드려서 만들었는데 고(袴)의 원뿔꼴 한 토막만 겨우 남아 있다. 고(袴) 안에 나무 손잡이 흔적이 있는데 마치 쇠창인 것 같다. 길이 6.5cm, 고(袴) 지름 2cm이다(그림20:6).

(3) 쇠화살촉(鐵鏃)

2개(M1:57). 손상되어 있다. 두드려서 만들었다. 화살촉 몸체는 편평하고, 넓은 잎 형태로 만들었으며, 납작하고 둥근 쇳덩이(鋌:살촉이 화살대에 꽂히는 부분)이다. 두 개의 형태는 서로 같다. 총길이 6.5cm, 화살촉잎 너비 2.6cm, 두께 0.2cm이다(그림20:7). 이외에 덩이쇠(鐵鋌) 3개가 더 있는데, 둥근 막대 형태로 만들었다. 한쪽 끝에는 얽히고설킨 옻칠 자국이 있는데, 촉정(鏃鋌) 부분이라고 생각한다. 화살촉의 몸체는 이미 손상되어 송곳 형태 같다.

(4) 손상된 쇳조각(殘鐵)

1개. 두드려서 만들었다. 둥근 막대 형태이고, 몸체에 세 마디의 골관(骨管)이 있는데, 용도는 분명하지 않다. 총길이 6.5cm, 막대 지름 0.6cm, 골관 지름 1.1cm이다(그림20:10).

(5) 작은 쇠칼(小鐵刀)

1개. 손상되어 있다. 가늘고 긴 형태로 등이 곧다. 거의 칼 몸 하나가 존재하는데, 나무 칼집이 붙어있고, 칼집 위에 은색 테두리가 하나 있다. 길이 2.6cm, 너비 1.3cm, 테두리 길이 2cm, 너비 0.6cm이다(그림20:9).

6) 마구(馬具) 일괄

동쪽 이실 안에서 집중적으로 나왔고 바닥에 자리를 깔아놓았다. 안장꾸미개(鞍橋)·등자(馬鐙)·재갈(銜鑣)과 각종 밀치끈(마소의 안장 끈) 방울(鞦帶鈴)·수레에 달린 방울(鑾鈴)·수식(垂飾)·청동쇠띠걸쇠(銅鐵帶卡) 등 장식 일괄이 있다(그림24).

(1) 안장꾸미개(鞍橋)

2개(M1:49). 앞뒤 부분으로 나뉘고, 손상되어 있다. 꾸미개와 말안장 모두 목심(木芯)으로 만들었고 가죽으로 감쌌다. 말안장은 이미 부패했다. 앞 꾸미개는 휘게 만들었는데, 중간 부분이 넓고 양 끝은 좁다. 목심은 이미 부패했고 가죽은 아직 남아 있다. 가죽에 갈색 옻칠을 했고 칠 위에 붉게 구름무늬를 그렸다. 안장꾸미개 안쪽 가장자리에 비스듬한 가죽 면이 대칭하고 있는데, 말안장 위에 받치는 가죽을 붙인 것으로 보인다. 앞 꾸미개는 대략 높이 30cm, 너비 46cm, 꾸미개 면 높이 10cm이다. 뒤 꾸미개는 앞 꾸미개와 형태는 서로 같은데 약간 넓고 크며, 비교적 양호한 상태로 보존되어있다. 안장꾸미개 안팎 가장자리에는 볼록한 모서리가 있는데, 바깥 가장자리에는 길이 약 2cm의 청동 대갈못 9개가 남아 있고 가죽 면이 못을 감싸고 있다. 안쪽 가장자리 양측 또한 각각 비스듬하게 가죽이 덮여있는데, 바로 말안장 위의 가죽이다. 뒤 꾸미개는 총 높이가 33.5cm이고 너비는 60cm이다. 교면(橋面) 높이는 10cm이다(그림25:2).

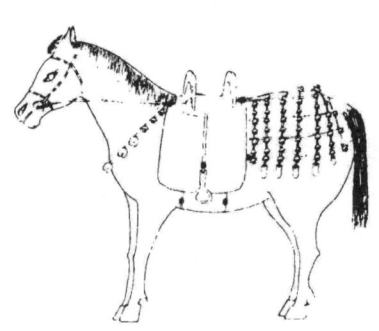

[그림24] 마구복원도

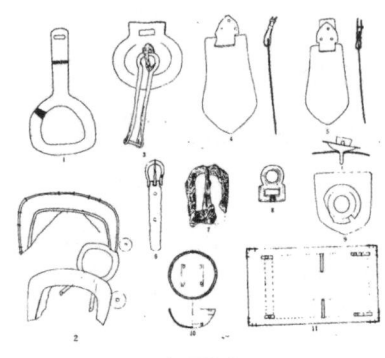

[그림25]
1. 등자(M1:52) 2. 안교(M1:49)
3. 재갈(M1:53) 4. 5. 유금협형수식
6. 8. 동잡 7. 철대잡
9. 추개령식 10. 포형식건(M1:46)
11. 나무상자(M1:15)

(2) 등자(馬鐙)

1쌍(M1:53). 손상되어 있
다. 말안장꾸미개 아래에서
나왔다. 목심으로 만들어 가
죽으로 감쌌고 옻칠을 했다.
표면에 구름무늬를 붉게 그
려 꾸몄다. 등자는 자루가
길고 머리는 둥글며 납작한
막대 모양으로 위 끝에는 가

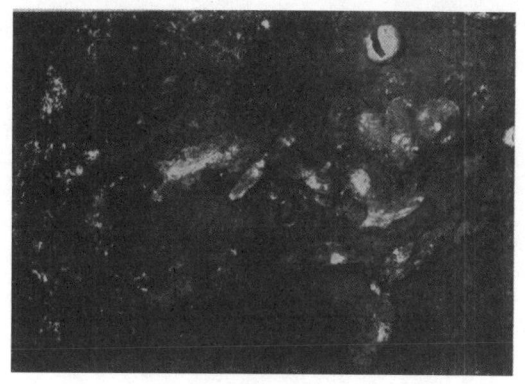

[그림26] 등자 출토 정경

로의 구멍이 하나 있고 아래 끝은 고리형의 등자 머리 고리에 가까이 접해 있다. 고리 벽의 안은 넓고 밖은 좁으며, 횡단면은 사다리꼴이다. 출토 때 의 형태에 근거하면, 등자심(鐙芯)은 등나무가지(籐條)로 이루어졌을 가 능성이 있고 고리의 상단에는 삼각형 나무쐐기가 하나 있다. 바깥 면은 가죽이 감싸고 있다. 총 높이 28cm, 자루 길이 14cm, 너비 3.7cm, 등자 고리 지름 15cm, 벽 너비 2.5cm이고 가로 구멍은 길이 2.4cm, 너비 1cm 이다(그림25:1, 그림26).

(3) 재갈(銜鑣)

1세트(M1:53). 약간 손상되었다. 쇠를 두드려서 만들었고 둥근 막대 모양인데, 양쪽 끝에 고리가 서로 맞물려 있다. 이어진 쇠의 양측에는 아직 각각 납작한 청동 고리가 연결되어 있는데, 고리 하나는 둥글고 다른 하나는 네모나다. 재갈은 청동으로 주조했고 표면은 유금이다. 평면은 거의 곧고 목은 둥글며 바닥은 항아리(罐) 형태이고 목 부분에 가로로 구멍이 있다. 둥근 면의 중심에는 세로로 된 구멍이 있고 가장자리에는 반듯하게 돌출된 모서리가 있고 등은 평평하게 곧다. 연결된 쇠에는 재갈 구멍과 둥근 청동 조

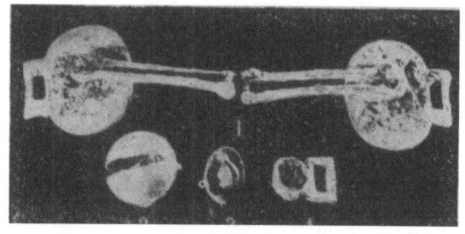

[그림27] 1.재갈 2.구상령 3.원모구형령 4.동대잡

각이 서로 접해있다. 재갈은 높이 7cm, 직경 7.7cm이고 목 높이는 1.7cm 이고 가로 구멍의 길이는 1.8cm, 너비는 0.7cm이다. 재갈의 길이는 20cm 이고 납작한 청동 막대 고리는 10.5cm, 너비는 2cm이다(그림25:3, 그림 27:1).

(4) 청동방울(銅鈴)

118개(M1:39). 약간 손상되어 있다. 말안장꾸미개 윗면에서 집중적으로 나왔고 출토 당시 배열에 순서가 있었으며, 8조(條)의 띠장식 부위가 있음을 식별할 수 있다. 방울의 크기와 형태가 같지 않다. 구형(球形)·원모전연형(圓帽展沿形)·원모형(圓帽形)·원모전연화식형(圓帽展沿花式形)·원모구형(圓帽球形) 5종류가 있다. 현재 분류해서 서술하면 아래와 같다:

① 공 모양 방울(球狀鈴), 5개

형태는 서로 같고, 표면은 유금이다. 방울 몸체는 둥근 공 모양이고 꼭대기는 둥근 코(鼻)를 이용하여 줄에 묶여 있으며 하단에는 일자형의 누공이 있다. 방울은 가운데가 비어 있는데 안에 둥근 청동 구슬(球) 하나를 매달고 있다. 직경 5cm, 코 높이

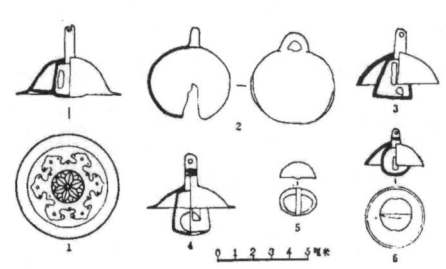

[그림28]
1. 원모전연화식령 2. 구상령 3. 원모형령
4. 원모전연형령 5. 타원형류금식건 6. 원모구형령

0.8cm이다. 이 종류의 방울은 출토 당시 비교적 가운데에 모여 있었는데, 당시 말의 목 부분에 달던 방울일 것으로 본다(그림27:2, 그림28:2).

② 원모전연형 방울(圓帽展沿形鈴), 104개

표면은 유금이다. 방울 덮개와 방울 몸체로 되어 있다. 덮개는 원모전연식으로 만들어졌고 꼭대기에 구멍 하나가 있다. 덮개 아래에는 위가 평평한 원추형의 방울이 있는데 벽에는 구멍이 뚫려있고, 안에 작은 돌구슬(石球)이 매달려 있다. 위쪽 끝에는 긴 코가 있고, 덮개 꼭대기 구멍 중

간으로부터 이어진 끈이 통과해서 나와 있다. 전체 길이 4cm, 덮개 지름 5cm, 방울 높이 2.3cm, 원 지름 2.1cm이다. 출토 당시 배열이 정돈되어 있었고, 그 당시 말잔등의 밀치끈 띠의 방울장식이었을 것으로 본다(그림 28:4).

③ 원모형 방울(圓帽形鈴), 1개

방울 덮개는 원모형이고 방울 몸체와 앞에서 말한 전연 방울 몸체는 동일하다. 전체 높이 3.4cm, 덮개 지름 4.8cm이다(그림28:3).

④ 원모전연화식형 방울(圓帽展沿花式形鈴), 6개

1개는 손상되어 있다. 방울 덮개는 원모전연식으로 만들었고 아래는 둥근 추체와 방울 몸체가 접해있으며, 가운데는 비어 있다. 벽에는 4개의 누공이 있고 안에는 이어져 있는 작은 돌구슬이 있다. 방울 몸체 하단 바깥 방향으로 육판연식화판(六瓣蓮式花瓣)이 펼쳐져 나와 있고, 잎 위 유금도 잎 모양으로 나와 있다. 모두 유금이며, 작은 방울은 붉은 칠을 했다. 전체 높이 3cm, 덮개 직경 5.8cm이다(그림28:1).

⑤ 원모구형 방울(圓帽球形鈴), 2개

방울 덮개는 모자 형태로 만들었고 방울 몸체는 둥근 구형이며 아래에는 가로로 열린 주둥이가 있다. 양쪽에 작은 구멍이 있는데, 안에는 이어진 공 모양의 청동 추(舌)가 있다. 전체 높이 2.4cm, 방울 몸체 직경 1.6cm이다(그림27:3, 그림28:6).

(5) 유금 잎모양 드리개(鎏金叶形垂飾)

10개. 표면이 유금이다. 상단은 네모지게 꺾이고 가운데 부분은 허리가 잘록하며 하단은 뾰족한 잎 모양인데, 형태는 구두 바닥 같다. 상단에는 가로로 뚫린 구멍이 있고, 꺾인 코 면과 대갈못이 덧붙여 있다. 본래 밀치끈 띠 위에 고정되어 있어야 한다. 8개는 크기가 균등하고 2개는 약간 작다. 말 몸체 뒤의 밀치끈 띠 위에 있는 드리개로 생각된다. 큰 것의 길이는 약 13.5cm, 너비는 4.5~4.6cm이고 꺾인 면의 길이는 3.8cm이다(그림

25:4). 작은 것의 길이는 11.4cm, 너비는 3.7~4.7cm이다(그림25:5).

(6) 타원형 유금 장식품(椭圓形鎏金飾件)

22개. 평면은 타원으로 불룩하고 등은 오목하며 곧은 코가 등에 있다. 길이 2.2cm, 너비 1.2cm, 높이 0.8cm이다. 마구(馬具) 가운데서 나왔는데 말굴레 가죽띠에 장식되어 있는 것이다(그림28:5).

(7) 유금 누공원형 장식품(鎏金鏤孔圓形飾件)

3개. 약간 손상되어 있다. 말안장꾸미개 옆에서 나왔다. 원형이고 표면은 약간 튀어나왔으며, 질단면은 활모양이다. 가운데에 큰 둥근 구멍 하나가

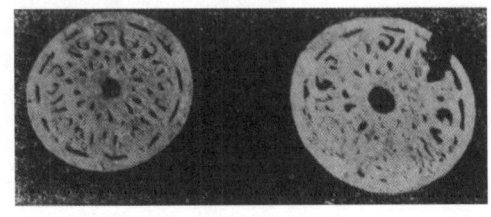

[그림29] 유금루공원식건

있고 몸체에는 물결(水波)·연잎(蓮叶)·연꽃잎 조각(蓮瓣)·가지가 엉킨 모란(纏枝牡丹) 무늬의 도안이 새겨져 있다. 3개 모두 구조와 무늬장식이 동일하고, 크기는 점점 커진다. 최대 직경 8cm, 안쪽 구멍 지름 1.2cm, 최소 직경 7cm, 안쪽 구멍 지름 0.9cm이다(그림20:1, 그림29).

(8) 밀치끈 덮개 방울장식(鞦盖鈴飾)

1개. 바닥판의 위쪽은 네모나고 아래쪽은 둥글고 뾰족한 모양이며 표면은 약간 볼록하다. 가운데에 천공이 하나 있는데, 구멍 중간에 청동방울이 하나 있다. 방울덮개는 원모전연식(圓帽展沿式)이고 전부 유금이다. 바닥판의 길이는 6.6cm이고 너비는 6.7cm이며 방울덮개는 직경 4cm이다. 말의 뒷등 밀치끈 덮개 위에 있는 장식품으로 생각한다(그림25:9).

(9) 유금소수엽(鎏金小垂叶)

1개. 청동조각으로 만들어졌고, 전부 유금이다. 위는 넓고 아래는 좁은 규형(圭形)의 조형상이다. 상단은 가로로 뚫려있고, 이어서 꺾인 면이 있으며, 면 위에는 두 개의 청동대갈못이 붙어있고, 면 중간에는 손상된 가죽혁대가 이어져 있다. 전체 길이 9.9cm, 너비 1.8~2.2cm이다.

(10) 청동띠걸쇠(銅帶卡)

7개. 3종류가 있다. 한 종류는 전원후방(前圓後方)으로 만들었는데 중간에 이동이 가능한 걸쇠바늘(卡針)이 있다. 이것은 종종 가로줄 형태로 붙어있는 대갈못의 청동 물건과 공존한다. 모두 5개이며 형태가 동일하고 크기는 약간 차이가 있다. 일반적으로 길이 4.3cm, 너비 3.3cm이다(그림23:좌1, 2). 한 종류는 작은 고리형 걸쇠로 후단에 횡주연결 띠걸쇠(橫柱連結帶卡)와 꺾인 면의 청동이 있고 청동대갈못 3개가 붙어있다. 길이 9.6cm, 너비 1.2~2.1cm이다(그림23:우, 그림25:6). 또 한 종류는 둥근 고리 뒤에 네모난 고리가 연결된 이음쇠가 접해있다. 길이 3.3cm, 너비 2.5~2.7cm이다(그림25:8, 그림27:4).

(11) 쇠띠걸쇠(鐵帶卡)

1개. 두드려서 만들었다. 전원후방의 규형을 띤다. 걸쇠바늘이 있고 부식 정도가 심하다. 길이 5.5cm, 너비 4.7cm이다(그림25:7).

7) 칠기(漆器) 10개

(1) 칠기소반(漆案)

1개(M1:20). 약간 결함이 있고 주실(主室) 앞부분의 무덤 주인공 그림 벽감 앞에 위치한다. 장방형이고 가장자리는 도톰하게 테를 이루었으며, 양 끝에는 장방형의 손잡이(錾耳)가 있고, 짐승발 모양의 다리가 있다. 소반 윗면에는 붉은 옻칠을 했고 가운데에 장방형의 두 줄 검은 테(框)가 있다. 길이 32cm, 너비 10cm, 테 가장자리 너비 17.5cm이다. 전체 길이 64cm, 너비 42.6cm이고, 배 깊이는 2.4cm, 손잡이 길이 28cm, 너비 3cm이

[그림30] 칠안과 칠식구(食具)

다. 위에 식기구 14개가 위치하는데 사발(瓷碗)·바리(鉢)·칠합(漆盒)·국자(勺) 등이 있다(그림30).

(2) 작은 칠쟁반(小漆盤)

1개(M1:21). 배가 얕고 바닥이 평평하다. 쟁반 안팎에는 갈색 옻칠을 했고 안쪽 바닥 중심에는 2개의 둥글고 볼록한 모서리가 있으며 사이를 메워 붉은색을 칠했다. 높이 2.5cm, 입 지름 14.4cm이다.

(3) 칠기바리(漆鉢)

1개(M1:36). 손상되어 있다. 평면은 거의 타원형이고 나무로 만들었다. 붉은 옻칠을 했다. 길이 24cm, 너비 12cm이다.

(4) 칠기국자(漆勺)

1개(M1:36). 손상되어 있다. 국자 형태로 붉은 옻칠을 했다. 칠기바리 안에 위치한다.

(5) 크고 둥근 칠쟁반(大圓漆盤)

1개(M1:18). 손상되어 있다. 나무로 만들었고 붉은 옻칠을 했다. 주둥이는 크고 널찍하며, 입술은 둥글고, 배는 얕으며, 바닥은 평평하다. 가장자리는 검은 옻칠을 했고, 쟁반 안에는 8조각의 연꽃잎무늬를 그려놓았다. 직경 45.5cm, 높이 4cm이다(그림31:2).

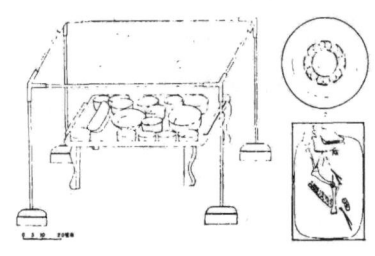

[그림31]
1. 장가와 칠안 복원도 2. 대원칠반
3. 장방칠합과 내치타원칠반

(6) 장방형 칠합(長方漆盒)

1개(M1:7). 손상되어 있다. 무덤 내부의 기둥 옆에서 나왔다. 베(布)로 만들었고 안팎에 붉은 옻칠을 했다. 합 바깥벽 위아래에는 각각 흑색 그림 띠가 있다. 합 높이 20cm, 길이 64cm, 너비 40cm이다. 합 안쪽에 타원형 칠쟁반 하나가 장식되어 있다. 갈색을 발랐다. 쟁반 안에 양 머리뼈·척추뼈·지골이 여전히 남아 있다. 쟁반 길이 50cm, 너비 36.5cm이다(그림

31:3).

(7) 타원형 칠합(橢圓形漆盒)

1개. 약간 손상되었다. 청동솥 남쪽에 위치한다. 바깥에는 갈색 옻칠을 하였고 안에는 붉은 옻칠을 하였으며, 자모구(子·母口:뚜껑의 입 지름이 몸체의 입 지름보다 작아 몸체에 뚜껑이 얹히는 구조)가 있다. 합 내부는 네 칸으로 나누는데, 한 칸에는 생선뼈가 아직도 남아 있다. 길이 25.5cm, 너비 14.5cm, 높이 8.5cm이다 (그림32).

[그림32] 타원형칠합

(8) 칠기단지(漆壺)

1개(M1:6). 손상되어 있다. 칠합 위 10cm 높이의 진흙 속에서 나왔다. 주둥이가 곧고, 어깨가 꺾여 있으며, 배가 납작하며 둥글고, 바닥이 평평하다. 붉은 옻칠을 했다. 어깨 위에는 대칭하는 쇠고리가 있는데, 당시 손잡이 고리일 것으로 보인다. 높이 30cm, 너비 30cm, 입 지름 8cm이고 목의 높이는 10cm이다.

(9) 칠합 바닥(漆盒底)

1개(M1:9). 이미 손상되어 있다. 집 안 기둥 앞쪽에서 나왔다. 바닥 부분만 존재하는데, 타원형이고 갈색 옻칠을 했으며, 바닥 부분에 청동못이 남아 있다. 합 바닥 길이 30cm, 너비 약 10cm이다.

이외에, 무덤 문 안쪽 진흙 가운데에서 칠기경대(漆奩)가 하나 나왔는데, 이미 손상되고 부서졌다.

8) 기타

(1) 주춧돌(礎石)

4개(M1:16). 칠소반 네 모서리 아래에서 나왔다. 사암(沙岩), 회암(灰岩)과 한백옥석(漢白玉石)을 쪼아서 만들었다. 형태는 서로 동일하다. 평면은 네모난 받침으로 만들었으며, 둥글게 튀어나온 볼록한 면에, 가운데 구멍이 있고 바닥

[그림33] 주춧돌

은 평평하거나 오목하다. 높이 6.9cm, 가장자리 길이 13.5cm, 받침 높이 3.5cm, 구멍 직경 1.8~2.5cm이다(그림33).

(2) 유금동장각(鎏金銅帳角)

4개(M1:37). 3기는 칠기소반 위에서 나왔고, 한 개는 소반 아래 한쪽 측면에서 나왔다. 직각(直角) 삼관(三管) 형태로 만들었고, 각 관(管) 끝 벽에 구멍이 하나 있는데, 당시에 나무 막대를 고

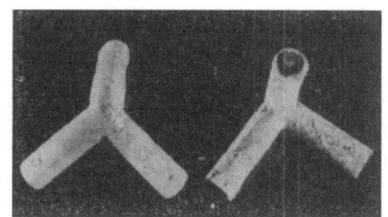

[그림34] 동장각

정하는 데 사용했을 것으로 보인다. 관(管) 내부에는 모두 썩은 나무막대가 있는데, 가장 긴 것은 약 7cm이다. 원래 청동각(銅角)의 관과 관 사이에 나무막대가 연결되어 있는 것으로 설명하는데, 그중 한 관의 안에 있는 썩은 막대와 주춧돌 구멍 안의 썩은 막대는 서로 동일하고, 이리하여 네모난 거치대 구조가 된다. 청동각 위에는 자색의 얇은 견직물 잔여 조각이 붙어있고, 일부에는 흑색채(黑色彩) 그림이 남아 있는데, 거치대 구조 위에 원래 비단 휘장이 있어 칠기소반을 가리고 있었을 것으로 설명한다(그림 31:1). 청동장각은 길이 8.5cm, 너비 8.5cm, 관 지름 2.2cm이다(그림34).

(3) 나무상자(木箱)

2개(M:15, 48). 손상되어 있다. 동(東)이실 남쪽과 주실 동벽 아래에서 나왔다. 모두 장방형으로 만들어졌고 뚜껑이 없다. 동이실에서 나온 상자는 길이 46cm, 너비 32cm, 남은 부분의 높이는 5cm이다. 상자 바닥

에는 3개의 가로띠가 있고 가장자리 벽과 바닥 모두 쇠대갈못을 사용하였는데 상자 안에는 물건이 없다. 주실 동벽 아래에서 나온 상자는 길이 57cm, 너비 33cm, 남은 부분의 높이는 10cm이다. 나무상자 벽판 사이에는 'S'자 형의 쇳조각이 끼워져 있는데, 쇳조각의 높이는 8cm이고 길이는 7.8cm이다. 나무상자 네 모서리에는 철각혈포정(鐵角頁包釘)이 있는데, 철각 모서리 길이는 6.5cm, 너비는 2.8cm이고, 철각 위에는 쇠못이 붙어있다. 벽판과 바닥 사이에는 가로로 뚫린 못이 고정되어 있는데, 뚫린 못 길이는 8.5cm이다. 상자의 좌우 양끝 바깥쪽에는 각각 이동이 가능한 쇠고리가 있는데, 직경은 5cm이다. 상자 내부에는 물건이 없다(그림25:11).

(4) 골관(骨管)

1개(M1:14). 손상되어 있다. 동벽 아래 나무상자 부근에서 나왔다. 짐승뼈로 만들어졌고, 표면은 문질러서 광을 냈다. 길이 3.8cm, 직경 2.5cm이다.

(5) 마노고리(瑪瑙環)

1개(M1:50). 손상되어 있다. 칠쟁반 부근에서 나왔다. 유백색이고 횡단면은 마름모꼴이다. 직경 4cm, 너비 1cm, 두께 0.5cm이다.

(6) 오수전(五銖錢)

7냥. 3냥은 손상되어 있다. 3냥은 전륜오수(剪輪五銖)로 직경 1.7cm이다. 모두 동한(東漢) 후기의 오수이다(그림35).

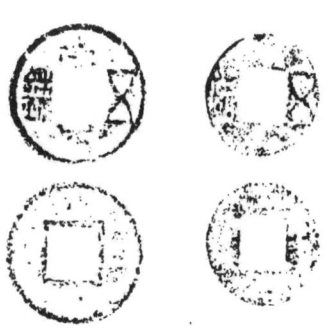

[그림35] 오수전
좌. 오수 우. 전륜오수

4. 벽 화

원태자 동진 벽화묘 무덤방 안의 석벽 표면은 풀을 황토에 갠 것을 한 층 바르고 그 위에 백회(白灰)를 한층 더 발랐다. 두께는 약 1.5cm이다. 백회 표면에 홍(紅)·황(黃)·녹(綠)·자(赭)·흑(黑) 등의 색으로 그려 넣어 벽화를 제작했다. 주요 내용은 문지기(門吏), 주인상(主人像)과 출렵(出獵), 저택(宅第), 부엌(庖厨), 봉식(奉食), 연음(宴飮), 우경(牛耕), 사신(四神), 일월성운(日月星雲) 등 도상이다. 부분적으로 화면(畫面)의 석회가 벗겨지고 훼손됐거나 색이 빠진 것 이외에 대부분의 화면은 또렷했다.

[그림36] 문리도(모사도)

1) 문리도(門吏圖)

문지기는 2명이다. 무덤방 문 안 기둥 안쪽에 나눠 그려져 있는데, 화면 동서(東西)에 마주한다. 오른쪽 화면의 높이는 87cm, 너비는 37cm이다. 문지기는 검은 두건을 쓰고 사각진 얼굴, 높은 코에 이를 드러내며 입을 벌리고 있다. 큰 소매의 긴 옷을 입고 있으며, 검은 신을 신고 있다. 왼쪽 화면 높이는 87cm, 너비는 49cm이다. 왼쪽 문지기도 검은 두건, 사각진 얼굴에 이를 드러내며 입을 벌리고 있고 사각진 옷깃의 긴 옷에 신을 신고 있다. 오른손으로 긴 창을 쥐고 왼손으로는 창자루를 떠받치고 있다(그림36).

2) 주인도(主人圖)

전실 우측 벽감 안에 그려져 있다. 화면 높이는 85cm, 너비는 69cm이다. 화면 상방에는 장막이 높이 매달려 있고, 휘장은

[그림37] 묘주인도

당겨 묶여 있으며, 아래로 붉은 띠가 늘어뜨려져 있다. 좌우에는 병풍이 있다. 주인은 휘장 아래쪽의 평상 위에 앉아 있다. 검은 관모를 썼고, 얼굴은 길고 둥글며, 짙은 눈썹의 큰 눈에 높은 코, 붉은 입술, 큰 귀이며 수염을 길렀다. 오른쪽으로 옷깃을 여민 검은 깃, 넓은 소매의 붉은 두루마기를 입고 있다. 왼손으로 가슴 앞에 잔을 받치고 있고, 오른손으로 오른쪽 어깨 앞에 부채(麈尾)를 쥐고 있다. 왼쪽 병풍 뒤에 시녀 두 명이 서 있는데, 높이 틀어 올린 쪽진머리에 사각진 옷깃의 긴 옷을 입었고, 얼굴은 분명하지 않다. 오른쪽 병풍 뒤에도 시녀가 서 있는데, 높이 틀어 올린 쪽진머리가 겨우 보인다. 아랫부분 화면은 이미 흐릿하다(그림37 화보 18쪽).

[그림38] 시녀도(모사도)

3) 시녀도(仕女圖)

주인도 앞면의 남쪽 벽 위에 그려져 있다. 화면은 높이 54cm, 너비 67cm가 남아 있다. 아랫부분은 이미 희미해서 분명치 않다. 윗부분 화면에는 동서로 네 사람이 나란히 서 있다. 동쪽 면의 두 사람은 석회면이 떨어져 나가 머리 부분만 겨우 보인다. 네 사람 모두 두 고리를 두고 높게 틀어 올려 쪽을 지었고, 가로로 붉은 비녀를 꽂았다. 각진 둥근 얼굴에 굽은 눈썹, 큰 눈, 높은 코, 붉은 입술인데 이마와 광대뼈 부위는 모두 붉게 발라져 있다. 사각진 옷깃에 긴 두루마기를 입었고 두 손은 가슴 앞으로 모으고 있다. 얼굴은 모두 주인을 향한다(그림38 화보 19쪽).

4) 봉식도(奉食圖)

서쪽 벽 앞부분에 그려져 있고, 화면의 높이는 116cm, 너비는 104cm이다. 상·하 두 부분으로 나뉘어 있다. 상부에는 봉식도가 있고, 하부에는 사신(四神) 중 백호도(白虎圖)와 주작도(朱雀圖)가 있다. 봉식도에는 일곱 사람이 일렬로 있다.

왼쪽에 서 있는 첫 번째 사람은 머리에 관모를 썼고 얼굴은 방원(方圓)형이고 눈썹은 짙고 눈은 크며 높은 코에 입술은 붉고 머리를 돌려 바라보는 자태를 짓고 있다. 검은 사각진 옷깃과 소매가 넓은 짧은 옷을 입고 있고 끈으로 허리를 묶었으며 검은 신발을 신고 있다. 오른손에는 환수장도(環首長刀)를 쥐고 있는데 환수에는 붉

[그림39] 상:봉식도 하:백호주작도

은 띠가 아래로 늘어뜨려져 있다. 왼손은 가슴 앞에 두고 있다.

두 번째 사람은 검은 두건에, 허리를 묶은 짧은 옷에, 검은 바지, 검은 신발을 신고 두 손은 가슴 앞에 모아두고 병 종류의 물건을 받쳐 들고 있는 것 같다.

세 번째 사람은 검은 두건, 황색의 짧은 옷, 허리띠는 몸 뒤쪽에서 묶어 아래로 늘어져 나부끼고, 양손은 가슴 앞에 물건을 받쳐 든 모습으로 모으고 있다.

네 번째 사람은 검은 두건에, 등색(橙色)의 짧은 옷, 몸 뒤쪽으로 묶은 허리띠가 아래로 늘어져 나부끼고 등색의 바지, 검은 신발 차림이다. 양손은 소반을 받치고, 소반 위에는 이배(耳杯) 3개가 놓여있다.

다섯 번째 사람은 검은 두건에, 등색 짧은 옷을 입고 있는데 옷깃 주변에 검은 테를 두르고 있고, 허리띠는 몸 뒤에서 나부끼며 검은 바지, 검은 신발 차림이다. 양손은 가슴 앞으로 술통을 받쳐 들고 있다.

여섯 번째 사람은 방원(方圓)의 얼굴에 검은 두건, 사각진 옷깃의 등색 짧은 옷을 입고 있고 옷깃 주변 소맷부리는 검은 테를 두르고 있고 허리

띠는 몸 뒤쪽에서 아래로 늘어뜨려져서 나부끼며 검은 바지, 검은 신발 차림이다. 왼손에는 괴(魁)를 들고 있고 오른손에는 국자(勺)를 들고 있다.

일곱 번째 사람은 용모가 명확하지 않고 양손이 쟁반을 받쳐 든 모습도 아주 희미하다.

다섯 번째·여섯 번째 사람 머리 위에는 모두 묵서 명문이 있는데, 현재는 단지 "二月己 …… 子 …… 殯背万 …… 墓 …… 墓奠" 등 해서(楷書) 문구만 식별 가능할 뿐이다. 첫 번째 사람 머리 윗부분에 아직 용머리 하나가 남아 있다.

아랫부분의 그림 백호·주작은 모두 검은 선으로 그려 넣었다. 백호는 입을 벌리고 혀를 내밀고 꼬리를 치켜들고 달리는 자세이다. 범 위쪽 그림에 펼쳐진 긴 꼬리 주작은 비상하는 자태를 뽐낸다(그림39 화보 19쪽, 20쪽).

5) 우경도(牛耕圖)

서쪽 벽감 꼭대기 부분에 그려져 있다. 화면은 높이 38cm, 너비 72cm이고, 검은 색의 가장자리 테가 있다. 붉고 검은 소 두 마리가 쟁기질을 하며 경작하는 모습을 그려 넣었다. 쟁

[그림40] 우경도(모사도)

기를 잡은 자는 얼굴이 둥글고, 검은 두건에 사각진 옷깃의 짧은 옷을 입고 있다. 옷깃 소맷부리는 검은 테를 둘렀고 허리를 묶었으며 긴 바지를 입고 왼손으로 쟁기를 지탱하고 오른손으로 채찍을 휘두르며 소를 다그친다. 소 앞에 두 사람이 나란히 있는데, 검은 두건에 청색 짧은 옷을 입고 있다. 옷깃 소맷부리 또한 검은 테를 둘렀고 허리를 맸으며 경작을 거들어 주고 있다(그림40).

6) 정원도(庭院圖)

서쪽 벽감 뒷부분에 그려져 있
다. 화면의 높이는 89cm, 너비는
100cm이다. 검은 선으로 벽돌로
쌓은 담장을 높고 크게 그렸다.
뜰 안에 담을 넘는 큰 나무가 있
고 수레 3대가 주차해 있으며 세
사람이 손에 나무 사닥다리를 쥐
고 있다. 뜰 안에 한 사람, 수레 옆
에 또 한 사람이 있고 모두 검은
두건을 두르고 있다. 나머지 화면
은 이미 오래되어 희미하고 명확하
지 않다(그림41).

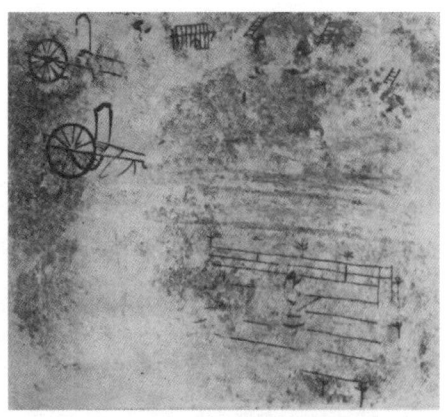

[그림41] 정원도(모사도)

7) 현무도(玄武圖)

북쪽 벽감 위쪽에 그려져 있다.
화면 높이는 38cm, 너비는 54cm
이다. 거북은 옅은 녹색에 고개를 쳐들며 엎드려
있고 긴 뱀에 휘감겨 있다(그림42).

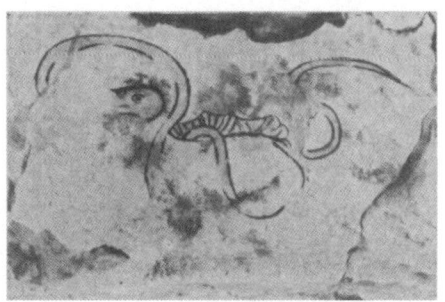

[그림42] 현무도

8) 도재도(屠宰圖)

북벽 동쪽 부분에 그려져 있다. 화면의 높이는
88cm, 너비는 47cm이고 위·아래 두 층으로 나
뉘어 있다. 위층에는 검은 선으로 가로의 각재(橫
枋)를 그려 넣었고 각재 양 끝 아래에 기둥이 각
각 세워져 있으며 기둥 아래에는 주춧돌이 있다.
횡목 위에는 7개의 쇠갈고리를 걸었고 갈고리 위
에는 고깃덩어리, 꿩, 물고기 등이 걸려 있는데 화
면은 이미 떨어져 나가고 손상되어 있다. 아래층

[그림43] 도재도(모사도)

에는 묶여 도살된 검은 돼지 두 마리가 있고 왼쪽 화면에는 나무 기둥에 양 한 마리가 묶여 있고 그 아래에 검은 두건 긴 두루마기를 허리에 졸라 맨 남자가 양 한 마리를 끌고 있다. 오른쪽 화면에는 한 사람의 모호한 머리 부분이 겨우 보이고 다시 아래에 한 사람이 있는데 머리 부분에 검은 두건을 한 것이 겨우 보인다(그림43).

9) 선식도(膳食圖)

동벽 북부에 그려져 있다. 화면의 높이는 51cm, 너비는 82cm이다. 화면 중간에는 세 사람이 있다. 오른쪽 한 사람은 검은 두건을 하고 있는데, 사각진 옷깃에 짧은 옷을 입고, 옷깃 가장자리 소맷부리에는 검은

[그림44] 선식도(모사도)

테를 두르고 있다. 긴 바지에, 오른손에는 칼을 쥐고 있고 왼손에는 물건을 쥐고 있으며 고개를 수그리고 도마 위의 채소를 자르고 있다. 도마 옆에는 채소가 그득한 네모 쟁반이 있고, 아래에는 술통과 괴(魁) 등 기물이 있다. 가운데 있는 사람의 옷차림새와 동작 모두 앞의 사람과 동일하다. 앞에 잔과 쟁반이 세 줄로 배열해 있다. 왼쪽 가장자리의 여자 한 명은 높이 틀어 올린 쪽진머리에 사각진 옷깃의 옷을 입고 있으며 부뚜막 앞에서 바쁘다. 부뚜막 위에는 가마가 있고, 여자 뒤에는 다섯 층의 시루가 하나 있다(그림44 화보 21쪽).

10) 수렵도(狩獵圖)

동벽 앞부분에 그려져 있다. 화면은 높이 112cm, 너비 106cm이다. 내용 또한 위·아래 두 부분으로 나뉘어 있다. 윗부분은 수렵도 풍경으로 되어 있다. 그림 가운데에는 무덤 주인이 머리를 쳐들고 질주하는 흑마를 타고 있고, 말안장은 완전히 구비되어 있으며, 밀치끈 등과 목 방울장식

모두 매우 또렷하다. 주인은 검은 두건을 두르고 몸에는 사각진 옷깃, 붉은 소맷부리의 옅은 녹색 짧은 옷을 입고 있으며 허리띠를 매고 황색 바지에 검은 신발을 신었다. 등에는 검은 화살통을 맸는데 통에는 화살 네 대가 들어있고 화살 꼬리 끝에는 검은 깃과 붉은 끈이 달려있다. 왼손에는 활을 쥐고 있고 오른손은 활시위를 당기며, 발사를 기다리고 있다. 말 앞쪽에는 사슴 떼와 누런 양이 내달리며 도망치고 있다. 말 뒤의 한 사람은 검은 두건, 사각진 옷깃, 황색의 짧은 옷, 검은 바지, 검은 신발 차림이다. 왼손으로 채찍을 휘두르며 말을 다그치고 있고 오른손에는 물건을 들고 있는 것 같다.

아래쪽 그림에는 많은 산과 수목이 있다. 이 벽의 오른쪽 윗 모서리는 백회면이 떨어져 나갔고, 벽 아래 진흙을 정리하는 중에 두 기사가 그려져 있는 손상된 회조각(灰皮) 2개가 나왔다. 한 조각에는 한 사람이 등에 화살통을 매고 말 위에서 앉아 있는 것이 그려져 있는데 긴 활을 쏘려 하고 있다. 다른 한 조각에는 한 사람이 등에 흑색 화살통을 매고 있는 것이 그려져 있는데, 자루에는 화살 3대가 있으며, 한 손에는 활을 쥐고 있고, 한 손에는 화살을 쥐고 있다. 이 두 장의 손상된 화면은 그 벽에서 떨어진 것 같고, 말을 탄 두 사람은 주인을 따라 수렵하는 것 같다.

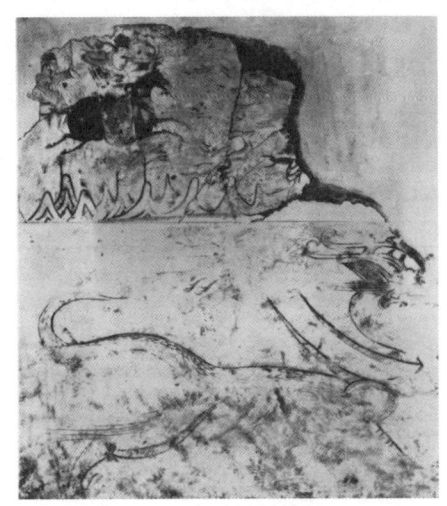

[그림45] 상:수렵도 하:청룡주작도

아랫부분에는 머리를 들고, 긴 입술에 붉은 혀를 내밀고 있는 청룡이 그려져 있는데, 용은 구불구불한 몸에 긴 발, 휘말린 꼬리를 하고 있다. 용 위쪽에는 날개를 펼치고 비상하는 주작 한 마리가 그려져 있다(그림45 화보 22쪽).

11) 거기도(車騎圖)

동벽 벽감 상부에 그려져 있다. 화면 좌상방에 소달구지(牛車) 1대가 그려져 있는데, 황소가 끈다. 달구지 위에는 높은 뜸(篷:대를 엮어 배, 수레 등을 덮는 것)이 있는데 앞에는 문 또는 발(簾)이 있으며 위에는 죽 늘어선 물방울 장식으로 꾸며져 있다. 옆에 마부 한 사람이 있는데, 검은 두건에 청색 짧은 옷을 입고 소를 끄는 자세를 하고 있다. 달구지 앞쪽 좌우에 각각 한 사람씩 있는데 모두 검은 두건, 짧은 옷, 긴 바지, 검은 신발차림이며 말을 타고 나란히 이동한다.

[그림46] 거기도(모사도)

수렵도와 거기도는 정폭연벽(整幅連壁) 대작의 수렵 장면인 것이고 주인이 사냥을 나갈 때 앞에서 이끌고 뒤에서 따르는 경관을 나타낸다(그림 46 화보 21쪽).

12) 마도(馬圖)

동(東)이실 동벽의 북부에 그려져 있다. 화면의 높이는 21cm, 너비는 22cm이다. 대부분은 떨어져 나갔고, 겨우 붉은 말 한 필만 남아 있는데 갈기, 꼬리, 발굽 모두 검은색이고 머리 부분은 보이지 않는다.

13) 우거도(牛車圖)

동이실 동벽의 남부에 그려져 있다. 화면 높이는 32cm, 너비는 50cm이고, 소달구지 1대가 그려져 있다. 검은 끌채(輪轅)와 높은 뜸(篷)이 있으며 뜸 앞에는 작은 의자(檔隔)가 있고 뜸 양쪽에는 높은 뜸 골조가 있으며 꼭대기

[그림47] 우거도(모사도)

에는 댕기(飄帶:옷이나 모자·깃발 따위에 달아서 멋을 내는)가 있다. 마부 한 사람은

검은 두건에 짧은 옷, 검은 바지, 검은 신발 차림이다(그림47 화보 22쪽).

14) 부부도(夫婦圖)

동이실 남벽에 그려져 있고, 화면 대부분이 희미해져서 분명하지 않다. 남은 높이는 35cm, 너비는 40cm이다. 남녀 두 사람이 나란히 있다. 여자는 왼쪽에 있는데 높이 틀어 올린 쪽, 둥근 얼굴, 오똑한 코, 사각진 옷깃에 긴 두루마기를 입었다. 남자는 오른쪽에 있는

[그림48] 부부도

데 방원(方圓)형 얼굴, 오똑한 코, 둥근 옷깃에 긴 두루마기를 입었다. 그림 상부 우측에 묵서 명문이 있다. "[夫]婦君向口芝口像可檢取口口主"로 모두 3행 14자이고 해서체이다. 우상방에 나머지 남자 한 명이 있는데, 검은 두건에 사각진 옷깃의 짧은 옷, 긴 바지, 검은 신발 차림이다. 두 팔을 앞으로 뻗고 있는데, 물건을 집는 모습을 하는 것 같고 몸 뒤에 가리개가 있는 것 같다(그림48).

15) 갑사기마도(甲士騎馬圖)

남면 이맛돌(額石) 위에 그려져 있다. 온전한 이맛돌 백회면은 이미 떨어져 나갔고 화면에는 말 한 마리가 있는데 머리와 꼬리는 남아 있고 무장했으며 검은 발굽을 하고 있다. 말 등에는 갑사 한 명이 타고 있는데, 긴 바지에 검은 신발을 신고 얼굴은 명확하지 않다(그림49).

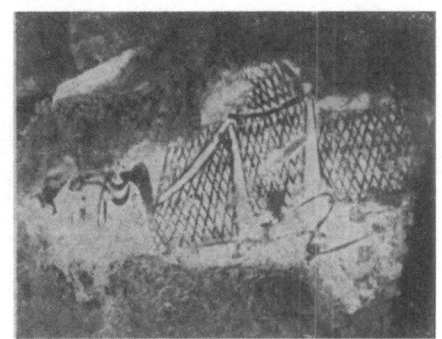

[그림49] 갑사기마도(모사도)

16) 유운도(流雲圖)

무덤 천장에 그려져 있다. 홍색, 청색을 사용하여 구름을 그렸고 아름다운 붉은 반점은 별을 나타내고, 흐르는 구름이 떠돌고 별무리가 반짝이는 밤하늘 광경과 같다. 유감스럽게도 화면은 떨어져 나가 이미 그다지 또렷하지 않다(그림50).

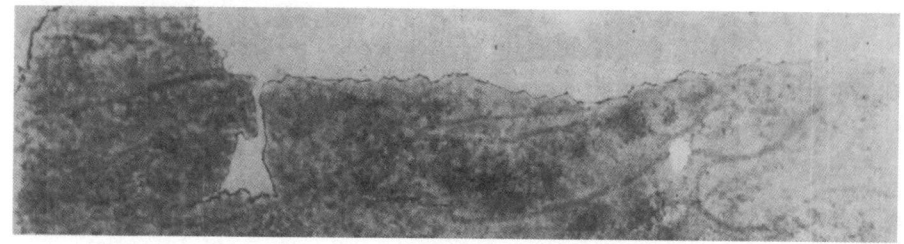

[그림50] 유운도

17) 태양도(太陽圖)

수렵도의 천장 덮개 위에 그려져 있다. 태양은 붉게 칠해져 있는데, 직경 19.5cm이고 안에는 금오(金烏) 한 마리가 있다. 삼족(三足)에 긴 꼬리인데 머리를 들어 올리고 날개를 활짝 편 모양을 하고 있다. 금오 높이는 8.7cm, 길이는 12cm이다(그림51).

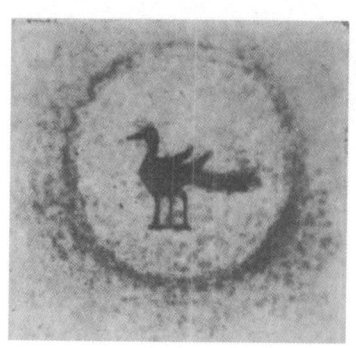

[그림51] 태양도(모사도)

18) 월량도(月亮圖)

태양도 동측 벽 천장에 그려져 있으며, 수렵도 천장 부분이다. 중간 부분에는 조각달(彎月)이 그려져 있고 왼쪽에 옥토끼(玉免)가 그려져 있는데 앞다리는 들어 올리고 뒷다리로 곧게 서 있다. 오른쪽에는

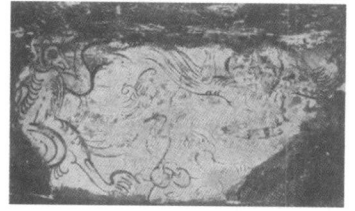

[그림52] 월량도(모사도)

금두꺼비가 그려져 있는데, 두꺼비는 사람 머리에 혀를 내밀고 있으며 앞다리를 들어 올렸다. 뒷다리는 쭈그리고 앉아 있다(그림52).

19) 흑웅도(黑熊图)

서벽 봉식도(奉食圖) 상부 받침돌 위에 그려져 있다. 화면은 떨어져 나갔고 북단에는 겨우 흑곰 한 마리가 남아 있는데, 귀를 세우고 긴 입에 혀를 내밀며 앞다리 발바닥을 들어 올리고 뒷다리로 서 있다(그림53 화보 20쪽252).

[그림53] 흑웅도(모사도)

5. 결 어

(1) 고분의 연대에 관하여

무덤 안 서벽 봉식도의 오른쪽 윗 모서리에 묵서 명문이 있는데, 백회면이 떨어져 나갔기 때문에 겨우 '二月己', '背萬', '墓奠' 몇 자만 남아 있다. (이것으로) 그 절대연대는 단정 짓기가 어렵고, 단지 무덤방 구조의 특징, 출토유물 특징 및 벽화 내용에 근거해서 고찰할 수 있다. 원태자묘의 건축구조는 주체(主體)가 장방형을 띠고, 이실과 벽감이 부가적으로 있다. 이런 종류의 형태와, 요양 부근에서 발견되는 위·진 시대의 묘장 같은 단이실(單耳室) 혹은 쌍이실(雙耳室)이 부가적으로 있는 장방형 주실은 왕가(王家) 진묘(晉墓)[1]의 특징과 서로 가까우며, 이것은 원태자 벽화묘가 위·진 시대보다 늦지 않을 것임을 의미한다. 조양현 대평방공사 대평방(大平坊) 동진(東晉) 벽화묘[2]의 결합구조 또한 비슷하고, 모두 부가적으로 벽감이 있다. 조양 십이태공사와 소가자(小家子) 후연(後燕) 최휼묘(崔遹墓)[3]의 결합구조가 비교적 비슷하며 주체 모두 장방형이고 네 벽 모두 석판을 사용하여 세워서 받치는데, 그것들의 연대가 비슷하다고 설명한다.

출토 기물로부터 보면, 원태자 벽화묘에서 출토된 오지항아리(陶罐), 청동괴(銅魁)의 기본형태도 서로 동일하다. 원태자묘에서 출토된 것에 홈이 있는 갈고리형 쇠지팡이 장식(袴鉤形鐵杖飾), 환량 청동가마(環梁銅釜)가 있는데, 북표(北票) 서관영자(西官營子) 북연(北燕) 풍소불묘(馮素弗墓)4에서 출토된 지팡이 장식, 가마 형태도 완전히 서로 같다.

원태자묘의 목심칠피등자(木芯漆皮馬鐙)와 풍소불묘의 목심칠피등자 형태도 서로 같다. 무덤에서 출토된 마구(馬具) 중 청동방울(銅鈴), 재갈(銜鑣), 드리개(垂飾)는 안양(安陽) 효민둔(孝民屯) 진묘(晋墓)(M154)5에서 출토된 재갈, 방울, 장식 잎새(垂飾叶)와 완전 동일하다. 최휼묘 시기는 후연(後燕) 건흥(建興) 10년(395)이고, 풍소불묘 시기는 북연(北燕) 태평(太平) 7년(415)이다. 이 두 묘의 연대는 정확하다. 안양 효민둔 진묘 연대는 서기 4세기 초에서 4세기 중엽 정도로 추정한다. 이로 인하여, 우리가 원태자묘의 상대연대를 추정하건대, 동진(東晋) 4세기 초에서 4세기 중엽이라고 생각한다.

(2) 벽화의 가치에 관하여

원태자 동진묘에는 대량의 채색벽화가 그려져 있는데, 이것은 매우 소중한 것이다. 동진시대의 고분벽화는 극소수 발견되었으며 소소한 고분 중에 드물게 보이는데 출토된 벽화들은 동진의 사회생활, 문물제도, 복식과 회화예술을 연구하는 데 매우 믿을만한 자료로 제공되었다.

벽화 기법은 사실주의 위주로 각 부(部) 화면의 주제를 명확히 하였고 경우에 따라 한 폭에 한 주제로, 어떤 몇 개의 화면을 한 주제로 연결지어 완성하기도 하였는데, 예를 들면 출렵도(出獵圖)의 경우이다. 기법상, 어떤 때는 먼저 윤곽을 그린 뒤 채색을 하고, 어떤 때는 보통처럼 칠하고 색채 농담바림(浓淡渲染)을 적절히 하는데, 동진 벽화가 도달한 수준을 대표할 수 있다.

(3) 마구장식(馬具粧飾)에 관하여

무덤 안에서 마구 일괄이 출토되었는데 가죽으로 싼 목심(木芯包革)의 앞뒤 안장꾸미개, 등자, 재갈과 대량의 청동방울장식을 포함하고 이것은 국내에서는 드문 중요한 발견이다. 지금 알 수 있는 바로, 비교적 이른 시기의 마구 형태가 장사(長沙) 서진(西晉) 영녕(永寧) 2년(302) 묘에 유약을 바른 기마 도용(釉陶騎馬俑)의 마구와 등자가 발견되었다. 등자는 삼각형으로 되어 있고, 단등자(單馬鐙)에 속한다. 안양 효민둔 진묘에서 출토된 마구는 단동등자(單銅馬鐙)와 청동으로 싼 목심 안장꾸미개(木芯包銅鞍橋)이다. 풍소불묘에서 출토된 마구는 목심포동쌍등자(木芯包銅雙馬鐙)이다. 그리고 이 무덤에서 출토된 것은 가죽으로 싼 목심의 안장꾸미개(木芯包革鞍橋)와 쌍등자인데, 등자는 하나의 단등자에서 쌍등자로의 발전 과정이 있을 것이라고 설명한다. 마구가 출토될 때 안장꾸미개 위에 청동방울 백여 개가 덮여있었는데, 8행 배열에 방울코는 대부분 위로 향하고 있었다. 이것은 아마 원래 가죽끈으로 묶었을 수도 있다는 것이다. 우리는 안양 효민둔 진묘와 길림 집안 고구려묘의 마구 복원도 및 본 무덤 벽화 중에 무덤 주인이 말 등에 올라탄 검은 선 장식을 참고하여 출토된 계열을 결합하고, 시험 삼아 이 마구 세트를 복원했다. 복원된 마구는 뒤에 있는 밀치끈 방울장식(鞦鑾飾), 앞에 있는 밀치끈 방울장식과 방울도구 세 부분으로 나눌 수 있다.

뒷 밀치끈 방울장식은 안장꾸미개 후면의 말 등 위에 장식되어 있다. 그것은 뒤 안장꾸미개 등 위에 좌우 대칭으로 있는 청동띠걸쇠에 있는 것이고, 뒤쪽으로 뻗어있는 밀치끈 두 줄이 묶여 있는데, 끈은 말 등 부분에서 교차해서 좌우로 갈라져 있다. 동시에 장니(障泥) 뒷부분의 양쪽에도 청동띠걸쇠가 있는데 이것은 말 엉덩이에 가로로 휘감겨 있다. 이처럼 말 뒤쪽에 바로 종횡으로 교차한 밀치끈 4개가 있다. 이외에도 말꼬리 양쪽에 비스듬한 짧은 밀치끈 2개가 각각 있으며, 이처럼 말의 등 부분에 바로 반구형의 그물 모양 밀치끈 장식이 구성되어 있다. 대체로 밀치끈이 새로 교차한 매듭 위에, 그리고 매듭과 매듭 사이에 모두 청동방울장식이 연결되어 있다. 말 등에 세로로 밀치끈이 2줄 교차한 곳에 혀 모양의 저판(底板) 방울장식이 설치되었다. 가로로 된 밀치끈 4줄의 하단에 유금 수엽(垂叶)이 각각 하나씩 있는데 모두 8개 잎이며, 말꼬리 양쪽에 작은 수엽이 하나씩 있고 말 뒤쪽 등에 뒷밀치끈 방울장식이 구성되어 있다.

앞 밀치끈 방울장식은 말의 목 부분에 있다. 안장 앞 꾸미개 앞쪽에 청동띠걸쇠 2개가 붙어있는데, 당시에 앞 밀치끈의 걸쇠고리에 고정되어 있었을 것이다. 앞 밀치끈 위에 원형 청동방울과 덮개 가장자리가 펴진 청동방울이 서로 합치되어 있다.

비구(轡具)에는 고삐와 재갈이 있다. 고삐 가죽끈은 이미 부식되었고, 가죽끈 위에 타원형의 유금 물방울 장식이 붙어있다.

무덤 안에서 출토된 이 마구 일괄은 동북 지역에서 역시 수차례나 발견되었고, 그것은 동진 시기 북방 민족 마구 장비를 연구하는 데 중요한 실물 자료를 제공했다. 또한 마구의 기원과 기병사(騎兵史) 연구에서도 중요한 가치가 있다.

1 이경발(李庆发):《요양상왕가촌진대벽화묘청리 간보(辽阳上王家村晋代壁画墓清理 简报)》,《문물(文物)》1959년 제7기.
2 조양현문화관손국평동지에서 제공하는 내부자료(朝阳县文化馆孙国平同志提供的内部资料), 묘는 석축장방형, 이실이 덧붙어있고, 벽감에 미인도 벽화가 있다(墓 为石筑长方形, 附耳室, 壁龛, 有仕女图壁画).
3 진대위(阵大为), 이우봉(李宇峰):《요령 조양 후연 최휼묘의 발견(辽宁朝阳后燕崔遹墓的发现)》,《고고(考古)》1982년 제3기.
4 려요발(黎瑶渤):《요령 북표현 서관영자 북연 풍소불묘(辽宁北票县西官营子北燕冯素弗墓)》,《문물(文物)》1973년 제3기.
5 중국사회과학원 고고연구소 안양 작업팀(中国社会科学院考古研究所工作队):《안양 효민둔 진묘 발굴보고(安阳孝民屯晋墓发掘报告)》,《고고(考古)》1983년 제6기.

12. 요양시 삼도호(三道壕) 서진(西晉) 무덤 발굴 보고서[1]

요양 박물관

1983년 5월 요양시 문화재관리소는 시의 북교(北郊) 삼도호촌 북요장(北窯場) 고분군을 발굴하던 중 명확한 기년(紀年)이 있는 서진 무덤을 발견해 발굴했다. 발굴 후 이 무덤은 다시 흙을 덮어 보호하고 있고 현재는 시의 문화재로 보호 중이다.

무덤은 요양시 태자하구 태자하향 삼도호촌에서 북쪽으로 약 500m 떨어진 가

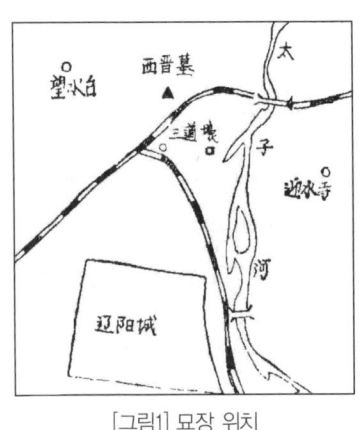

[그림1] 묘장 위치

마터의 흙 채취 구역에 있다. 동남쪽에는 1955년 발굴된 삼도호 서한(西漢) 촌락 유적이 있고, 인근에 한(漢)·위(魏) 시대 묘역이 있으며, 본 무덤은 묘역의 중심에 있다(그림1).

1. 무덤방 구조

---

1 「遼陽博物館」, 「遼陽市三道壕西晉墓淸理簡報」, 『考古』, 第4期, 1990.

무덤방의 평면은 'エ'자 형이고 방향은 165도이다. 널방, 앞뒤 복도, 곁방(耳室)으로 구성되어 있다. 무덤은 앞뒤 길이 484cm, 폭 338cm, 높이 180cm이다.

무덤문은 남벽에 있는데 가운데에 기둥 하나를 세우고 좌우 양 문짝으로 나누어 양쪽에 각각 하나씩 문틀을 만들었다. 무덤문은 너비 158cm, 높이 130cm이다. 문 위쪽에 문미(門楣)가 동서로 가로놓여 있고, 문 아래에 문지방이 가로놓여 있으며, 문은 두 개의 큰 돌판을 이용해 밖에서 막아 놓았다.

무덤방 전체는 연청색 혈암석판을 이용해 지었고, 돌 사이는 석회로 메꿨다. 석판은 네모반듯하게 다듬어져 있고 벽면은 매끄러우며 아주 견고하게 쌓았다. 무덤은 둘레에 석판을 세워 벽을 만들고 위쪽은 가로로 석판을 얹어 무덤의 지붕을 만들고, 아래쪽은 석판을 깔아 바닥을 만들었다. 무덤문은 동서 길이 414cm, 폭 74cm, 높이 180cm의 앞 복도가 되고 좌우에 곁방이 하나씩 있다. 왼쪽 곁방은 36cm 높이로 받쳐 명기대를 만들었다. 무덤방 중앙에는 세로로 나란히 네 개의 널방이 있고, 가운데는 각각 큰 석판을 하나씩 세워 칸막이로 삼았다. 서쪽의 세 널방은 각각 장방형의 석판을 세로로 깔아 시상(屍床)을 한 까닭에 앞 복도보다 22cm 높다. 네 번째 널방은 두

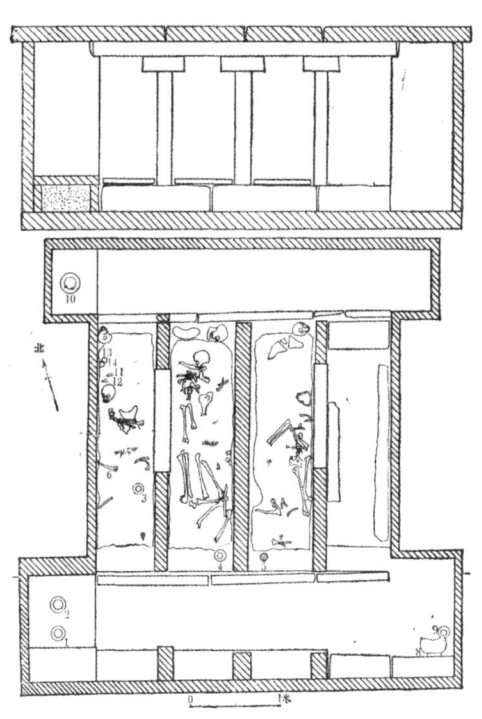

[그림2] 널방 평면도·단면도
1.2. 도반 3.9.10. 도발 4.8. 도관 5. 동전
6. 환수철도 7. 철자 11.12. 은비녀 13.14. 은팔찌

개의 좁은 석조만 세로로 놓였을 뿐, 높은 시상은 없었다. 널방 가운데에는 폭 116cm, 높이 100cm의 통창이 남아 있다. 널 사이에 있는 세 개의 선돌판 위에 각각 네모난 돌덩이를 받쳐 두(斗)를 만들고, 두 위에 대들보를 받치고, 대들보 위에 돌판을 펴서 무덤 천장을 만들었다. 널방의 길이는 모두 280cm 이고 1·2·3 널방의 높이는 모두 138cm, 4널방의 높이는 144cm, 4널방의 폭은 66~76cm이다. 뒤 복도 좌우 끝에 각각 곁방이 있으며, 동서 전체 길이는 438cm, 폭 74cm, 높이 180cm이다(그림2).

2. 장식(葬式) 및 부장물

서쪽에서 동쪽 방향으로 1, 2, 3개의 관상(棺床) 위에 각각 성인 뼈 2구가 있는데 남녀 한 쌍씩, 총 6명이 묻혔으며 모두 머리는 북쪽, 발은 남쪽으로 했는데 뼈들이 어지럽게 흩어져 있어 매장 형식은 알 수 없다. 네 번째 널방에는 시상(屍床)도 없고 뼈도 없으며 매장 장비는 석회 베개 외에는 남아 있지 않다.

부장품은 14개가 발굴되었다. 대부분 앞뒤 복도와 곁방, 관상 위에 있었는데 도기(陶器) 7개, 동기(銅器) 1개, 철기(鐵器) 2개, 은기(銀器) 4개로 모두 생활용품이다.

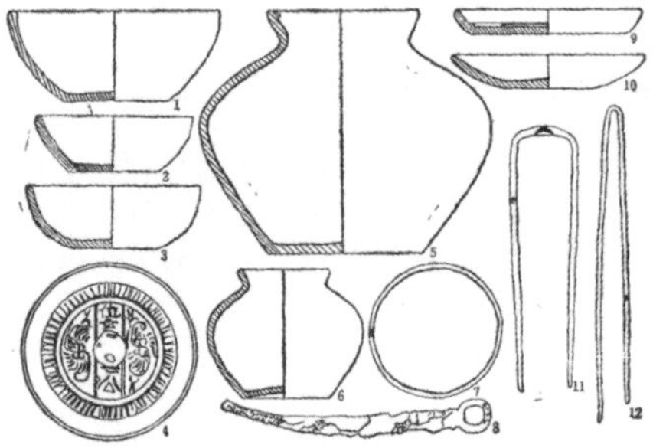

도기 쟁반(陶盤) 2개. 모두 니질회색도기이다. 1개는 입이 벌어져 있고 둥근 입술인데 입술 위에 1줄의 새긴줄무늬(凹弦紋)가 있다. 바닥은 평평하고 바닥 부분에 2줄의 돋은줄무늬(凸弦紋)가

[그림3] 출토유물
1-3. 도발 4. 동경 5.6. 도관 7. 은팔찌 8. 철도
9.10. 도반 11.12. 은비녀

있다. 쟁반 바닥 안쪽에도 2줄의 돋은줄무늬가 있고 구운 온도가 비교적 높다. 입 지름 16.4cm 높이 2.2cm이다(그림3. 9). 다른 1개도 입이 벌어져 있고 바닥은 평평하다. 모양은 주발(碗)형에 가깝다. 구운 온도가 비교적 낮다. 입 지름 18.2cm, 높이 3cm이다(그림3. 10).

도기 바리(陶鉢) 3개. 모두 니질회색도기이다. 구운 온도가 비교적 낮다. 1개는 그러모아진 입에 둥근 입술이고 배는 꺾여 있으며 바닥은 평평하다. 입 지름은 15.8cm, 높이는 5.6cm이다(그림3. 3), 다른 하나는 약간 그러모아진 입에 둥근 입술, 꺾인 배, 평평한 바닥 형태이다. 입 지름 14.5cm, 높이 5.1cm이다(그림3. 2). 또 하나는 입 지름 19.4cm, 높이 8cm이다(그림3. 1).

도기 항아리(陶罐) 2개. 모두 니질회색도기이다. 구운 온도는 비교적 높다. 하나는 크고 하나는 작은데 모양은 기본적으로 서로 비슷하다. 비스듬한 목, 사각입술이고 목 아래는 안쪽으로 오목한 반달 모양이고 배는 불룩하다. 하나는 오목한 바닥에 입 지름 8.5cm, 높이 11.7cm이다(그림3. 6), 다른 하나는 평평한 바닥에 입 지름 14cm, 높이 22cm이다(그림3. 5)

동경(銅鏡) 1개. 위지삼공경(位至三公鏡)이다. 거울 등쪽 테두리가 넓고 중심은 반구형 매듭(鈕)이다. 가운데로 구멍을 가로질러 매듭의 아래위 두 직선을 세로 격자로 이었다. 격자 안에 예서체로 '位至三公' 명문이 있고 좌우에 기봉문(夔鳳紋)을 주조했다. 거치문(鋸齒紋)을 한 줄 돌려 바깥을 장식했다. 거울면은 약간 볼록하다. 직경 8cm, 두께 0.35cm이다(그림3. 4)

고리 쇠칼(环首鐵刀) 1개. 칼끝이 치켜 올라가고, 칼날은 구부러져 있다. 매장 때 비단으로 싸서 묻었다. 남은 길이는 24cm이다(그림3. 8).

쇠집개(鐵鑷子) 1개. 비파형으로 두 짝이다. 날 끝은 타원형이고 손잡이 끝은 사각형이다. 중간에 한 줄 쇠테가 있어 아래위로 움직이지 않게 바짝 조여준다. 남은 길이는 15.8cm이다.

은팔찌(銀鐲) 1개. 입구가 없다. 직경 6cm이다(그림3. 7)

은비녀(銀發釵) 2개. 모두 갈고리 모양이다. 길이는 각각 14.4cm와 12cm이다(그림3. 11, 12).

3. 무덤 벽에 새겨진 글자와 그림

무덤 벽에서 새겨진 글자가 발견되었다. 마모되고 훼손되어 알아볼 수 없는 것도 있지만 45자는 알아볼 수 있다. 글자 내용은 기년(紀年)·직관(職官)·성씨(姓氏)·지명(地名)·안장기호(按裝記號) 등으로 나누어 무덤 안의 돌벽 위에 새겨져 있다.

'七年八月', '西' 5글자는 뒤 복도의 뒷벽 서쪽 끝에, 제1 널방 바로 맞은 편에 새겨져 있다(그림4, 5).

'太康九年春三', '東' 7글자는 제2 널방 바로 맞은편의 뒤 복도 뒷벽에 새겨져 있다(그림4, 10).

'孫度支口大好' 6글자는 뒤 복도의 오른쪽 곁방 남쪽벽에 새겨져 있다(그림4. 11).

'襄平' 2글자는 앞 복도의 왼쪽 곁방 가운데 벽 중앙에 새겨져 있다. (그림4, 8). 그 위에 '李李李'(그림4, 3) 글자가 새겨져 있다.

'太康'(그림4, 4), '將軍'(그림4, 7) 4글자는 제2 널방 서쪽벽의 남쪽 끝에 새겨져 있다.

'太康九年' 4글자는 제4 널방 서쪽벽의 창문 측면에 새겨져 있다.

'太康十年十月七日', '柱' 9글자는 제3 널방 동쪽벽의 창문 아래에 새겨져 있다(그림4, 9).

무덤 벽에 새겨진 그림은 모두 4점이다.

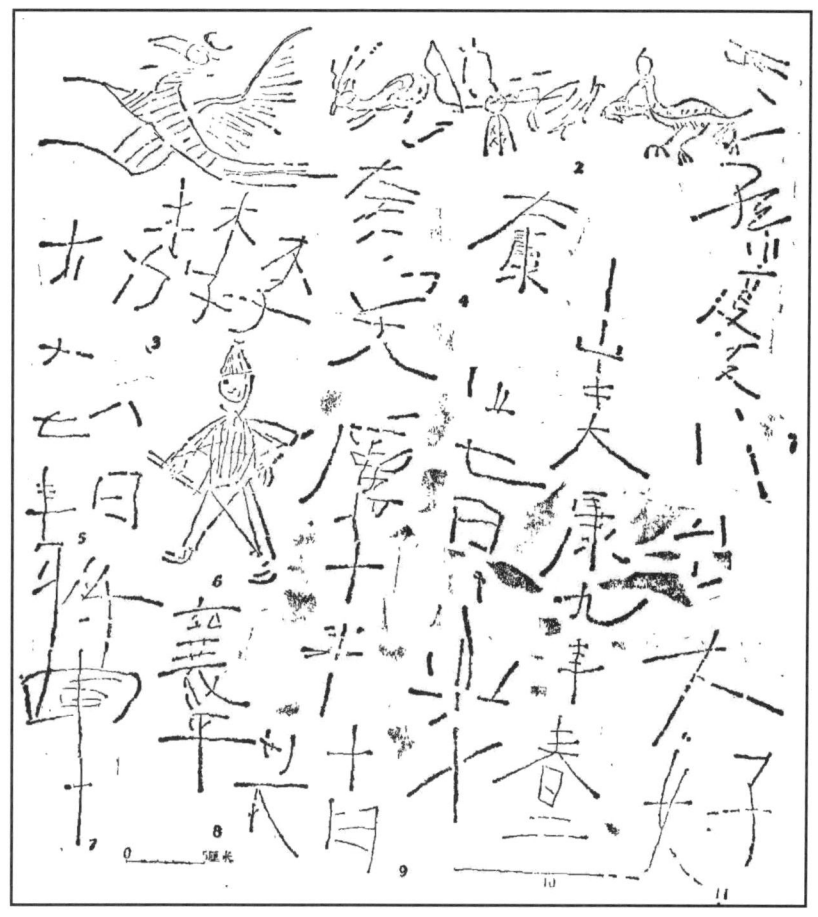

[그림4] 묘벽 석각 도상, 문자 모본
1. 전시비조도 2. 수조탁어·사록도 3. 李李李 4. □□太康 5. 七年八月
6. 무사도 7. 張軍 8. 襄平 9. 太康十年十月七日 10. 太康九年春三
11. 孫度支口大好

　무사상(武士像)은 전체 높이가 15cm으로 갑옷을 입고 투구를 쓰고 손에 긴 칼을 들고 있는데 제4 널방 서쪽벽의 남쪽 끝에 새겨져 있다(그림 4, 6).

　날개를 펼친 비조도(展翅飛鳥圖)는 높이 14.5cm으로 제1 널방 서쪽벽 남쪽 끝에 새겨져 있다(그림4, 1).

　수조탁어(水鳥啄魚)·사록도(射鹿圖)는 길이 29cm으로 제1 널방 동쪽

벽 남쪽 끝에 새겨져 있다(그림4, 2).

그 외 제1 널방 동쪽벽 북쪽 끝에 닭 한 마리의 묵화(墨畵)가 있다.

4. 결론

요양 지역에서 '永元十七年' 명문(〈동북문물공작대 1954년 공작보고〉, 《문물(文物)》 참고자료 1955년 3기) 옹기 소반과 '太康二年' 명문(〈요양 삼도호 발견 진대(晉代) 묘장(墓葬)〉, 《문물(文物)》 참고자료 1955년 11기) 와당이 부장된 한(漢)·진(晉) 무덤이 발견된 적은 있지만 무덤방 돌벽에 기년(紀年)을 새긴 무덤은 이번이 처음이다. 또한 많은 글자와 풍부한 내용 및 다양한 이미지는 과거의 것보다 많다. 이는 보기 드문 새로운 발견이다.

무덤벽에 새긴 글자는 비록 손으로 직접 새긴 것이지만 그다지 규범적이지 않다. 이는 무덤을 짓는 석공들이 뾰족한 물건을 이용해 직접 손으로 새긴 흔적이다. 이 글자 재료들은 진(晉)나라의 서법(書法)을 연구할 수 있는 흔하지 않은 진품일 뿐만 아니라, 무덤의 시기 구분에 중요한 근거가 된다. 무덤 벽 여러 곳에 새긴 태강(太康)은 동일한 기년이 아닌데 하나는 사람의 무덤 연월이고, 다른 하나는 무덤을 만든 시간이다. 7년 8월(태강 7년 8월)이 가장 빠른데 이는 이 무덤이 만들어진 때이다. 태강 9년은 어느 죽은 사람의 장례 시간이다. 태강 10년 10월 7일이 가장 늦은데 이는 무덤을 폐쇄한 연월일일 것이다. 나누어 새긴 것도 널방마다 같지 않다. 모두 매장 시간을 기록한 것 같은데 매 사람을 묻을 때마다 기록한 거 같다. 태강(太康)은 서진(西晉) 무제(武帝) 사마염(司馬炎)의 연호이다.

이 무덤은 여러 차례 매장되어 3남 3녀로 구성되어 있는데, 이러한 가족합장묘는 진나라 때 성행했던 '족집합장(族集合葬, 聚族而葬)' 풍습을 반영하고 있다.

　양평은 요양의 초기 이름으로 가장 이른 것은 전국(戰國) 연(燕)나라 화폐 '양평포(襄平布)' 주조에서 발견되는데 이곳 서진 무덤 돌벽에서 '양평'이라는 이름이 등장했다. 이 발견은 이 지명의 시작과 종료시간을 알게 할 뿐 아니라 한(漢)나라 양평성의 위치가 확실히 지금의 요양 구시가지라는 것을 다시 한번 증명한다.

13. 요녕 요양 남환가(南環街) 벽화무덤[1]

요녕성문물고고연구소

1995년 8월 요양 중외합자 동련부동산개발공사가 시 동남교 남환가 북쪽에 홍콩 화원을 건설하던 중 석판(石板) 무덤을 발견했다. 성(省) 문화재 관리 부서의 위탁을 받아 성(省), 시(市) 고고학 종사자들은 8월 25일부터 정리를 시작하여 8월 30일에 종료하였다. 정리 상황은 다음과 같이 보고하였다.

1. 무덤의 위치

무덤은 요양시 굉위구(宏偉區) 서광촌 남쪽 1km, 문성로(文聖路) 동쪽과 남환가 북쪽 100m 지점에 있는 홍콩화원(香港花園) 1호 건물 공사장 동쪽 끝에 있다. 태자하는 무덤의 동북쪽으로 흐른다. 이곳은 태자하 충적평야로 황토가 많이 쌓여 있어 무덤을 파기에 편리하다(그림1).

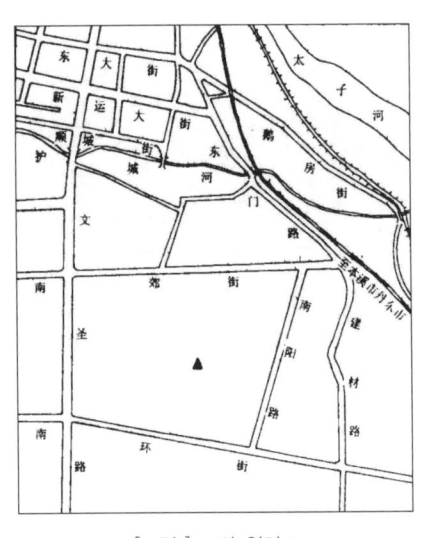

[그림1] 묘장 위치도

---

1 遼寧省文物考古硏究所, 「遼寧遼陽南環街壁畵墓」, 『北方文物』, 1998年 第3期, 總第55期

2. 무덤의 구조

무덤은 담청색 석판으로 축조되었다. 평면은 약간 '凸'자 형이다. 길이 392cm, 앞 너비 418cm, 뒷 너비 298cm이다. 무덤문, 앞 복도, 좌우 곁방, 널방으로 구성되어 있다. 무덤 방향은 196도이다.

무덤문은 앞 벽 중앙에 있는데 중간에 두 개의 기둥을 세우고 문을 세 칸으로 나누었다. 기둥 위에 호두(護斗)를 놓고, 아래에 사각 주춧돌을 받치고, 호두 위에 긴 석판을 얹어 문미(門楣)를 만들고, 기둥 앞쪽 하단에 구멍을 뚫어 문지방에 끼웠다. 문은 직사각형 석판 3개로 막고 문밖에 직사각형 석판을 받쳐 놓았다.

앞 복도는 직사각형으로, 석판으로 땅을 덮었는데 바닥은 관상(棺床)보다 약 30cm 낮다. 가로 238cm, 세로 96cm, 높이 146cm이다.

오른쪽 곁방은 앞 복도의 오른쪽 끝과 연결되어 있으며, 앞, 뒤, 오른쪽 세 면을 석판으로 둘러 석회로 메꾸어 놓았다. 가로 88cm, 세로 64cm, 높이 146cm이다.

왼쪽 곁방은 앞 복도의 왼쪽 끝과 연결되어 있으며, 오른쪽 방과 같은 방법으로 만들었는데 오른쪽 방보다 약간 크다. 바닥에 석판을 깔아 앞 복도 바닥보다 34cm나 높았다. 왼쪽 곁방의 오른쪽 벽 가운데에서 북쪽으로 돌기둥을 세우고, 그 위에 호두를 놓아 널방 앞쪽 대들보의 왼쪽 끝을 받치고 있다. 기둥의 북쪽에 반절 석판을 세워 왼쪽 곁방 뒷부분과 왼쪽 널방 앞부분 사이에 창을 만들었다. 길이 150cm, 너비 66cm, 높이 112cm이다.

널방은 앞 복도 뒤쪽에 있는데 석판으로 주위를 둘러 쌓고 석회로 메꿨다. 바닥에 석판을 깔아 시상(屍床)으로 만들었다. 가운데에 끊어진 석판으로 두 줄 격벽을 만들어 널방을 좌·중·우 3칸으로 구분하였다. 격벽이 끊어진 곳에 구멍이 뚫려 각 널방끼리 통하고 있다. 좌우 널방은 가운데 널방보다 약간 높다. 격벽 위에 석판을 올려 받침을 만들고 앞에 길고 좁은 석판을 놓아 대들보로 삼고 순차적으로 길고 좁은 석판을 놓아 종량(縱梁)을 만들고 그 위에 6개의 석판을 놓아 지붕을 덮었다. 널방의 높이는 116cm이다.

수습 과정에서 앞 복도의 왼쪽 덮개 돌판 위에 난 도굴 구멍이 발견되

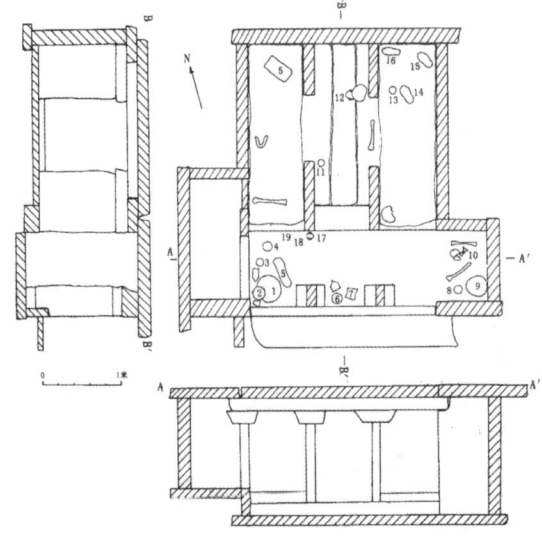

[그림2] M1 평면도와 유물 분포도
1. 도안 2. 도준 3.4.6.8.13. 도반 5. 도투합
7. 도우 9. 석개기 10. 도정 11. 도합개 12.17. 도이배
14.15.16. 석회갱 18. 동전 19. 은정침

었다. 무덤 안의 유골과 부장품이 흐트러져 있었고, 일부 토기는 이미 깨져 있었으며 무덤은 이미 오래전에 도굴당했다. 무덤에서 발견된 인골은 모두 3구로 머리 방향과 장례법은 알 수 없다. 성별과 연령도 확인되지 않았다. 오른쪽 널방 뒤쪽에서 석회 베개 3개가 발견되었다(그림2).

3. 무덤 안의 벽화

벽화는 석판에 직접 그려져 있는데, 이 무덤은 이미 오래전에 도굴당해 진흙이 쌓여 있기 때문에 벽화의 보존 상태가 매우 좋지 않아서 대부분 흐릿하고 분명하지 않다. 대략 형상을 판별할 수 있는 것은 다음과 같다.

오른쪽 곁방 덮개돌에 붉은 해가 그려져 있고, 태양에는 먹으로 그린 삼족오가 있다. 오른쪽 벽에는 집안 생활 모습을 그려 가운데에 남자 주

인이 앉아 있고 그 옆에 시중드는 사람이 서 있다.

왼쪽 곁방 오른쪽 벽에는 음식 그림이 그려져 있고, 붉은 장막 아래 두 사각 평상 위에 남녀가 마주 보고 앉아 있고 중간에 긴 웃옷을 입은 시자가 서 있는데 두 손으로 물건을 잡고 있다. 남자가 앉아 있는 평상 앞에 직사각형 탁자가 있고 탁자 위에 있는 둥근 소반에는 가운데에 잔(耳杯)이 놓여 있다. 왼쪽 곁방의 왼쪽 벽에 한 노인이 그려져 있는데 오른손으로 물건을 들어올리고 있다. 상술한 벽화에서 주인의 모습은 매우 크고 시자의 모습은 아주 작다. 문기둥에 운기도가 그려져 있다.

4. 부장품

무덤은 오래전에 도굴당했기 때문에 앞 복도, 곁방, 널방 안에 흩어져 있던 부장품은 원래의 위치가 아님이 분명하다. 도기(陶器) 13개, 돌덮개 1개, 은(銀)골무 1점, 동전 88매가 나왔다. 그 외 앞 복도 왼쪽에서 칠이배(漆耳杯)의 흔적이 발견되었으나 채집되지는 않았다.

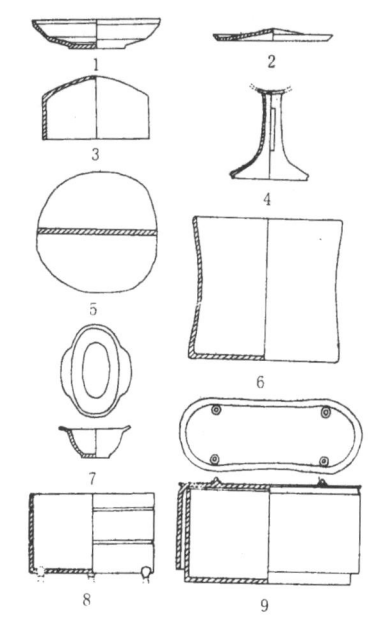

[그림3] M1 출토유물
1. 도반 2. 도안 3. 도합개 4. 도정 5. 석기개
6. 도우 7. 도이배 8. 도준 9. 도투합

1. 도기(陶器)

총 13개. 모두 진흙으로 만든 회색 도기이다.

투합(套盒) 1개. 복원이 가능하다. 표본 M1:5. 평면은 긴 타원형 허리띠 모양이다. 덮개는 평평하고 주위에 홈이 있으며 윗면에 4개의 못이 장식되어 있다. 덮개는 곧은 벽과 둥근 입술이 있다. 합은 입술이 둥글고 벽은 곧으며 바닥은 평평하다. 덮개 입구와 바닥 지름은 모두 33cm, 높이는 15cm이다. 합은 입구와 바닥 모두 지름 30cm, 높이 16cm, 벽 두께 0.6cm이다(그림3:9).

합덮개(盒蓋) 1개. 완전하다. 표본 M1:11. 윗부분은 둥글고 입은 곧으며 입술은 둥글다. 입 지름 15.2cm, 높이 8.8cm, 벽 두께 0.6cm이다(그림3:3).

소반(案) 1개. 복원할 수 있다. 표본 M1:1. 큰 입과 네모난 입술, 얕은 배, 오목한 바닥, 복부 중심부가 주변보다 높다. 입 지름 30.8cm, 바닥 지름 28cm, 높이 2.8cm이나(그림3:2).

쟁반(盤) 5개. 모두 복원이 가능하다. 크기는 큰 것과 작은 것이 있다. 표본 M1:4. 벌어진 입, 둥근 입술, 접힌 배, 평평한 바닥 형태이다. 입 지름 18.4cm, 바닥 지름 8cm, 높이 4cm이고(그림3:1), 작은 것은 구경 16.5cm, 바닥 지름 7.4cm, 높이 3cm이다.

준(樽) 1개. 발이 파손되었다. 표본 M1:2. 곧은 입, 둥근 입술, 곧은 배, 평평한 바닥 형태이다. 복벽에는 두 개의 새긴줄무늬가 있다. 입과 바닥 지름은 모두 18cm, 남은 높이는 12.5cm, 벽 두께는 0.5cm이다(그림3:8).

바리(盂) 1개. 복원할 수 있다. 표본 M1:7. 약간 벌어진 입에 둥근 입술이고 배는 약간 안으로 오목하고 바닥은 평평하다. 입과 바닥 지름은 22cm로 같고, 높이는 19.6cm, 벽 두께는 0.6cm이다(그림3:6).

등(灯) 1개. 등잔은 파손되었다. 표본 M1:10. 가는 손잡이에 나팔 모양의 둥근 발인데 받침대에 직사각형 구멍이 있다. 바닥 지름은 11cm, 남은 높이는 12.4cm, 벽 두께는 0.5cm이다(그림3:4).

잔(耳杯) 2개. 완전하다. 표본 M1:12. 길이 13cm, 폭 10.5cm, 높이 4.4cm이다(그림3:7).

2. 석기(石器)

뚜껑(器蓋) 1개. 담청색 혈암 석판으로 만들었다. 직경 30cm, 두께 1.6cm이다(그림3:5).

3. 은기(銀器)

은 골무 1개, 완전하다. 표본 M1:19. 입 지름 1.6cm이다.

4. 동기(銅器)

동전 88개가 발견되었다. 대오수(大五銖) 71개, 소오수(小五銖) 8개, 전륜오수(剪輪五銖) 8개, 화천(貨泉) 1개가 있다(그림4).

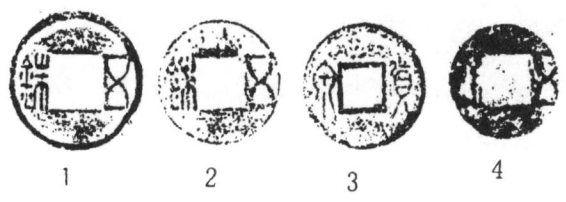

[그림4] M1 출토 동전
1. 대오수 2. 소오수 3. 화천 4. 전륜오수

5. 소결

1. 지금까지 요양성 외곽에서 발견된 무덤은 북원(北園) 1호묘·2호묘, 봉태자(棒台子) 1호묘·2호묘, 삼도호(三道壕) 1호묘·2호묘·3호묘, 동기묘(東騎墓), 영지령묘(令支令墓), 아방(鵝放) 1호묘, 남설매(南雪梅) 1호묘, 동문리묘(東門里墓) 등 20여 개이다. 분포의 관점에서 보면 두 개의 큰 지역으로 나눌 수 있다. 한 구역은 요양 구도심의 북쪽 교외에 위치하고 다른 구역은 남동쪽 교외에 위치한다. 이는 연(燕), 진(秦), 한(漢)의 요동군

이 다스리는 양평성의 범위를 확정하는 데 참고 좌표를 제공한다.

2. 고분의 연대에 대하여

무덤에서 명확한 연대기 물품이 출토되지는 않았지만, 우리는 다음과 같은 측면에서 추정할 수 있다. 우선 무덤의 모양과 구조가 '凸'자 형으로 앞 복도, 좌우 곁방, 널방이 있어 요양 삼도호(三道壕)에서 발견된 위(魏) 영지령묘(令之令墓)와 거의 일치한다. 동시대인 것에도 부합된다. 둘째로 부장품 면에서 보면 도기의 종류와 수량이 현저히 감소하였다. 이러한 특징은 사마씨(司馬氏)가 공손씨(公孫氏)를 멸하고 조위(曹魏) 정권이 검약을 제창하며 후장(厚葬)을 반대한 것과 관련이 있다. 그중 삼제족도준(三蹄足陶樽)은 중원지역 서진(西晉) 시대의 대표적인 기물이고 도우(陶盂)는 조양 지역의 위(魏)·진(晉) 무덤에서 흔히 볼 수 있다. 셋째, 벽화의 풍격으로 볼 때, 붓놀림은 빼어나나 화풍이 어색하고 호방하지 않으며 내용이 단조롭다. 이러한 특징은 공손씨 할거 세력의 전멸과 함께 중원지역 위·진의 정치적 영향이 요동지방까지 깊숙이 파고들었음을 반영한다. 요약하면, 이 무덤의 연대는 위나라에서 서진에 이르는 시기이고 실제 상황과 크게 다르지 않을 것이다.

3. 무덤 주인의 신분적 지위에 관하여

이 무덤은 요양 삼도호의 위(魏) 영지령묘와 모양과 규모가 비슷해 무덤 주인의 신분 지위는 위·진 때 현령 1급 관리들과 비슷한 신분이다.

4. 이 무덤의 발굴은 요양 벽화무덤의 시대적 특징과 형태 변화, 위·진 시대 요동지역의 사회경제적 발전상황, 장례풍습 등을 연구하는 데 새로운 자료를 제공한다.

14. 요양 청년번화가에서 발견한 한묘(漢墓) 2기[1]

왕래주(王來柱)

1995년 9월 요양시 정공정부(政工程部)는 청년번화가 문성로(文聖路) 확장 공사를 했는데, 수도관을 설치할 때 12기의 한·위(漢·魏)시기 고분을 발견했다. 요양성 문물고고연구소는 요양시 문관부와 회동해서 이 고분군에 대해서 긴급 발굴을 진행했다. 지금 정리한 한묘(漢墓) 두 기를 간략히 보고하면 아래와 같다.

1. 지리 위치

고분군은 요양시 태자하구 흥륭촌(興隆村)에 위치한다. 이 지역 청년번화가 문성로 동쪽 도로의 남쪽 100m에 요양 제2화력발전소가 있고 북쪽으로 흥륭촌 채소밭이 있고 동쪽에는 화력발전소 전용 철로가 있으며 서쪽에는 문성로가 있다. 한나

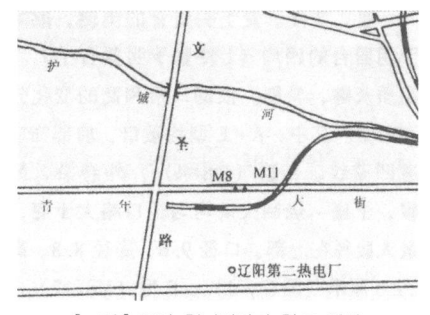

[그림1] 요양 청년번화가 한묘 위치

---

[1] 王來柱,「遼陽靑年大街發現的兩座漢墓」,『遼寧考古文集』, 2003年.

라 무덤 두 기는 동서로 배열해 있는데, 동쪽에 있는 것이 M11, 서쪽에 있는 것이 M8이다(그림1). 현장을 정리할 때 발견하였고 동서쪽 방향의 하수관 도랑에 의해 남북 방향의 무덤방 1개가 둘로 나뉘었는데, 상당히 심각하게 훼손되었다.

2. 고분 구조와 출토유물

1) M8

무덤 입구의 거리는 지표에서 1.5m인데, 무덤문과 무덤방이 두 부분으로 조성되어 있기 때문이다. 공사 때문에 무덤방 바깥 부분이 깨끗하게 정리되어 있지 않아 무덤의 구조를 확실히 알 수 없다. 무덤문은 무덤방 북벽 정중앙에 있고 무덤은 북동 17도로 향해있다. 무덤문은 너비 0.74m, 높이 1.2m인데 마침 북벽의 남은 부분과 높이가 동일하다. 무덤방은 장방형으로 남북 길이 3.5m, 동서 너비 1.6m이다. 서벽과 무덤 바닥은 회색 마문전(麻紋磚)을 사용하여 쌓았다. 벽돌 굽는 온도가 비교적 높고 규격은 36cm×16cm×4cm이다. 무덤방 외벽의 남북 길이는 4.2m이고 동서 너비는 2.3m이다. 무덤 바닥은 벽돌 한 겹을 평평하게 깔았는데, 벽돌을 '人'자 형으로 쌓았다. 네 벽은 가로 두 단·세로 한 단의 방법으로 쌓았다. 동·서 벽의 높이는 0.72m이고 그 위는 쐐기형의 벽돌을 사용하여 벽돌 하나를 아치형으로 세웠다. 아치의 남은 높이는 0.28m이며 아치의 꼭대기는 무덤방 안으로 움푹 패어서 낮아져 있다. 쐐기형의 벽돌은 높이 36.5cm, 너비 10.6cm, 두께 4cm이다. 남·북벽 높이는 1.2m인데 그 위에 쐐기형 벽돌은 보이지 않는다(심지어 남은 조각조차도). 무덤 꼭대기는 아치형이 아니고 평평하게 만든 것으로 추측된다. 현장 정리가 끝났을 때, 무덤문 벽돌과 무덤방 북벽 벽돌의 쌓는 방법이 같지 않다는 것을 발견했다. 비교적 어수선하여 북벽의 가지런함에 미치지 못하고, 무덤방을 수리 개조했을 때 먼저 문틈을 남기고, 뒤에 묘주(墓主)와 부장품을 묻은 후 외측에 있는 벽돌을 다시 이용하여 무덤문을 막았을 것으로 추측한다(그림2).

무덤방 북쪽 중간 부분에서 사람뼈가 발견되었는데, 심각하게 훼손되어 있다. 하수관 도랑 남쪽 벽돌 쌓은 바닥에서 머리뼈 하나가 발견되었는데, 북측 바닥 동서쪽에 각각 정강이뼈 몇 개가 있고 매장 양식은 분명하지 않다. 머리뼈와 정강이뼈의 분포 위치로 살펴보면 시신 두 구가 있었을 것으로 추정되는데, 부부합장인지 여부는 명확하지 않다. 부장품은 전부 무덤방의 남쪽 부분에 매장되어 있는데 대다수가 길이 70cm, 너비 66cm, 두께 4cm의 장방형으로 쌓은 명기대 위에 있다.

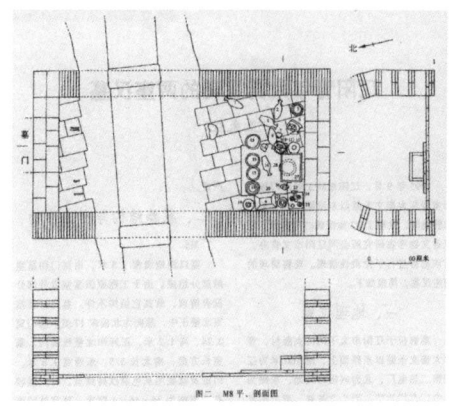

[그림2] M8 평면도·단면도
1.2.4.6.12.16.19.도병 3.18.대도부 5.도기잔편
7.도잔 8.도렴 9.도작 10.11.26.이배
13.15.17.염구천복분 14.도배 20.도합 21.도정
22.도조 23.24.25.소도부 27.도안 28.심복분

부장품은 전부 도기이다. 도기 소재로 보면 니질(泥質)회색도기가 주를 이루고 물레로 만들었으며 소량의 틀로 찍은 것과 손으로 빚은 것도 있다. 견고하고 소성온도가 높으며 무늬가 없는 것이 많다. 부장품 유형은 병(瓶), 쟁반(盤), 가마(釜), 등잔(盞), 잔(杯), 이배(耳杯), 경대(奩), 국자(勺), 곳간(倉), 부뚜막(竈), 우물(井), 소반(案) 등이 있다. 그중 병, 쟁반, 가마, 이배가 대다수를 차지한다. 아래에 분류해서 서술했다.

① 병(瓶)

7개. 머리뼈의 남쪽에 위치하고 명기대의 주위에 흩어져 있다(1개는 명기

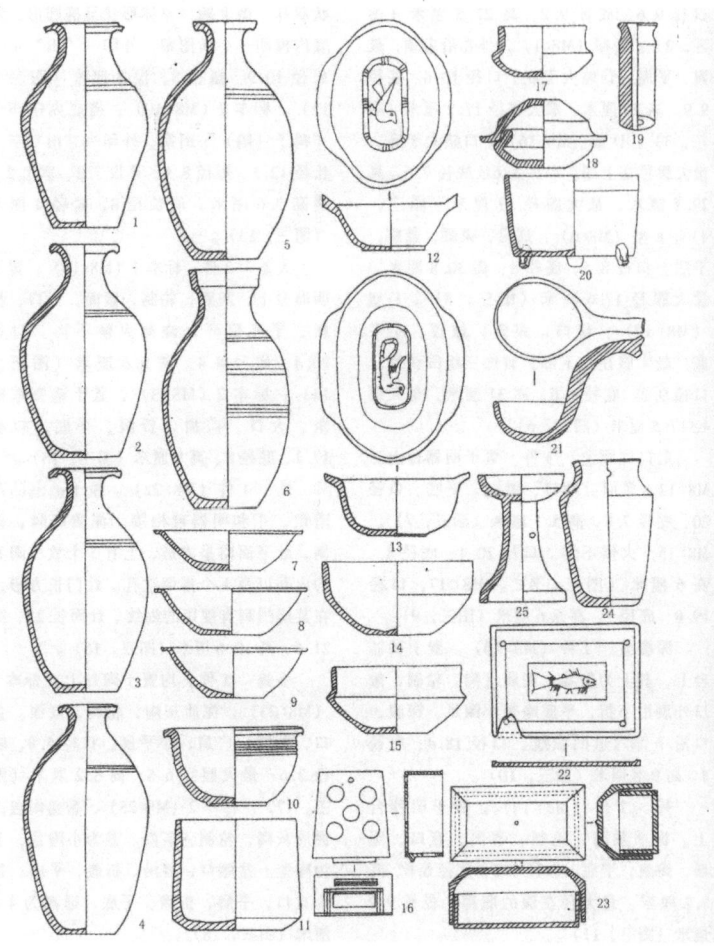

[그림3] M8 출토도기
1-6.병 7-10.동이 11.잔 12,13.이배
14,15.큰 가마 16.부뚜막 17,18.작은 가마 19.연통
20.경대 21.국자 22.소반 23.합 24.우물 25.잔

대 위에 위치한다). 니질회색도기이고 물레로 만들었다. 입 가장자리와 높이의 변화에 근거해서 6가지 형태로 분류한다. 그중 A~E 형태는 모두 입이 널찍하고 어깨 부분은 3개의 새긴줄무늬(凹線紋)로 꾸며져 있다.

A형(M8:4)은 목이 바깥쪽으로 말려있고(外卷沿) 배가 불룩하며 바닥은 평평하다. 소성온도가 모두 균등하도록 가마에 넣어 굽고 입은 바닥

보다 약간 크며 최대 배 둘레는 윗부분에 있다. 지름(口徑) 9.6cm, 바닥 지름(低徑) 8.8cm, 높이 26.8cm이다(그림3, 1).

B형(M8:12)은 목이 바깥쪽으로 말려있고 배는 불룩하며 바닥은 평평하고 입이 바닥보다 약간 크다. 입 지름 9.6cm, 바닥 지름 9.2cm, 높이 27.5cm이다(그림3, 2).

C형(M8:1)은 목이 바깥쪽으로 말려있고 배는 볼록하며 바닥은 평평하고 입이 바닥보다 약간 크다. 입 지름 10.6cm, 바닥 지름 9.9cm, 높이 29cm이고 최대 배 둘레는 17.2cm이다(그림3, 3).

D형(M8:16)은 입이 바닥보다 약간 크고 최대 배 둘레는 윗부분에 있다. 입 지름 8.6cm, 바닥 지름 7.6cm, 높이 29.7cm이고 최대 배 둘레는 17cm이다(그림3, 4).

E형(M8:6)은 가장자리를 넓히고 목은 동여매고 배는 볼록하며 바닥은 평평하다. 입 지름 8.6cm, 바닥 지름 8cm, 높이 30.8cm이고 최대 배 둘레는 17.6cm이다(그림3, 5).

F형(M8:19)은 입이 과대하고 목은 동여매고 배는 볼록하며 바닥은 약간 평평하고 최대 배 둘레는 아랫부분에 있다. 어깨는 3개의 새긴줄무늬로 꾸며져 있다. 입 지름 9.2cm, 바닥 지름 8.6cm, 높이 31cm이고 최대 배 둘레는 17.5cm이다(그림3, 6).

② 동이(盆)1

널찍한 입과 얕은 배를 갖는 것 3개. 명기대 위에 위치한다. M8:13은 무늬가 없는 단면이다. 입은 널찍하고 가장자리도 넓으며 바닥은 평평하다. 입 지름 20cm, 바닥 지름 7.8cm, 높이 5.1cm이다(그림3, 7). M8:15의 소성온도는 고르지 않다. 입 지름 20.4cm, 바닥 지름 8cm, 높이 6cm이다(그림3, 8). M8:17은 입 지름 19.8cm, 바닥 지름 7cm, 높이 6.6cm이다(그림3, 9).

③ 동이(盆)2

깊은 배의 동이 1개(M8:28). 명기대 위에 위치하고 그 위에 도기소반이 있다. 니질 붉은 도기이고 물레로 만들었다. 입은 널찍하고 바깥 가장자리도 넓으며 아래는 꺾여 있고 평평한 바닥은 약간 좁은 둘레의 다리를 가지고 있다. 배는 깊고 입 가장자리 아래는 6개의 새긴줄무늬로 꾸며져 있다. 입 지름 18.4cm, 바닥 지름 8cm, 높이 9.8cm이다(그림3, 10).

④ 잔(杯)

1개(M8:14). 명기대 위에 위치한다. 니질회색도기이고 물레로 만들었다. 무늬가 없는 단면에 입이 곧고 입술은 둥글고 배는 통 모양이며 바닥은 평평하다. 입 지름 8.6cm, 바닥 지름 6.6cm, 높이 7.2cm이다. 최대 지름은 배 아랫부분에 있고 직경 9.2cm이다(그림3, 11).

⑤ 이배(耳杯)

3개. 명기대 위, 도기소반 양쪽에 위치하는데, 그중 2개가 소반 동쪽의 도기경대 안에 위치한다. 표본1(M8:26)은 니질회색도기로 틀로 찍었고 초승달 모양의 두 귀를 가지고 있는데 약간 위로 들려있다. 전체 형태는 타원형이다. 그릇 바닥 안에 작은 새 그림을 찍어냈고 바깥에는 '田' 자가 새겨져 있다. 장경(長徑) 10.9cm, 단경(短徑) 8cm, 깊이 3cm이다(그림3, 12). 표본2(M8:10)에는 그릇 바닥 안에 '오리' 그림을 찍어냈다. 장경 12.5cm, 단경 8.5cm, 귀길이 7.2cm, 너비 1.2cm이고 총 높이 3.6cm이다. 바닥 장경 8cm, 단경 4cm이다(그림3, 13).

⑥ 큰 가마(大釜)

2개. 표본1(M8:18)은 명기대 위에 위치하는데 회색도기로 물레로 만들었다. 무늬가 없는 단면에 입은 크고 배는 꺾여 있으며, 평평한 바닥은 약간 둥글고 가마에서 소성온도가 균등치 않게 구워졌다. 입 지름 20.4cm, 바닥 지름 8.4cm, 높이 9.6cm이다(그림3, 14). 표본2(M8:3)는 무덤방 동남 모서리에 있는데, 입이 크고 어깨는 넓으며 배는 꺾여 있고 바닥은 평평하다. 입 지름 17.1cm, 바닥 지름 8cm, 높이 9cm이다(그림3, 15).

⑦ 부뚜막(竈)

1개(M8:22). 무덤방 서남 모서리에 있고 동쪽과 명기대가 서로 접해있다. 니질회색도기로 본을 떠서 만들었고 부뚜막 평면은 약간 네모나고 위에는 작은 도기가마의 불구멍 5개와 굴뚝 1개가 있다. 아궁이는 장방형인데, 그 주위에 바로 일정한 새김무늬가 있다. 부뚜막 면 길이 22cm, 너비 21.6cm, 높이 10.6cm이다(그림3, 16).

⑧ 작은 가마(小釜)

5개. 모두 도기부뚜막 위에 위치한다. 표본1(M8:23)은 니질회색도기로 물레로 만들었고 무늬가 없는 단면이다. 입은 곧고 입술은 둥글며 어깨는 넓고 바닥은 작고 평평하다. 입 지름 5.8cm, 바닥 지름 3.6cm, 최대 배 둘레 6.5cm, 높이 3.2cm이다(그림3, 17). 표본2(M8: 25)는 뚜껑이 있는 도기가마로 니질회색도기이며 물레로 만들었고 무늬가 없는 단면이다. 작은 도기동이를 덮어 아래가 도기가마가 된다. 동이는 입이 널찍하고 가장자리가 넓고 바닥이 평평하다. 가마는 입이 곧고 입술이 평평하며 배는 꺾여 있고 총 높이 4.4cm이다(그림3, 18).

⑨ 굴뚝(煙囱)

1개(M8:29). 발굴시 도기부뚜막 밑에서 발견했는데 원래 부뚜막 배연구(排煙口)에 위치했을 것으로 추측한다. 니질회색도기로 물레로 만들어 손으로 조립했으며 무늬가 없는 단면이다. 입이 과대하고 관(管)이 곧다. 입 지름 0.7cm, 바닥 지름 2.6cm, 높이 6.9cm이다(그림3, 19).

⑩ 경대(奩)

1개(M8:8). 명기대 위에 있는데 안에 도기국자와 이배를 담고 있다. 니질회색도기로 물레로 만들었다. 입은 바닥보다 약간 크다. 벽은 곧고 바닥은 평평하다. 바닥 부분에 발 3개가 붙어있고 입 부분은 새긴줄무늬 하나로 꾸며져 있으며 바닥의 다리는 짐승 머리 형태이다. 입 지름 18.5cm, 바닥 지름 16.4cm, 총 높이 9.7cm, 다리 길이 3.3cm이다(그림3, 20).

⑪ 국자(勺)

1개(M8:9). 도기경대 안에 위치한다. 니질회색도기로 손으로 빚었고 무늬가 없는 단면이다. 한쪽 면에서 보는 형태는 '거위' 모양을 나타낸다. 자루는 굽어있고 손잡이는 짧으며 국자는 타원형이다. 국자 장경 5.2cm, 깊이 2cm, 자루 총길이 5cm이다(그림3, 21).

⑫ 소반(案)

1개(M8:27). 명기대 위에 위치한다. 그 아래에 동서 양쪽에 각각 마문(麻紋) 벽돌 하나씩 사용해서 받치고 있고 위에는 평평히 깐 벽돌면으로 소반을 지탱하는 면으로 했는데 두 벽돌 중간에 배가 깊은 동이 1개가 위치한다. 니질회색도기로 틀로 찍어 만들었다. 평면은 장방형이고 네 모서리에는 둥근 구멍이 1개씩 있으며 네 가장자리는 너비 0.8cm의 볼록한 모서리가 있다. 소반 안쪽면 가운데에 '물고기' 무늬 하나가 새겨져 있는데, 그 주위에는 장방형의 테두리(線框)가 있다. 소반은 길이 40cm, 너비 29cm, 두께 1.2cm이고 둥근 구멍은 지름 1.2cm이다(그림3, 22).

⑬ 합(盒)

1개(M8:20). 무덤방 남쪽 부분에 위치하고 서쪽은 무덤 벽을 내려다보며 동쪽은 명기대와 접해있다. 니질회색도기로 본을 떠서 만들었고 무늬가 없는 단면이다. 덮개와 합 두 부분으로 이루어져 있다. 덮개 윗부분은 사다리꼴이고 정중앙에 둥근 매듭(紐)이 있으며 아랫부분은 장방형이다. 합의 평면 또한 장방형이다. 총 높이 16cm, 덮개 길이 36.8cm, 너비 19.6cm이고 합은 길이 34cm, 너비 16.4cm이다(그림3, 23).

⑭ 우물(井)

1개(M8:21). 그 남쪽에 도기부뚜막이 있고 북쪽에 도기합이 있다. 니질회색도기이고 흑색 알갱이가 끼어있다. 입은 과대하고 어깨는 넓으며 벽은 비스듬히 곧고 바닥 부분은 작고 평평하게 깎여 있다. 목 부분에 정확히 뚫려있는 구멍이 2개 있는데 당시 우물 난간의 사용을 의미한다. 구멍 지름 0.8cm, 입 지름 9.6cm, 어깨 지름 12.6cm, 바닥 지름 6.2cm, 높이 19cm이다(그림3, 24).

⑮ 등잔(盞)

1개(M8:7). 무덤방 남쪽 부분에 위치하고, 서쪽에는 명기대가 있다. 니질회색도기이고 물레로 만들었다. 입은 짧고 발은 높고 둥글며(高圈足) 발 위와 밑받침 위에는 각 새김구멍이 1개씩 있다. 밑받침 지름은 입 지름보다 크다. 입 지름 11.6cm, 바닥 지름 12cm, 높이 16.4cm이다(그림3, 25).

2) M11

M8 동벽 바로 옆에 있는 M11을 발견했다. 구조는 M8과 서로 동일한데 명기대가 없다. 무덤 길이 2.9m, 너비 1.4m이다. 부장품은 전부 무덤방 남쪽 부분에 있는데 도기병, 시루, 동이, 가마, 우물, 도기부뚜막이 드물게 보이고 보존상

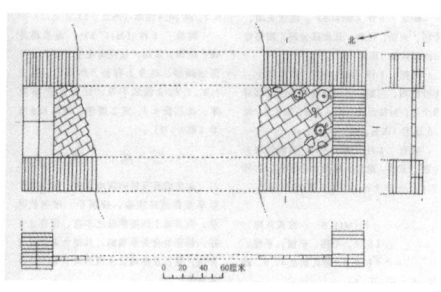

[그림4] M11 평면도·단면도
1.우물 2.부뚜막 3.병 4.시루 5.동이 6.가마

태에 차이가 있다. 무덤 바닥은 M8보다 0.5m 정도 더 높다. 부장품 북쪽 부분에서 사람뼈 잔편이 보이는데, 보존상태가 나쁘고 매장 방법도 분명하지 않다. 이 무덤은 아이의 무덤이었을 것으로 추측한다(그림4). 발굴시 발견했는데, M8 무덤구덩이와 동벽 사이를 메운 흙이 M11 서벽으로 무너져 있었고 시간상 M8보다 약간 늦은 것 같다.

① 도기병(陶瓶)

1개(M11:3). 니질회색도기이고 물레로 만들었다. 목은 묶고(束頸) 배는 볼록하며 남은 부분은 훼손되었다. 어깨 부분은 새긴줄무늬 줄로 꾸며져 있다(그림5, 3).

② 도기시루(陶甑)

1개(M11:4). 형체는 비교적 작다. 모래알이 끼어있는 붉은 도기이고 손으로 빚었다. 형태는 타원형이고 바닥 부분에 구멍 4개가 있는데, 서로 마주 보게 뚫려있다. 장경 3.6cm, 단경 3cm, 깊이 1.5cm이다(그림5, 4).

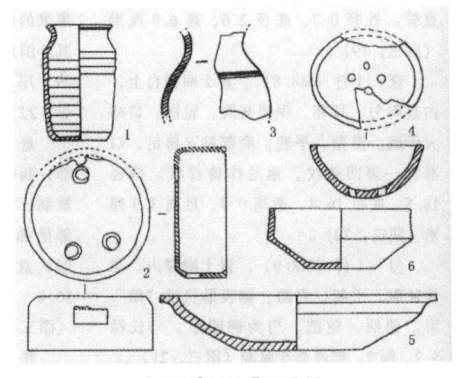
[그림5] M11 출토유물
1.우물 2.부뚜막 3.병 4.시루 5.동이 6.가마

③ 도기동이(陶盆)

1개(M11:5). 니질회색도기이고 물레로 만들었으며 무늬가 없는 단면이다. 입은 널찍하고 가장자리도 넓고 바닥은 약간 평평하다. 입 지름 17.4cm, 바닥 지름 7.6cm, 높이 3.4cm이다(그림5, 5).

④ 도기가마(陶釜)

1개(M11:6). 니질회색도기로 물레로 만들었고 무늬가 없는 단면이다. 입은 곧고 입술은 평평하며 배는 꺾여 있고 바닥은 평평하다. 입 지름 17.6cm, 바닥 지름 8.4cm, 최대 배 둘레 17.8cm, 높이 7.4cm이다(그림5, 6).

⑤ 도기우물(陶井)

1개(M11:1). 니질회색도기로 물레로 만들었다. 입은 과대하고 목은 묶었으며 벽은 곧다. 배 부분 안쪽에 테두리를 잘 두른 흔적이 있으며 바깥 부분에는 목 아래와 배 위에 테두리를 잘 두른 흔적 4줄이 있고 그 아래에 벽이 깎여 있는데, 많은 작은 면으로 이루어져 있다. 입 지름 8.8cm, 바닥 지름 6.2cm, 높이 14.4cm이다(그림5, 1).

⑥ 도기부뚜막(陶竈)

1개(M11:2). 니질흑회색도기로 물레로 만들었고 무늬가 없는 단면이다. 부뚜막 면에는 상징적인 구멍 3개가 있다. 평면은 원형이고 부뚜막 몸체에 장방형의 아궁이가 있는데, 구멍 지름은 1.4cm, 1.8cm, 2cm로 서로 같지 않다. 부뚜막 면의 직경은 16cm이고 아궁이는 길이 4.4cm, 너비 2cm, 총 높이 6.6cm이다(그림5, 2).

3. 결어

 이번에 정리 발굴한 한묘(漢墓) 두 기는 모두 장방형 단실(單室)에 아치형 천장의 벽돌방무덤(塼室墓)이다. 규모는 작으며 형태는 비교적 간단하지만, 그 출토된 부장품은 풍부했고 보존이 잘 되어 있다. 부장품 조합 관계도 명확했고, 게다가 절대다수가 위치 이동이 없었다. 이것은 요양 지역에서 발견한 벽돌방무덤에서 잘 보이지 않는 현상이다.

 부장품 조합은 세 종류로 나눌 수 있다. 일용(생활)도기는 병, 동이, 등잔, 잔, 큰 도기가마가 있는데, 묘주의 남쪽 부분에 분포해 있으며 명기대의 북쪽 중간 부분에 있다. 제전(祭奠)도기는 경대, 국자, 이배, 소반, 배가 깊은 동이가 있는데, 명기대의 남쪽 중간 부분에 분포한다. 모형(模型)도기는 우물, 합, 부뚜막, 작은 도기가마, 연통(烟囱)이 있는데, 명기대의 서쪽에 가까운 무덤방 서남쪽 벽에 분포해 있다.

 사람뼈의 배열도 일정한 규칙이 있다. 즉 발이 앞, 머리가 뒤에 있고 발 가까이에 무덤문이 있고 머리 근처에 명기대가 있다. 이 요양 당호둔(唐戶屯)의 석곽묘(石槨墓)1와[2] 낙양 소구 한묘(洛陽 燒溝 漢墓) M1027$_2$의 배

---

[2] 당호둔 한묘군(唐户屯漢墓群). 요녕 요양시교(遼陽市郊) 당호둔(唐户屯) 소재. 1954년 213기를 발굴하였는데 대부분 석곽(石槨)묘이고 옹관묘와 전실(磚室)묘도 소수 있다. 석곽묘는 단실(單室) 위주이고 무덤방 평면은 장방형, 'T' 자형, '工' 자형, '十' 자형 등이다. 부장품이 많은데 주로 도제명기(陶制明器), 철기, 청동기, 은기(銀器), 장식구슬, 청동인장, 한 대 화폐 등이 있고 서한 말년에서 동한 말년의 묘장군(墓葬群)으로 본다(출처: 바이두 백과, 역자주).

열 상황이 일치한다. 두 무덤의 출토유물은 비록 명확한 연대는 없지만, 무덤방 구조와 출토유물은 의외로 비교적 분명한 시대 특징을 가지고 있다.

① 무덤방 구조를 볼 때 : 네 벽과 바닥에 깔려있는 벽돌 모두 마문(麻文) 벽돌을 쌓았고, 무덤 천장은 쐐기형 벽돌로 쌓았으며 바닥은 작은 '人'자 형으로 벽돌을 깔았다. '人'자 형으로 바닥에 벽돌을 깐 것은 낙양 소구(燒溝) 한묘에서도 찾을 수 있는데, 소구 한묘에서는 최근에 출토된 형식이다.[3] 무덤 벽은 '가로 두 줄·세로 한 줄' 양식을 이용해서 서로 엇갈리게 쌓았는데 심양 백관둔묘(伯官屯墓)[4], 무순 소갑방(小甲邦) 동한묘[5]와 서로 동일하다.

② 한 묘 두 기의 출토유물은 비록 약간의 차이점은 있지만 시대 특징은 일치한다. 그중 도기병, 우물, 부뚜막 모양의 도기는 무순 소갑방 동한묘에서 출토된 같은 종류의 것들과 특징이 서로 유사하여 이배, 배가 얕은 동이, 도기국자도 같으며 도기경대 안에 이배, 도기국자가 놓여있고, 낙양 소구 한묘 M1027의 같은 종류의 물품과도 서로 같은 곳에 구비해 있다.

이상 재료 비교분석을 통해서 요양 청년 번화가에서 발견한 한 묘 두 기의 연대를 처음 확인했는데, 대체로 동한(東漢) 중·말기로 볼 수 있다.

---

1 沈欣,《遼陽唐戶屯一帶的漢墓》,《考古通訊》1955年 第4期.
2 洛陽區考古發掘隊:《洛陽燒溝漢墓》, 科學出版社, 1959年.
3 同 2)
4 沈陽市文物工作組:《沈陽伯官屯漢魏墓葬》,《考古》1964年 第11期.
5 李繼群, 鄭晨:《撫順小甲邦東漢墓》,《遼海文物學刊》1992年 第1期.

15. 요녕 요양 남교가(南郊街) 동한(東漢) 벽화무덤[1]

요녕성문물고고연구소

2003년 11월 요양시 문성구(文聖區) 남교가(南郊街) 북측 요양전력설비유한공사 건설 생산관리구역에서 한 기(座)의 석판 벽화무덤을 발견했다. 2004년 3월 중순부터 4월 초까지 요녕성 문물고고연구소가 이 지역의 정밀 탐사에서 또 두 기의 석판 무덤을 발견했다. 2004년 4월부터 7월까지 우리는 이 무덤 3기에 대해 고고 발굴을 진행했다(동쪽에서 서쪽으로 분별하여 M1, M2, M3로 번호를 매김). 현장 발굴 상황에 대한 브리핑은 다음과 같다.

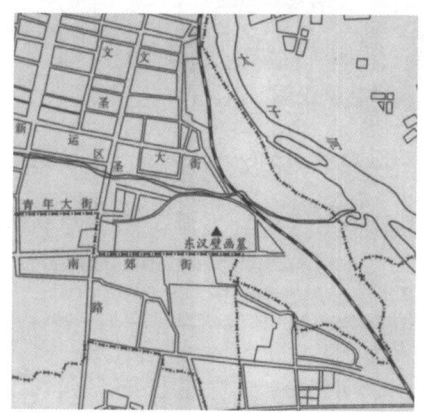

[그림1] 위치 표시도

이 무덤 3기는 요양전력설비유한 공사 생산관리구역의 동북부에 위치하고 이 고분군은 요양 동남부 '아방 동한 벽화고분군(鵝房 東漢 壁畵

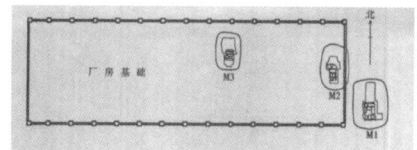

[그림2] 묘장 평면 분포도

---

1 遼寧省文物考古研究所,「遼寧遼陽南郊街東漢壁畵墓」, 『文物』, 2008年 10期.

古墳郡)'의 가장자리에 위치한다(그림1). 이 무덤 3기는 동서로 배열되어 있고(그림2) 모두 제1층 벽에 고르게 개구 한다. 일찍이 도굴당했는데 현대에는 공사 시공으로 무너졌다. 본래 모습은 무너진 아랫면의 흙에 묻혀 있으며 무덤의 천장 부분 뚜껑돌(蓋石)은 원래는 지표면 위에 위치한다.

1. 1호 무덤(M1)

M1의 무덤방(墓室)은 남쪽에서 북쪽으로 향해있고 방향은 20도이다. 봉토, 무덤구덩(墓壙), 무덤방 세 부분으로 나뉘어 있다.

1. 고분의 형태

많지 않은 봉토가 제1층에, 지표에서 1.3m~1.4m 정도의 거리에 남아 있다. 짙은 황색을 띠며 토질은 부드럽고 무덤을 만들 때 석판을 가공하고 남은 자갈과 드물게 남아 있는 한나라 벽돌기와(塼瓦)가 포함되어 있다. 봉토의 형태는 타원형으로 남북 길이는 14.4m, 동서 길이는 12.8m이고 봉토의 가장 두꺼운 부분은 약 0.5m 정도로 남아 있다. 여기에서 추정할 수 있는 것은 이 무덤의 봉토 형태가 원추형에 가까운 혹은 방추형의 무덤이라는 것이다. 봉토의 남부는 현대의 인공 방어시설물로 인해 부서졌고 봉토 내부에서 모래가 섞여 있는 황갈색 도기시루의 파편이 출토되었다.

무덤구덩은 네모에 가깝고 동서 길이 5.34m, 남북 너비 5.6m이다(그림3~5). 무덤에는 두 개의 문이 있다. 북문이 정문이고 무덤길(墓道)은 비스듬한 형태로 갖추어져 있다. 위에는 비교적 많은 양의 자갈이 있다. 너비는 2m~2.3m이고 남북 길이는 4.6m인데 가장 깊은 곳은 1.66m이다. 동남쪽 모서리 무덤문은 장방형의 비스듬한 형태이고 비교적 많은 양의 자

같이 깔려있다. 동서 길이는 2m, 남
북 너비는 1.88m이다. 무덤구덩 안에
메워진 흙은 황갈색이고 다시 메우면
서 단단하게 다져서 덩어리진 모양이
다. 메워진 흙 안에는 대량의 가공된
묘장(墓葬) 석재가 폐자재로 남아 있
다. 아래에서 위로, 많은 데서부터 적
은 데까지 무덤의 네 벽을 보강하고
있다. 이외에도 소량의 한 대 벽돌기
와가 있다.

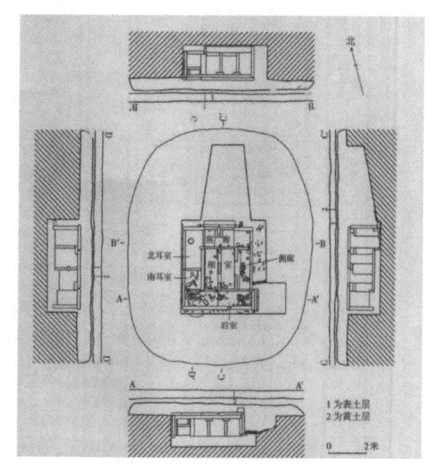

[그림3] M1 평면도·단면도

무덤방의 평면은 정사각형에 가
깝고 상부는 평평하고 남북 길이
는 5m, 동서 너비는 4.4m이다. 북측
무덤문은 두 짝의 석판으로 폐쇄되
어 있다. 석판의 두께는 0.16m, 높이
는 1.7m, 너비는 1m이다. 석판의 바
닥 부분에도 석판 하나가 깔려있는
데, 길이는 2m, 너비는 0.4m, 두께는
0.18m이다. 폐쇄된 문의 석판 양쪽이
기둥인데, 기둥의 아랫부분은 돌이고
이는 문침(門枕, door bearing)과 같다
(그림6).

북문을 열면 두 개의 돌문지방(石
門檻, 길이 0.84m, 너비 0.16m, 높이
0.48m)이 바깥쪽의 받침돌 판자와
연결되어 있다. 뒤의 것이 약간 더 높

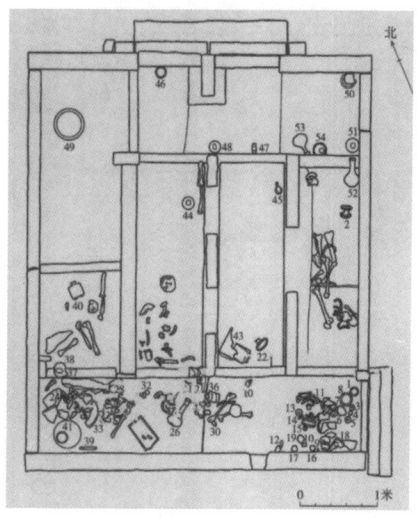

[그림4] M1 널방 및 부장유물 출토 위치
1,6,11,17. 도기개 2,15,22,34,44. 도기좌
3,17,16,20,29. 도등잔 4,5,8,18,21,48. 도부
9,10,12. 도표 13. 도증가 14. 도어
19,37. 도이배 24,25. 도구재 28. 도조좌
30,31,39. 옥함 32. 도배 33. 도렴 35. 석촉
36. 석추 38,46. 도반 40. 도편호 41. 석선
43. 도조 45. 도구 47. 도조(도마)
50. 도정 51,52,53. 도장경병
56,57. 골추

이 있다. 앞 회랑은 동서 길이 2.88m 이고 남북 너비 1.04m이며 실내 높이 1.9m이다. 앞 회랑 북측의 무덤문 중 간에는 네모에 가까운 주춧돌이 1개 있다. 그 위에 기둥이 한 개 있는데, 무덤문의 석판과 접해있다. 윗면에는 네모난 기둥머리가 있고 기둥머리 위 에는 문미의 대들보가 있으며 대들보 위에는 뚜껑돌이 덮여있다. 옆 회랑은 남북 길이 2.4m, 동서 너비 0.8m, 실 내 높이 1.9m이고 남북 양 끝에는 여 러 곳에 쓰이는 석판이 있다. 그중 북

[그림5] 남에서 북으로 바라본 M1 전경

[그림6] M1 북문 및 양측 운기도

부 석판은 옆 회랑과 양 널방 북단의 칸막이로 쓰인다. 두께 0.16m, 높이 0.4m, 동서 길이 2.88m이다. 옆 회랑의 서쪽 벽은 두 개의 큰 석판을 이 용하여 널방과 분리되고 바닥은 널방 바닥의 시상과 비교할 때 0.5m 아 래에 있다.

주실(널방)은 무덤방의 정중앙에 위치하고 이실(耳室)과는 완정한 판 을 세워 서로 떨어져 있다. 두 널방은 같은 크기인데, 모두 남북 길이 2.44m, 동서 너비 0.84m, 실내 높이 1.4m이고 후실 바닥이 0.08m 낮다. 두 널방 사이에는 판을 3개 세웠는데, 서로 0.56m 간격으로 떨어져 있고 각각 너비 0.4m~0.65m, 두께 0.16m, 높이 1.24~1.4m이다. 널방의 북부 와 남부 모두 입판(立板) 위에 네모난 기둥머리가 있고 그 윗부분에는 동 서 방향의 대들보가 밀착해있다. 널방 동부의 입판 위에도 네모난 기둥머 리가 있고 또 그 위에 동서 방향의 대들보가 있을 뿐만 아니라 남북 방향 의 들보가 연결되어 있다. 다시 윗면에 뚜껑돌을 평평하게 펼쳐 놓았다.

후실 동쪽 한 귀퉁이 문은 바깥과 통한다. 동쪽 무덤문의 닫힌 문 석

판은 너비 1.24m, 높이 1m, 두께 0.16m이다. 석판의 바닥 부분 또한 너비가 0.3m이다. 돌깔판(墊石板)의 아랫면과 외측은 백회면(白灰面)으로 되어 있고 깊이 0.4m, 너비 1.34m이다. 닫힌 문 석판 윗면에는 길이 1.6m, 너비 0.4m 정도의 긴 석판이 누르고 있다. 이 석판이 문미 역할을 한다. 후실은 동서 길이 4.14m, 남북 너비 0.92m, 실내 높이 1.32m이다.

이실(耳室)은 남과 북, 두 칸으로 나뉜다. 두 이실 사이는 높이 0.82m의 석판으로 서로 떨어져 있는데, 칸막이의 동서 양쪽은 무덤 천장의 뚜껑돌을 지탱하고 있는 기둥으로 분별 된다. 북이실(北耳室)은 남북 길이 2.3m, 동서 너비 0.98m~1.05m이고, 남이실(南耳室)은 남북 길이 1.1m이고 동서 너비는 북이실과 같다. 남이실 남단 서쪽에는 세로로 쌓은 석판 2개가 있다. 천장에는 동서 방향의 대들보가 있다. 남이실 바닥 위에는 이외에도 두께 0.18m의 석판이 깔려있다.

M1의 건축 방법은 아래와 같을 것으로 생각된다. 즉, 먼저 수직 벽의 네모난 무덤구덩(墓穴)을 파고 북쪽 가운데에 비탈진 무덤길을 파낸다. 동쪽에도 경사진 무덤길을 파낸다. 무덤 바닥에 석판을 평평하게 깔고 네 벽에 판을 세우고 입구를 남겨두고 문지방과 문기둥을 쌓는다. 사방에 흙을 메워 다지고 네 벽의 석판을 고정한다. 무덤 안 서쪽과 남쪽에 사용한 석판을 후실과 이실에 쌓은 후 다시 중간에 널방을 쌓고 널방 내부에 시상으로 쓰이는 네모난 석판 1개를 깐다. 널방, 이실, 옆 회랑 그리고 동서 양쪽 입판 위에 대들보를 설치하고 문 입구의 입판 위에 문미를 설치하고 문지방 밖에 문침(門枕)을 평평하게 깔고 동시에 문 석판을 괸다. 무덤 천장에 큰 석판을 평평하고 펴놓고 석판 사이에 백회를 발라 메운다. 석판은 모두 현장에서 가공하였고 메워진 흙에는 가공된 석재에서 남은 자갈이 많이 있다. 무덤방을 잘 만든 후 원형(圓形)에 가까운 봉토구(封土丘)를 쌓았다. 정문(即北門)을 열기 시작하고, 그런 후에 동문(即側門)을 열었다. 무덤을 완성한 후에 무덤방 안쪽 벽과 성문의 양쪽 문틀 위에 채색

벽화를 그렸다.

    무덤방 안에서 총 3구의 인골을 발견했다. 고분이 도굴당하고 자연스럽게 물이 스며드는 등의 원인 때문에 이 인골들은 대부분 흩어져 있었다. 인골들의 머리는 모두 불명확하게 놓여있다. 후실에 가까운 동쪽 무덤문 쪽에는 머리뼈(頭骨) 1개와 팔다리뼈(肢骨), 갈비뼈(肋骨)가 있는데 그 중 두골은 비교적 완정한 상태로 보존되어있다. 후실 가운데와 서쪽에서도 몇 개의 지골을 발견했다. 남이실에서도 두골과 몇 개의 지골을 발견했다. 왼쪽 널방의 시상 위에서 두골 1개와 부식이 심한 지골이 발견되었다. 옆 회랑에서도 지골이 발견되었고 이 뼈들은 서로 겹쳐서 비교적 집중되어 있다.

2. 벽화

    벽화는 석청(石靑), 주사(朱砂), 흑연(石墨), 석회(白堊土) 등 천연광물질 원료를 사용했고 직접 청석판(靑石板) 위에 그림을 그렸다. 침수와 알칼리성 토양의 침식으로 인해 일부 벽화면은 그다지 뚜렷하지 않다.

    벽화의 분포에는 일정한 규칙을 가지고 있는데 외부에 가까운 정문 양쪽 문기둥 위에 운기도(雲氣圖)를 그렸다. 무덤방 안 벽화는 앞 회랑, 옆 회랑, 후실, 이실, 널방의 문기둥 위에 분포해 있다. 운기도는 모두 문기둥의 정면에 있는데, 총 5폭이 있고 그중 정문 문기둥에 2폭이 있다. 주사(朱砂)를 원료로 사용하여 문기둥 위에 그렸는데, 'S'자 형으로 간단하게 나타나 있다. 봉황 머리, 뱀의 몸, 꼬리 또한 봉황 머리로 표현되어 있는데 운기도라고 간주할 수 있다(그림7, 8, 9 화보 25쪽).

    문리도(門吏圖)는 정문 중간에 세워진 기둥의 동쪽 면에 위치한다. 얼굴 부분의 채색그림은 이미 떨어져 나갔고 기타 부분은 아직 식별이 가능하다. 문지기의 얼굴은 동쪽을 향하고 입에는 쇠뇌의 화살을 물고 양손에는 활을 쥐고 있다. 노궁(弩弓)은 이미 펼쳐져 출발을 기다리고 있다(그림 10 화보 25쪽).

회랑도(回廊圖)는 앞 회랑의 북벽에 위치하고 주사(朱砂)로 석판 위에 그렸고 옆 회랑과 마주하고 있다. 총 5개의 회랑 기둥에 그려져 있는데 위에는 삼각격자로 장식되어 있고 아래에는 네모격자로 장식되어 있다. 회랑 기둥 사이에는 출구가 남아 있다(그림11).

속리주사도(属吏奏事圖)는 북이실의 북벽에 위치한다. 무덤 주인은 서쪽에 단정하게 가부좌하고 동쪽으로 속리의 얼굴을 향하고 머리에는 관을 쓰고 있고 양손에는 견직물을 쥐고 있다. 마주하고 있는 아랫면에는 속리가 일을 시키는 모습이 있다. 속리는 총 5명인데, 앞에 한 사람이 땅에 무릎에 꿇고 엎드려 있고 뒤에 네 사람이 모두 가지런히 서 있으며 양손에는 홀을 쥐고 있다. 속리 모두 넓은 도포와 큰 소매의 옷을 입고 머리에는 진현관(進賢冠)을 쓰고 허리춤에는 끈을 두르고 있다(그림12, 13

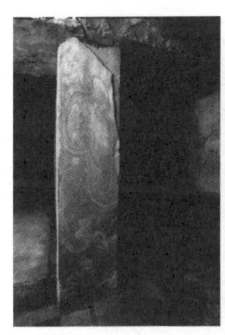
[그림7] 운기도(M1 서측 북단)

[그림8]운기도(M1 북단 동측)

9] 운기도(M1 중간 북단)

[그림10] M1 문리도

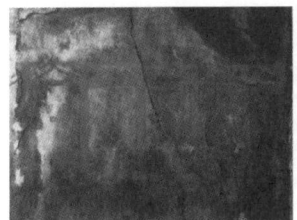
[그림11] M1 회랑도

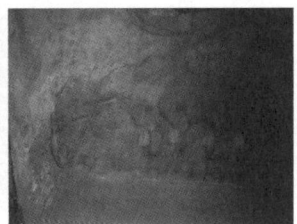
[그림12] M1 속리주사도

[그림13] M1 속리주사도(부분)

화보 26쪽).

　연음도(宴飮圖)는 북이실 서벽 남쪽에 위치한다. 무덤의 주인인 부부 두 사람이 장막 가운데에 앉아 있는데, 장막의 골조는 청색이고 장막은 붉은색이며 장막 가운데 평상 위에는 붉은색 둥근 소반 하나가 있다. 5명의 하인은 장막 바깥쪽에 무릎을 꿇고 앉아 시중을 든다(그림 14, 17 화보 28쪽).

　청산도(靑山圖)는 안개나무로 만든 물건 또는 돌로 된 들보 모양의 물건 위에 제작되었고 삼각형으로 중첩된 도안이다.

　태양도(太陽圖)는 주사(朱砂)를 이용하여 앞쪽 회랑 동쪽 꼭대기 부분에 동그랗게 그려져 있다. 삼족오는 볼 수 없다. 그 아랫면 동벽에 거마출행도의 제1선도마차가 있고 북벽에 회랑도가 있다(그림15 화보27쪽).

　거마출행도(車馬出行圖)는 옆 회랑 동벽에 위치한다. 내용은 위, 아래 두 조로 나뉘어 있는데, 이미 너무 오래되어 희미하다. 오직 윗면의 도안만이 내용을 알아볼 수 있다. 윗면의 출행 거마는 총 4대로 선도마차 2대와 주차(主車)인 제3마차, 뒤따르는 제4마차가 보인다. 제1선도마차는 말이 끄는 작은 마차인데, 백색 우산 덮개와 휘장, 약간 붉은 우산 장식, 검은 마차 바퀴로 되어 있다. 주차 위 오른쪽에는 마차 주인이 하얀 두루마기를 입고 손에 홀을 쥐고 있는데, 홀 왼쪽에는 직함(계급)이 있고 붉은 말 고삐를 손에 쥐고 있다. 마차 앞에 2마리의 말이 있는데 모두 희미해서 분명하지 않다. 제2마차와 제1마차는 형태가 엇비슷하다. 제3마차는 편안한 마차로 마차 주위는 검은 휘장의 병풍이 많다. 붉은 말 한 필이 마차를 끌고 마차 안에는 무덤 주인인 부부 두 사람이 있다. 말의 좌우면 각각에는 직함(계급)이 있다. 마차 앞에서 무사가 마차를 따르는데, 붉은 말을 타고 손에는 창을 들고 있고 하얀 두루마기를 입었다. 마차 뒤에는 세 부류의 관료가 뒤따르는데 백마(白馬), 홍마(紅馬)를 타는 것으로 분별하고 두건을 머리에 쓰고 있다. 제4마차는 뒤따르는 마차로 마차 모양은 선도

[그림14] M2 연음도(부분)   [그림15] M1 거마출행도   [그림16] M1 거마출행도(부분)

[그림17] M1 연음도(모사도)

[그림18] 거마출행도(부분)   [그림19] 거마출행도(부분)

마차와 다르지 않고 마차 안에는 수행원이 머리에 진현관을 쓰고 있다. 오른쪽에는 백마를 타고 있는 무사가 있다(그림15, 16, 18, 19 화보 27, 28쪽).

3. 부장품

무덤방 안에서 아주 많은 부장품이 출토되었다. 복원한 뒤에 분별할 수 있는 기형은 대략 70여 점이다. 그중 도기가 절대다수를 차지하고 또한 옥기, 석기, 골기(骨器)도 있다. 이른 시기에 도굴당했기 때문에 많은 도기가 부서져 있다.

1) 도기

대다수는 물레로 빚은 것이고, 소수만 손으로 빚은 것이다.

목이 긴 병(長頸瓶): 5개(M1:51). 형상이 모두 일치하고 니질흑회색 도기이다. 곧은 입, 사각진 입술, 마르고 긴 목, 곡선을 띤 어깨, 북(鼓)과 같은 배, 평평한 바닥 형태이다. 목, 어깨, 배는 모두 새긴줄무늬(凹弦紋)로 꾸며져 있고 아랫배 부분에 구멍 3개가 뚫려있으며 바닥 부분 중간에도 구멍이 뚫려있다. 구멍 지름은 1.3cm~1.5cm 정도 된다. 크기는 입 지름 6.2cm, 바닥 지름 11.2cm, 최대 배 둘레 18.4cm, 전체 높이 37.1cm이다(그림21:1, 그림22).

납작한 단지(扁壺): 1개(M1:40). 니질회색도기로 부분 조합으로 이루어졌다. 사각진 입술, 곧은 입, 높은 깃, 평평한 어깨 위에 수직으로 매달린 두 귀, 납작하게 퍼진 배, 평평한 바닥, 판(板) 모양의 작은 발(矮足) 구조이다. 크기는 입 지름 6.4cm, 몸 길이 15.8cm, 너비 8.3cm, 전체 높이 21.8cm이다(그림21:2, 그림23).

용기(盛器): 1개(M1:61). 니질회색도기로 간단한 원판형이고 사각진 어

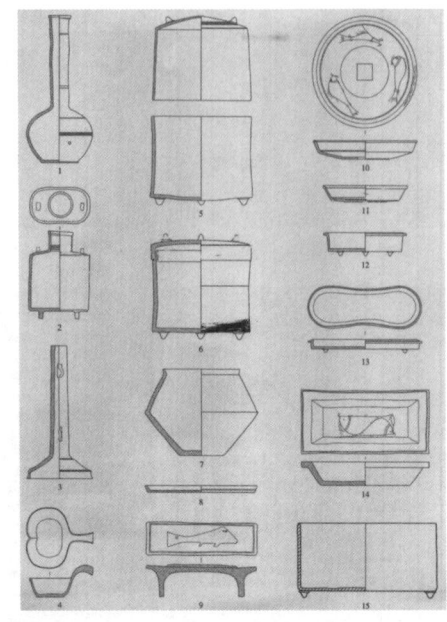

[그림21] M1 출토도기
1. 장경병(M1:51)   2. 편호(M1:40)   3. 조(M1)
4. 괴(M1:76)   5. 렴(M1:33)   6. 렴합(M1:60)
7. B형솥가마(M1:8)   8. 원안(M1:49)   9. 도마(M1:47)
10. 용기(M1:61)   11. 쟁반(M1:46)   12. 삼족반 (M1:63)   13. 조안(M1:62)   14. 어(M1:14)
15. 함(M1:27)

[그림22] 도장경호(M1:51)   [그림23] 도편호(M1:40)

깨, 꺾인 배, 평평한 바닥, 가권족(假圈足)을 하고 중심에는 네모난 구멍이 있다. 이 기기가 받침대에 고정되어 사용되었음을 나타낸다. 구멍은 중심에 원형의 오목한 면이 하나 있고 원의 외측에는 모두 고르게 3개의 물고기 무늬가 새겨져 있다. 입 지름 29.4cm, 바닥 지름 13.5cm이고 사각 구멍은 한 변의 길이 4.4cm, 높이 5.5cm이다(그림21:10).

쟁반(盤): 5개(M1:46). 니질회색도기로 평면은 원형이고 뾰족한 입술, 비스듬한 배, 평평한 바닥 모양이다. 꺾여 있는 배 부분은 돋은줄무늬(凸弦紋)가 있다. 입 가장자리 외측에는 오목한 모양의 흔적이 있다. 입 지름 21.2cm, 바닥 지름 10.9cm, 높이 3.8cm이다(그림21:11).

세 발 쟁반(三足盤): 1개(M1:63). 니질계 흑회색 도기로 평면은 원형이고, 평평한 가장자리, 곧은 배를 하고 있고 평평한 바닥 아래에는 3개의 유상족(乳狀足)이 붙어있다. 입 지름 18cm, 바닥 지름 18cm, 높이 5.4cm이다(그림21:12).

경대합(奩盒): 1벌(M1:60). 니질회색도기이다. 경대 덮개는 사각진 입술, 곧은 입을 하고 덮개 꼭대기에 3개의 유상 매듭이 있다. 경대 몸체는 둥근 입술에 가깝고 입, 곧은 배가 미세하게 안으로 기울고 평평한 바닥 아래에는 3개의 유상족이 붙어있다. 경대 덮개와 경대 몸체는 모두 새긴줄무늬로 장식되어 있고 배아래 가장자리에는 너비 2~3cm의 마모된 띠가 있다. 덮개는 입 지름 23.6cm, 높이 4.6cm이고 합은 입 지름 20.6cm, 높이 18.2cm로 전체 높이는 23.4cm이다(그림21:6).

경대(奩): 1벌(M1:33). 경대 덮개는 니질흑색도기로 윗부분이 두텁고 벽이 곧으며 윗면에 유상뉴(乳狀紐) 3개가 있다. 덮개 꼭대기는 새긴줄무늬로 꾸며져 있다. 경대 몸체는 니질회색도기로 곧은 입과 둥근 입술이고 곧은 배는 약간 안으로 기운 형태로 평평한 바닥 아래에는 오목한 유상족 3개가 있다. 덮개는 입 지름 31.4cm, 높이 25.4cm이고 경대 몸체는 입 지름 27.8cm, 높이 23.4cm이다(그림21:5).

우물(井): 1개(M1:50). 니질회색도기로 평평한 가장자리, 사각진 입술, 졸린 목, 꺾인 어깨, 깊고 곧은 배, 평평한 바닥의 형태이다. 목 부분에는 2개의 구멍이 있고 어깨에는 홈 1개가 있다. 배는 새긴줄무늬로 꾸며져 있다. 입 지름 16.4cm, 바닥 지름 13.6cm, 높이 29.2cm이다(그림24:5).

바가지(瓢): 5개(M1:12). 니질회색도기로 손으로 빚었다. 평면은 타원형과 같다. 입은 벌어져 있고 바닥은 둥글다. 길이 4.5cm, 너비 3cm, 깊이 1cm이다(그림24:13).

괴(魁): 2개(M1:76). 니질계 흑회색 도기로 손으로 빚었다. 평면은 타원형이고 정면 안쪽은 오목하다. 입은 벌어져 있고 배는 깊고 바닥은 평평하다. 뒤에 있는 단면에는 대체로 삼각형의 작은 손잡이가 있다. 전체 길이 17.5cm, 가로 너비 15.7cm, 깊이 5.2cm이다(그림21:4).

국자(勺): 1개(M1:45). 니질흑색도기로 손으로 빚었다. 국자 몸체는 반구형이고 국자 손잡이는 활처럼 굽었고 단면은 삼각형이다. 길이 11.4cm, 최대 너비 5.4cm이다(그림24:1).

구재(构件:構材): 1개(M1:24, 25). 니질회색도기로 손으로 빚었다. 전체는 사각기둥형이고 양 끝에 모두 장부(榫:나무 끝을 구멍에 맞추어 박기 위하여 깎아 가늘게 만든 부분)가 있다. 네 면이 모두 나

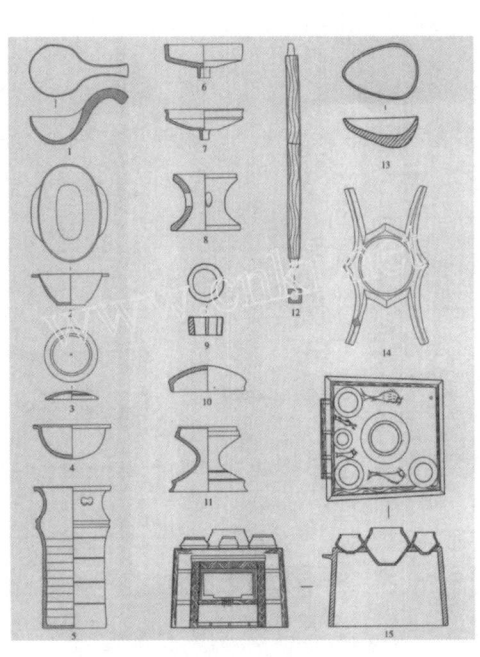

[그림24] M1 출토도기
1. 구(M1:45) 2. 이배(M1:19)
3. A형 기개(M1:1) 4. A형 부(M1:48)
5. 정(M1:50) 6. A형 등잔(M1:16)
7. B형 등잔(M1:29) 8. B형 기좌(M1:15)
9. 배(M1:32) 10. B형 기개 (M1:70)
11. A형 기좌(M1:2) 12. 구재(M1:24,25)
13. 표(M1:12) 14. 훈가(M1:13)
15. 조(M1:43)

물결무늬로 장식되어 있다. 전체 길이 24.7cm, 너비 1.5cm이다(그림24:12).

고리(環): 1개(M1:32). 니질흑색도기로 손으로 빚어 칼로 깎았다. 직경 2.1cm, 두께 1cm이다(그림24:9).

부뚜막(竈): 1개(M1:43). 니질회색도기로 손으로 빚었다. 위 평면과 옆면 모두 사다리꼴이고 위에는 4개의 불

[그림25] 도조(M1:43)

구멍이 있는데, 네 줄의 물고기 무늬를 새겼다. 아궁이는 장방형에 가깝고 주위에 0.5cm 너비의 마름모꼴 띠가 있다. 아궁이 선반(竈檐) 전방돌기에 0.6cm 너비의 물결무늬(水波紋) 띠가 있고 아궁이 면 가장자리 부분도 물결무늬 띠로 꾸며져 있다. 윗면은 길이 31cm, 높이 21.6cm이고 아궁이는 길이 14.8cm, 너비 5.2cm이다(그림24:15, 그림25).

찜틀(蒸架): 1개(M1:13). 니질도기로 손으로 빚어 칼로 깎았다. 중심은 둥글고 바깥은 팔각형이다. 버팀대가 4개인데 붙인 다리가 밖으로 뻐친다. 받침대 단면이 모두 각형(棱形)이다. 길이 18cm, 너비 10.4cm이고 중심 직경은 6.25cm이다(그림24:14).

가마(釜): 6개. 2가지 형으로 나뉜다.

A형 1개(M1:48). 니질흑색도기이다. 사각진 입술, 비스듬한 가장자리는 외면이 과장되어 있고 배는 활모양이며 바닥은 둥글다. 입 지름 15.6cm, 높이 6.6cm이다(그림24:4).

B형 5개(M1:8). 니질회색도기이다. 뾰족한 입술, 졸린 목, 꺾여 있는 배, 평평한 바닥의 구조이다. 입 지름 9cm, 바닥 지름 5.2cm, 최대 지름 13.2cm, 높이 9.8cm이다(그림21:7).

등잔(灯盞): 6개. 2가지 형으로 나뉜다.

A형 4개(M1:16). 니질회색도기이다. 곧은 입에 곧은 가장자리이고 입술

은 네모에 가깝다. 배는 꺾여 있고 등잔의 자루는 관(管) 모양이다. 입 지름 9cm, 바닥 지름 2.4cm, 전체 높이 3.5cm이다(그림24:6).

B형 2개(M1:29). 니질회색도기이다. 활모양의 배 안은 오목하고 아래에 관 모양의 자루가 있다. 입 지름 17.6cm, 바닥 지름 6cm, 전체 높이 5.4cm이다(그림24:7).

등잔받침(灯座): 1개(M1:28). 니질회색도기이다. 가늘고 긴 손잡이에 가운데는 비어 있고 밑받침은 나팔형이다. 손잡이 윗부분에는 'S'자형 구멍이 있고 아랫부분의 나머지 면에도 구멍과 같은 것이 있고 밑받침은 새긴 줄무늬로 꾸며져 있다. 입 지름 4.2cm, 바닥 지름 17.6cm, 높이 34.4cm이다(그림21:3).

가늘고 긴 소반(條案): 1개(M1:62). 니질회색도기이다. 평면은 타원형 비슷한 허리 형태이고 사각진 입술의 가장자리는 굽었는데 바깥은 비스듬하다. 곧은 벽과 평평한 바닥 양 끝은 두 개의 유상뉴족(乳狀紐足)으로 분별 되어 있다. 입 가장자리 쪽 선은 새긴줄무늬로 꾸며져 있다. 입 장경(口張經) 27.2cm, 단경 6.2cm, 전체 높이 3.4cm이다(그림21:13).

둥근 소반(圓案): 1개(M1:49). 니질계 회흑색 도기이다. 뾰족한 입술 가장자리는 비스듬하고 바닥은 평평하다. 소반의 내·외벽에는 모두 새긴줄무늬가 있다. 입 지름 34cm, 바닥 지름 32.4cm, 높이 2cm이다(그림21:8).

도마(俎): 1개(M1:47). 니질회색도기이다. 손으로 빚어 연마하였다(磨光). 장방형의 도마면 양쪽 다리 사이에 반원형의 오목한 내부가 있다. 도마의 네 가장자리는 오목한 홈으로 꾸며져 있고, 정중앙에는 반부조(半浮雕)의 물고기 그림이 있다. 길이 14.4cm, 너비 4cm, 두께 0.6cm, 높이 4cm이다(그림21:9).

그릇받침(器座): 7개. 속이 비어 있고 2가지 형으로 나뉜다.

A형 6개(M1:2). 니질회색도기이다. 허리 부분이 움푹 들어간 가운데 위, 아래 모두 나팔 주둥이 모양이다. 사각진 입술, 그러모아진 입(斂口)을 갖

고 있고 바닥 가장자리는 밖으로 기울었다. 비스듬한 가장자리 외측에는 2개의 오목한 홈이 있고 밑받침은 2조의 새긴줄무늬로 꾸며있다. 입 지름 13.4cm, 바닥 지름 17.8cm, 높이 14cm이다(그림24:11).

B형 1개(M1:15). 니질회색도기이다. 입 바깥 가장자리는 거의 곧고 입술은 뾰족하다. 허리 부분에 3개의 타원형 구멍이 있다. 입 지름 5.4cm, 바닥 지름 6cm, 높이 4.6cm이다(그림24:8).

이배(耳杯): 10개(M1:19). 니질회색도기로 손으로 빚었다. 평면은 타원형이고 양측에는 귀가 있고 배는 활모양이며 바닥은 평평하다. 입 장경 11.4cm, 단경 7.4cm, 높이 3.45cm이다(그림24:2).

잔받침(椷): 1개(M1:14). 니질흑색도기로 손으로 빚었다. 평면은 장방형이고 사각진 입술의 평평하게 꺾인 가장자리, 비스듬한 배, 평평한 바닥 형태이다. 바닥 부분 네 모서리에는 4개의 유상족이 있다. 가장자리 위에는 새긴줄무늬 1줄이 둘려 있고 도기 안의 바닥에는 물고기 2마리가 새겨져 있는데, 머리와 꼬리가 서로 휘감아져 있다. 입 지름 16.6cm, 너비 8.1cm이고 바닥 길이 12cm, 너비 3.4cm, 높이 3.2cm이다(그림21:14).

함(函): 1개(M1:27). 니질회색도기이고 손으로 빚어 칼로 다듬었다. 몸체는 장방형이고 바닥은 평평하다. 네 모서리에는 각각 유상뉴족이 있다. 길이 36.8cm, 너비 20cm, 높이 19.2cm이다(그림21:15).

도기뚜껑(器蓋): 6개. 평면은 둥글고 2가지 형으로 나눌 수 있다.

A형 5개(M1:1). 니질회색도기이다. 깊고 두터운 윗면, 둥근 입술에 평평한 가장자리를 가지고 있다. 입 가장자리 안에는 오목한 홈이 있고 덮개 윗면 중간에 구멍이 있다. 덮개 테두리는 2줄의 새긴줄무늬로 꾸며져 있다. 최대 지름 11.2cm, 높이 1.7cm이다(그림24:3).

B형 1개(M1:70). 니질회색도기이다. 깊고 두터운 윗면에 곧은 입을 갖는다. 가장자리는 약간 안으로 향하고 있다. 최대 지름 7.2cm, 높이 2.3cm이다(그림24:10).

2) 옥기

3개(M1:31). 모두 옥진(玉瑱:귀막이 옥), 혹은 옥함(玉琀:입에 넣는 옥)의 용도로 쓰인다. 청백색이고 갈아서 만들었다. 기둥 형태이며 절단면은 육각형이다. 길이 3.4cm, 너비 1.2cm, 두께 0.4cm이다(그림26:5).

3) 석기

3개.

돌매미(石蟬): 1개(M1:41). 회백색으로 평평한 배에 머리는 거의 네모나고 양 눈은 돌출되어 있으며 꼬리는 거의 뾰족하다. 머리 부분과 꼬리 부분에 모두 무늬가 새겨져 있다. 길이 5cm, 너비 2.6cm, 두께 0.5cm이다(그림26:1).

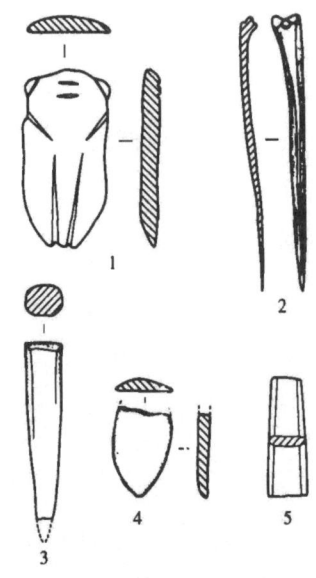

[그림26] 석기·골기·옥기
1. 돌매미   2. 뼈송곳   3. 돌송곳
4. 돌화살촉   5. 옥기

돌송곳(石錐): 1개(M1:36). 회백색의 세사암(細沙岩)이다. 사각뿔 형태로 갈아서 만들었다. 남아 있는 길이 5cm, 최대 너비 1.1cm, 최대 두께 0.9cm이다(그림26:3).

돌화살촉(石鏃): 1개(M1:35). 백색으로, 갈아서 만들었다. 평면은 잎새(叶片) 모양이고 단면은 삼각형이며 꼬리는 아직 남아 있다. 잔여 길이 2.4cm, 너비 1.6cm, 두께 0.3cm이다(그림26:4).

4) 뼈송곳(骨錐)

2개(M1:57). 갈색으로, 갈아서 만들었다. 새 다리뼈를 두 조각으로 나누어 끝을 뾰족하게 갈았다. 길이 8cm, 뼈 직경(骨直徑) 0.7cm이다(그림26:2).

2. 2호 무덤(M2)

M2는 M1의 서쪽에 있고 무덤방은 남쪽에서 북쪽 방향으로 놓여있는데 20도 방향이다. 봉토, 무덤구덩, 무덤방 세 부분으로 나뉘어 있다.

1. 고분 형태

봉토는 진한 황색으로 토질은 부드럽고 무덤을 만들 때 가공된 석재에서 떨어진 자갈이 함유되어 있다. 봉토는 남북 길이 13.2m, 동서 너비 8.8m이고 현재 남아 있는 봉토의 최대 두께는 0.5m이다. 이 무덤의 봉토는 타원추형(橢圓錐形) 혹은 방추형(方錐形) 분구(墳丘)이다.

무덤구덩은 '凸'자 형이고 동서 너비 3.73m, 남북 길이 6.14m이다. 무덤구덩 벽은 수직으로 반듯하며 무덤구덩 안에 메워진 흙은 황갈색이고 자갈이 포함되어 있다. 무덤길(墓道)은 무덤방 북부에 있는데, 평면은 사다리꼴로 너비 2.56m~3m, 남북 길이 1.6m, 깊이 0.98m~1.6m이다. 무덤길 바닥 부분은 경사진 언덕 형태이고 땅을 다지는 과정을 거쳤다. 바닥

 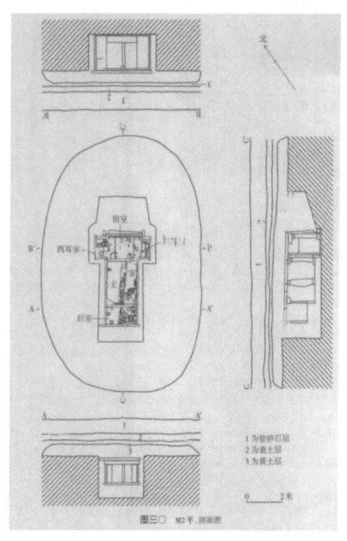

[그림27] 북에서 남으로 바라본 M2 전경   [그림28] M2 평면도·단면도

다짐(墊)에는 자갈이 들어있고 입구에는 석판이 깔려있다(그림27, 그림28).

　무덤방은 '丁'자 형으로 남북 길이 4.8m, 동서 너비 1.8m~3.1m이다. 무덤방 바닥 부분은 석판을 이용하여 평평하게 만들었고 사방에 석판을 겹쳐 쌓아 땅바닥의 석판을 누르고 있다. 무덤방 꼭대기 부분에는 석판을 평평하게 얹어 사방의 입판(立板)을 누르고 있다.

　무덤문은 2개의 석판으로 이루어졌는데, 평균 두께 0.1m, 너비 0.96m~1.06m, 높이 1.54m이고 중간에는 기둥 1개가 있다. 문을 닫는 돌의 아랫부분에는 다짐석판(墊板石) 1개가 있다. 이 석판 남쪽에는 돌문 지방이 하나 있는데, 바깥 면에 평평하게 깐 석판과 서로 접해있다.

　전실(前室)은 무덤방 북쪽에 위치하고 동서 너비 1.68m, 남북 길이 1.1m, 실내 높이 1.78m이다. 전실의 입구 바닥에는 정사각형에 가까운 주춧돌, 기둥, 노두(櫨斗)가 있고 문미는 전실 북벽과 두 이실(耳室)의 동서 입벽(立壁) 위를 누르고 있다.

　전실의 동서 양쪽 이실은 크기가 거의 비슷하여 모두 너비 0.94m, 세로 길이 0.6m이고 실내 높이는 전실과 서로 같다. 서쪽 이실 1.16m 높이에는 칸막이가 1개 있다.

　주실(主室)은 중간에 위치하고 동서 너비 1.7m, 남북 길이 2.43m이며 전실 바닥 높이와 0.28m 정도 차이가 난다. 주실 북단에는 석판 1개가 세로로 세워져 있는데, 주실 중간 남북 방향으로 2개의 기둥이 있고 주실은 동, 서 2개의 널방으로 떨어져 나뉘어 있다. 기둥 바닥 부분에는 정사각형의 주춧돌 1개가 있고 그 중 북단 기둥 위에는 동서 방향으로 대들보가 있다. 두 널방의 크기는 같지 않으며 시상 크기도 같지 않아 너비 0.66m와 0.8m로 구분된다.

　후실은 남쪽에 위치하고 동서 너비 1.66m, 남북 길이 0.9m, 높이 1.16m이다. 주실의 시상 높이 0.43m와 비교된다. 후실 북쪽에는 동서 방향으로 석판이 하나 서 있는데, 이로 후실과 주실을 분리시킨다. 이 칸막이 위 양 끝에 또한 석판 두 장을 겹쳐 쌓았는데, 너비 0.26m~0.3m, 두께 0.06m~0.08m이다. 입판 위에는 동서 방향으로 대들보가 있다. 대들보 위에 뚜껑돌이 얹혀 있다.

M2의 건축시공 방법은 먼저 수직 벽의 무덤구덩을 판 다음, 무덤 바닥에 석판을 평평하게 깔고 그 위에 판을 세워 쌓았다. 주위를 흙으로 메워 입판을 고정하고 이실을 쌓고 좌이실에 칸막이를 끼워 넣었다. 널방을 쌓고 시상을 깔았으며 기둥을 쌓고 그 위를 대들보와 문미로 눌러주었다. 후실을 쌓고 천장을 막은 후 채도를 그려 넣고 문을 막았다.

본 무덤에서 시신 3구를 발견했다. 도굴로 인한 환경 변화로 뼈들은 흩어져 있었다. 주실 동쪽 시상의 동남 모서리에서 2개의 두골과 소량의 지골을 발견했다. 주실 중간기둥 북쪽으로 24cm 위치한 곳에서도 두골을 발견했다. 이외에도 후실 북부와 전실에서도 흩어져 있는 뼈들을 발견했다.

2. 벽화

무덤문의 기둥 외측에 홍색 운기도(雲氣圖)가 그려져 있다. 전실 서이실 남벽 중간에도 홍색 운기도가 그려져 있다(그림29). 전실의 동벽 상부에 둥근 구름이 그려져 있고 아래에는 홍색의 상서로운 짐승이 그려져 있다(그림30). 주실 서벽에는 여의(如意) 운기도가 있다(그림31). 후실 입판 위에 삼각기하도안(三角幾何圖案)이 있는데, 뚜렷하지 않다. 후실 내부 서벽 위에도 운기도가 그려져 있고 후실 남쪽 벽과 서쪽 벽에도 어떤 도안이 그려져 있다. 이 도안들은 모두 홍색이고 선이 자유롭고 매끄럽다.

3. 부장품

각 무덤은 비록 도굴당했지만, 여전히 대량의 부장품이 출토되었다. 그 중 완정하고 복원이 가능한 기물이 60여 개인데 도기 50여 개를 포함하여

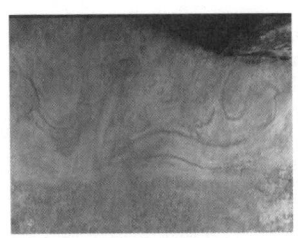  

[그림29] 운기도
(M2 서이실 남벽)

[그림30] 운기도와 상서도(모사도)
(M2 주실 동벽)

[그림31] 여의운기도
(M2 주실 서벽)

청동, 철, 돌, 골품(骨品)을 포함한다(그림32).

1) 도기(陶器)

부장품에 많으며 부분적으로 실용품도 있다.

긴 목 병(長頸瓶): 5(M2:1). 형태가 동일하다. 니질회색도기이다. 사각진 입술이 바깥으로 튀어나왔고 목은 가늘고 길며 목과 어깨가 인접하는 지점에 칼로 깎은 흔적이 있다. 배불뚝이 모양에 바닥은 평평하며 아랫배에 구멍이 3개 있는데 지름이 0.5cm~0.6cm 정도이다. 바닥 중간에도 지름 0.5cm 정도의 구멍이 1개 있다. 입 지름 5.4cm, 바닥 지름 8.5cm, 최대 지름 16cm, 높이 29cm이다(그림33:1).

항아리(罐): 4개(M2:25). 형태는 동일하고 니질회색도기이다. 뾰족한 입술의 가장자리는 안으로 구부러져 있고 짧고 곧은 목덜미, 처진 어깨, 북(鼓) 같은 배, 평평한 바닥을 하고 있다. 목과 어깨 부분은 그다지 선명하지 않은 새긴줄무늬로 꾸며있다. 입 지름 12.5cm, 바닥 지름 8.8cm, 최대 지름 19.7cm, 높이 15.6cm이다(그림33:25).

이배(耳杯): 8개. 2가지 형으로 나눌 수 있다.

A형 1개(M2:20-4). 니질회색도기이다. 평면은 타원형이고 양측에 반타원형의 긴 귀가 있고 배(腹)는 활 같으며 평평한 바닥 아래는 볼록하다.

입 장경 13.2cm, 단경 7.9cm, 전체 높이 3.4cm이다(그림 33:20).

B형 7개(M2:12). 니질회색도기로 운모 가루가 끼어 있다. 양측 두 귀 위는 휘어 있다. 입 장경 11.1cm, 단경 7.1cm, 높이 3cm이다(그림 35:12).

잔(杯): 1개(M2:19). 니질회흑색도기이다. 입술은 네모에 가깝고 곧은 입, 곧은 배, 평평한 바닥, 반원의 손잡이가 1개 있다. 입 지름 8.9cm, 아래 지름 9.2cm, 높이 9.8cm이다(그림33:19).

괴(魁): 1개(M2:13). 니질회색도기로 손으로 빚었다. 평

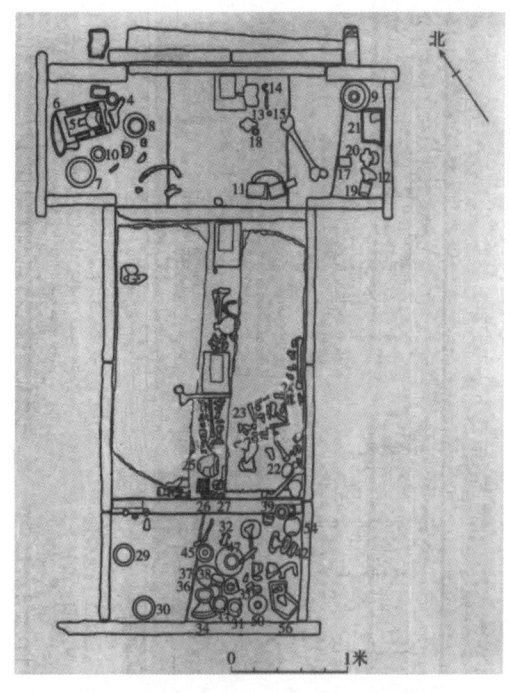

[그림32] M2 널방 및 부장유물 출토 위치
1,5. 도장경병   6. 도방   10,27,33. 도기개
7,8,9,34,35,36,37,38. 도기좌   11. 도렴
12,20. 도이배   13. 도괴   14. 환수철도
15. 골구   17. 마석   18. 동거개모   19. 도배
21. 도안   22. 도반   23. 도조   24. 도구
25,30. 도관   26. 도고로   28. 도정, 도수두
29,31. 도부   32. 도조

면은 복숭아 형태이고 뾰족한 입술은 밖으로 중첩되어있고 널찍한 입, 활 같은 배 모양이다. 전방의 정중앙에는 분할선이 1개 있으며 바닥은 평평하다. 그 뒤 가장자리에 가늘고 긴 손잡이 하나가 붙어있는데 형태는 새 머리 같다. 입 장경 13.3cm, 단경 9cm, 전체 높이 9cm이다(그림33:13, 그림34).

화(盉:술을 데우는 데 사용하던 주전자 모양의 청동 그릇): 1개(M2:55). 니질흑색도기로 운모 가루가 끼어있다. 뾰족한 입술에 곧은 입은 안쪽으로 향하고 평평하고 북 같은 배, 둥근 바닥, 날렵한 발을 하고 있다. 복부에는 분명

한 손잡이 흔적이 있다. 입 지름 9.6cm, 최대 지름 19.5cm, 높이 12.6cm이다(그림33:5).

솥(鼎): 1개(M2:54). 니질흑색도기로 운모 가루를 함유하고 있다. 뾰족한 입술에 아가리와 어깨는 거의 평평하다. 배 벽은 활처럼 곧고 바깥은 꺾여 돌출되어 있다. 둥근 바닥에 날렵한 발(獸足)이 있다. 복부의 꺾인 부분 가장자리에 2개의 장방형 구멍이 대칭으로 있는데, 솥귀(鼎耳) 자리가 된다. 입 지름 16cm, 최대 지름 22cm, 높이 14.2cm이다(그림33:6).

국자(勺): 2개. 하나(M2:24)는 니질회색도기로 운모 가루가 끼어있고 손으로 빚었다. 국자 몸체는 반구형이고 국자 손잡이는 아직 남아 있다. 입 지름 5.5cm, 깊이 3.4cm, 남은 길이 9.2cm이다(그림33:14). 다른 하나(M2:53)도 니질회색도기로 운모 가루가 끼어있으며 손으로 빚어 칼로 다듬었다. 국자 몸체는 반구형이고 손잡이 위는 용머리 형상으로 휘어 있다. 입 지름 7.7cm, 깊이 3.3cm, 전체 높이 9cm이다(그림33:13).

화로뚜껑(熏爐蓋): 1개(M2:44). 니질회색도기로 운모 가루가 끼어있다.

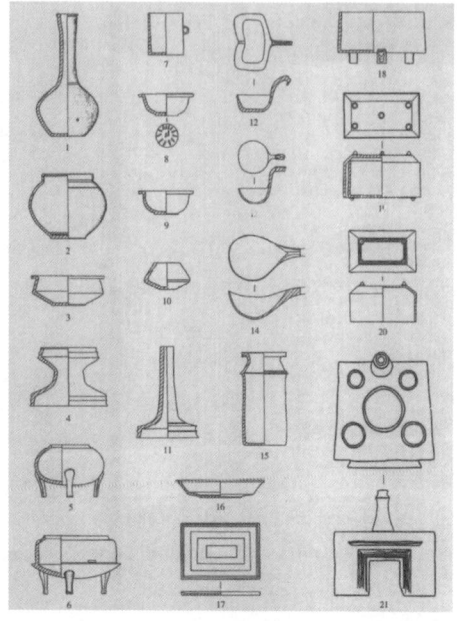

[그림33] M2 출토도기

1. 장경병(M2:1)   2. 관(M2:25)   3. 우(M2:49)
4. 기좌(M2:34)   5. 화(M2:55)   6. 정(M2:54)
7. 배(M2:19)   8. 증(M2:41)
9. A형 부(M2:29) 10. B형 부(M2:40-2)
11. 등잔(M2:48) 12. 괴(M2:13)
13,14. 구(M2:53,M2:24) 15. 정(M2:28-1)
16. 반(M2:22)   17. 안(M2:21) 18. 렴(M2:11)
19. 투함(M2:46) 20. 함덮개(M2:56)
21. 조(M2:23)

[그림34] 도괴(M2:13)

산언덕(山丘) 같은 형태에 가운데는 비어 있고 외벽은 물결무늬, 산악, 운무(雲霧) 무늬로 꾸며져 있다. 입 지름 9.4cm, 높이 6.7cm이다(그림35:6).

화로(熏爐): 1개(M2:39). 니질회색도기이다. 뾰족한 입술에 입은 안으로 향하고 배는 꺾여 있으며 바닥은 평평하다. 손잡이는 이미 없어졌다. 입 지름 7.4cm, 바닥 지름 5cm, 남은 높이 5.3cm이다(그림35:7).

화로받침(熏爐座): 1개(M2:42). 니질회색도기이다. 사각진 입술, 길고 가는 손잡이, 나팔형의 권족(圈足)을 하고 있다. 권족 아랫부분의 곧은 벽 바깥은 비스듬하다. 아랫배 벽에는 새긴줄무늬(凹弦紋) 2줄이 둘려 있고 권족은 돋은줄무늬(凸弦紋) 1줄로 둘려 있다. 입 지름 3.4cm, 바닥 지름 15.2cm, 높이 14cm이다(그림35:8).

소반(案): 1개(M2:21). 니질흑회색도기이다. 평면은 장방형이고 가장자리 부분은 볼록하게 튀어나왔고 바닥은 평평하다. 소반 안에는 '回'자 형으로 새겨진 무늬가 3줄 있다. 길이 40cm, 너비 26cm, 높이 1.6cm이다(그림33:17).

경대(奩): 1개(M2:11). 니질흑색도기이다. 평면은 둥글고 둥근 입술, 곧은 배, 평평한 바닥을 하고 있다. 아래에는 반듯한 다리(板式足) 3개가 붙어있고 다리 바깥벽은 짐승 머리로 꾸며져 있다. 입 지름 22cm, 아래 지름 22.4cm, 높이 12cm이다(그림33:18).

투함(套函): 1벌(M2:46). 니질흑회색도기이다. 함 몸체 평면은 장방형이고 곧은 입, 곧은 배를 하고 있으며 평평한 바닥의 네 모서리에는 각각 유상족이 하나씩 있다. 함 덮개는 윗부분이 다 없어졌고 덮개 윗부분 네 모서리와 중심에는 각각 유상뉴가 하나씩 있다. 함 본체의 전체 높이는 24cm이고 입 지름 34.4cm, 너비 19cm, 높이 19cm이다(그림33:19).

함덮개(函蓋): 1개(M2:56). 니질회색도기로 본을 떠서 만들었다. 평면은 장방형이고 윗면은 없어졌고 네 모서리에 유상뉴가 있다. 덮개 윗면 네 모서리의 장방형 테두리는 물결무늬로 꾸며져 있다. 입 지름 34.4cm, 너비

20cm, 높이 19.2cm이다(그림33:20).

그릇받침(器座): 5개(M2:34). 형태가 서로 같은 니질회색도기이다. 사각진 입술의 가장자리는 안으로 기울고 입은 그러모아져(斂口) 있다. 허리는 잘록하고 허리 아랫부분은 꺾어서 권족이 된다. 가운데는 비어 있고 가장자리 바깥과 권족 바깥쪽은 각각 돋은줄무늬 1줄로 둘려 있다. 입 지름 14cm, 바닥 지름 19.8cm, 높이 14cm이다(그림33:4).

그릇덮개(器蓋): 7개M2:10). 형태가 서로 같은 니질회색도기이다. 운모 가루가 끼어있다. 깊고 두터운 윗면, 곧은 입, 뾰족한 입술이 있다. 입 지름 8.6cm, 높이 2.6cm이다(그림35:5).

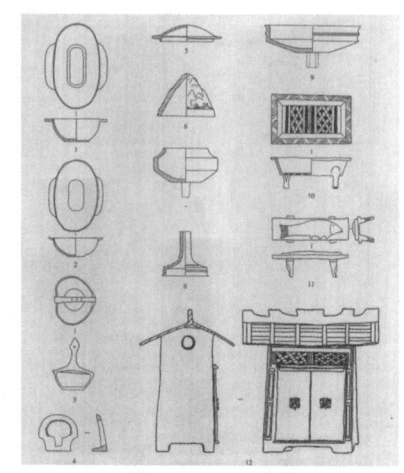

[그림35] M2 출토도기
1. A형이배(M2:20-4)   2. B형이배(M2:12)
3. 수두(M2:28-2)   4. 정이(M2:57-1)
5. 기개(M2:10)   6. 훈로개(M2:44)
7. 흑로(M2:39)   8. 훈로좌(M2:42)
9. 등잔(M2:43)   10. 화덕(M2:26)
11. 도마(M2:32)   12. 방(M2:6)

쟁반(盤): 2개(M2:22). 형태가 서로 같은 니질회색도기이다. 사각진 입술의 가장자리는 꺾여 있으며 배도 꺾여 있고 바닥은 평평하다. 쟁반 안의 가장자리, 배, 바닥 모두 돋은줄무늬가 1줄 둘려 있고 바깥 바닥에는 2~3줄의 동그랗게 새긴줄무늬가 둘려 있다. 입 지름 22.8cm, 바닥 지름 11cm, 높이 4.2cm이다(그림33:16).

주발(盂): 1개(M2:49). 니질흑색도기이다. 거의 사각에 가까운 입술의 가장자리는 바깥쪽으로 젖혀 평평하게 했으며 염구(斂口)이다. 배는 꺾여 있고 바닥은 떡 모양(餠形)으로 평평하다. 입 지름 18.4cm, 바닥 지름 8.6cm, 높이 7.2cm이다(그림33:3).

화덕(烤爐): 1개(M2:26). 니질회색도기로 본을 떠서 만들었다. 평면은 장방형이고 사각진 입술의 가장자리는 평평하게 꺾여 있으며 복벽(腹壁)은 비스듬하게 곧다. 평평한 바닥 아래에는 4개의 발(獸足)이 높게 붙어있다. 바닥에는 길고 가는 구멍과 마름모꼴의 구멍이 어우러져 있고 가장자리는 물결무늬로 꾸며져 있다. 길이 26cm, 너비 15.4cm, 전체 높이 9.5cm이다(그림35:10, 그림36).

[그림36] 도고로(M2:26)

솥귀(鼎耳): 2개(M2:57-1). 형태는 서로 같다. 니질회색도기로 손으로 빚었다. 타원형의 고리 모양이고 등쪽에 칼로 새긴 흔적이 선명하다. 정면에는 가는 줄무늬가 있다. 높이 5.8cm, 너비 6.2cm, 두께 0.6~1cm이다(그림35:4).

도마(俎): 1개(M2:32). 니질회색도기이고 본을 떠서 만들었다. 도마면은 장방형이고 위에 물고기 모양의 부조가 있으며 아래에는 4개의 사다리꼴 발(梯形足)이 있다. 길이 12.5cm, 너비 3.5cm, 높이 4cm이다(그림35:11).

부뚜막(竈): 1개(M2:23). 니질회색도기로 본을 떠서 만들었다. 부뚜막면은 사다리꼴로 간략히 나타나 있고 위에는 5개의 가마 구멍이 있으며 부뚜막 뒤쪽에는 굴뚝이 세워져 있다. 아궁이(竈門)는 네모나고 위에는 아궁이 처마(竈檐)가 있다. 아궁이 주위는 1cm 너비의 그은 무늬 띠(劃紋帶)로 장식되어 있다. 부뚜막은 전체 높이 26.4cm, 너비 23cm~26.2cm, 길이 25.5cm이다(그림35:10, 그림37).

등잔(灯盞): 1개(M2:43). 니질회색도기이다. 입술은 네모에 가깝고 곧은 입을 하고 곧은 배 아래는 꺾여 있다. 작고 평평한 바닥을 하고 손잡이는 이미 결손 되어 있다. 배 중간 부분에 돋은 줄무늬 한 줄이 둘려 있다. 입 지름 15.6cm, 바닥 지름 5.2cm, 남은 높이 4.2cm이다(그림35:9).

[그림37] 도조(M2:23)

등잔받침(灯座): 1개(M2:48). 니질회색도기이

다. 중간은 비어 있고 곧은 입의 가장자리는 평평하고 손잡이는 가늘고 길다. 나팔형의 권족(圈足)을 갖고 있다. 손잡이에는 새긴줄무늬 2줄이 둘려 있고 권족에는 돋은줄무늬 1줄이 둘려 있다. 입 지름 3.4cm, 바닥 지름 15.8cm, 높이 22.2cm이다(그림33:10).

두레박(水斗): 1개(M2:28-2). 니질회색도기로 손으로 빚었다. 평면은 복숭아 형태이고 활과 같은 배, 평평한 바닥이다. 입 위에는 '人'자 형의 손잡이가 있고 손잡이 머리는 마름모꼴이며 구멍이 있다. 두레박 너비는 7.6cm이고 깊이 3cm이고 전체 높이는 8.2cm이다(그림35:3, 그림38).

[그림38] 도수두(M2:28-2)

우물(井): 1개(M2:28-1). 니질회색도기이다. 사각진 입술의 가장자리는 말려있으며 목은 잘록하고 꺾인 어깨는 밖으로 튀어나왔다. 곧은 배, 평평한 바닥을 갖고 있다. 어깨에는 돋은줄무늬 1줄이 둘려 있다. 입 지름 11.6cm, 바닥 지름 10.8cm, 높이 22.4cm이다(그림 33:15).

시루(甑): 1개(M2:41). 니질회색도기이다. 사각진 입술의 가장자리는 말려있으며 배는 활과 같고 바닥은 평평하다. 바닥에는 바깥쪽에서 안쪽으로 칼로 뚫은 구멍이 있고 가장자리에는 홈이 패여 있다. 입 지름 14.4cm, 바닥 지름 5.6cm, 높이 5.2cm이다(그림33:8).

가마(釜): 4개. 2가지 형으로 나눌 수 있다.

A형 2개(M2:29). 니질회색도기이다. 사각진 입술의 가장자리는 말려있고 배는 활과 같으며 바닥은 평평하다. 가장자리에는 오목한 홈이 1줄 패여 있다. 입 지름 14.2cm, 바닥 지름 6.2cm, 높이 5.6cm이다(그림33:9).

B형 2개(M2:40-2). 니질흑색도기이다. 둥근 입술에 비스듬한 입은 안으로 그러모아져(內斂) 있으며 배는 활처럼 꺾였고 바닥은 작고 평평하다. 바닥에는 칼로 구멍을 뚫었다. 입 지름 3cm, 바닥 지름 2cm, 최대 지름

5.4cm, 높이 3cm이다(그림33:10).

가옥(房): 1개(M2:6). 니질회색도기로 본을 떠서 만들고 조립해서 완성했다. 현산식(懸山式) 지붕에2 용마루에는 이빨 모양의 돌기가 있고 정면 지붕은 획을 얕게 새겨 장식했다. 처마 아래에는 비스듬한 격자창과 곧은 격자창이 뚫려있다. 두 문짝은 밖으로 열려있고 문 중간에는 각각 짐승 모양의 대문고리(鋪首)가 있으며 문 양측은 모두 모조목(仿木)의 작은 창이 있다. 양측 산장(山牆)에는 각각 원형으로 뚫린 창이 하나씩 있다. 네 벽 하단 중간은 모두 안으로 오목하여 빈 공간을 만든다. 문지방은 땅에서 3.6cm 떨어져 있다. 면의 너비 44.8cm, 세로 길이 31.6cm, 모든 높이 45.2cm이다(그림35:12, 그림39)

[그림39] 도방(M2:6)

2) 청동기

마차 덮개(車蓋帽): 1개(M2:18). 전체가 통을 엎어놓은 형상이다. 모자 꼭대기는 볼록하고 우산 덮개는 바깥으로 튀어나왔으며 바닥 가장자리 양쪽에 구멍이 있다. 모자 몸체에 돋은줄무늬 두 줄이 둘려 있다. 머리 둘레 3cm, 아래 둘레 3.4cm, 높이 3.5cm이다(그림40).

오수전(五銖錢): 2개(M2:4). 가장자리 둘레는 매우 좁고 '五'자 양쪽 가로는 눈에 띄지 않는다. 서로 맞닿아 있는 획은 구부러져 활 형태를 띠고 붉은 글자 주위 위아래는 사각형으로 꺾여 있다. 이 돈의 청동 성질은

---

2 산옥(山屋)면이 산장(山牆, '人'자형 지붕 가옥의 양측 면의 높은 벽) 또는 트러스(직선으로 된 여러 개의 뼈대를 삼각형이나 오각형으로 얽어 짜서 지붕이나 교량 따위의 도리로 쓰는 구조물)에 걸려 있는 건축 양식. 산장 내에 벽돌을 쌓아서 도리(서까래를 받치기 위하여 기둥 위에 건너지르는 나무)를 놓는 게 아니고 산장 밖으로 돌출이 되게 한다(당결, 이동훈, 「중국 고대 건축 지붕 양식의 현대적 변용에 관한 연구」, 『문화예술콘텐츠』, 2008, p.691, 역자주).

황금이며 이 종류는 서한(西漢) 선제(宣帝) 때의 금오수(金五銖)와 같다. 네모구멍 주위 길이 0.88cm, 직경 2.3cm, 두께 0.12cm이다(그림41).

3) 철기

둥근 머리 칼(環首刀): 1개(M2:17). 칼 몸통은 장방형이고 칼등은 두껍고 둥근 머리(環首)가 약간 남아 있다. 칼 길이 14.9cm, 손잡이 너비 1.3cm, 두께 0.5cm이다(그림40:1).

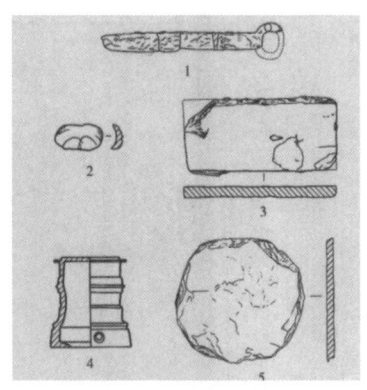

[그림40] M2 출토 기물
1. 환수철도 2. 뼈국자 3. 간석기
4. 마차덮개 5. 석편

4) 석기

간석기: 1개(M2:17). 흑색 혈암(頁岩)이고 깨뜨려 칼로 간 흔적이 있다. 평평한

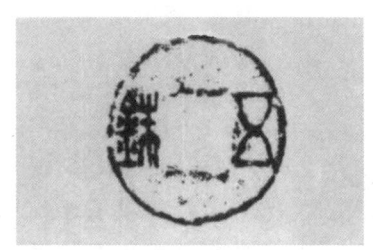

[그림41] M2 출토 오수전(M2:4)

장방형 몸체이고 한쪽 면은 매끄럽지 못한데 다른 한쪽 면은 매끌매끌하다. 한 부분에 결손이 있다. 길이 12.5cm, 너비 5.6cm, 두께 0.4cm이다(그림40:3).

석판: 2개(M2:58-1). 형태는 거의 같다. 평면은 거의 원형이고 평평한 조각 형태이다. 남분혈암(南芬頁岩)을 깨뜨려 주변을 다듬는 과정을 거쳤다. 물건 덮개로 사용할 수 있다. 길이 21.3cm, 너비 16.3cm, 두께 1.3cm이다(그림40:5).

5) 골기(骨器)

뼈국자(骨勺): 1개(M2:15). 뼛조각을 갈아 국자 모양을 만들었다. 길이 1.9cm, 너비 0.9cm, 두께 0.5cm이다(그림40:2).

3. 3호 무덤(M3)

M3는 M2의 서쪽에 위치하고 무덤방은 북쪽에서 남쪽 방향으로 있는데, 방향은 210도이다. 크게 봉토, 무덤구덩, 무덤방 세 부분으로 나뉜다.

1. 고분 형태

봉토는 짙은 황색에 토질은 부드러운데 무덤을 만들며 가공한 석재에서 떨어진 자갈이 함유되어 있다. 남북 길이 10.66m, 동서 너비 8.92m이고 현재 남아 있는 봉토의 최대 두께는 0.5m이다. 이것으로 이 무덤의 봉토 형태가 타원형의 무덤이라는 것을 추정할 수 있다.

무덤구덩은 대략 '凸'자 형이며 동서 너비 3.6m, 남북 길이 7.4m이고 깊이는 거의 2m이다. 무덤구덩 안에는 황갈색 흙이 쌓여 있고 자갈을 포함하고 있다. 무덤구덩 바닥에 자갈을 깔았다. 무덤방 북벽에 북쪽으로 0.4m 위치에 넓은 선 하나가 있는데 이는 무덤을 만들 때 (그린) 무덤구덩의 북선(北線)일 것이다. 비스듬히 경사진 무덤길은 무덤방 남쪽에 있으며 사다리꼴이고 바닥 부분 경사 위에 자갈이 평평하게 깔려있다. 무덤길은 깊이 1.44m~1.64m, 동서 너비 1.7m, 남북 길이 1.6m이다(그림 42).

무덤방은 '丁'자 형이고 주실, 후실, 이실 세 부분으로 나뉘고 동서 최대 너비 3.3m, 남북 길이 3.74m이다. 무덤방 바닥 부분은 석판으로 평평하

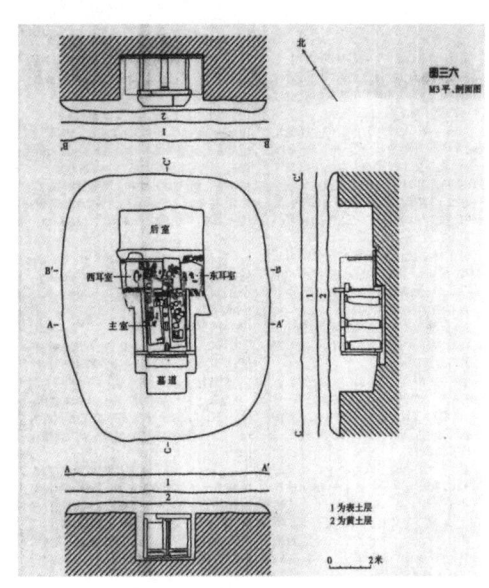

[그림42] M3 평면도·단면도

게 깔아 놓았고 사방에 석판을 세워 바닥 판 위에 쌓았다. 무덤방 꼭대기 부분은 덮개판을 평평하게 펴서 깔았고 사방의 입판(立板) 위를 누르고 있다. 큰 석판 두 덩이로 무덤문을 막았는데 석판은 너비 0.86m~0.9m, 두께 0.08m~0.1m, 높이 1.32m이다. 문을 막은 돌의 바닥 부분에 석판 한 덩이가 있는데, 입구 바닥 위에 평평하게 깔려있고 깔판 안쪽이 바로 문지방이다.

[그림43] 남에서 북으로 바라본 M3 전경

주실은 동서 너비 2m, 남북 길이 2.5m, 실내 높이 1.6m이다. 중간에 남쪽에서 북쪽까지 기둥 3개가 있고 주실은 동, 서 2개의 널방으로 나뉜다. 기둥 아래에는 주춧돌이 있고 기둥 위에는 노두석이 있으며 그 중 남쪽 기둥 위에는 문미 대들보가 있다. 동, 서 널방에 모두 너비 0.7m~0.78m, 길이 2.1~2.26m의 석판 시상(尸床)이 있다. 시상 위에는 약 0.05m 정도 두께의 백회면 한 층이 깔려있는데, 백회면 위에는 두께가 같지 않은 숯이 있다. 두 시상 모두 중간기둥을 세운 주춧돌 위를 누르고 있다.

후실의 실내 높이는 1.2m이고 표면이 넓은 것은 주실과 서로 동일하다. 두 이실은 후실의 동, 서 양쪽에 있고 모두 너비 0.65m이다. 후실 북벽에는 석판 한 장만 남아 있고 두 이실과 후실 부분의 천정은 현대에 와서 파괴되었다. 후실과 주실 사이 아랫면에 판 하나가 가로로 세워져 있고 그 가로판 중간에 입판 하나가 있고 입판 위에는 또 하나의 장방형 받침판이 있다. 받침판 위는 대들보가 누르고 있다.

M3의 건축시공 방법은 먼저 무덤구덩을 파내고, 그다음 무덤 바닥에 석판을 평평하게 깔고 그 위에 판을 세워 쌓았다. 주위를 메우는 흙에 자갈을 더해서 무덤 벽에 입판을 고정시키고 널방을 쌓고 시상을 평평하게 깔고 기둥을 쌓고 대들보와 문미로 눌렀다. 후실을 쌓고 이실을 튀어나오게 쌓고 채도를 그리고 문을 닫았다. 이상 세 무덤은 석재를 사용하였는데, 모두 남분혈암(南芬頁岩)으로 이 지역에서 생산된다.

　현대의 파괴와 자연환경의 영향으로 인해 인골은 비교적 차이가 나게 보존되었다. 서쪽 시상 위에는 잘게 부수어진 두골 1개와 몇 개의 지골이 발견되었다.

2. 벽화

　M3의 벽화는 비교적 차이가 나게 보존되어 단지 동서 벽 위에 있는 몇 개의 선만 알아볼 수 있고 구체적인 도안은 불명확하다.

3. 부장품

　무덤은 비록 도굴당했지만, 여전히 많은 기물이 출토되었고 출토된 기물의 형태 대부분은 도기로 식별된다(그림44).

1) 도기

　40여 개가 발견되었는데 명기(明器)가 많고 소량의 실용품

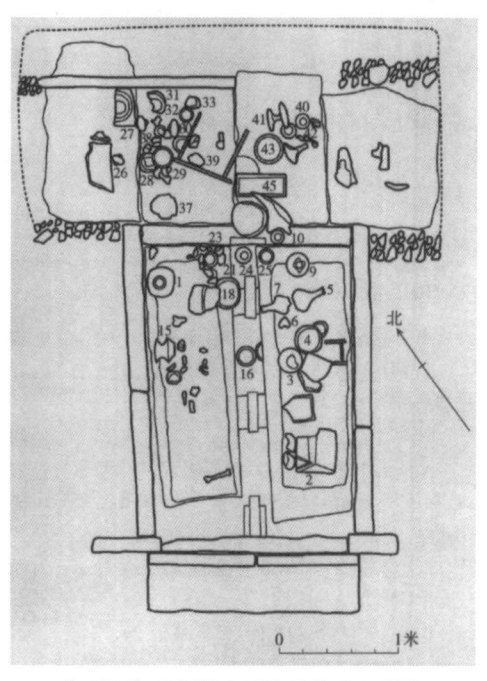

[그림44] M3 널방과 부장 유물 출토 위치
1,18,25. 도렴 2. 도함 3. 9,23,28,38,41,42,43. 도기개
4,29,32,33. 도반 5,7,24. 도장경병 6. 도수두
10. 도부 15. 도우 16. 도원개합 21. 도등잔
26,27,30. 도이배 31,37. 도관 39. 도방 40. 도합개
45. 도조

도 있다.

긴 목 병(長頸瓶): 5개. 2가지 형으로 나눌 수 있다.

A형 1개(M3:5). 니질흑색도기이다. 사각진 입술, 곧은 입, 가늘고 긴 목, 깎인 어깨, 평평하고 북(鼓) 같은 배, 평평한 바닥으로 이루어져 있다. 배 윗부분에 새긴줄무늬가 두 줄 둘려 있고 복부에 구멍 3개가 있고 바닥 부분 중간에도 구멍 1개가 있다. 입 지름 5.2cm, 아래 지름 9.6cm, 최대 지름 14cm, 높이 26.4cm이다(그림45:1).

B형 4개(M3:24). 형태는 서로 동일하고 니질회색도기이다. 입 부분은 약간 두텁고 어깨는 곡선을 띠며 배는 약간 늘어져 있고 바닥은 평평하다. 4개 모두 배 아래에 고르게 구멍 3개가 뚫려있고 바닥 중간에도 구멍 1개가 뚫려있다(구멍 지름 0.6cm~0.7cm). 입 지름 5.2cm, 아래 지름 8cm, 최대 지름 14.2cm, 높이 27.4cm이다(그림45:2).

이배(耳杯): 7개. 3가지 형으로 나눌 수 있다.

A형 1개(M3:26). 니질회색도기로 손으로 빚었다. 뾰족한 입술, 널찍한 입, 깊고 활 같은 배, 평평한 바닥 형태이다. 입의 장경 9.9cm, 단경 6.5cm, 높이 3.4cm이다(그림46:1).

B형 4개(M3:30). 형태는 서로 동일하다. 니질계 흑회색 도기로 운모 가루가 끼어있고 손으로 빚었다. 사각진 입술, 활 같은 배 모양이고 입술과 두 귀는 모두 칼로 다듬는 과정을 거쳤다. 바깥 바닥면 중간에 '回'자 마름모꼴 무늬가 있고 사방은 두 줄의 수장문(垂帳紋)으로 꾸몄다. 입의 장경 10.2cm, 단경 6.8cm, 높이 3.1cm이다(그림46:6).

C형 2개(M3:27). 형태는 서로 동일하다. 니질회색도기로 손으로 빚었다. 둥근 입술에 활 같은 배를 갖고 있다. 이배(耳杯) 안의 바닥 부분에 '十'자 형의 볼록한 선이 양각되어 있다. 입의 장경 11.3cm, 단경 7.2cm, 높이 3.2cm이다(그림46:10).

화(盉): 1개(M3:53). 니질흑색도기로 운모 가루가 끼어있다. 둥근 입술,

염구(斂口), 평평하고 둥근 북 같은 배, 둥근 바닥 형태이다. 복부 한쪽에는 뱀 머리 모양의 유(流)가 있다. 다리와 뚜껑은 이미 모두 손실되었고 아랫부분에는 칼로 새긴 무늬 같은 것이 있다. 입 지름 6.5cm, 유(流) 길이 3cm, 남은 높이 8.2cm이다(그림45:3).

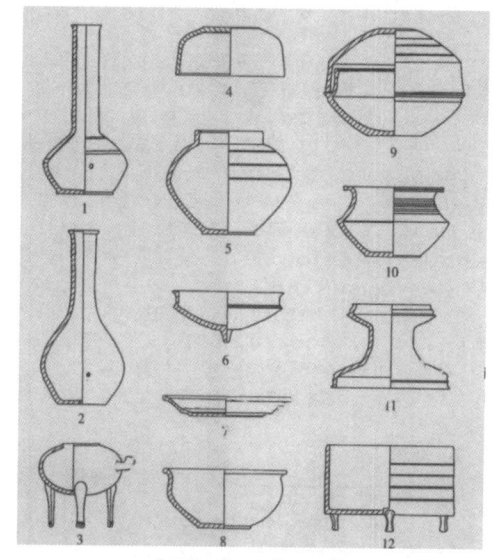

[그림45] M3 출토도기
1. A형장경호(M3:5)   2. B형장경호(M3:24)
3. 화(M3:53)   4. 합개(M3:40)
5. 관(M3:37)   6. 등잔(M3:21)
7. 반(M3:32)   8. 분(M3:44)
9. 원합(M3:16)   10. 우(M3:15)
11. 기좌(M3:28)   12. 준(M3:46)

동이(盆): 1개(M3:44). 니질회색도기이다. 둥근 입술의 가장자리는 말려있고 널찍한 입, 깊고 활 같은 배, 평평한 바닥으로 되어 있다. 입 지름 20.8cm, 아래 지름 9.2cm, 높이 10cm이다(그림45:8).

항아리(罐): 3개(M3:37). 형태는 서로 동일하다. 니질회색도기이다. 뾰족한 입술의 가장자리는 안쪽으로 말아 올리고 곧은 목, 깊은 둥근 북 같은 배와 평평한 바닥 형태이다. 어깨와 배 윗부분에 새긴줄무늬 3줄이 둘려 있다. 입 지름 9.2cm, 아래 지름 9.2cm, 최대 지름 21cm, 높이 16.4cm이다(그림45:5).

주발(盂): 1개(M3:15). 니질회색도기이다. 사각진 입술의 가장자리는 말려있고 꺾인 배와 평평한 바닥을 갖고 있다. 새긴줄무늬가 목에 몇 줄 둘려 있고 가장자리에도 한 줄 둘려 있다. 입 지름 17.2cm, 아래 지름 9.4cm, 최대 지름 19.2cm, 높이 11cm이다(그림45:10).

쟁반(盤): 4개(M3:32). 형태는 서로 동일하다. 니질흑회색도기로 고운

모래알들이 조금 끼어있다. 사각진 입술의 가장자리는 비스듬히 꺾여 있고 배도 꺾여 있으며 바닥은 평평하다. 쟁반 안 바닥에 그은 무늬 2줄이 있다. 입 지름 21.6cm, 아래 지름 12.4cm, 높이 3.3cm이다(그림45:7).

함(套函): 1벌(M3:2). 니질회갈색도기이다. 함 덮개는 윗부분이 다 없어지고 배가 곧다. 함 몸체는 장방형이고 바닥이 평평하다. 덮개 꼭대기의 볼록한 모서리 양측에 각각 그은 무늬가 1줄 있다. 덮개는 길이 43.5cm, 너비 25cm, 높이 16cm이고 본체는 길이 39.5cm, 너비 21.5cm, 높이 17.2cm이다. 전체 높이는 20.6cm이다(그림46:12).

함(函): 1개(M3:1). 니질흑색도기이고 손으로 빚었다. 평면은 장방형이고 곧은 벽에 평평한 바닥을 갖고 있다. 바닥 네 모서리에는 유상족이 있다. 입 지름 34.8cm, 너비 20cm, 전체 높이 16.4cm이다(그림46:7).

둥근 합(圓盒): 1벌(M3:16). 니질회색도기이다. 덮개 윗면은 깊고 두터운데 아래는 꺾여 입이 곧아지고 입술은 네모나다. 덮개 윗면은 네 조(組)의 새긴줄무늬로 둘려 있다. 합 몸체는 사각진 입술, 입, 꺾인 배, 작고 평평한 바닥으로 되어 있다. 입술 부분에 오목한 자국이 있다. 덮개 입 지름은 23.6cm이고 몸체는 입 지름 20.4cm, 아래 지름 9.2cm, 전체 높이 16.6cm이다(그림45:9).

경대(奩): 2개. 2가지 형으로 나눌 수 있다.

A형 1개(M3:25). 니질회흑색도기이다. 둥근 입술, 곧은 배, 평평한 바닥 형태이고 아래에는 3개의 유상족이 붙어있다. 입 지름 27.1cm, 아래 지름 27.4cm, 전체 높이 21.8cm이다(그림46:2).

B형 1개(M3:18). 니질회색도기이다. 약간 염구(斂口)에 입은 작고 바닥은 크며 평평한 바닥 아래에 3개의 유상족이 붙어있다. 입 지름 25.6cm, 아래 지름 27.5cm, 전체 높이 22.6cm이다(그림46:9).

술잔(尊): 1개(M3:46). 니질흑색도기이다. 입술은 거의 둥글고 배는 곧으며 바닥은 평평하다. 아래에 3개의 발이 붙어있다. 배에는 4줄의 새긴줄무늬가 둘려 있다. 입 지름 22cm, 아래 지름 22cm, 전체 높이 13.6cm이다(그림45:12).

그릇받침(器座): 5개(M3:28). 형태는 서로 동일하고 니질회색도기이다. 사각진 입술의 비스듬한 가장자리는 안으로 그러모아져 있고 허리는 잘록하며 권족(圈足)을 갖고 있다. 가운데는 비어 있고 가장자리 외측과 권족 외측에 1줄의 돋은줄무늬가 둘려 있다. 입 지름 13.4cm, 아래 지름 20.2cm, 높이 13.5cm이다(그림45:11).

그릇덮개(器蓋): 8개(M3:48). 니질회색도기이다. 깊고 두터운 윗면, 둥근 입술의 가장자리는 곧고 염구이다. 입 지름 8.4cm, 최대 지름 12.2cm, 높이 3cm이다(그림46:11).

합덮개(盒蓋): 1개(M3:40). 니질회흑색도기이다. 평평한 윗면, 반들반들한 어깨, 곧은 배와 곧은 입을 하고 있고 입술은 안으로 비스듬하다. 입 지름 18.8cm, 높이 7.4cm이다(그림45:4).

부뚜막(竈): 1개(M3:45). 니질흑색도기로 손으로 빚었다. 부뚜막 면은 사다리꼴이고 위에는 5개의 불구멍이 있고 굴뚝 구멍은 뒷가장자리 중간에 있다. 아궁이는 장방형이고 아궁이 면 위에는 장방형의 처마가 있다. 처마는 능격문(菱格紋) 도안으로 꾸며져 있다. 아궁이 주위는 모두 1cm 너비의 가늘고 긴 띠로 꾸며져 있고 안에는 물결무늬 도안이 있다. 부뚜막 면은 최대 너비 26.5cm, 길이 23.5cm, 높이 14.4cm이다(그림46:13).

가마(釜): 2개. 2가지 형으로 나눌 수 있다.

A형 1개(M3:51). 니질회색도기이다. 사각진 입술의 말린 가장자리, 활 같은 배, 평평한 바닥 모양이다. 가장자리에는 오목한 홈이 한 줄 둘려 있다. 입 지름 11.2cm, 아래 지름 4.8cm, 높이 4.8cm이다(그림46:4).

B형 1개(M3:10). 니질회색도기이다. 뾰족한 입술의 비스듬한 가장자리, 잘록한 허리, 깊게 꺾인 배, 작고 평평한 바닥 모양이다. 입 지름 6.5cm, 아래 지름 2cm, 최대 지름 9cm, 높이 5cm이다(그림46:3).

등잔(灯盞): 1개(M3:21). 니질 회색도기이다. 가장자리는 평평하고 입은 곧고 꺾인 배는 아래에 모여 있다. 바닥은 작고 평평하고 기둥 형태의 짧은 손잡이가 있다. 꺾인 배 쪽에는 줄무늬 한 줄이 둘러 있다. 입 지름 18.9cm, 아래 지름 4cm, 전체 높이 8cm이다(그림45:6).

두레박(水斗): 1개(M3:6). 니질회색도기로 손으로 빚었다. 평면은 복숭아 형태이고 평평한 가장자리에 둥근 바닥을 하고 있다. 한쪽 끝의 안은 오목하고 다른 한쪽 끝은 볼록하게 튀어나와 바가지와 비슷하다. 손잡이와 안의 오목한 곳에 구멍이 있고 편리하도록 손잡이가 달려 있다. 길이 6.3cm, 너비 6.5cm

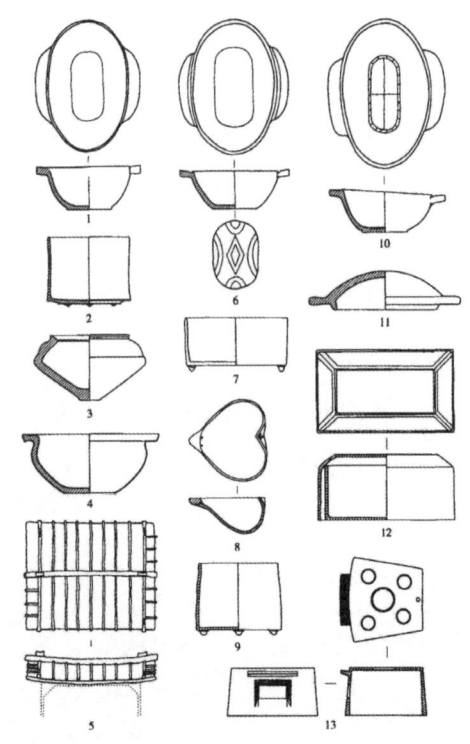

[그림46] M3 출토도기
1. A형 이배(M3:26)　　2. A형 렴(M3: 25)
3. B형 부(M3 10)　　　4. A형 부(M3: 51)
5. 방(M3: 39)　　　　　6. B형 이배(M3: 30)
7. 함(M31)　　　　　　8. 수두(M3:6)
9. B형 렴(M3: 18)　　 10. C형 이배(M3: 27)
11. 기개(M3:48)　　　 12. 투함(M3:2)
13. 조(M3: 45)

깊이 2.8cm이고 구멍 지름은 0.1cm~0.2cm이다(그림46:8).

가옥(房): 1개(M3:39). 니질흑색도기로 이미 훼손되었고 남은 것은 지붕뿐이다. 현산식(縣山式) 지붕이고 지붕 양측에 기와고랑(瓦壟)이 있다. 남은 높이는 9cm이고 너비 42.5cm, 두께 34cm이다(그림46:5).

2) 석기

2개. 모두 돌을 갈아서 만들었다. 장방형의 돌조각(M3:19)은 한 면을 갈아서 광을 냈다. 청회색 혈암(頁岩)으로 한쪽 모서리는 없어졌지만, 사방을 명확히 자른 흔적이 있고 광을 낸 면은 이미 갈려서 오목하게 패여 있다. 크기는 길이 12.5cm, 너비 6.6cm, 두께 0.4cm이다. 다른 하나(M3:11)는 황색의 세사암(細沙岩)으로 갈아서 광을 낸 면은 금속기로 갈렸고 흑색을 띤다. 크기는 길이 9.3cm, 너비 3.6cm, 두께 0.25cm이다.

3) 동전(銅錢)

두 종류로 나뉜다. 하나는 오수인데, 백여 개가 발견되었다. '五'자가 구불구불하게 쓰여 있고 '銖'자의 金자 부수 세 모서리는 비교적 크고 朱자는 네모지게 꺾여 있다. 가운데 구멍 앞면에는 곽(廓)이 없고 뒷

[그림47] M3 출토동전
1. 오수 2. 화천

면에는 내곽(內廓)이 명확하다. 직경 2.63cm, 가운데 구멍의 가장자리 길이 1.02cm, 두께 0.18cm이고 무게는 3g이다(그림47:1). 나머지는 화천(貨泉)인데, 단지 1개만 발견되었다. 가장자리 곽이 있고 구멍의 네 테두리는 볼록하게 튀어나와 있다. 직경 2.1cm, 구멍 가장자리 길이 0.5cm, 두께 0.18cm이고 무게는 2.7g이다(그림47:2).

4) 철기

1개. 이미 식별할 수가 없다.

4. 결 어

1. 고분 시대

요양의 옛 이름은 '양평(襄平)'이고 전국시대 연(燕)나라는 이곳에 요

동군을 설치하였는데, 이는 진·한(秦漢) 때문이다. 동한(東漢) 말년, 한나라 관료 공손탁은 요동태수에 임명되고 한나라 영제(靈帝) 중평(中平) 6년(189)에 요동후(遼東侯)로 자립하여 평주(平州)를 다스렸다. 조조(曹操)는 탁을 무위장군으로 올리고(表) 영녕향후(永寧鄕侯)에 봉했다. 공손씨 정권은 요동에 안거하고 있었는데 조위(曹魏) 경초(景初) 2년(238) 사마의(司馬懿)의 군대에 의해 토멸 당했다.

현재 요양시 서북부와 동남부에서 대량의 한·위(漢魏) 시기 벽화무덤이 발견되었는데, 모두 공손씨 가족과 그 통치 집단과 관련이 있다.[3] 이 고분들은 영수사(迎水寺) 무덤, 동문외(東門外) 무덤, 만주면화주식회사(滿洲棉花株式會社) 무덤, 남림자(南林子) 무덤을 포함하고 옥황묘(玉皇廟) 1~4호 무덤, 도서장(道西莊) 무덤, 야건화공장(冶建化工廠) 무덤, 북원(北園) 1~3호 벽화 무덤, 봉태자(棒台子) 1, 2호 벽화 무덤, 삼도호(三道壕) 1~3호 벽화 무덤, 남설매촌(南雪梅村) 벽화 무덤, 영지령(令支令) 벽화 무덤, 거기(車騎) 벽화 무덤, 아방(鵝房) 1호 무덤, 상왕가촌(上王家村) 벽화 무덤, 구성 동문리(舊城 東門里) 벽화 무덤, 아미(峨媚) 무덤, 남환가(南環街) 벽화 무덤, 소청퇴자(小青堆子)·동태자(東台子)·남태자(南台子) 벽화 무덤 등이 있다. 무덤방은 모두 청석판(南芬頁岩)으로 지었고 무덤 주인의 생전 생활모습과 정신기탁(精神寄托)을 여러 석벽에 그려 넣었는데 내용은 연향(宴響), 의장(儀仗), 기악(伎樂), 신화(神話) 등이다.

이번에 발굴한 남교가의 세 벽화무덤은 요양 아방(鵝房) 벽화군의 일부분이다. 아방 1호 무덤을 발굴한 사람들은 (이 무덤군의 시기를) 요양 북원 1호 무덤을 만든 동시대인 동한 만기(晚期)로 생각한다. 우리는 아방 1호 무덤의 시대를 너무 늦게 본 것으로 생각하고 그 시대가 당호둔

---

3 '요양이 연나라의 요동군' 이라는 것은 현재 중국의 주장으로 '양평' 은 현재의 하북성 동북지역 어디쯤에 있었다. 본 논문에서 한위(漢魏) 시기의 무덤이라고 설명하는 것은 시기로는 맞을 수 있어도 매장자의 족속에 대해서는 확언할 수 없다(역자주).

(唐户屯) 62호묘와 가까운 동한 조기(早期)라고 생각한다

이번에 발굴한 무덤 3기는 그 기물 형태가 구성(舊城) 동문리 벽화무덤의 기물 조합과 비슷하지만, 벽화 내용을 훑어보면 시기가 약간 늦을 수 있다. 이 때문에 이 세 벽화무덤은 동한 만기의 무덤으로 보는 것이 마땅하다. 고분 형태로 말하자면, M1의 평면은 네모에 가깝고 서한(西漢)의 황장제주묘(黃腸題湊墓)[4]와 동한(東漢) 초기의 황장석묘(黃腸石墓) 형태와 거의 비슷하다. 그러므로 세 무덤 중에서 시대가 가장 이르다. M3와 요양 구성 동문리 고분의 형태가 일치하고 시대는 엇비슷하거나 약간 늦을 것이다. M2의 시기가 가장 늦다. 기물부터 살펴보면, 긴 목 단지(長頸壺)는 겹겹이 쌓은 입술부터 입술 바깥 부분까지 과장되어 있고, 다시 입술 외측 바깥까지는 비스듬하고, 목은 길었다가 짧고, 매끈매끈한 어깨부터 깎인 어깨까지, 둥근 북 같은 배부터 북 같은 배까지, 얇은 떡 모양의 평평한 바닥은 명확하지 않은 것부터 명확한 것까지 있다. 항아리(罐) 입술은 짧은 것부터 긴 것까지, 낮은 것에서 높은 것까지 있다. 배가 꺾인 쟁반(盤)의 입술면은 수직부터 경사면까지, 가권족(假圈足)은 낮은 것부터 높은 것까지 있다. 네모 부뚜막의 아궁이는 중간이 땅에 닿지 않은 것부터 땅에 닿는 것으로 발전하였고, 가마 구멍의 배열은 앞에 세 구멍만 있다가 네 귀퉁이까지 각각 한 구멍이 되기에 이르렀다. 이 기물들의 변천을 보면 M1이 가장 빠르고 M3는 M2에 비해 이르다. 하지만 연대는 비슷할 것이다.

위를 종합해보면, M1의 연대는 동문리 벽화무덤보다 약간 느리고, 동

---

[4] 덧널의 외부 전체를 1m 내외의 나무로 둘러쌓은 것을 황장제주(黃腸題湊)벽이라고 하는데 이는 덧널의 내부공간을 견고하고 크게 하는 보호 나무담(木墻)이다. 껍질을 벗긴 나무속이 누런빛이 나서 '황장(黃腸)'이라 하며 '제주(題湊)'는 나무를 쌓은 것을 말한다. 제주형 덧널의 바깥 둘레에는 대량의 목탄(木炭)과 백고니(白膏泥)를 채워 밀봉하였다. 한 대에 전통적인 칸막이덧널무덤(間切形槨墓)에서 방무덤(室墓)으로 전환되어가는 과도기에 보이는 무덤 형태이다(황효분 저/김용성 역, 『한 대의 무덤과 그 제사의 기원』, 학연문화사, 2006, pp.142~144, 역자주).

한 만기 이른 단계일 것이다. M3, M2의 연대는 동한 만기이고 M3가 M2 보다 빠르다.

2. 묘주의 신분

세 무덤의 규모와 형태만 봐도 알 수 있다. M1의 주인 지위가 가장 높고, M2의 주인이 다음이고, M3의 주인 지위가 가장 낮다.

M1 주인이 지낸 시대는 동한 중기와 비슷한데 공손탁에 비하면 이르고, 공손탁 시기 전일 것이다. 이 시기에는 요동이 아직 동한(東漢) 정권의 유효한 통제 아래에서, 모든 제도는 군주가 정한 것을 기준으로 삼았다. 이에 근거하여 살펴보면, M1의 규모는 당시에 대형무덤에 속한다. 이 무덤의 벽화 내용은 풍부하여 속리주사도(屬吏奏事圖), 거마출행도(車馬出行圖), 연음도(宴飮圖) 등이 있다. 두 널방은 병렬로 부부 합장이고 옆 회랑에 묻혀있는 1인은 소첩일 것이다. 이 때문에, M1 주인은 아마도 2000석 ~1500석의 군수(郡守) 또는 승상(郡丞)이었을 것이다.

M3의 고분 형태는 구성 동문리 벽화무덤과 비슷하다. 풍영겸(馮永謙)은 동문리 벽화무덤의 주인은 영지령(令支令)무덤과 비슷하다고 생각한다. 그렇다면 M3 주인도 현령(縣令)급으로 여길 수 있을 것이고, 그 등급 품계는 600석~300석이다.

M2의 규모는 M1보다 작지만, M3에 비하면 크고 벽화 내용은 M1에 비해 간단하다. 하지만 M3보다는 정교하다. 그러므로 그 주인의 신분은 M3의 주인보다 높을 것이고, 그 등급 품계는 1000석~600석이다.

이번에 발굴한 세 벽화무덤은 요양 벽화무덤의 보호와 관련된 연구에 귀중한 실물 자료로 제공되었다.

II. 남만주 고고학

1. 여순 조가둔(刁家屯)의 한 고분[1]

하마타 코사쿠(濱田耕作)

1. 서 언

여순(旅順)은 단지 우리 동포가 피를 흘린 새로운 싸움터로[2] 우리가 조문하여 찾아야 할 곳으로만 그치는 것이 아니다. 이곳은 사학(史學)과 고고학(考古學) 연구자가 마땅히 답사할 필요가 있는 학술 요지로 당시 격렬한 전투지였던 성과 요새에 접해 태고의 유허(遺墟)가 서로 연결되고 폐총(廢塚)이 서로 겹치는 것은 매우 흥미로운 대조이다. 여순의 노철산(老鐵山) 서쪽 기슭은 석기시대 유물의 산포지이다. 또 이 부근에는 패곽(貝槨) 고분이 있고 산 중턱에는 석총(石塚)이 무리 지어 있다. 유사(有史) 이전부터 원시시대에 이르는 각종 유적이 인접하여 석기, 토기를 비롯한 청동기 유물이 계속 발견되어,[3] 연구 재료의 부족을 걱정할 것이 아니라 오히려 이것이 복잡하게 뒤섞여 있어 혼동될 것이 우려된다. 듣건대, 여순에서

---

[1] 하마타 코사쿠(濱田耕作) 선생 저작집간행위원회, 『하마타 코사쿠(濱田耕作) 저작집』 제4권, 「동고대문화(東亞古代文化)」(2), 同朋舍, 1990, 225~253쪽.

[2] 1894년 청일전쟁과 1905년 러일전쟁 때 여순 지역은 일본군의 전장이었다(역자주).

[3] 노철산 서북 기슭의 구만(鳩灣)에 조가탄, 유가탄이 있고 그 동쪽 구릉에 둘러싸인 포구지역에 목양성이 있다. 이 지역의 동쪽에 요동만, 서쪽에 발해가 있고 남쪽으로는 장산군도를 거쳐 산동반도로 이어지며 북으로는 대련, 요양, 심양 등으로 나아갈 수 있다. 목양성 유적, 비자와, 강상, 누상, 후목성역, 영성자, 고구려 석성 등의 유적이 있다(하라다 요시토 외 지음/박지영·복기대 옮김, 『목양성』, 주류성, 2019, pp.243~248, 역자주).

석기시대 유물을 발견한 것은, 근간 재작년 가을, 시마무라 코자부로(島村孝三郎) 법학사 등이 노철산 기슭에서 사냥에 나섰을 때를 시작으로, 이후 석기 채집부터 조개무덤(貝墓), 석총의 발견으로 이어져 한때 많은 사람이 여순 노철산 부근에서 유물 수집에 열광한 적이 있었다고 한다. 이와중에 동경제국대학의 도리이 류죠(烏居龍藏) 군과 오오노 엔타로우(大野延太郎) 군은 재작년 5, 6월에 만주 출장을 갔다. 그들은 이들 유적을 연구하고 많은 발굴을 시도, 발견된 유물은 동경제국대학 이과대학 인류학 교실로 가져왔다. 도리이 군의 연구 결과는 그 후 『동경인류학회잡지』, 『동양시보(東洋時報)』, 『국화(國華)』 등 여러 잡지에 발표되고 더욱 정밀하고 세세한 논문은 머지않아 단행본으로 출판할 것 같다고 한다.

우리는 지난 명치(明治) 43년(1910) 8월, 경성제국대학 문과대학의 가리노(狩野), 나이토(内藤), 오가와(小川) 등 여러 교수와 토미오카(冨岡) 강사와 함께 청국(淸國)에 갔다. 돈황(燉煌)[4] 발굴의 고사경(古寫經)[5] 연구를 따라서, 다시 오가와 박사를 따라 하남(河南)의 용문(龍門)[6]에서 유람하다가 귀로에 만주에 이르렀다. 이곳에서 일찍이 도리이 군이 조사한 유적을 돌아보고 여순에 멈춘 것이 3일인데, 운 좋게도 노철산 서쪽 기슭에

---

[4] 타림분지의 동쪽 변두리에 있는 오아시스 도시로 중국 감숙성 북동부에 해당한다. 중앙아시아와 중국을 잇는 실크로드의 관문으로 서한 무제 때 흉노와의 각축 중 장건의 서역 개척 때부터 중국 역사와 관련이 된다. 동남쪽 하상(河床) 암벽에 막고굴(千佛洞)이 있어 16국시대부터(前秦 建元2년, 366) 불상·선승상(禪僧像) 등을 빚어 놓고 벽화를 그리기 시작했다. 20세기 초 4만여 권의 '돈황문서'가 발견된 장경동(藏經洞)은 막고굴 17호 굴이다. 문서 대부분은 불전의 사경(寫經)이다. 이 문서 중에서 혜초의 『왕오천축국전』이 발견되었다(참고: 남애자, 「古代紙의 發見과 敦煌文書에 관한 小考」, 『圖書館學』, 1989, 역자주).

[5] 손으로 경전을 베끼는 일, 또는 손으로 베껴 쓴 경전. 불교가 처음 전해질 때부터 불경의 유포와 공덕을 쌓을 목적으로 불경을 손으로 쓰기 시작했다. 인쇄술이 발달하는 당나라 때가 되면 주로 공덕을 위한 사경이 지속되는데 종이(碧紙)나 재료에 차이를 두어, 금자(金字)·은자(銀字)·금은자·혈서·비단 자수 등으로 제작하였다(하광순, 「五代·北宋代 妙法蓮華經 寫經變相圖 研究」, 고려대학교 고고미술사학과 석사학위 논문, 2013, p.9. 역자주).

[6] 용문석굴(龍門石窟). 대동(大同)에서 운강(雲崗)석굴을 조성하다가 낙양으로 천도한(494) 북위 효문제(孝文帝)의 황실과 귀족들은 이수(伊水) 가의 용문에 굴을 뚫고 불상을 조성하였다. 세종이 효문제와 문명황태후를 위해 조성하게 한 석굴 '빈양삼동(賓陽三洞)'이 있다(진웨이누오 지음/홍기용·김미라 옮김, 『중국미술사』2, 다른생각, 2011, pp.183~194, 역자주).

서 각종 유적을 실제로 조사하는 것을 볼 수 있었다. 우연히 조가둔(刁家屯)에 고분이 하나 있었는데, 도리이 군이 만주 여행 중 불행히도 아버지의 부고를 받아 발굴을 못하고 본국으로 돌아온 것과 관련된다고 한다. 만일 우리가 발굴을 시도한다면 도리이 군이 연구한 것들을 기반으로 그가 조사 때 잊거나 빠뜨린 것을 보충할 수 있을 것이므로 일단 단시일 동안 발굴에 나섰다. 원래 본국으로 돌아오는 날짜에 쫓기고 예정한 일정이 어긋나 발굴을 충분하게 할 수 없어, 스스로 돌아보면 겸연쩍고 부끄러운 점이 많지만, 개인적으로 고분의 고고학에 흥미가 많고 또 중대한 의의가 있는 것을 믿어 우리가 본 것과 나머지 발굴 절차를 서술하고 이를 학계에 소개하는 바이다. 이 고분의 연구에 있어 남만주철도회사(南滿洲鐵道會社)[7] 및 동양협회(東洋協會)가 준 호의와 대련(大連)의 시마무라 코자부로(島村孝三郎), 여순 관동도독부(關東都督府)[8]의 오오우치 우시노스케(大內丑之助) 군, 요시타 오토히코(吉田弟彦) 군, 이사가와 센슈(石川千壽) 군 및 타치바나 세이치로(立花政一郎) 군 등의 극진한 지도와 협력에 힘입은 바가 많고 특히 타치바나 군이 발굴 전(全) 과정에 동행해서 지도해 준 것에 대해 깊은 감사를 전한다.

---

7 남만주철도주식회사. 줄여서 만철(滿鐵/満鉄, まんてつ, 만테쓰)이라 부른다. 시베리아 철도를 부설하며 동쪽으로 진출하고 있던 러시아는 청일전쟁(1894) 후 중재(삼국간섭)의 대가로 청나라의 허가를 받아 만주에 동청(東淸)철도를 부설하였다. 그러나 러일전쟁(1905)에서 패해 일본에 철도 일부(장춘~여순항 구간)와 부속지를 내주게 되었는데 일본은 이를 기반으로 남만주철도주식회사를 만든다. 철도는 요동반도의 여순에서 중국 동북 지역을 잇는데 대련~장춘~하얼빈의 본선 구간과 여러 부속 지선이 있다(나카미 다사오 외 지음/박선영 옮김, 『만주란 무엇이었는가』, 소명출판, 2013, 역자주).

8 관동주(關東州)를 관리한 일본의 조차지 통치기관. 러일전쟁에서 이긴 일본이 러시아의 조차지였던 여순·대련을 재할양받아 관동주(關東州)라 하고 관동총독부(1905)-관동도독부(1906)-관동청·관동군(1919)을 두어 관리한다. 1907년 관동도독부에서 남만주철도주식회사를 인수하고 이를 경비하기 위해 만철 철도수비 군대를 두었는데 이는 점차 관동군으로 성장해 간다(나카미 다사오 외, 앞의 책, 역자주).

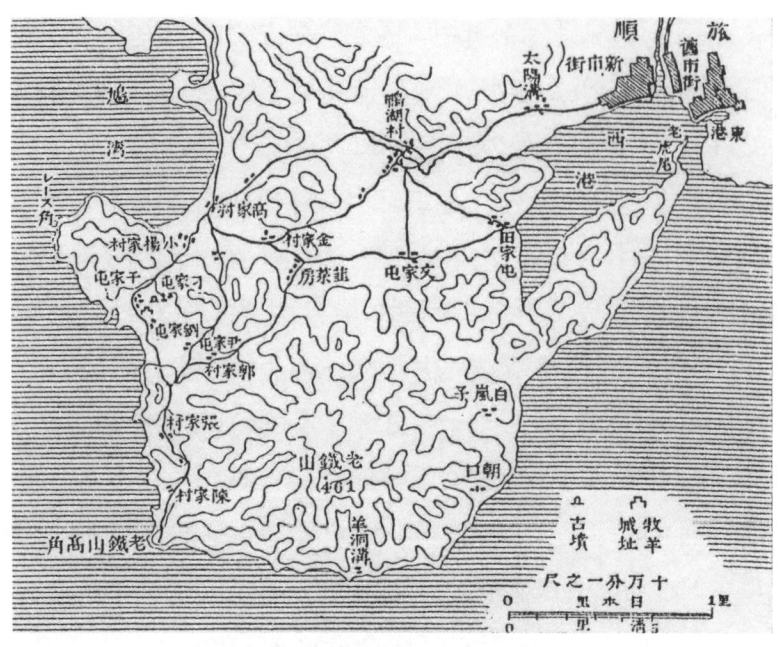

[그림1] 여순 노철산 부근 지도

2. 고분의 위치(附 목양성지(牧羊城址))

　여순 남부 멀리 아득히 하늘과 땅이 맞닿는 곳에 우뚝 솟은 높고 험한 산이 바로 노철산이며 그 서남 산기슭이 바다에 닿는 곳을 노철산 고각(高角)이라 한다. 서북으로 멀리 압호산(鴨湖山)으로 이어지며 race각(角:현 장취(長嘴))에 이르러 끝난다. race각의 동남으로 십 리 남짓에 해안을 따라 집이 수십 채 있고 구만포대(鳩湾砲台)의 남쪽 기슭 가까이 홍적층(洪積層)의 작은 평야가 있다. 조가둔의 한촌(寒村)은 이 평야의 동쪽에 위치한다. 그리고 필자의 소위 첫 번째 고적(古蹟)은 조가둔의 인가를 사이에 두고 서쪽으로 두, 세정(町)(1町=360尺(60間), 109.09091m) 거리의 논 사이에 있었다(그림1). 고분은 높이가 약 1간(間)(1間=1.81818182m)의 절반, 약간 네모에 가까운 둥근 무덤(円塚)으로 직경 4간 정도이고 표면에는 풀이 조금 자라고 있을 뿐 수목의 그림자는 보이지 않으며 동네 사람은 이를 '고려총(高麗塚)'이라 불렀다. 동남부는 발굴되어 봉토(封土)를 잃고 널방의 하반부가 드러나 있으며 서남부의 정상(頂上)에는 근처 중국인이 발굴을 시도한 흔적이 있어서 작은 구덩이가 보였다. 동북부에는 널방의 구조가 완전히 남아 있어서 제법 볼 수 있었다. 서북부는 정상에서 보기에 적어도 근래 발굴된 흔적이 보이지 않는다. 동네 사람도 그런 일은 없었다고 한다. 이리하여 우리는 이 서북부 정상에서 발굴을 시도한 것이다. 이 고분은 도리이 군이 '또한 여순에 하나의 고적이 있다. 이 고적은 형식을 달리하여 지상에 존재한다. 타치바나 무리가 청구하여 고등관 회의를 거쳐 나에게 발굴을 의뢰한 것이 이것이다'(『동양시보(東洋時報)』 제131호)라고 말한 바로 그것이었다.

이 고분을 사이에 두고 남쪽 약 수십 간(間)인 곳에 작은 돌로 덮인 작은 흙무지가 있었다. 그 크기는 앞에 기록한 것과 비슷하고 동네 사람은 하나같이 같은 고분이라고 하는데 아직 발굴을 거치지 않아서 확실한 것을 모른다. 이것 이외 이 부근에는 지상에 봉토가 있는 고분은 보이지 않는다. 단, 조가둔 동쪽 수 정(町)의 구릉 중턱 경사면 등에는 조개껍데기(貝殼)로 널·덧널(棺槨)을 형상한 고분이 군집하고 있다. 안에서 각종 토기, 청동쟁반(銅盤), 오수전(五銖錢) 등이 나왔지만 그 구조가 우리의 조가둔 서쪽 고분과 상당히 다르다는 것을 기억하지 않을 수 없다.

조가둔 서남 약 수 정(町)으로, 해안에서 약간 떨어진 거리에 목양성지(牧羊城址)[9]라고 하는 곳이 있다. 이 성새(城塞)와 앞서 기록한 고분의 매장자 사이에 뭔가 관계가 있을 것으로 생각된다. 이 추측이 부당하지는 않은 것 같아 앞부분에서 목양성지에 대해 조금 언급하고자 한다. 이 성

---

[9] 목양성은 요동반도 최남단 여순의 서쪽에 위치한다. 러일전쟁 때 이 지역에 상륙한 일본은 목양성 유적을 가장 먼저 발견하고 주변을 조사하기 시작한다. 도리이 류조, 하마타 코사쿠가 먼저 답사하고 이를 바탕으로 1928년 일본의 동아고고학회가 본격적인 조사를 주도하였다. 당시의 조사는 목양성이 문헌 기록의 전한(前漢) 요동군 답씨현(沓氏縣)이고 이 지역이 한(漢)의 영토였을 것이라는 것을 증명하는 데 있는 것으로 보인다(하라다 요시토 외, 앞의 책, 역자주).

지는 조가둔 고분에서 가까운 거리에 있다. 소나무가 옆에 홀로 서 있어서 위치를 확인하는 데 좋은 목표가 된다. 넓이는 사방 1정(町) 정도이고 동서는 약간 짧고 사방 둘레에 흙으로 두른 보루의 흔적이 있었다. 남북 가장자리는 많이 붕괴된 곳도 있고 동서 가장자리는 약간 연속해서 남아 있는 곳도 있다. 서쪽 한 곳은 바깥쪽보다 1간 반, 안쪽보다 5척(尺:약 30.3cm) 정도의 높이에 폭 2, 3척이 나오고 들어갔다. 그리고 이 성지의 서쪽 및 남쪽은 지대가 한층 낮은데 점차 경사져서 해안으로 연결된다. 고대에는 해안선이 더욱 연장되어 이 성지에 접근하고 있어 해변이 하나의 작은 요새를 이룰 수 있어서, 멀리 바다를 사이에 두고 산동반도(山東半島)와 교통하는 하나의 항구에 가깝게 쌓아진 것으로 생각할 수 있다(그림 2).

(1) 목양성지

(2) 동(同) 성지의 발굴

[그림2] 여순의 목양성지(牧羊城址)

성지의 내부 일대가 논밭이 되었지만, 그 표면에는 줄무늬 종류에 속하는 토기, 축부토기(祝部土器)[10]와 비슷한 토기의 파편이 많이 흩어져 있으며 또 청동화살촉(銅鏃) 및 오수의 고전(古錢)을 가끔 발견하는 일이 있

---

10 이와이베(いわいべどき) 토기. 일본의 고분시대 유적에서 발굴된 도질토기로 쥐색의 딱딱한 초구이 제품이며 상당한 고온에서 구운 것으로 추정된다. 제작에 녹로(물레)를 이용했다고 생각되는 것이 많다(출처:https://kotobank.jp/word, 역자주).

다고 한다. 그림3 속의 토기 파편은 필자가 명치 43년(1910) 10월 19일 이학사 요시타 오토히코(吉田弟彦) 군과 함께 이 성지를 답사하여 채집한 것이고 청동화살촉, 대구(帶鉤), 오수전은 조가둔 부근의 동네 사람이 성지 혹은 그 부근에서 주운 것을 구입한 것이다. 정확한 발견지는 알 수 없지만 참고하기 위해 언급해 두도록 한다. 화살촉의 어떤 것은 7, 8분(分)(분(分)은 촌(寸)의 1/10. 촌은 약 30.303mm, 분은 약 3.0303mm)으로 긴 방추형을 하고 그 가장자리에 볼록한 선(線)이 있다. 또 지느러미 모양으로 삼면에 칼이 있는 것도 있다. 어떤 것은 무늬 없이 폭이 7분인 것이 있다. 서본원사(西本願寺)의 오타니(大谷)[11] 백작 탐험대가 쿠챠(庫車)[12] 부근에서 채집한 것과 상당히 비슷한 것이 있었다. 대구(帶鉤)는 길이가 2촌(寸), 폭이 5분으로 꼭대기 부분에 약간의 흠이 있었다(그림3).

생각건대 목양성(牧羊城)을 다르게 목양성(木羊

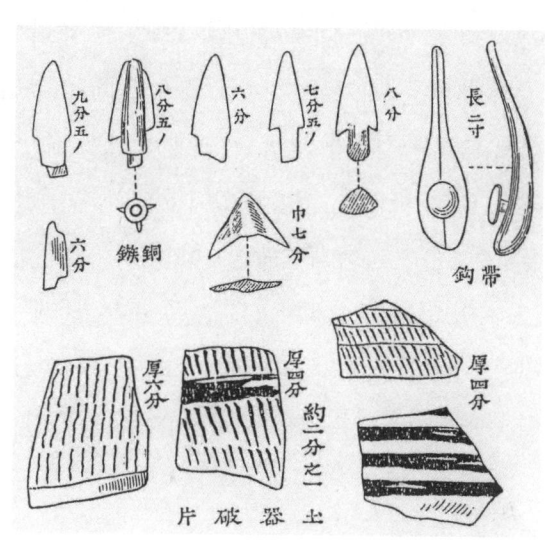

[그림3] 목양성지에서 출토된 유물

---

11 오타니 고즈이(大谷光瑞, 1876~1948). 일본 서본원사의 주지승이자 학승(學僧). 1902년부터 12년간 3차례에 걸쳐 중앙아시아 실크로드 유적지 일대를 탐사하여 베제클리크, 키질, 야르호, 쿰트라, 미란 사원 등의 불교 석굴사원에서 벽화를 수집. 오타니 컬렉션을 남기고 있다. 이 유물들은 국내의 국립중앙박물관, 중국의 여순박물관, 일본의 도쿄국립박물관, 류코쿠(龍谷)대학 도서관에 흩어져 있으며, 현재 국립중앙박물관에 소장된 유물은 석굴사원 벽화, 권축(卷軸), 불화, 복희·여와도, 소조 불상, 토제 명기, 목제·동제 공예품, 직물류, 피혁류 등 총 397건, 1700여 점이다(정수경, 「국립중앙박물관 소장 오타니(大谷)컬렉션의 석굴 벽화 연구」, 숙명여자대학교 대학원미술사학과 석사학위 논문, 2019, 역자주).

12 쿠챠 또는 구자국(龜玆國). 옛 실크로드 상의 도시국가. 현재 신강위구르자치구에 속한다. 서한 선제(宣帝) 때(bc65) 쿠챠 왕 내외가 장안을 방문하면서부터 밀접한 관계를 맺기 시작하여 신작(神爵) 2년(bc60)에 쿠챠의 오루성(烏壘城)에 서역도호부를 설치하게 된다(참고: 진웨이누오, 앞의 책, pp.227~228, 역자주).

城)이라 기록하고, 『흠정성경통지(欽定盛京通志)』(제29권) 영해현 금주(金州) 조(條)에 '성은 서남쪽으로 1백 50리 떨어져 있으며(城西南百五十里) 둘레는 2백 54걸음(周圍二百五十四步)으로, 문일(門一)은...'13 라고만 기록하고 성을 쌓은 연대를 밝히지 않고 있다. 금주에서의 거리와 주변의 걸음 수로 목양성지라고 하는 것을 대략 짐작할 수 있다. 이 '문일(門一)'이라 하는 것이 과연 어느 지점에 있었는지, 지금 이것은 알 수 없다. 어느 학자는 '목양(牧羊)과 모용(慕容)의 음이 상통하기에 이 성지는 원래 모용 씨의 성새(城塞)이었던 것을 목양(牧羊)의 글자를 가져와 이에 맞춘 것이다' 라고 한다. 대저 선비(鮮卑)인 모용씨가 후한(後漢) 말엽부터 5호16국시대14에 갑자기 일어나서 요서(遼西)로부터 요동(遼東)에 그 세력을 미침에 따라15 성지가 요동 각지에 존재할 수 있었던 것은, 비록 의미가 있더라도 이를 확정할 증빙이 없어서 단지 일설일 뿐이다. 또 동네 사람이 조가 둔 고분을 '고려분(高麗墳)'이라고 하는 것처럼, 이 성지를 고려의 성지라고 하였다. 원래 선주민(先住民) 또는 전래를 알 수 없는 고대 유물은 고려인의 손에 의해 이루어진 것이라고 하는 것이 만주에서 중국인의 일반적인 인식이다. 모용씨가 중국 내지로 돌아간 후 고구려가 요동 땅을 공격

---

13 『欽定盛京通志』 卷29 寧海縣
縣城即明金州衛城也...寧海縣界內歷代舊城址...牧羊城 城西南一百五十里 週圍二百五十四步 門一 以上諸城建置年年月無考(역자주).

14 북방 5개 민족(匈奴·鮮卑·氐·羯·羌)에 의해 서진(西晉) 이후 중국 중원 지역에 세워졌던 16개국(前趙·後趙·前燕·前秦·後燕·後秦·南燕·夏·前凉·蜀·後凉·西秦·南凉·西凉·北凉·北燕). 304년부터 북위(北魏)가 세워지는 439년 기간이다. 『십육국춘추(十六國春秋)』에 역사가 전한다(역자주).

15 5호16국시대의 모용연(慕容燕) 왕조로 전연(前燕)·후연(後燕)·북연(北燕)으로 이어진다. 창려(昌黎) 출신 모용외(慕容廆)의 증조부 막호발(莫護跋)은 위나라 초에 새외(塞外)에서 부락민을 이끌고 요서(遼西)로 들어와 사마선왕(司馬宣王)을 도와 공손연을 토벌한다. 조부 목연(木延)은 모구검(母丘儉)이 고구려를 정벌할 때 공을 세워 우현왕의 칭호를 얻고, 아버지 섭귀(涉歸)는 선비 선우(單于)가 되어 요동으로 옮겼는데 모용외 때에 도하(徒河)로 옮긴다. 아들 원진(元眞:皝) 때 연왕(燕王)을 칭하며 고구려(고국원왕)를 쳐서 환도성을 깨고 미천왕의 시신을 파간다. 전진(前秦) 부견에 의해 전연이 망하고, 부견의 남정(南征)이 실패한 후 모용수(慕容垂)가 후연을 다시 세운다. 북위(北魏)에 패한 북연의 마지막 왕 풍홍(馮弘)은 장수왕의 고구려로 피신했다가 죽임을 당한다(참고: 『魏書』 卷95 「列傳」第83: 『三國史記』 卷第13 「高句麗本紀」 第6, 역자주).

하여 소유한 사실이 있을 뿐 아니라 조선의 대동강 연안에서도 이 고분과 다소 유사한 고분이 있는 것을 보면 이 조가둔 고분과 목양성지에 대해 특별히 깊은 의의가 있는 전설이 아니더라도 전해지는 이 이야기 또한 버려서는 안 될 것이다. 또한 이들에 대해서는 결론에서 다시 서술할 것이다.

3. 널방의 구조

조가둔 고분에 널방이 있고 그 동남부의 한 방(室)은 상부가 이미 발굴되어 파괴되어 하반부만 남아 있고, 동북부 방은 여전히 남아 있는 것은 이미 서술하였다. 필자는 이 동북부를 발굴하여 재차 방 하나가 있는 것을 밝히고 또한 이를 연결하는 통로의 상태 등에 비추어 서남부에도 방이 하나 있는 것을 알 수 있었다. 이 고분은 외부의 봉토가 작은 용적이 아닌 것 같고 4개의 널방이 있으며 한 개의 통로로 각 방을 연결하는 것을 그림4에서 알 수 있다. 그렇지만 널방과 외부가 통할 수 있는 널길(羨道)은 과연 어디에 설치되었는가, 혹은 이것을 설치하지 않은 것인가의 여부는 서남부 널방을 발굴하지 않으면 알 수가 없었다. 본 고분과 비슷한 조선 대동강 남쪽의 고분에 서남을 향하여 입구가 있는 것을 보면 본 고분에서도 아직 발굴하지 않은 서남부에 입구가 있는 것을 추측할 수 있다. 앞서 기술한 조선의 고분은 평양에서 서남쪽 약 1리 반 되는 곳에 있는데 고구려의 고분이라고 하

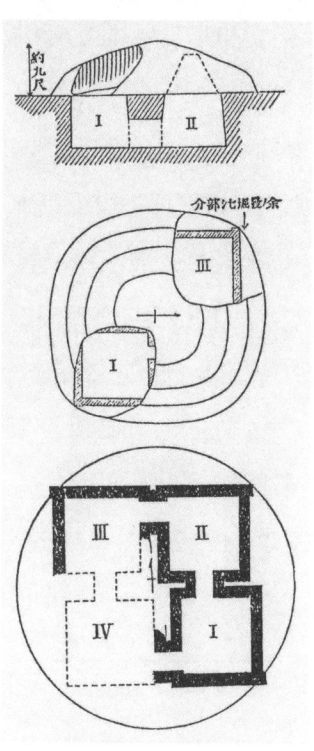

[그림4] 조가둔 고분도

며 하기노 요시유키(荻野由之) 문학박사와 이마니시 류(今西龍) 문학사가 조사한 것에 속한다(『동경인류학회잡지』 제293호).[16] 아직 상세한 보도를 보지는 않았지만 세키노 타다시 공학박사, 야츠이 세이치 문학사 일행이 조선에서 한 조사와 함께 그 결과가 발표되면 비교연구 상 많은 자료를 얻을 수 있을 것이다.

이들의 널방은 모두 벽돌로 지어져 있다. 바닥에는 무늬 없는 네모난 벽돌(無紋方甎)을 깔고 측벽에는 각종 무늬가 있는 방전을 쌓아 올렸는데 그 벽돌 문양의 표면에는 백(白)·적(赤)·자(紫)·감(藍) 등으로 채색한 흔적이 있다. 당시 널방 내부는 오색잔란하게 빛나고 사방 둘레가 장엄하였을 것으로 상상된다. 수많은 부장품에 둘러싸여 이 안에서 조용히 잠들어 있는 사람은 도대체 어느 때의 어떤 사람일까.

그런데 동남부의 널방은 동서가 6척 3촌, 남북이 6척 5분으로 거의 정사각형에 가까운 방이고 서북의 양측에는 '아치(arch)'를 올린 통로가 있어서 다른 널방과 연결되었다. 서쪽의 통로는 남단으로부터 6촌, 북단으로부터 3척 7촌인 곳에 있으며, 넓이는 1척 7촌 5분, 높이는 약 3척 2촌(바닥은 매몰된 곳이 있어서 정확하지 않음), 길이는 2척 6촌으로 서남(西南)의 널방으로 통하지만, 그 내부는 매몰되어 있는 것으로 보인다. 북쪽의 통로는 넓이 1척 8촌, 높이 3척 5촌(양쪽에서)이고 아치를 올려서 길이 2척 7촌으로 동북의 널방으로 연결된다. 그 위치는 중앙에서 약간 치우쳐서 서쪽 끝에서 1척 6촌, 동쪽 끝에서 2척 9촌인 곳에 있었다. 이같이 한 개의 널방으로부터 시작되는 2개의 통로는 그 하나는 약간 중앙에 가깝

---

16 1909년 발굴한 대동강면고분(을)(大同江面古墳(乙))을 말한다. 이 고분은 널길과 널방으로 이루어진 벽돌방무덤으로 무덤 내 발굴 유물은 도쿄제국대학으로 옮겨졌다가 1923년 관동대지진 때 소실되었다. 이에 앞서 석암동 고분과 대동강면고분(갑)이 먼저 발굴되었다(김영섭, 앞의 논문, p.23, 역자 주).

고 다른 것은 현저하게 한쪽으로 치우쳐 있는 것을 볼 수 있는데 이런 관계는 다른 널방에서도 대략 동일하게 되어 있는 것이, 나중에 설명하는 것과 같다. 이 방의 상부는 이미 파괴되어 그 구조가 확실하지 않지만 남아 있는 서·북 두 쪽의 벽면으로부터 미루어 살펴보면, 동북의 널방과 같은 모양의 절정(截頂) 방추형인 '쿠포라(Cupola:둥근 천장, 돔)'가 있었던 것을 알 수 있다.

다음에 동북의 널방은 동서 6척 3촌, 남북 6척 4촌 남짓으로 전자와 거의 큰 차이가 없다. 서쪽과 남쪽에 같은 두 통로가 있다. 남쪽의 그것은 앞서 기록한 동남실의 북쪽 통로와 공유하는 것이다. 그렇지만 이 통로는 본실(本室)에서는 동쪽 끝보다 2척 2촌, 서쪽 끝보다 2척인 곳에 있기 때문에 이 방이 전실(前室)보다 작고 서쪽 방향으로 치우쳐 있는 것을 알 수 있다. 다음에 서쪽 통로는 남쪽 끝으로부터 3척 7촌, 북쪽 끝으로부터 7촌인 곳에 있고 넓이는 2척 1촌, 높이는 3척 5촌 아치를 올린 것이 전자와 같고 깊이 2척 5촌으로 서북실로 통하는데 내부는 매몰되어 있다(그림5).

이 방의 상부는 가장 안전하게 보존되어 있으며 마치 방추의 정점(頂点)을 작게 정제한 것 같은 형상의 쿠포라를 형성하였다. 바닥에는 무늬 없는 벽돌을 깔고 거기서부터 높이 4척 3촌, 즉 통로의 아치가 상단(上端)부터 점차 축소되어 가장 꼭대기는 약 1척 5촌×2척 남짓의 직방형(直方形)을 이룬다. 그 사이가 약 7척이므로 이것을 계산하면 바닥 부분에서 총 높이가 약 11척 이

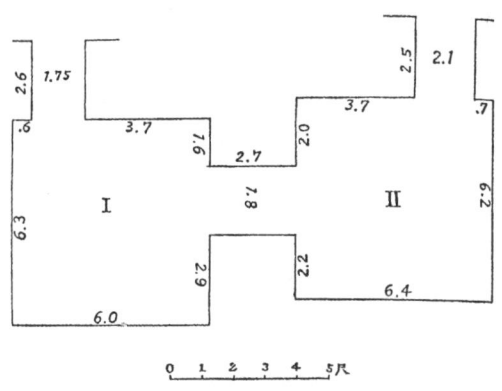

[그림5] 조가둔 고분 동북쪽 널방 평면도

상에 달한다. 그리고 벽면의 벽돌을
쌓은 방향을 보니 쿠포라 부분은 주
로 벽돌의 평면이 위로 보이게 쌓고
(平積), 작은 출구는 경사지게 하여
쿠포라의 경사에 상응하게 하고 아
래쪽 방의 벽면은 벽돌을 평적(平積)
하고, 간혹 교차하는 데는 직방형의
벽돌을 작은 면적 쪽으로 하게 한
것이 그림과 같다(그림6).

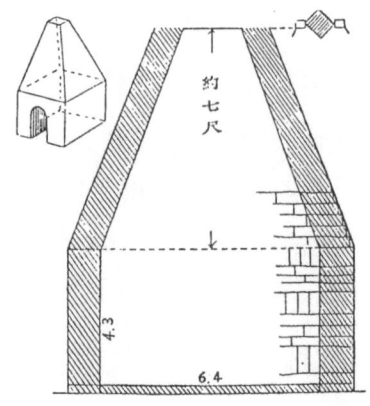

[그림6] 동북쪽 널방 종단도(縱斷面圖)

  이같이 벽돌을 모두 쌓아 올리는 것은 자못 재료를 비경제적으로 쓴다
는 관점도 있지만 쿠포라는 원래 완전한 '돔(dome)'을 만들게 하는 것
이 아니다. '코벨(corbel: 내쌓기)'을 하여 쌓아 올리는 것이기 때문에 구조상
네모난 큰 벽돌을 사용하는 것이 어쩔 수 없기에 나온 것일 것이다. 『좌전
(左傳)』의 성공(成公) 2년 조(條)에, '8월 송(宋) 문공(文公)이 죽었다. 후
장(厚葬)이 시작되어 신탄(蜃炭:대합껍질을 태운 재), 좋은 수레를 사용하고 귀
중한 기구를 갖추었으며, 덧널에는 4아(四阿)가 있고 널에는 노송나무 장
식이 있다(八月宋文公卒, 始厚葬, 用蜃炭, 益車焉, 重器備, 椁有四阿, 棺有
翰檜)'라고 하는 사아(四阿:지붕을 사방으로 내려놓은 구조)의 덧널은, 어쩌면 이
와 같은 형식의 널방을 말할 것이다.

  반복해서 위의 두 방 통로 구조를 조금 상세히 서술하고자 하는데, 양
쪽의 벽면의 벽돌과는 다른 종류의 대형 직방형 벽돌을 사용하였다. 크기
는 6촌 5분×6촌 7분×2척 6촌이었다. 외부에서 보이는 삼면에는 문양(紋
樣)을 붙였다. 또 꼭대기 부분에서 아치를 형성한 벽돌은 3촌 5분×2촌 5
분×7촌 5분의 쐐기모양에, 1척 3촌의 길이로, 같은 세 곳에 문양을 나타
냈다. 이것과 같은 모양의 벽돌 7개로 원주(円周)의 약 6분의 1의 호형(弧

形)을 그려서 소위 '세그멘탈 아치(segmental arch)'를 형성하였다. 이같이 쐐기모양의 벽돌로 진정한 아치를 만든 것은 동양건축사 상 무엇보다도 주의해야 할 현상이다. 후술(後述)하는 바와 같이 이 고분이 과연 한대(漢代) 또는 그 가까운 시대의 유물이라고 한다면 중국에서 일찍이 이 시대에 아치를 건축에 사용한 것을 증명할 수 있는 하나의 자료라고 말할 수 있다. 이 밖에 여순, 요양 등에 벽돌무덤(甎墓)의 덮개 부분을 아치형으로 둥글게 한 것이 있다. 이것 또한 멀지 않은 시대의 유물이라고 한다면 거듭 이것을 확인하는 방증이 될 것이다. 단, 이 건축양식이 중국 자생의 것인지 혹은 서역 지방으로부터 전래된 것인지라는 의견이 있는데 우리는 오히려 중국에서 자생한 것으로 생각한다. 오늘날 중국 건축에 아치를 사용하는 것이 많은데, 그 단서가 이미 상대(上代)에서 시작한 것임을 아는 것은 대단히 흥미로운 사항이다.

4. 발견 유물

필자는 10월 18일, 19일에 다치바나 세이치로 군과 함께 만철(滿鐵) 인부와 중국인 20명을 고용하여 고분의 서북부에서 성토(盛土)를 정상에서부터 발굴하였다. 그런데 이 부분의 널방은 어쩌면 이미 발굴된 적이 있는 것 같이, 내부는 사토(砂土)와 벽돌 파편이 가득하고 꼭대기 부분은 그 형상을 전혀 알 수 없었다. 겨우 지평선 부근 이하의 널방 벽이 약간은 완전히 남아 있는 것을 볼 뿐이었다. 널방의 크기는 동북 및 동남부의 것과 거의 같으며, 약간 큰 것 같은 기억이지만, 당시 정확하게 측정할 수 없었기 때문에 이를 유감으로 생각한다. 바닥에 무문방전(無紋方甎)을 깐 것은 앞서 언급한 경우와 같았고, 그 위에서 짐승의 뼈 다수와 바리형 토기 1개, 오수전 4개를 발견했을 뿐이다. 다른 유물이 존재하지 않는 것을 보면 이 널방이 발견되었을 때, 또는 인접한 널방에 침입하여 주요한 유물을 훔쳐 간 것인지 의심스럽다. 동네 사람의 말에 의하면 일찍이 일청(日淸)전쟁 때 부녀자들이 이 분묘의 널방으로 피난한 적이 있었다고 한다. 또 대장장이가 이 안에 거주한 적도 있었다고 하니 중국인이 손을 댄 것은 흔히 있을 수 있는 일이다.

이같이 유물의 발견이 매우 부족하긴 해도 이 발굴로 널방을 구성하는 벽돌의 색채가 상당히 선명하게 남아 있는 것을 발견하여, 애초의 장식을 복원하는 데 좋은 자료를 얻었다. 다음에 이 벽돌의 문양, 채색을 서술하고 다른 유물의 설명으로 옮기고자 한다.

(1) 벽돌(甎瓦)

문양을 붙이는 벽돌이 만주에서 발견된 것은 이미 도리이 군의 제1회 만주 여행 때 웅악성(熊岳城) 부근에서부터이고, 당시 '고려전(高麗甎)'으로 소개하였다(『동양인류학회잡지』 제223호). 나중에 웅악성 부근과 보란점(普蘭店) 부근의 무늬 있는 벽돌(紋甎)에 대해서는, 근래 『국화(國華)』에서 문양의 종류를 나누고 이를 전한(前漢) 말의 유물이라고 하였다(『국화(國華)』 제237호, 239호). 그리고 이 조가둔 고분의 벽돌은 문양의 성질이 전자와 비슷하지만, 그 모양은 약간 크게 생각된다. 여기서 조가둔 고분의 벽돌을 형상에 따라 분류하였더니, 대략 4종이었다. I은 벽면에 사용되었고, II는 통로의 구조에 사용된 것이다.

  I (1) 정방전(正方甎) 둘레(方) 1척 3촌, 두께 3촌
     (2) 직방전(直方甎) 횡단면 3촌 5분x5촌 5분, 길이 1척 3촌
  II (3) 설상전(楔狀甎) 설상면 3촌 5분x2촌 5분x7촌 5분, 길이 1척 3촌
     (4) 직방전(直方甎) 횡단면 6촌 7분x6촌 5분, 길이 2척 6촌

즉 도리이 군이 발견한 문전(紋甎)의 두께 2촌 5분 정도에 비해 두꺼운 것을 볼 수 있다. 그리고 I의 벽돌은 문양이 한 면에 한정되고 II는 양면에 있다. 문양은 오직 기하학적 선으로 이루어져 안에는 단순한 직선에만 의한 것과 원과 직선과의 결합으로 이루어진 것, 두 종류가 있다. 또한 그 안에 여러 종류의 디자인이 있는데 다음 그림과 같다(제7그림, 제8그림).

(I) 직선에만 의해 이루어진 모양
    (a) 7개의 직선을 사선으로 엇갈리게 친 것(절대문(折帶紋))
    (b) 중앙의 한 선에 양쪽에서 사선을 친 것(전상문(箭狀紋))
    (c) 4개의 직선을 마름모꼴로 하여 교차한 것(단능문(單菱紋))
    (c1) 3개의 직선을 마름모꼴로 교차한 것을 2단으로 한 것
       (복능문(複菱紋))
(II) 직선과 원과의 결합으로 이루어진 모양
    (d) 3개의 동심원과 이를 사방에서 관통하는 직선으로 이루어진 것
    (d1) 2개 혹은 3개의 동심원과 이를 여섯 방향에서 관통하는 직선
       으로 이루어진 것
    (e) 동전(錢) 모양을 4개의 직선으로 서로 연결한 것(錢繫ぎ紋)

이상에서 (I)의 (c)와 (c1), (II)의 (d)와 (d1)은 완전히 같은 모양의 종류에서 약간 변화, 혹은 중복시킨 것에 불과하다. (II)의 (d)는 통로의 아치 및 측면을 이루는 벽돌에 응용되고 나머지는 벽면의 다른 부분에 사용된 것이다.

이들의 모양은 도리이 군에 의해 분류된 문양과 성질이 서로 동일하지만 완전히 똑같은 것은 동전연결무늬와 전상문(箭狀紋)뿐이다. 이 동전을 연결한 문양은 이것 외에 노가둔(蘆家屯) 부근에서 발견된 방전(1척x1척 1촌x2촌 5분)에 동전 가운데에 'x王'의 문자를 나타낸 것이 있었다.

[제7그림] 조가둔 고분의 벽돌 문양도

[제8그림] 만주 여순 조가둔 고분
채색무늬 벽돌(교토제국대학 문학부 소장)

같은 지역의 역장 마츠다 코마와가(松田駒若) 군이 이를 소장하고 마츠타 군으로부터 여순의 이시카와 치히로(石川千尋) 군 및 경도제국대학 문과대학에 기증된 것 각 1개가 있다(제9그림). 이 모양이 청국(淸國)의 산동성 효당산(孝堂山) 석실[17] 및 무씨사(武氏祠)[18]의 화상석 등에도 나타나는

---

[17] 중국 산동성 장청현(長淸縣) 소재. 1907년 일본의 건축학자이자 고고학자인 세키노(關野貞)가 산동성 장청현(당시는 비성현)에 와서 효당산 석사당을 조사하여 처음으로 실측도를 세상에 발표하였다. 두칸맞배지붕식 건축으로 전면 너비 4.14m, 깊이 2.5m, 높이 2.65m 내외이다. 사주(祠主)는 전한 조기와 중기 교체기의 이천석(二千石) 고급관리로 논증한 것(신입상)이 있다. 사주수제도, 거마출행도, 이도살삼사, 공자견노자도, 호한전쟁도, 서왕모도, 풍백도, 천상도, 북두칠성도, 월륜도, 일륜도, 직녀도, 누각쌍궐예배도상 등의 화상석이 있는데 이는 한(漢) 화상석 가운데 가장 아름다운 작품군의 하나이다(참고: 신입상, 앞의 책). 2024년 현재 이 효당산 석사당 석각은 동경국립박물관 동양관에 전시되어 있다(역자주).

[18] 무씨사(武氏祠) 혹은 무씨묘석사(武氏墓石祠)는 중국 산동성 제녕시(濟寧市) 가상현(嘉祥縣) 지방진(紙坊鎭) 무적산(武翟山) 북쪽 산기슭에 위치하는 후한 말기 무씨(武氏) 가족묘지의 3좌 사당과

것은 세상 사람들이 아는 바이며 그 밖에 앞서 언급한 것과 같은 성질의 기하학적 모양은 벽돌, 와조(瓦竈:부뚜막), 경감(鏡鑑:청동으로 만들어진 대야에 물을 담아 얼굴을 비춰 보던 것) 등에 그려지고, 대개 한 대의 유물과 관계된다. 본 고분의 연대를 추정하는 데 무엇보다도 유력한 증거의 하나는 바로 이 문전(紋甎)이었다.

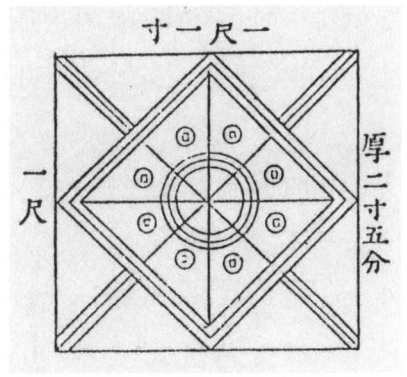

[제9그림] 조가둔 문전도(紋甎圖)

종래 발견한 문전(紋甎)에서 채색이 남아 있는 것은 듣지 못했는데 본 고분에서는 아주 선명하게 남아 있는 것을 발견하였다. 즉 제7그림에 보이는 마름모꼴 문양을 나타낸 벽돌에는 먼저 전체를 백색 호분(胡粉)으로 바르고 다음에 바깥 부분부터 순서대로 적(赤), 남(藍), 적(赤), 자(紫), 적(赤) 등의 색을 내곽(內郭)에 칠하고 각 색의 사이에는 백색을 남겨서 강한 반대색의 효과를 나타냈다. 남아 있는 흔적으로 다른 종류의 벽돌에도 이와 같은 방법으로 칠한 것을 알 수 있다(제8그림). 만약 이 고분을 후설(後說)과 같이, 한 대 또는 그에 가까운 시대의 유물이라고 한다면, 이 벽돌은 당시의 장식디자인을 유추하게 하는 것만이 아니다. 후세 불교의 전래 이후 육조(六朝)[19]와 수·당(隋唐)을 거쳐, 중국에서의 장식 문양과

쌍궐(雙闕)의 총칭이다. 후한 말 환제(桓帝) 건화(建和) 원년(147)에서 영제(靈帝) 건녕(建寧) 원년(168) 사이에 축조된 것으로 추정된다. 세키노의 실측 복원도가 있다. 무씨사의 무량사당에는 43폭의 역사고사도상, 10폭의 고대제왕도, 7폭의 열녀도와 효자고사도상, 동공왕과 서왕모상, 사주승선도, 상서도 등이 있다. 무씨사 전석실인 무영사당에는 선인도상, 제신출행도, 풍백도, 천제도, 천벌도 등이 있다(신입상, 앞의 책, 역자주).

19 六朝(221~589). 중국의 한(漢)이 망하고 수(隋)가 재통일하기까지 370년 동안 강남의 남조(南朝)를 말함. 오(吳)·동진(東晉)·송(宋)·제(齊)·양(梁)·진(陳)이 속하며 수도는 건업(建業, 지금의 난징(南京))이다(역자주).

그 색채가 어떻게 변화해 가는지를 보고 이것과 비교 고찰하는 것은 무엇보다도 흥미로운 사항에 속한다.

(2) 바리형 토기(鉢形土器)

검푸른 흑색의 토기로, 구운 온도가 약하고 품질은 정교하지 않다. 상부는 평평하고 직경 4촌 5분이었다. 밑바닥은 직경 1촌 7분이고 바깥쪽에서 빗치개(篦)로 뚫은 19개의 작은 구멍이 중앙에 있었다(제10그림). 이같이 밑바닥 부분에 작은 구멍이 있는 사발은 가끔 노가

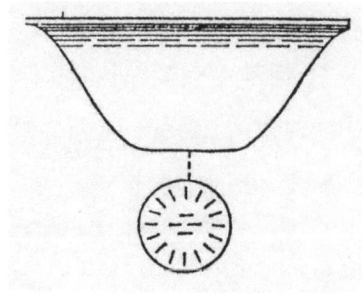

[제10그림] 바리형 토기(鉢形土器)

둔의 조개무덤 등에서 발견되고 있다. 또 서본원사(西本願寺)의 오타니(大谷) 백작 탐험대가 신강성(新疆省) 롭(Lob)[20] 부근에서 채집한 유물에서도 이것을 볼 수 있었다. 어떤 용도에 사용된 것인지는 상세히 알 수 없지만 아마 곡물 등을 찌기 위해서 사용된 것이 아닐까 한다.

(3) 오수전(五銖錢)

매우 녹슬고 부식했지만 완전한 모양을 이루는 4조각의 파편이 1개 있었다. 표면이 더러워져 분간하기 어렵고 거의 읽기 어려워서 약한 유산(硫酸)에 세척하여 간신히 읽을 수 있었다. 오수전은 만주에서 개묘(介墓), 벽

---

20 Lob Nur. 한 대에는 포창해(蒲昌海)로 불렸다. 고대 실크로드의 누란(樓蘭) 왕국이 번영할 수 있을 정도의 배후 호수였으나 현재 주변은 사막이 되었고 호수는 완전히 말라 호수 바닥으로 보이는 곳에 소금만 깔려있다. 20세기 초에 이곳을 방문한 탐험가들은 방문 때마다 물길이 바뀌어 있어 'wandering lake'라 불렀다. 누란은 한나라의 지배를 받게 되면서 선선(鄯善)이라 불렸으며, 20세기 탐험가들에 의해 모래 속에 파묻혀있던 유적지와 '누란 미녀'가 발견되었다(참조: 김호동, 『아틀라스 중앙유라시아사』, 사계절, 2016, p.49, 역자주)

21 『前漢書』卷99下「王莽傳」第69下
地皇元年...罷大小錢更行 貨布長二寸五分廣一寸直 貨錢二十五 貨錢徑一寸重五銖枚直一 兩品竝

돌무덤(甎墓), 석관(石棺) 등에서 가장 많이 발견되고 가끔 화천(貨泉)[21],
대천오십(大泉五十)[22] 등과 함께 나오는 경우도 있다(『국화(國華)』 제245
호, 도리이 씨 논문 참조). 오수전은 전한(前漢)의 무제 원수(元狩) 5년에
3수(三銖)의 가벼움으로 시작하여 재차 5수(銖:1양(兩)의 24분의1:약3.25g)를 주
조하고[23] 그 후 육조를 거쳐 수(隋)에 이르기까지 계속 주조하여, 이것이
어느 시대의 것인가를 식별하는 것은 대단히 어렵다. 단, 한무(漢武)의 오
수는, 수(銖) 자의 '朱'는 '네모가 구부러진 모양(朱方折帯)'인 것 같다는
설이 있다. 그런데 이 조가둔에서 발견한 오수는 '朱' 자가 둥글게 구부러
지는 것 같으므로 한무 때의 것이라고 할 수 없고, 면(面)에 외곽(外郭)은
있으나 내곽(內郭)이 없고 뒤에 내외 양곽(兩郭)이 있다. 이 양식은 전한 선
제(宣帝) 및 후한 광무제 때의 동전에 아주 가깝다(『고천회이살(古泉滙利
殺)』2). 그리고 기타 만주에서 발견한 오수도 대개는 모두 이 양식과 모양
이 같다. 소량 발견된 고전(古錢)을 기준으로 바로 연대를 추정하는 것은
어렵지만 다른 유물이 이를 방증하는 경우, 이 고분의 축조연대를 적어도
후한시대로 잡는 것은 크게 부당한 것은 아닐 것이다.

(4) 짐승뼈(獸骨)

사람뼈를 발견한 적은 없었지만 짐승뼈는 다수 바닥에서 발견되었다.
후일에 들여보낸 것으로도 생각이 되지만, 아마 애초 공물로 바쳐진 것일
것이다. 여순의 조개무덤 등에서도 짐승뼈가 가끔 발견된다. 생선뼈가 토
기 안에 가득하거나 접시 위에 남아 있는 것이 있다. 필자는 노가둔의 조

行...(역자주).
22 『前漢書』卷99中「王莽傳」第69中
居攝...二年...五月更造貨 錯刀一直五千 契刀一直五百 大錢一直五十 與五銖錢並行...(역자주).
23 『前漢書』卷6「武帝紀」第6
建元元年...春二月...行三銖錢...五年春...罷三銖錢行半兩錢...元狩...五年...罷半兩錢行五銖錢...(역자주).

개무덤에서 같은 생선뼈가 가득한 단지를 발견하였다. 이러한 사실은 즉, 고묘(古墓)의 매장이 적어도 불교의 교리에 의하여 이루어진 것이 아님을 나타내는 것이라고 말할 수 있다. 이 짐승뼈는 전문학자의 설명에 의하면 아마도 양의 뼈로, 아래턱뼈의 어금니가 아직 발달하지 않은 것을 보면 어린 양일 것이라고 한다.

5. 결론

이상 조가둔의 고분에 대해서 널방의 구조와 발견 유물을 서술하였는데 이 고분과 같은 봉토를 가지는 것은 만주에서는 그 수가 극히 드물다. 조가둔 부근의 조개무덤과 벽돌무덤을 비롯하여 웅악성 부근, 요양 부근에서의 각종 분묘에서도 모두 지평선 아래에 널방이 있고 그 위에 성토가 있는 것을 볼 수 없다. 하물며 내부에 벽돌 널방 4개가 있고 '쿠포라'를 받쳐 드는 것 같은 것은 무엇보다도 보통의 것이 아닐 것이다. 그리스 미케네에 있는 '아트로이즈 왕의 보고(寶庫)'라고 하는 고분은[24] 원추형의 '쿠포라'가 있는 제실(祭室)과 네모난 무덤방이 있는데, 연결하기 위하여 굴을 파서 '쿠포라'의 '콜베르(Colbert)'를 이루고 내벽에 장식을 만드는 등, 성질이 가장 비슷한 것이다. 단 그들은 터널 형식으로, 진정한 아치를 이용하지 않고 제실의 평면 또한 원형인 것이 다를 뿐이다. 그러나 이 두 고분은 본래 시대도 상당히 동떨어지므로 아무런 역사적 관계가 없

---

[24] 건축에서 원형공간이 명확하게 나타나기 시작하는 것은 미케네의 '톨로스(tholos: 원형공간-원형신전, 원형무덤)'부터이다. 원형 평면과 이를 덮는 둥근 천정이 나타나는 것이다. 미케네에서 발견되는 무덤에는 석관묘, 갱묘, 묘실이 있다. 묘실은 드로모스(dromos, 羨道)를 만들고 그 끝에 원형에 가까운 평면 윤곽을 만든 후 천정을 둥글게 파내어 완성한다. 3형식의 종합적인 결정판이 톨로스인데 대표적인 것이 '아트로이즈의 보고'라고 불리는 무덤이다(윤성호, 「필로스의 네스트로 궁전에서 나타나는 미케네 건축의 특징에 관한 연구」, 『한국문화공간건축학회논문집』 제31호, 2010, p.45, 역자주).

다. 다만 조가둔 고분에서 4개의 널방은 과연 모두 시신을 매장하는 묘실이었는지, 어떤 사람은 공물을 바치는 등을 위하여 사용한 제실(Kult-kammer)이었다고 한다. 필자가 발굴한 서북의 널방에서 짐승뼈는 있고 사람뼈는 없는 것과 같이, 또는 이러한 종류의 추측을 감히 하려는 것도, 그 구조의 3자(者) 모두가 거의 같고, 조금도 차이가 없는 것으로 본다면, 어떤 자에게는 주인을 매장하고, 어떤 자에게는 가족, 혹은 종자(從者)를 매장하였다고 보는 것으로 온당하지 않을까. 또 아직 발굴을 시도하지 않은 서남 방(室)은 단지 각 방을 연결하기 위한 입구로 사용한 것일까. 이들에 관한 문제는 재차 발굴을 마무리하고 깊은 연구를 요구하는 사항에 속한다.

이 고분과 가장 비슷한 것은 조선의 대동강 남안(南岸)에 존재하는 고구려 고분이라고 하는 것은 이미 서술하였다. 아직 이것이 고구려 유물이라고 하는 연구는 상세히 하지 않았다. 만약 이 추정이 옳다면, 조가둔 고분이 한편으로는 동네 사람이 전하는 말에 '고려분'이라 하고 다른 한편에서는 그 구조가 서로 비슷한 것으로 보아, 이를 고구려 유물이라고 하는 것은, 요동반도가 한때 고구려의 세력하에 있었던 역사적 사실에 비추어 본다면 반드시 그 이유가 될 것이다. 반면, 산동성 효당산 고분의 굴(隧道)은 축성 재료가 석재이고 모양이 조금 다른 분위기이지만 성질을 같이하는 점도 적지 않다(『국화(國華)』 제225호, 세키노 타다시(関野貞) 박사 논문 참조). 또한 벽돌의 모양을 보면 효당산 석실, 무씨사(武氏祠)를 비롯하여 기타 한 대의 유물로 볼 수 있고 오수전이 그 안에서 발견된 점, 재차 여순 이외의 남만주 고분에서 오수, 화천 등이 발견되고, 그것보다 후대의 고전(古錢)을 발견할 수 없는 점 등으로 보면 조가둔 고분은 한 대(적어도 후한(後漢))의 것으로 볼 수 있다. 요동반도가 일찍이 주말(周末) 춘추전국 시대에 중국문화의 영향을 받았던 것은 대석교(大石橋), 웅악성 부근 등으로부터 명도(明刀)[25], 그밖에 각종 포천(布泉)[26]을 발굴한 사실로도 알 수 있으며(『동양시보(東洋時報)』 제31호, 도리이 군 논문 참조), 한 대에는 무제(武帝)가 조선(朝鮮)을 병합하여 4군(郡)을 두고 요동 땅이 본래 그의 영유로 돌아간 것을 보면, 한인(漢人)이 이 지역에 옮겨 산 것이 적지 않았을 것이며 문무(文武)의 여러 관리도 주재하였을 것이다.27 또한 요동 동네 사람이 한인 문화에 영향을 받아서 그들의 풍속에 교화된 것도 많았을 것이다. 특히 여순의 조가둔 지역 같은 곳은 묘도열도(廟島列島:요동반도와 산동반도 사이에 줄지어 있는 섬)를 사이에 두고 산동 지역과 교통이 가장 편리한 해안이었다. 무엇보다도 한인의 왕래가 빈번하였던 것은 오늘날 산동 지역과의 교통 상태를 보아 추측하기 어렵지 않다. 때문에 이 조가둔 고분은 한 대(적어도 후한)에 상당한 지위에 있었던 사람의 분묘로 보고 목양성의 수장 혹은 그와 같은 사람일 것이라는 추측은, 이를 확증하진 못하더라도 제법 있을 수 있는 사실일 것이다. 이같이 한다면, 대동강 고구려 고분은, 한 무제가 고조선을 병합한 후 한 대 문화의 영향이 오래도록 반도 지역에 전승된 결과28 조가둔 고분과 유사한 성질을 나타낸 것이라고 해야 할 것인가.

---

25 중국~만주~한반도 서북부 지역에서 발견되는 명도전은 bc550년~bc290년 이후 기간 동안 사용된 화폐로 칼모양으로 만들어져 있고 초기 형태에서 '명(明)' 자를 해독하여 '명도전'이라 이름 붙였다. 제작 주체에 대해 연나라인가 고조선인가 아직 이견이 있는 상태이다. 고대사회의 교역이론 등으로 해석한 연구에서는 명도전이 당시에 기축통화 역할을 하였고 이 화폐의 발견 지역은 하나의 경제권이었을 것이라고 상정한다(김연성, 「동북아 고대 교역과 명도전(明刀錢)의 관계」, 인하대학교 융합고고학과 석사학위 논문, 2013, 역자주).
26 각주21) 참조(역자주).
27 '한 대에는 무제가……주재하였을 것이다'라는 부분은 한사군의 위치와 '요동'에 대한 재고찰을 요하는 내용이다. 최근의 일련의 연구는 한사군이 당시의 요서 지역과 현재의 요녕성 서남부 지역에 위치함을 살피고 있다(참고:복기대, 「임둔태수장 봉니를 통해 본 한사군의 위치」, 『백산학보』 제61호, 2001: 「동북아시아에서 한사군의 국제정치적 의미」, 『강원사학』 제28호, 2016: 「한군현의 인식에 관한 연구1-'설치'와 '교치'에 대한 비판적 검토를 중심으로-」, 『몽골학』 제49호, 2017: 「전한의 동역4군 설치 배경과 그 위치에 관하여」, 『인문과학연구』 제52집, 2017: 「한사군은 어떻게 갈석에서 대동강까지 왔나?」, 『선도문화』 제25호, 2018: 김영섭, 앞의 논문, 역자주). 이 연구들이 타당하다면 '한인(漢人)의 이주나 한인 관료의 주재'는 재고를 요하는 주장이다(역자주).
28 이것은 현재 우리 학계의 고구려 벽화고분 연구에서 일관되게 주장되는 내용이다. 즉, '고구려 벽화는 집안권과 평양권으로 나눌 수 있을 정도로 두 지역 간에 성격이 다른 벽화 양상을 보인다. 이는 평양지역이 한사군의 낙랑군으로 오래도록 한인의 지배를 받다 보니 세력 기반을 가진 한계(漢系)

요약하면 조가둔 고분은, 발견한 유물과 벽돌의 형태 등으로 보면 아마도 한 대에 조성한 것으로 보이고 널방 구조는 당대 건축 연구의 자료가 되며 벽돌의 모양과 색채는 당대의 장식기법을 엿볼 수 있는 재료이다. 비단 만주의 고고학적 가치를 가지는 고분일 뿐만 아니라 조선 및 중국 본토와의 문화 관계를 아는 데도 매우 귀중한 유물이라고 할 수 있다.

(명치 44년(1911) 1월 20일 씀.)

(명치 44년(1911) 6월)

지방 토착세력이 막강하여 고구려가 평안도 평양으로 천도한 후에도 초기에는 이들을 제대로 통합해낼 수 없었다. 한(漢)의 동북 지방 거점인 요양과 평양권 한계 고분벽화의 흐름은 평양권 고구려계 고분벽화와 집안권 고분벽화로 계승 발전된다' 는 것이다(전호태, 「4~5세기 고구려 고분벽화와 동아시아 문화」, 『高句麗研究』 21집, 2005). 그러나 한사군의 위치 비정에 대한 연구(각주27 참조)와 장수왕이 천도한 평양이 평안도 평양이 아니라는 복기대의 연구(「고구려 도읍지 천도에 대한 재검토」, 『단군학연구』제22호, 2010: 「고구려 후기 평양 위치 관련 기록의 검토」, 『고구려의 평양과 그 여운』, 주류성, 2017)는 대동강면 무덤떼가 초기 한성 백제의 유적이라는 김영섭의 연구(각주16의 박사학위 논문)와 함께 이와는 다른 설명을 한다. 이제까지의 연구 결과와는 달리 평양 유역과 황해도의 벽화무덤 제작 주체는 따로 있다는 것이다. 이에 대한 지속적인 후속 연구가 필요할 것으로 보인다(역자주).

2. 여순 조가둔 고분 조사의 보유(補遺)[1]

하마타 코사쿠(濱田耕作)

1. 서 론

　　만주 여순 노철산 기슭의 조가둔 고분에 관해서는 제1회 발굴 결과를 『동양학보(東洋學報)』 제1권, 제2호(명치 45년(1912))에 기술한 바 있다. 이어서 같은 『동양학보』 제2권 제3호(대정 2년(1913))에 제2회 조사 결과를 수록하여 한 대의 고분으로 인정할 만한 현저한 유물에 대해 보고한 바가 있었다. 두 차례 발굴로 해당 고분은 채색문전(紋甎)으로 축조한 대소 4개의 묘실이 있고 일찍이 도굴당한 흔적은 있지만, 오히려 위지삼공(位至三公)의 새김이 있는 내행화문경(內行花紋鏡)[2]의 한쪽 면 이외 시루(瓦甑), 오수전, 석판(石板), 그 밖에 금속제품 조각이 있는 것을 밝혔다. 그런데 제2회 발굴에서 제4실의 남쪽에 입구가 있는 것을 밝힌 것 이외 서쪽에 작은 통로가 시작되는 것을 보고 굉장한 의문이 생겨 '이 통로가 다시 다른 하나의 널방과 서로 연결되는 여부는 재차 외부에서 큰 규모의 발굴을 하지 않으면 절대로 확언할 수 없지만, 봉토의 크기가 4개의 널방 위를 덮은

1　하마타 코사쿠(濱田耕作) 선생 저작집행위원회, 앞의 책, 244~253쪽.
2　동경의 가장자리 주연(周緣) 부분에 둥근 호선(弧線)을 연속으로 그린 연호문(連弧紋)이 꽃무늬처럼 보여 '내행화문경(內行花紋鏡)'이라 부른다. 이 명칭은 일본학자 다카하시 겐지(高橋建自)가 처음 사용한(1911) 후 일본학자들이 주로 사용하는 용어이다. 본문의 동경은 가장자리에 연호문을 두르고 문양대에 '위지삼공' 글자를 새긴 것이다(이양수, 「연호문(連弧紋)의 제도와 삼한경(三韓鏡)의 기술 계보」, 『문화재』 54, 2021, p.165, 역자주).

부분 외에는 여분을 남기지 않는 것, 4개의 연속된 좌우대칭 널방 이외 정형(整形)이 아닌 1실(室)이 있는 것이 부자연스러운 것 등의 이유로 통로의 바깥쪽에 큰 널방이 있는 것은 믿을 수 없는 일이다. 운운'이라고 기록했다. 그래서 마음속으로 이 부분의 발굴을 마무리하여 이런 의문을 제대로 해결할 수 없는 것을 유감스럽게 생각하였다.

8년 여가 지나 대정 9년(1920) 가을 조선의 고적조사 차례로 2번 만주에 들어갈 기회를 얻었다.[3] 여순 박물관에 야기 쇼자부로(八木奘三郎) 군을 찾아가니 환대하면서 수집한 만주의 고고학적 자료를 보여 주었다. 조가둔 고분은 동네 사람에 의해 파손될 우려가 있어 벽돌 전부를 박물관에 옮겨 박물관 후원에 재건할 계획이 있다고 하였다. 또 우리가 발굴한 후 제3회 발굴을 시도하여 새로이 한 개의 널방을 발견하고 많은 유물을 확보하였다고 한다. 당시 발굴에 참여하여 사정을 잘 아는 가와시마 마츠타로우(河島松太郎) 군과 관동청 기사 마츠무로 시게미츠(松室重光) 군과도 만나서 그러한 상황을 들은 바가 있었다. 이로부터 그 당시 우리가 본지(本誌)에 기술한 억설(臆說)이 전혀 맞지 않았으며 사실은 이를 반증한 것이 있는 것을 알고 스스로 되돌아보고 부끄럽기 짝이 없었지만, 또 이 의문을 해결하여 결론에 이른 것은 가장 다행하게 생각하는 바이다. 또한 마츠무로 공학사는 본 고분의 구조 등에 관하여 깊이 연구하여 훗날 상세하게 발표할 것이지만, 우리는 본 고분 조사의 보유(補遺)와 정정(訂正)을 발표할 책임이 있어, 지금 마츠무로 군의 허락을 얻어, 이 소

---

[3] 만철(滿鐵) 초대 총재 고토 신페이의 식민정책 기조는 생물학적 원칙에서 정책을 세워야 한다는 것이다. 만주를 지배하려면 먼저 만주의 역사나 관습조사를 충분히 해야 한다는 생각으로 '만선(滿鮮)역사지리조사사업'을 원조한다. 1908년 1월 시라토리 코키치(白鳥庫吉)를 주임으로 하여 도쿄의 만철 지사에 만선역사지리조사부를 설립하고 같은 해 7월, 시라토리에게 만주 실지 답사를 촉구하여 조사부의 연구원들이 분담하여 만주에 들어갔다. 시라토리는 귀로에 경성의 한 집에 산적한 조선 도서를 발견하고 고토의 지원으로 이를 확보하여 『조선역사지리』의 재료로 삼는다. 이 사업의 성과로 1913년 『만주역사지리』(2권), 『만주역시지리부도』(1질), 『조선역사지리』(2권)가 간행되었다(나카미 다사오 외, 앞의 책, pp.284~285, 역자주).

편(小篇)을 공표하고자 한다. 이 기회에 마츠무로, 야기(八木), 카와시마(河島) 세 사람에게 각종 조력과 후의를 받은 것에 대해 감사를 전한다.

2. 제5실의 구조

본 고분 제5실의 발견 동기는 여순 박물관 개설에 즈음하여 유물 채집의 목적으로 마츠무로, 카와시마 두 사람 등이 제4실 벽의 통로 바깥쪽에 또 다른 널방의 존재를 의심하여 발굴을 시도한 것에 있었다고 한다. 대정 6년(1917) 3월, 이 부분을 발굴하였더니 과연 다른 널방이 있어 내부에서 다수의 부장품을 수확하였다. 당시 마츠무로 군의 호의로 기증된 동(同) 고분 실측도(제1그림)와 마츠무라 군 및 카와시마 군의 담화를 참조하여 본 널방 구조에 대한 개략을 기록하면 아래와 같다(동 실측도에서는 본 고분을 남산리(南山里) 고분이라 하였다).

새로 발견한 널방은 (제5실로 이름을 붙였다) 제4실(서남대실)의 서쪽에 있었다. 기존에 알고 있던 4실에 비하여 규모가 가장 작고 평면은 거의 정방형에 가깝고 서벽

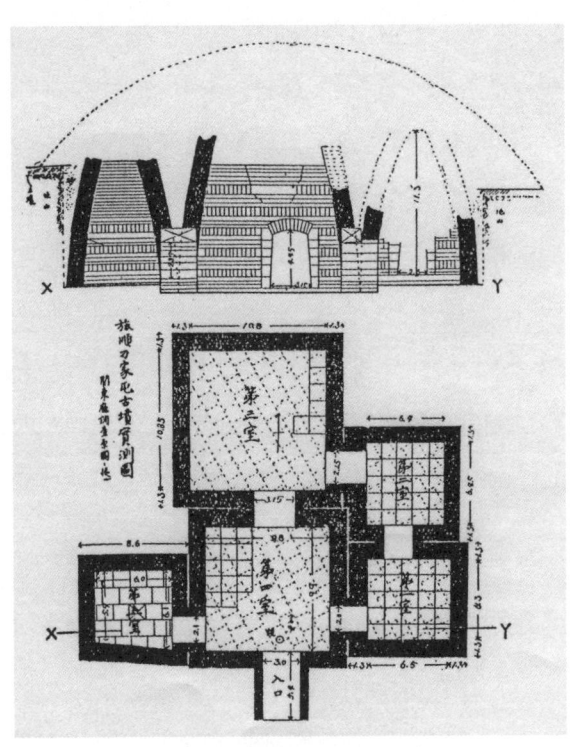

[제1그림] 조가둔 고분 실측도

이 약간 짧아 남벽이 평행하지 않고 사선을 이룬다(동서는 6척, 남북은 서단(西端)에서 5척 7촌, 동단(東端)에서 6척 1촌). 동벽의 남쪽에 폭 2척 1촌의 통로가 있는데 제4실과 연결되었다. 꼭대기 부분을 쐐기모양 벽돌(楔狀甎)로 축조하여 아치 모양을 형성한 것이 다른 모든 통로와 같다.

널방의 네 벽은 정방형 채색문전(紋甎)으로 구성하고 상부는 콜베르를 하여 절정(截頂) 방추형의 천정을 만든 것은 다른 여러 방과 다르지 않았지만, 꼭대기가 함몰되어 완전하지 않은 것 같았다. 결과적으로 이 부분의 구조를 밝힐 수 있는 것은 5실 중 제2실(동북실) 뿐이다.

본 고분 널방에 사용한 벽돌의 종류는 문양 및 축성법에 대해 일찍이 졸고에 상술하였기에 되풀이하지 않겠다. 단 문전 색채의 안료에 대해 그 후 경도제국대학 이학부 조수 마에다 미노루(前田実) 군을 번거롭게 하여 분석한 결과 적색은 산화철(홍각(紅殼)), 백색은 탄산칼륨(호분(胡粉)), 남청색(藍靑色)은 유산철(硫酸鐵)이 다량으로 있는데 산화철을 함유한 군청(群靑)일 것이라고 한다. 상세한 것은 문부성 출판 『법륭사벽면보존방법조사보고(法隆寺壁面保存方法調査報告)』 안의 졸고에 이를 기록하였다.

널방의 바닥에는 정방전(正方甎)을 깔고 바닥면은 제4실에 비해 약간 높은 것에 주의할 만하며 제1실(동남실) 또한 그러하였던 것을 이번 발굴로 확실하게 알 수 있었다. 또 본 고분 널방 전부를 발굴한 결과 이 널방은 자연 그대로의 땅(地山)을 10척 정도 파서 바닥을 만들고 지상과 널방 사이의 틈은 바닷가 모래로 메운 것을 알 수 있었다. 그리고 널방의 약 3분의 2는 지표 아래에 있고 상부 3분의 1을 봉토 안에 매몰한 것을 볼 수 있었다.

우리가 앞의 글에 삽입한 약측도(略測圖)는, 특히 제3실(서북실)의 크기는 마츠무로 군의 실측도와 큰 차이를 보였다. 이는 우리가 제3실을 발굴할 때 조사가 불충분하였기 때문이며 그 밖에 많은 실측도에 의하여 이를 정정할 수 있었다.

3. 제5실에서 발견한 유물

제5실은 꼭대기 부분이 파괴되어 내부에 토사가 가득 차서 유물의 존재 상태를 자세히 알 수 없었다고 한다. 발굴된 유물은 지금은 여순 박물관 고고분실(考古分室)에 보관되어 있다. 대부분은 쥐색의 진흙으로 구워 만든 명기(瓦製明器)이고 그 외에 고전(古錢) 2개가 있었다. 다음의 약도(略圖)를 들어 간단하게 설명하도록 하겠다.

① 집모형(屋舍模型)

방(屋室)부분이 1개 있는데(높이 8촌 7분, 폭은 아랫부분에서 8촌, 앞쪽에서 뒤쪽까지의 길이는 윗쪽에서 5촌) 장방형(長方形) 평면을 갖는 높은 상자형으로 보이고, 상부에 이르러 약간 축소되었다. 아랫부분의 네 모퉁이에 짧은 다리가 있고 정면 아래쪽에 들창문이 열린다. 문 입구는 긴 호형(戶形)이며 좌우와 위의 삼면 가장자리에 두 선을 파서 장식으로 하였다. 전체 형상은 영성자(營城子) 목성역 서분(牧城驛西墳)에서 발견한 것과 비슷한 종류인데 그것은 세 개의 창문이 열리는 반면 이것은 단지 하나의 문만 열리는 것이 다르다(제2그림1).

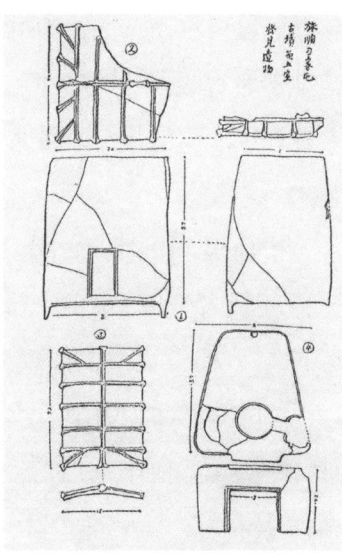

[제2그림] 조가둔 고분 제5실 출토유물

②③ 지붕모형(屋蓋模型)

2개. 하나는 반이 없어졌으나, 폭이 7촌으로 마치 앞서 기록한 집모형에 붙여야 할 것 같다(②). 다른 하나는 완전한 형태로 폭 5촌, 길이 7촌 2분이다. 다시 소형의 집에 부속시킬 수 있지만, 파편이 존재하지 않는 것 같다(③). 지붕(屋蓋)의 형상은 모두 기와로 지붕을 이은 맞배지붕 모양으로 보이고 양식 또한 서로 같아서 목성역 고분에서 발견한 것과 다르지 않다. 즉 맞배지붕의 양 끝에서 접하는 부분에 가로로 둥근 기와를 두었는데 그 수의 크고 적음이 양 지붕에서 서로 같지 않았다. 또 용마루 기와 중앙에 장식기와를 둔 것은 ③뿐이었다(제2그림2, 3).

④ 부뚜막(瓦竈)

1개. 길이 8촌, 높이 4촌 2분이다. 표면은 사다리꼴에 가깝고 위로 2개의 가마솥 구멍(釜孔)이 나 있으며 한쪽 끝에 연기 구멍을 뚫었다. 측면에 큰 화구(火口)가 있고 세 방면에 장식으로 두 선을 두었으며 윗쪽에 작은 차양을 갖추었다. 부뚜막에서 발견된 조잡한 제품은 목성역 고분의 발견품과 서로 비슷하였다. 단, 아궁이에 걸 수 있는 솥으로 생각되는 유물은 없었다(제2그림4).

⑤ 토우(土偶)

1개. 머리 부분이 없고 양손과 치마 부분에 결손이 있다. 하부는 나팔 모양으로 넓어지고 손은 날개를 편 모양을 하고 있다. 높이는 4촌 7분이고 형상은 목성역 고분의 발견품과 흡사하며, 만주 각지에서

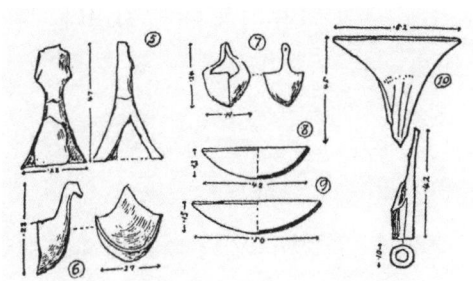

[제3그림] 조가둔 고분
제5실 출토유물

발견되는 한무(漢武) 토우와 같다. 수법은 손으로 만든 것이지 틀(型)로 만든 것은 아니었다(제3그림5).

⑥ 바가지 국자(匏勺)

1개. 일부는 파손되어 두 조각인데 자루 부분은 약간 새머리 모양이다(제3그림6).

⑦ 물병(水餠)

1개. 파손되어 조각이 났는데 접합하여 완전한 형으로 복원하였다. 아랫부분은 뾰족하고 윗쪽에는 완곡한 손잡이를 붙였는데 작은 구멍이 그 가장자리에 있다. 아마 우물(陶井)에 부속하는 것이겠지만 그 유물은 보지 못했다(제3그림7).

⑧⑨ 접시모양 토기(皿形土器)

2개. 하나는 소형으로 쥐색인 것이 다른 명기와 같지만 다른 하나는 조금 크며 빨갛게 구었다. 그러나 이것은 가마 안 화력의 차이에 의해 생기는 것으로 어떤 본질상의 차이가 있는 것은 아니다(제3그림8, 9).

⑩ 깔때기형 토기(漏斗形土器)

1개. 중앙 부분이 부서져 잘렸다. 목성역 고분에서도 같은 것이 나왔다(제3그림10).

⑪ 오수전(五銖錢)

3개. 다른 만주 여러 고분에서 발견한 것과 같으며 한(漢)의 오수전에 속한다.

이외, 카와시마에 의하면, 와전(瓦錢)이라 생각되는 것이 1개 발견되었다고 하는데 지금 그 유물은 보지 못했다. 또 토기의 작은 조각 약간과 건륭통보(乾隆通宝)[4] 1개가 나왔는데 후자는 후세에 섞여 들어간 것에 불과하다.

4. 결론

이번에 발굴한 제5실에서 진흙으로 구워 만든 명기를 발견한 것은 이상과 같이 다수인 데 반해 종래 발굴한 여러 방에서는 제3실에서 겨우 시루(瓦甑) 1개, 제4실에서 토기 조각이 나왔을 뿐이다. 그렇다면 이 제5실은 제4실 등에 부속되는 하나의 명기실(明器室)이라고 해석할 수 있다. 그러나 다른 방의 명기는 도둑맞아 보전할 수 없었으며 제5실 또한 명기 이외의 금속기는 모두 약탈당했다고 하는 것도 절대로 불합리하지 않다. 또 제5실이 후세에 침입 되었다는 것은 건륭통보의 존재로 알 수 있다. 이러한 여러 의문을 오늘날 우리가 도저히 해결할 수 없는 것이라면 이것은 잠시 제쳐두고 발굴 유물에 대해 고찰해 보면 토우, 시루 등은 영성자 목성역 고분의 것과 유사한 것으로 보여 동시대 동일 민족의 손에 의해 만들어진 것을 추측할 수 있다. 또 이들 여러 명기는 그 후 중국 내 지역에서 발견된 다수의 명기와 비교하여 상당히 고졸(古拙)한 양식을 가지며, 또한 서안(西安) 부근에서 출토한 소위 한 대 토우 및 기타와 유사함은, 본 고분에서 오수전을 발견한 사실처럼 만주의 한식(漢式) 기술에 있어 하나의 표준을 나타내는 것이며 고고학적 가치가 더욱 더해지는 것을 느

---

4 청(淸) 6대 황제 건륭제(재위 1736~1799) 때 제작한 동전(역자주).

끼다.

앞서 본 고분을 발굴하여 보고할 당시에는 한 대 고분 구조가 세상에 알려진 것이 거의 없었지만, 이후 조선에서는 세키노(関野), 타니이 료(谷井両) 씨 등의 손에 의해 평안남도 석암동(石巖洞) 및 대동강면의 낙랑시대의 고분, 황해도 봉산군의 대방시대 고분의 발견이 있었다5. (『조선고적도보(朝鮮古蹟圖譜)』6 제3 및 『고적조사보고(古蹟調査報告)』). 비교연구의 자료가 점차 풍부하게 될 뿐 아니라 근처 프랑스, 인도, 동경 부근에서 중국 고분 발굴의 결과가 파르망티에7 씨에 의하여 발표된 것이 있다(Parmentier,「Anciens Tombeaur au Tonkin」,『Bul.d. l' Ecole Franc.d.E.O.』8 , XVII No.1.). 우리는 인도차이나에서 한 대 혹은 육조시대의 분묘 구조를 밝히고 또 부장기(副葬器)가 만주의 고분과 매우 성질이 같은 것을 알렸다. 조선 및 인도차이나에서 분묘의 평면을 보니 간단한 하나의 무덤방으로 되어 있는 것과 현실(玄室)에 붙은 전실(前室)이 있는 것, 목성역 서분 같은 것이 있지만, 또 상당히 복잡하고 다수의 무덤방을 가지며 균형이 잡히지 않은 것도 있다(제4그림). 전에 언급한 조가둔 고분은 평면이 가장 복잡한 것 중 하나이다.

요약하면 조가둔 고분은 목성역 고분과 함께 한 대 중국 내 지역에서 변경으로 이주한 한(漢)민족의 분묘로 이 부근인 목양성지와 깊은 관계가 있는 개인의 것으로 상상할 수 있다. 요동반도에서 중국문화의 이식(移植)을 아는 데 절호의 자료인 것이다. 한사군 설치 이후 조선 낙랑 대방

---

5 김영섭, 앞의 논문 참조(역자주).
6 우리나라 고적(古蹟) 도판(圖版)을 모은 책. 1915~1930년 사이 조선총독부의 후원으로 일본 학자 세키노, 타니이, 쿠리야마 등이 작성하고 조선총독부가 간행하였다(역자주).
7 앙리 파르망티에(Henri Parmentier). 프랑스 고고학자. 20세기 초, 베트남 다낭의 고대 참파 왕국의 힌두교 사원 유적인 미선 유적을 발굴 소개하였다(역자주).
8 『Bulletin de l' Ecole française d' Extrême-Orient』(역자주).

지방의 고분이, 인도차이나 동경 부근 고분이, 교지지나(交趾支那)[9]에 있어서와 마찬가지로 당대 중국 문명이 민족 그 자신과 함께 사방으로 전파되었던 것을 증명하는 굉장한 기념물이었다. 특히 중국 내부에서 고분에 대한 학술연구가 아직 일어나지 않은 오늘날 중국 고고학 연구의 기초로서도 귀중한 유물일 뿐 아니라 조선, 인도차이나의 고분보다도 빨리 학계에 소개하게 된 것은 영구히 기록될 것이다. 여순 박물관에서 본 고분의 '재건(reconstruction)'이 신속하게 이루어져 이 고분이 학계에서 부활하는 날이 빨리 오기를 기대한다.

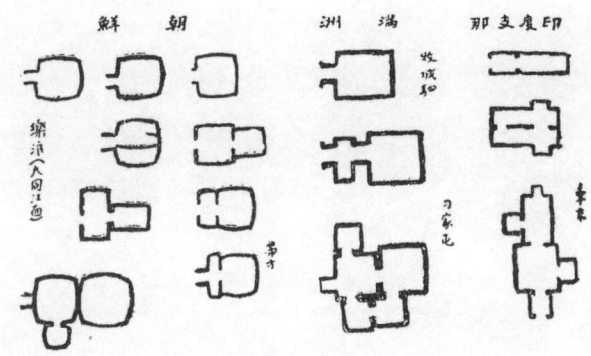

[제4그림] 한식(漢式) 고분 묘실 평면 비교도

---

9 Cochin China의 한자식 이름으로 베트남 북부 통킹·하노이를 포함한 손코이강 유역의 역사적 지명이다. bc 111년 한 무제가 남월(南越)을 정복하고 이 지역에 교지군(交趾郡)을 포함한 영남구군(嶺南九郡)을 설치함으로써 그 이름이 유래하였으며, 영남구군을 통할하기 위해 교지자사부(交趾刺使部)도 설치하였다. 203년 교지자사부가 교주(交州)로 개칭되었고 수·당 때 교지현이 설치되어 825년까지 존속하였다. 명나라 영락제(永樂帝)는 호계리(胡季犛) 정벌을 내세우고 베트남에 출병하여 1407년 이 지역을 병합하면서 교지승선포정사사(交趾承宣布政使司)를 설치, 통치하였다. 명나라는 1427년 이 지역에서 일어난 레러이[黎利]의 독립군과 싸우 패하고 이때 독립한 베트남을 교지국이라 하였으며 12세기 말경 안남국(安南國)·안남국왕으로 칭호가 바뀌었다. 베트남 주변 민족은 베트남인을 키오(Kio), 케오(Keo) 등으로 부르는데 이 원음은 교지의 교(交)에서 유래하는 것으로 추정된다. 하노이는 케초라고 불렸는데, 포르투갈인에 의해 와전(訛傳)되어 베트남왕국이 '코친 차이나[交趾支那;Cochin China]'로 알려지기 시작했다. 후에는 통킹의 찐씨[鄭氏]에 대항한 광남(廣南) 왕조의 남부지방을 지칭하게 되었으며, 19세기 후반 이후는 메콩 삼각주를 포함하는 프랑스 직할식민지를 가리키게 되었다(출처: 국립중앙도서관, 사서지원서비스, 역자주).

덧붙여

제1그림은 마츠무로 공학사로부터 받은 실측도에 우리가 지난번 조사한 결과를 더하여 제2실의 꼭대기 부분의 기타 사항을 첨가한 것이다. 제4실 측벽 경사가 완만하여 천정 꼭대기가 더 높아 보이지만 우선 실측도에 표시된 대로 하였다. 제2그림과 제3그림은 여순 박물관에서 우리가 시행한 실측 약도이다. 제4그림은 파르망티에 씨의 논문과 『조선고적도보』, 『고적조사보고』에서 복사한 것으로 대소의 비례가 서로 일치하지 않고 단지 평면의 종류만 나타낸 약도이다.

(대정 10년(1921) 8월)

3. 남만주에 있어서 고고학적 연구[1]

하마타 코사쿠(濱田耕作)

1. 서 언

남만주에서의 고고학 연구는 도리이 류죠 군의 『남만주조사보고(南滿洲調査報告)』가 있어 일반적인 것을 망라하지만 여전히 연구 후 여러 문제가 학자에게 남겨진다. 다시 세밀한 고찰을 요하는 것들이 있다. 우리도 지난 명치 43년(1910) 10월 북경에서 귀국하는 도중에 여순의 조개무덤과 석총, 노가둔의 조개무덤, 요양의 석관, 무순(撫順)의 도요(陶窯) 등을 답사하였지만 이것은 단지 세상에 알려진 유적을 방문한 것에 지나지 않는다. 겨우 여순의 조가둔 고분 일부를 발굴하고 이것을 학계에 소개할 수 있을 뿐이었다. 이후 재차 만주 유적을 답사하고 조직적으로 발굴하는 것을 단념했는데 다행히도 올 6월 초순, 만주 출장 명령을 받아 오래 전부터 품어온 뜻의 일부를 이룰 기회를 얻었다. 곧바로 우리는 먼저 여순 조가둔 고분 발굴을 마무리하고 목양성지를 시굴한 후 부근의 조개무덤(貝墓)과 패총(貝塚) 등을 검사하였다. 그리고 곧장 북쪽 방면 장춘(長春)에 가서 석비령(石碑嶺)의 완안누실(完顏婁室)[2] 고분을 방문하고 요참(腰

---

[1] 하마타 코사쿠(濱田耕作) 선생 저작집간행위원회, 앞의 책, 254~297쪽.
[2] 완안누실(完顏 婁室, 1078~1130년). 자(字) 알리연(斡里衍), 여진족 완안부(完顏部) 사람, 금나라의 개국공신. 요나라를 멸망시키고 송나라를 공격하는 전쟁에서 대군을 통솔하여 무적의 전공을 쌓았

站)3의 석수(石獸)를 보고는 다시 남하하여 영성자(營城子) 부근에서 목성역(牧城驛) 고분을 발굴하였다. 이어서 그 부근의 도전(刀錢) 발견지, 석기산포지 등을 보고 재차 북상하여 천산(千山)의 경치 좋은 곳을 찾았다. 요양 태자하 북쪽에서 석관을 발굴하였는데4 마침 오가와(小川) 이학박사가 만주에 건너와 있어서 함께 노가둔, 개평(蓋平) 부근의 조개무덤을 발굴하고 황기보(黃旗堡) 고분을 조사하였다. 연태(煙台)에서 남태자(南太子) 강가의 암주성(巖州城) 옛터도 방문하였다. 이렇게 하여 7월 말 조사가 대부분 종료되기를 기다려 안봉선(安奉線:안둥(安東, 현 단둥)~펑톈(奉天, 현 심양)의 남만주철도 지선)으로 조선을 지나 대정 원년(1911) 8월 초 귀국하였다.

애초에 만주와 같이 광대한 시역의 풍부한 각종 유적, 유물은 단기간에 조사를 마치고 연구를 완성 시킬 수 있는 것이 아니다. 충분한 시간을 갖고 마음을 가라앉혀 계획을 세우고 이루어 나아가 비로소 그것에 대한 요령을 얻을 수 있을 뿐이다. 이번 조사 같은 경우는 이러한 목적과 거리가 멀 뿐만 아니라 단지 유적의 대강을 여기저기 찾아다니다가 한두 개 정밀 조사를 하는 데 그칠 뿐이다. 그래도 견문을 기술하고 조사를 보고하는 것은 후세 학자들에게 참고자료가 될 수 있을 것이다. 이번 여행에서 이 글을 초안하는 초기에 관동도독부와 남만주철도회사로부터 많은

다. 1130년 군대에서 병사하자 1146년 신왕(新王)에 추존되었다가 금원군왕(金源郡王)으로 시호를 바꾸었다. 완안누실 묘는 장춘 시내에서 동쪽 10km의 석비령(石碑嶺)에 있다. 묘역 주변에서 직사각형이나 네모꼴로 잘 다듬어진 청석판의 일부가 발견됐는데 석관의 잔해로 보고 있다. 석판의 양을 보면 묘지에 묻힌 석관이 한 구가 아니어서 완안누실을 중심으로 한 가족묘지로 추정된다. 일본인들은 완안누실묘를 발굴(도굴)한 뒤 문화재 32점을 여순으로 옮겨 진열했는데 은모발(銀毛拔), 은모관(銀帽冠), 옥병철도(玉柄鐵刀), 각종 옥패(玉佩) 등 12점은 여순박물관에 보관되어 있었고, 길림성박물관에서는 이 유물들의 복제품들을 볼 수 있었다. 오늘날 묘지에는 신도비가 남아 있는데 완안누실의 일대기가 상세히 기록되어 있다(출처: 바이두 백과사전, 역자주).
3 요녕성 무순시 신빈만족자치현 협하진(夾河鎭)에 속하며, 국가로부터 중국 전통 마을 목록에 등재된 마을이다. 온 마을 사람들이 만청(滿淸) 귀족 혈통에 속하며 청나라부터 현재까지도 마을 주민들이 외족(外族)과의 통혼을 허락하지 않는 풍습을 전승하고 있다(출처: 바이두 백과사전, 역자주).
4 요양 영수사(迎水寺) 벽화무덤을 말한다(역자주).

편의를 받았다. 전자에서는 특히 시라니(白仁) 장관, 오우치(大內) 사무관, 요시다(吉田) 기사, 미우라(三浦) 통역, 후자에서는 코쿠자와(国沢) 부총재, 오카마츠(岡松)와 누마다(沼田) 두 이사, 카와무라 류지로(河村鉚次郎) 씨 등 제씨(諸氏)의 덕분이었다. 여기에 기록하여 감사의 뜻을 표한다. 또한 연선(沿線) 각 지방5 제씨의 후의를 받은 것이 상당히 많은데 하나하나 조항별로 쓴 그 표제 부분에 이를 기록할 것이다.

2. 여순 조가둔 고분

여순 노철산 서쪽 기슭 조가둔(또는 刁家疃) 고분은 재작년 10월 일부를 발굴하여 연구 일반을 『동양학보(東洋學報)』 제1권 제2호에 기록한 것이 있었지만 당시 귀국 기일이 촉박하여 주요한 널방 하나의 발굴을 해낼 수가 없었다. 이에 대한 조사를 장래로 기약할 수밖에 없었는데 이번에 만주에 이르러 먼저 이 고분의 발굴에 착수하였다. 그리하여 일전에 의문을 남겼던 널방의 상태를 확실히 하고 다시 전체 연구에 대해서도 정확히 할 수 있게 되었다.

제1절 외부 상태와 발굴 순서

이 고분은 조가둔 민가의 서쪽 방향 약 반정(半町) 거리의 논 위에 있다. 봉토의 높이는 약 9척이고 멀리 구만포대(鳩灣砲臺)(앞에서 망대(望臺)로 한 것은 잘못) 위에서도 이를 바라볼 수 있다. 지난번 방문했을 때로부터 겨우 2년이 지났을 뿐인데 겉으로도 적지 않게 변화한 것이 보인

---

5 남만주철도 노선상의 부속지 도시. 만철은 700마일에 걸친 철도 연선(沿線)의 역을 중심으로 대련, 와방점, 웅악성, 대석교, 요양, 봉천, 철산령, 개원, 사평가, 공주령, 장춘, 안동, 본계호, 무순 등에 시가지를 경영하였다(나카미 다사오 외, 앞의 책, p.281, 역자주).

다. 지금 봉토의 크기를 측정했더니 남북 34척, 동서 29척, 높이 8척이다. 동남 널방은 당시 하반부가 드러나 있어 내부에 들어갈 수 있었지만, 지금은 완전히 매몰되어 볼 수가 없다. 동북 널방은 당시 동남실 통로에서 진입할 수 있었지만, 매몰과 함께 전혀 들어갈 수가 없다. 남면 경사 벽에 새로 큰 구멍이 뚫려있어 이곳으로 내부에 노달할 수 있었다. 이밖에 봉토가 점점 스러져 벽돌이 많이 제거된 것은

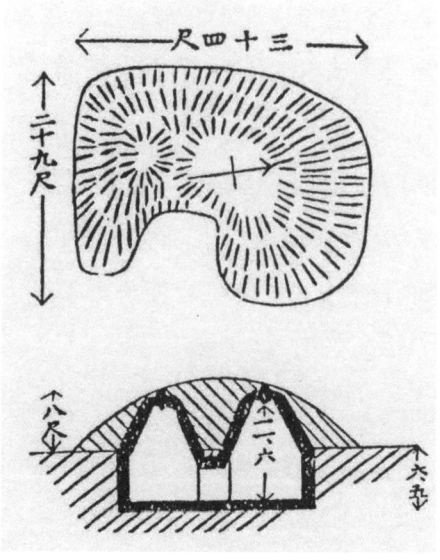

[제1그림] 조가둔 고적 약도

말할 필요도 없다. 이 고분을 오랫동안 잘 보존할 계획을 하루라도 늦출 수 없다는 것을 느꼈다(제1그림).

명치 45년(1912) 6월 13일부터 16일까지 4일간, 미우라 겐자부로(三浦權三郎) 군과 함께 매일 여순에서 조가둔에 도착하여 발굴하였다. 지난번에 함께 발굴한 타치바나 세이치로 군 또한 하루 일정을 같이하고 마츠무로(松室) 공학사 등이 와서 도와주었다. 양두만(羊頭灣) 주재 경관이 항상 순시하였으며, 특히 미우라 군이 시종 뜨거운 날씨에도 발굴 사업을 감독하였던 것은 늘 감사하는 바이다. 중국인 인부는 가장 많을 때는 20명 이상이었는데 널방 내부에 도달할 즈음에는 점차 수를 줄여서 10여 명으로 하고, 사다리를 내려서 번갈아 차례로 3, 4명을 서게 하여 바닥에서 판 토사를 광주리에 담아 차례로 손에 건네어 들어 올리게 하니 무엇보다도 일이 진척되었다. 또 인부는 반 수 이상을 압호자(鴨湖子) 방면에서 부르고 나머지는 조가둔 부근 촌락에서 구하였다. 장래 발굴에 종사할 사람에 대해 참고할 수 있도록 번거로움을 마다하지 않고 이에 부기한다.

제2절 서남 널방의 구조

지난번에 발굴한 곳은 서북 널방이었고 이번에 발굴한 부분은 봉토의 서남부인데 표면은 작고 움푹 파여 있었다. 일찍이 중국인이 남몰래 판 적이 있는 것 같다. 이 부분의 성토를 차츰 제거하니 아래에 널방이 하나 나와 3일째가 끝날 즈음에 바닥을 파낼 수 있었다. 이 널방은 다른 3실(室)에 비해 용적이 매우 커서 동서 10척 4촌, 남북 10척 5촌이며 거의 정방형을 하고 있었다. 바닥으로부터 약 3척인 곳에서 점차 축소되어(10척의 높이에서 빼서) 약 7척이 된다. 위쪽은 이미 파괴되어 원상태를 알 수 없지만 동북실 모양에서부터 유추해 보면 '쿠포라(돔)' 정상까지는 7~8척이었을 것이다.

이 널방에는 모두 4개의 '아치'를 올린 통로가 있다. 안의 2개는 다른 방과 연락하고 2개는 바깥쪽으로 열린다. 먼저 동남실로 향하는 통로는

(1) 북벽   (2) 남벽

[제2그림] 여순 부근 조가둔 고분 서남실

남쪽으로 기울어 있고, 높이는 3척 5촌, 넓이는 1척 8촌 남짓, 깊이는 2척 이었다. 7개의 쐐기모양 벽돌(楔狀甎)(즉 도전(刀甎) 혹은 국전(鞠甎)이라고 하는 것)로 아치를 구성하였다. 서북실로 향한 통로는 약간 동쪽으로 기울어져 있으며 넓이는 3척, 높이는 4척 5촌 정도, 깊이는 2척 7촌, 아치는 11개의 설상전으로 완성되어 있다. 남벽의 통로는 서로 마주 보게 펼쳐지고 크기는 전자와 약간 동일하나 다만 깊이가 5척 6촌이었다. 아마도 이 통로는 고분 전체의 널길(羨道)이라고도 볼 수 있을 것이다. 그리고 이 통로의 안쪽에는 측면에 사용한 것과 같은 정방전을 7단 정도로 쌓아서 아랫부분을 가득 채웠다. 이 상태에서 살펴보니 매장을 종료한 후 바깥쪽에서 이를 막은 것 같았다(제2, 3그림).

서쪽 방향 통로는 동벽과 서로 마주 보며 크기 또한 서로 같다. 높이

(1) 서벽　　　　　　　　　　　(2) 동벽
[제3그림] 조가둔 고분 서남실

3척 5촌 정도, 깊이 2척 7촌이고 7개의 설상전을 붙이고 있다. 이 통로가 다시 다른 하나의 널방에 서로 접속하는 것인지의 여부는, 재차 바깥쪽에서 큰 발굴 공사를 하지 않으면 절대 확언할 수 없다. 봉토 전체의 크기가 4개의 널방만 덮을 만한 점, 4개 연속의 '균형 잡힌(symmetrical)' 널방 이외 부정형(不正形)의 추가의 방을 가지는 것이 부자연스러운 점 등의 이유로 이 통로 바깥쪽의 큰 널방의

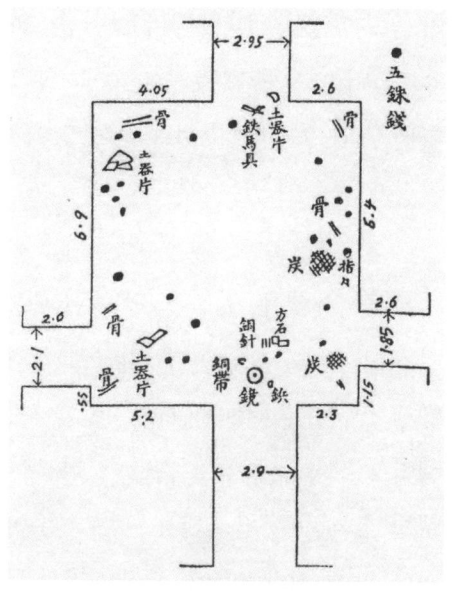

[제4그림] 서남 곽실 유물 배열도

존재를 믿을 수 없었다. 그렇다면 이 통로는 남벽의 널길 이외 어떤 목적으로 만들어진 것일까. 이것은 상당히 해석하기 어려운 문제로, 일종의 예비적인 것으로 붙여둔 것일까. 역시 장래 다른 증례를 기다려서 결정할 수 있을 것이다(제4그림).

　널방의 바닥에는 정방전(正方甎)을 이중으로 깔고 측벽에는 주로 무늬가 있는 네모난 벽돌을 쌓고 통로의 양쪽에는 직방문전(直方紋甎)을 사용하고 아치에 설상전을 붙인 것은 다른 널방과 같으며 벽돌의 크기, 문양의 종류도 앞서 기록한 내용과 같다. 그런데 벽면에 문전 쌓은 방법을 보니 바닥에서 무늬가 보이는 부분을 위로 향하게(平積) 3단으로 쌓은 다음에 마구리쌓기(小口積) 1단을 교차하고 다시 평적으로 쌓았다. 이같이 5차례 반복하고 상부는 평평하게 쌓기만 하였다. 단 이 부분에서도 3단씩 같은 종류의 무늬를 사용하여 의장(意匠)의 변화를 시도하였다. 그리고 문전의 순서는 제5그림과 같이 화살모양(箭狀), 연전(連錢), 반복한

마름모(重菱), 절대(折帶), 단순 마름모(單菱) 등이 순서로 하였는데, 동북 널방과 비교하면 거의 동일한 순서로 되어 있어 나름대로 일정한 규율이 있는 것 같다.

문전 채색은 일전에 단능전(單菱甎)에서 완전한 것을 보았는데 이번에 절대전(折帶甎), 관원전(貫円甎)에서도 볼 수 있었다. 채색법과 색채의 종류는 단능전과 같이 지면에 백색 호분을 두루 바르고 볼록 솟아난 부분의 문양에 자색(紫色), 홍색(紅色) 등을 발랐다. 색료의 성질 등을 정밀한 과학적 방법으로 연구한다면 한 대 이후의 원료 사정을 더 잘 알 수 있을 것인데 이는 후세에 기대하고자 한다. 또 통로 측벽의 큰 벽돌 뒷면에 '삼육(卅六)'이라는 문자가 새겨진 것을 한 개 발견하였다. 이것은 벽돌공의 부호로 점토가 아직 부드러울 때 붙인 것이겠지만 글자체가 꾸밈이 없었다.

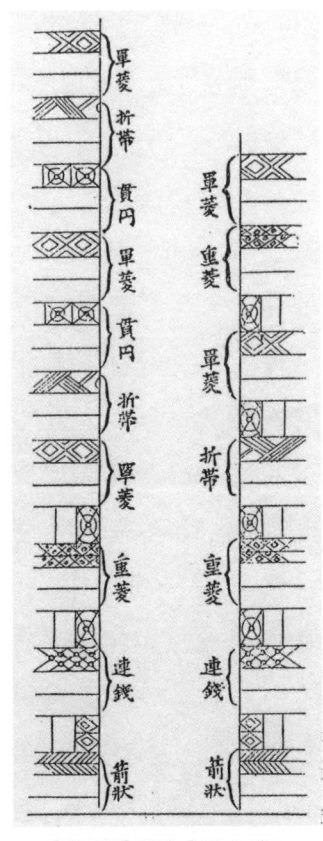

[제5그림] 문전 축적 순서도

덧붙여

문전 채색의 성질에 대해서는 1920년 문부성에서 출판한 『법융사벽면보존방법조사보고(法隆寺壁面保存方法調査報告)』에 나오는 졸고 「한대채전경화성적보고(漢代彩甎硬化成績報告)」에 발표하였다. 또, 본서 후편 「여순조가둔고분조사보유(旅順刁家屯古墳調査補遺)」참조6.

---

6 「남만주에 있어서 고고학 연구」는 대정 원년(1911)에 발표하고, 「여순조가둔고분조사보유」는 대정 10년(1921)에 발표하였다. 본서에서는 '조가둔 고분'에 연결하여 편집하였다(역자주).

제3절 발견 유물

서북 널방에서 지난번에 바리형 토기(鉢形土器)(시루(甑)) 1개와 오수전 몇 개 이외에 양뼈를 발견했었는데 이번 서남 널방 바닥 약 1척 정도에서 수십 개의 오수전이 동벽 및 북벽이 접하는 곳에, 서북 구석 부근에 산재한 것을 발견하였다. 또 약간의 인골과 바닥에서 10개 정도의 오수전을 발견하였다. 또한 남쪽 널길 전면 가까이에서 거울 1개와 청동바늘(銅針), 네모난 소석판(小石板)을 얻었고 북쪽 통로 앞에서 철제 마구(馬具)로 생각되는 것을 얻었다. 이 밖에 청동가락지(銅鐶), 토기 파편 약간 정도도 발견하였는데 제4그림에 이를 표시하였으며 다음에 각 유물에 대해 간략하게 설명하는 바이다.

① 오수전

완전한 것은 10개이고 손상된 것은 수십 개이다. 여러 방향으로 흩어져 있어 처음부터 이렇게 있었던 것인지 의심이 가며 어떤 사정으로 흩어진 것인지를 생각하게 하였다. 고전(古錢)은 노가둔, 요양 등의 고분에서는 십 수 개 내지 수십 개의 덩어리 상태로 나왔다. 반면, 목성역 동고분에서는 겨우 1개가 나왔다. 그런데 제사를 지내는 데 돈을 놓는 풍습에 대해서는 아직 확실한 법식을 알 수가 없다. 동전의 직경은 9분이 안 되며 서북실에서 발견한 것과 같은 모양으로 후한(後漢) 경의 것으로 생각됐으나 나진옥(羅振玉)[7] 씨는 동전의 크기와 아름다운 점 등을 보아 전한(前漢)의 것이라고 감정하였다. 우리는 아직 어디에 속하는지 정할 수 없었지만, 한 대의 것으로 추정한다. 또 따로 외곽(外廓)이 없어진 직경 7, 8분의

---

[7] 1866~1940. 중국 청말~중화민국 초기의 금석학자. 청나라 내각 대고의 명청당안(檔案)과 돈황문서 보관에 노력했으며 은허 복사(卜辭)도 연구하였다. 1911년 신해혁명 때 일본으로 망명하였다가 1916년 귀국하여 만주국의 감찰원장이 되었다. 『은허서계(殷墟書契)』, 『삼대길금문존(三代吉金文存)』 등 금석학 저서가 있다(출처: 한국사전연구사 편집부, 『미술대사전』 (인명편), 1998, 역자주).

작은 돈이 있었다. 자형(字形)이 확실하지 않지만 오수전인 것 같다.

② 위지삼공경(位至三公鏡)

백동제(白銅製)로 직경 2촌 9분, 두께 8리(里)로 약간 휘어져 있다. 바탕은 매듭 무늬(素紐)이고 띠가 3개 있다. 청록의 녹을 제거하니 띠 안에 박쥐 형상을 닮은 4개의 꽃모양이 있다. 그 사이에 전서(篆書)로 '위지삼공(位至三公)' 4자를 그려 넣었다. 이 거울은 『금색(金索)』[8], 『서청속감(西淸續鑑)』[9]

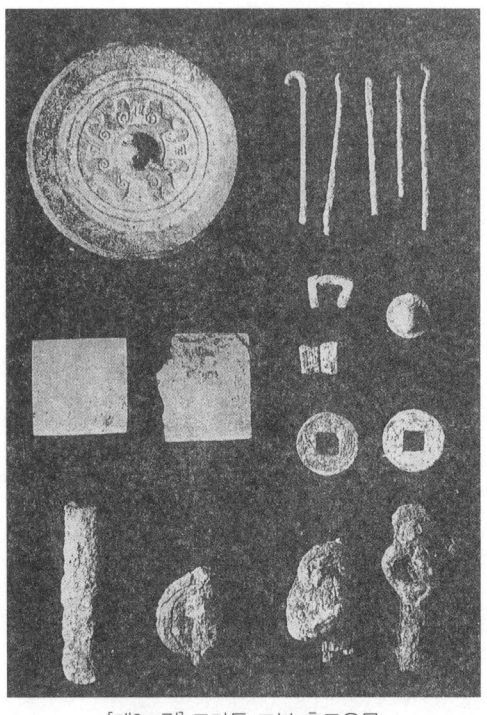

[제6그림] 조가둔 고분 출토유물
(좌상) 위지삼공경(位至三公鏡)
(우상) 청동바늘(銅針) (중좌) 방형 석판(方形石板)
(중우) 청동제품 및 오수전   (하) 철제 재갈 등

등에 보이는 것과 문양 종류가 다르며 오히려 '의관경(宜官鏡)(『금색(金索)』 제6)과 같은 방식으로 나타난다. 한경(漢鏡)으로는 가장 단순한 양식에 속하며 제작이 우수하다고는 할 수 없다. 종래 여순, 노가둔 등 만주의 고분에서 나온 거울은 한식(漢式)의 모방으로, 이같이 순수한 한경을 발견한 것은 듣지 못하였다.

---

8 국립중앙박물관 소장. "종(鐘), 정(鼎), 과(戈), 양도(量度), 잡기(雜器), 인장(印章), 경감(鏡鑑) 등에 관해 삽도(揷圖)와 함께 금석문 자료와 같은 설명을 기재한 책이다. 제2권을 제외한 각 책의 권말에는 간행기(刊行記)가 실려 있고, 상비에는 '邃古齊臧(수고제장)'이라 기재되어 있다."(출처: http://www.emuseum.go.kr/, 역자주).

9 한국학중앙연구원 소장. "청나라 高宗[乾隆] 때부터는 高宗이『西淸古鑑』40권과『寧壽古鑑』16권,『西淸續鑑』甲乙編 각 20권을 출간하였다. 이와 동시에 翁方綱 . 錢大昕 . 院元 등이 금석문 연구에서 많은 성과를 내었다."(출처: https://blog.daum.net/4855028/15967749, 역자주).

그렇다면 이 거울은 적어도 이 고분이 한족(漢族)의 것임을 상상하게 하는 하나의 증거가 될 수 있을 것이다(제6그림 좌상).

③ 석판(石板)

2개가 나란히 나왔다. 하나는 정사각형으로 한 변이 2촌 2분 5리, 두께 1분 5리로 회백색이고 다른 하나는 장방형으로 짧은 변이 1촌 4분, 두께가 1분 남짓으로 발굴 때 중앙 부분이 파괴되어 잔편(殘片)을 잃었다. 현재 남은 부분의 길이는 1촌 2분으로 자흑색(紫黑色)을 나타낸다. 모두 변질점판암으로 만들어졌다. 이러한 종류의 석판은 목성역의 동고분에서도 발견하였는데 똑같이 긴 사각, 정사각 두 개가 있으며 나란히 나온 것 또한 조가둔 고분과 다르지 않다. 또 와방점(瓦房店), 요양 등에서도 같은 종류의 것을 보았다. 표면은 갈고 다듬어 광택이 있으며 왠지 장식용으로 생각된다. 네모난 것은 혹시 석대(石帶)로 사용했을 것으로 생각되지만 겨우 1개를 발견했을 뿐이고 게다가 석질(石質)도 아름답지 못하였다. 장방형의 것은 석대용으로서도 부적당할 뿐 아니라, 요양에서 발견한 것 같은 것은 길이가 4촌 남짓이어서 약간 크다. 장방형의 것은 지석(砥石)으로도 볼 수 있을 것이다. 『예기(禮記)』「내칙(內則)」아들과 부모 사항에, '左右佩用(좌우패용), 左佩紛帨(좌패분세), 刀礪小觿金燧(도려소휴금수)'라고 있다.[10] 이 여(礪)는 즉 여석(礪石:숫돌)으로, 여기서 장방형 석판은 혹시 이와 같은 휴대용 여석은 아닌가. 역시 장래의 연구를 기다리며 동시에 석학의 가르침을 기다린다(제6그림 좌중).

---

10 『禮記』「內則」第12
子事父母 雞初鳴 咸盥漱 櫛縰笄總 拂髦冠緌纓 端韠紳 搢笏° 左右佩用 左佩紛帨 刀 礪 小觿 金燧 右佩玦 捍 管 遰 大觿 木燧 偪 屨著綦.

④ 청동바늘(銅針)

석판과 같이 나왔다. 지름 5리(厘:1척의 1/1000) 정도, 길이 2촌 5분 정도의 것이 3개, 다른 것은 손상된 것이 많은 것 같은데 2촌 정도의 것이 1개, 1촌 2분의 것이 3개, 그밖에 5개는 모두 5분 이하의 것이었다. 이 가운데 3개는 끝이 갈고리 모양으로 구부러졌는데 그 용도는 아마도 장신구에 속하는 것이 아닐까(제6그림 우상).

⑤ 청동가락지(銅鐶)

1개가 파손되어 나왔다. 폭이 2분 5리로 반지인 것 같다. 요양의 태자하 석관에서 이 유사한 것을 완제품으로 발굴하였다(제6그림 우중).

⑥ 청동대갈못 머리(銅鋲頭)

1개가 있다. 머리 지름 6분, 못 길이 4분이다(제6그림 우중).

⑦ 청동띠(銅帶)

폭이 3분 5리로 굴곡이 있고 부식한 띠 모양의 청동조각이다. 당겨 늘린 길이가 약 4촌이었다(제6그림 우중).

⑧ 청동재갈(銅製轡)

수 개가 있다. 파괴된 것도 앞 끝에 고리가 있고 2, 3개 사슬(鎖還)이 연결된 것이 있다. 재갈(轡)로 보인다(제6그림 하).

⑨ 청동고리(銅製尾錠, buckle) 파편

소위 버클(buckle)(銙)이라고 하는 것으로 길이는 3분이었다. 가는 띠의 뽀족한 끝에 붙여진 허리띠 장식제품의 파편으로 생각된다(제6그림 우중).

이외에 인골이 부서져 남은 것(1개체 이상)과 이와 인접하여 변화된 목질도 적지 않게 발견하였다. 목관 유물이라고 생각되는 것은 상태와 수량을 알기 어려웠다. 토기 파편을 소량 발견하였는데 단지(壺)류의 일부분으로, 전체 모양을 복원할 수 없었던 것을 안타깝게 생각한다.

제4절 결론

이상 발굴 결과를 살펴보았는데 이 고분은 이미 오래전에 도굴당한 흔적이 있고 광대한 규모임에도 불구하고 매장 유물은 매우 적고, 게다가 교란, 파괴된 흔적이 있는 것을 볼 수 있다. 또 앞서 예측했던 것처럼 서남 널방에서 외부로 통하는 널길이 있는 것을 발견하였는데, 그 서벽의 작은 통로는 과연 어떤 용도였는지 밝히지 못하였다. 그리고 이 서남실이 유독 다른 세 방에 비해 대형인 것은 반드시 주요한 장실(葬室)이기 때문이 아니다. 오히려 다른 여러 방을 연락하는 현관과 같은 의미를 가질 수 있으나 단순히 제실(祭室) 혹은 현관의 용도로 지어진 것이 아니라는 것은 인골 및 여러 종류의 부장품이 발견된 것으로 확실히 되었다. 어쩌면 다른 방들의 매장보다 낮은 지위가 아니기 때문에 후장(後葬)에 관계되는 것일 것이다. 이 방 다음으로 큰 것은 서북실이고 동북실은 그다음이며 동남실은 약간 작다. 아마도 서북, 동북의 두 방이 가장 주요한 장실이었을 것이고 그 유물을 오늘날 남겨두지 않는 것은 매우 유감스러운 바이다.

고분의 봉토가 내부 널방에 비해 작은 규모인 것은 일본의 고분 등을 보면 의외라고 하겠지만, 어쩌면 중국 분묘의 정상적인 상태일 것이다. 봉토의 모양이 약간 네모에 가까운 것은 혹시 전통의 계승인지, 진·한(秦漢)의 능묘(陵墓) 또한 이와 같은 것이 많이 보인다. 그래서 한 분묘에 4개의 널방을 갖고 있으면서 벽돌은 우아하고 아름다우며, 이같이 굉장하고 복잡한 분묘는, 만주에서 발견된 것을 아직 듣지 못하였다. 다만 목성역 고분에서 주실(主室) 외 앞면에 소실(小室)을 붙인 것을 보았을 뿐이

(1) 여순 목양성지의 원경(遠景)   (2) 조가둔 고분의 발굴
[제7그림] 목양성지 및 조가둔 고분

다. 하지만 이와 같은 형식의 고분이 중국 본토에서 단절된 것이 아닐 것이며, 장래 이러한 종류의 예가 학계에 제출됨에 따라, 이 조가둔 고분 네 방(室)의 의의와 용도 또한 분명히 드러나 밝혀질 것이다.

앞서, 이 고분의 벽돌 문양, 오수전 등으로부터 한 대(어쩌면 후한)의 것으로 추정하고 이것을 조선 대동강 지경(地境)의 벽돌덧널무덤(甎槨古墳)과 가장 밀접한 관계에 있는 것을 『동양학보(東洋學報)』제1권 제2호에서 설명하였다. 그런데 당시는 아직 조선의 고분에 대해 들은 바가 많지 않았는데, 나중에 세키노 공학박사, 타니이(谷井) 문학사의 동 방면에 대한 조사에 의하면, '使君帶方太守張撫夷塼(사군대방태수장무이전)', '漁陽張使君塼(어양장사군전)' 등의 문자가 있는 벽돌이 고분에서 발견되었다.[11] 그밖에 발견한 유물 또한 한 대의 형식을 갖는 것이 많아서 박사들은 이 벽돌덧널무덤을, 후한(後漢) 혹은 삼국(三國)쯤의 중국계 고분묘(古墳墓)라 하고, 특히 돌덧널무덤(石槨古墳)을 고구려의 것일 것이라

---

11 1911년 황해북도 봉산군 태봉리 제1호 무덤에서 이 문자 벽돌이 발견되어 그 당시 한강 유역으로 보던 대방군의 위치를 황해도로 바꾸는 결정적 역할을 하였다. 3세기 초 요동태수 공손강이 낙랑군 남쪽에 설치한 대방군의 위치로 주장된 것이다. 태봉리 제1호 무덤의 주인은 대방군 태수 장무이로 확정되었다(김영섭, 앞의 논문, p.29, 역자주). 이후 이 주장은 그대로 받아들여졌으나 출토 문자전(文字塼)의 현지 조사 등 새로운 연구를 통해, 대방군치의 위치를 재검토해야 한다는 새로운 의견이 발표되었다(정인성, 「대방태수 張撫夷墓의 재검토」, 『한국상고사학보』 제69호, 2010, 역자

고 하였다. 전에 이 종류의 벽돌덧널무덤을 고구려의 것일 거라고 한 이마니시 문학사는 왕씨(王氏)의 새김이 있는 유물을 고찰하여 한(漢) 낙랑의 고분이라고 하였다.[12] 이같이 조가둔 고분과 동일 형식의 고분이 한 대 중국인의 것임이 점점 명확하게 되므로 이 고분이 한 대 중국족이 축조한 것일 것이다. 만주 고분 중 조개무덤, 석관 등의 다수는 유물의 양식으로부터 후한 혹은 그와 멀지 않은 시대의 것일 거라고 추정되지만 그 인종이 과연 중국인인지 타민족인지에 대해서는 향후 유골의 연구에 기대하는 바가 크다. 이 조가둔 고분과 다음 장(章)에서 서술하는 목성역 고분에 대해서는 한 대의 한족(漢族)의 것임을, 조선 고분과의 비교연구에 의하여 거의 움직일 수 없는 증거를 얻었다고 할 수 있으며 이 고분의 고고학적 가치가 큰 것을 한층 더한 것으로 본다.

3. 목양성지와 기타

조가둔 고분 발굴 사업을 계속하는 동안 부근의 목양성지에서 작은 발굴을 하여 조개무덤(貝墓)을 시굴하였다. 곽가둔(郭家屯) 분묘도 찾아가서 패총(貝塚)을 조사하고 동네 아이가 주워온 청동화살촉(銅鏃) 등을 구입하였다. 또한 조가둔 고분 남쪽의 자갈로 덮여 있는 흙무지를 발굴하려고 하였지만 땅주인의 간청으로 이를 연기하였다.

제1절 목양성지의 발굴

주).
12 1910년 11월 이마니시 류가 동경제대 열품실(列品室)에 보관 중이던 칠기(漆器) 금구(金具)에 새겨진 '王'을 확인하고 이것을 낙랑군 관련 문헌사료에 등장하는 王氏와 연결시켜 해석한 것을 말한다 (오영찬, 「'낙랑칠기' 연구와 식민지주의」, 『백제문화』제49집, 2013, p.92, 역자주).

조가둔 고분의 남쪽 약 3정(町), 유가둔(劉家屯) 동쪽에 목양성지(牧羊城址)가 있다. 『성경통지(盛京通志)』에 보이는 목양성지(木羊城址)로 표면에서 각종 토기의 파편, 청동화살촉 등을 발견한 것은 이미 기록하였다. 이번에 전체 면적을 측정하였더니, 남북 73간(間), 동서 40간이었다. 『통지(通志)』의 소위 '문일(門一)'이 어느 위치인지 명확히 할 수는 없지만, 땅의 생김으로 생각해 보면 아마 북변(北邊)에 존재하는 것 같다. 또한 성지의 북부에서 특히 토기 파편이나 기와 파편이 다수 흩어져 있는 것을 보고 6월 13일, 14일 양일간, 북변의 중앙에서 남북 선(線)을 따라서 폭 2척, 길이 8간의 도랑을 파고 이 도랑에서 '丁'자 형으로 동쪽을 향해 2간의 지구(支溝)를 만들었는데, 깊이는 3척 이하로 하여 지반에 닿았다(제8그림). 토기 파편은 오히려 지표에 많이 흩어져 있었고 지하에는 도리어 적었다. 동물뼈, 녹각(鹿角), 쇠찌끼(鐵滓), 석기 파편 및 청동화살촉, 뿔로 만든 궁미(弓弭), 쇠도끼(鐵斧), 도전(刀錢) 파편 등을 확보하였는데 이들은 어느 것이나 무질서하게 흩어져 있어 각 물건 간의 관계를 알 방법이 없다. 지금은 다음 주요한 것에 대해 설명하고자 한다.

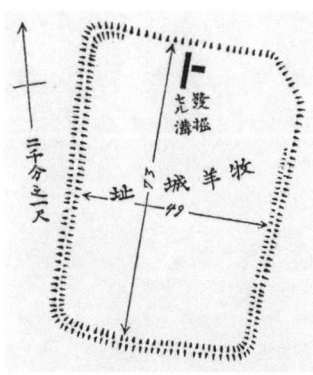

[그림8] 목양성지 약도(略圖)

① 청동화살촉(銅鏃)

성지의 표면과 특히 동쪽의 밭 지역에서 청동화살촉을 발견하는 일이 많고 동네 사람이 이를 줍는 일도 적지 않다. 그렇지만 나는 성지를 발굴하여 지구(支溝) 중앙(깊이 1척 3, 4촌)에서 겨우 1개의 완전한 청동화살촉을 찾았다. 길이는 손잡이 끝까지 3촌 2분, 화살의 몸체는(鏃身) 길이 1촌 5분인데 이같은 형식의 청동화살촉은 이 부근에서는 아주 드물고 대개는 방추상(方錐狀)이다(제9그림1). 한나라 화살촉의 형식은 후자에 속하는 것이 보통이고 편평체(扁平體)의 것은 후세에 만든 것인지. 다른 방추형의 것도 1개 확보하였다. 길이 9분이고 자루 부분이 녹슬어 있다.

② 궁미(弓弭)

주구(主溝)의 북쪽 3간 정도에서, 깊이 2척 5촌의 지하에서 발견되었다. 길이는 1촌 9분 남짓이고 짐승뿔로 만들었다. 전체가 7각형을 이루고 앞쪽 끝에 4개의 가로선을 새겼으며 아랫부분에는 섬세한 마름모꼴의 그물 모양을 새겼다. 활시위를 거는 작은 홈이 한쪽에 있고 아래 끝에는 구멍이 있어서 활 끝을 삽입하게 하였다. 금속기를 사용하여 새긴 것처럼 선이 매우 섬세하고 치밀하여 절대 석기시대 유물이라고 할 수 없다. 한대 전후의 것으로 보는 것이 타당하며 2척 내외의 작은 활을 사용하였을 것으로, 그 크기부터 살펴보아야 한다. 궁미는 예

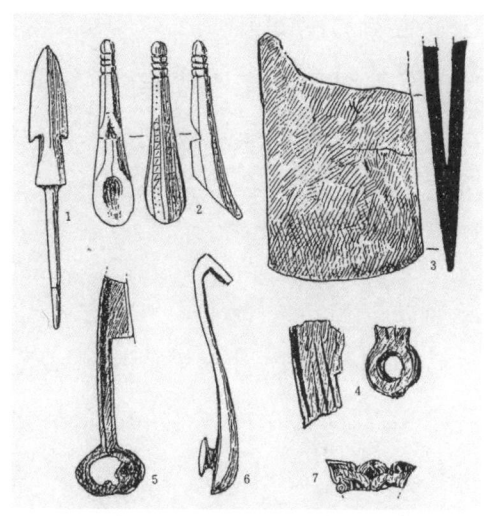

[제9그림] 목양성지 및 부근에서 발견한 유물

로부터 중국에서 뼈로 만든 것이 많고 『석명(釋名)』[13]에 '활의 끝부분은 소(蕭)나 소초(蕭稍)라고 하고 미(弭)라고도 한다. 매끄러운 뼈로 만든다 (弓末曰蕭 言蕭梢也 又謂之弭 以骨爲之 滑弭弭也)'라고 하는 것이 이것일

---

13 한자(漢字)의 의미에 관한 논의를 정리한 훈고서(訓詁書: 義書: 고자(古字)와 고어(古語)를 현대어로 해석하고 주석을 달아서 풀이한다는 뜻)의 하나. 중국 한나라 말기의 학자 유희(劉熙, ?~?)가 펴낸 책. 백과사전의 성격을 지닌 『이아(爾雅)』를 모방하여 1,502개 사물의 명칭을 27개 부문으로 분류하여 뜻풀이하였는데 음이 비슷한 어휘는 뜻도 관련이 있다는 성훈(聲訓)의 방법을 적용하여 성음(聲音)에 따라 풀이하였다. 8권 27편으로 한나라의 문화, 제도, 풍속 등에 관련된 고유 명칭을 해석하였는데, 오늘날 존재하지 않는 가구와 그릇에 관한 기록도 포함되어 있어 전한(前漢)의 사회 모습을 엿볼 수 있다(박형익, 『한국 자전의 역사』, 역락, 2012, p.82, 역자주).

것이다(제9그림2).

③ 쇠도끼(鐵斧)

지하 2촌 정도에서 나왔다. 길이 2촌 5분이고 칼날 부분 폭 1촌 7분인데 가장 두꺼운 곳은 5분이었다. 미우라 군이 조가둔 부근에서 얻은 청동도끼(銅斧)와 형식이 비슷하다(제9그림3).

④ 도전(刀錢) 파편

명도전(明刀錢)의 파편이었다. 하나는 원환부(円環部)로 길이 8분이고 하나는 손잡이 부분(柄部)으로 1촌 2분이었다. 영성자를 비롯하여 만주의 다른 지방에서 발견하는 도전 조각과 다르지 않다(제9그림4).

이번 발굴은 처음부터 성지의 성질을 명확하게 하기에는 너무 불충분하였다. 남북과 동서를 꿰뚫는 큰 도랑을 반복해서 만들지 않을 수 없었는데 이 발굴을 통해 중앙부에 아무런 큰 건축물이 없다는 것을 알았다. 기초 측벽 등 옛 자취가 남아 있거나 혹은 횡단하는 것이 없고 지층 단면으로는 이들의 증거가 되는 흔적을 확인할 수 없었다. 그래도 토기의 파편, 동물의 뼈와 뿔, 도전의 파편이 있어서 한 대 이전, 적어도 춘추전국 시대에 이 성지 지역에서 사람들이 살았던 것을 증명할 뿐 아니라 한 대에 이르러서도 또한 중국민족의 하나의 근거지였던 것을 알리는 것이 아니겠는가. 앞으로 이 성지의 발굴을 완료하고 점점 그 성질을 명료하게 하는 날이 있을 것을 기대해 마지않는다.

제2절 조가둔 부근의 여러 유물

1909년경 수백 명의 일청인(日淸人)이 무리를 지어 일시에 발굴에 나서 음식좌판시장 광경을 만들었다고 하는 조가둔 패총은, 거의 지층 전체를 파내 버린 것 같아 이제는 한 개의 발견조차 어렵다. 우리도 한두 개의 조개무덤을 발굴하였지만 모두 도굴당한 것이고 겨우 두, 세 개의 토기를 발견했을 뿐이다. 이번에 구만포대의 산 아래 유가둔(劉家屯) 길가에서 조개무덤 하나를 발굴하였는데, 역시 이미 일부분을 발굴하여 토기를 가져간 것과 같이, 겨우 파손된 청동쟁반(銅盤), 청동고리(銅環) 2개(지름 1촌), 청동제 금물(銅製金物), 청동화살촉(銅鏃)(길이 1촌 2분), 쇠막대(鐵棒)(길이 5촌) 등을 확보했을 뿐이고 전체 발굴을 계속할 가치는 없었다. 또 6월 16일, 곽가둔(郭家屯) 부근 벽돌무덤(甎墓) 발굴을 시도하였지만 모두 헛되고 겨우 민가에서 주워 온 문양 있는 벽돌만 수 종 얻을 수 있었다. 이 벽돌은 조가둔 고분에 비해 상당히 작아 소구(小口) 길이 5촌 3분, 폭 2촌 6분, 길이 2척 1촌 5분의 직방전(直方甎)으로 문양은 관원문(貫円紋), 전상문(箭狀紋) 및 전문(錢紋)의 일종이며 또 물고기 모양을 나타낸 것도 있다. 제작법이 조잡하고 문양은 예리하지 않으며 시대 또한 다소 내려오는 것 같다.

관둔자(官屯子) 구릉 위의 패총은 동행한 타치바나 군이 발굴을 시도했지만 겨우 작은 돌도끼(石斧) 1개와 짐승이빨을 획득했을 뿐이다. 또 조가둔 부근의 동네 아이로부터 구한 물품 중에 돌화살촉, 돌도끼, 오수전, 화천, 대천오십전 등 외에 청동으로 만든 띠고리(帶鉤)가 있는데 길이가 2척 5분이며 전체가 완전히 보존되어 있었다(제9그림6). 또 청동으로 만든 작은 칼(刀子)이 있었는데(제9그림5) 길이는 2촌 2분이고 손잡이 끝이 둥근 고리 모양이어서 앞서 언급한 도전(刀錢) 모양과 매우 비슷하였다. 미우라 군이 이 지역에서 얻은 작은 칼을 갖고 있었는데 그 형식이 이것과 완전히 같았다. 또 짐승 얼굴을 나타낸 청동기 파편이 있었는데(제9그림7), 옛 청동기(古銅器)에서 본 것과 동일하여 적어도 한 대 이전의 것일 것이다. 이러한 여러 가지 물건은 모두가 조가둔 부근의 땅 위에서 채집된 것이기 때문에 참고로 제공하기에 충분할 것이다.

덧붙여

목양성지는 소화 3년(1928) 10월 동아고고학회의 발굴 때 하라다 요시토(原田淑人) 군에 의해 조직적으로 연구되었다. 그 결과는 동 학회에서 『목양성(牧羊城)』(『동방고고학총간(東方考古學叢刊)』 제2책)으로 가까운 시일 내에 출판될 것이다(소화 6년(1931)에 간행되었다 - 편자).14

4. 목성역 고분

여순 조가둔 고분은 널방의 구조가 복잡하고 문전(紋甎)이 장려한 점에서 한 대 분묘로서 특별히 볼만한 것이 있지만 불행히도 유물 내용은 그다지 많지 않았다. 이에 반하여 목성역 고분은 널방의 구조가 그에 미치지 못하지만, 대체로 동일계통의 건축에 속한다. 유물 내용도 풍부하여 각종 명기(明器)가 정연하게 발견되었는데 그중에서 집모형, 문양 있는 칠기(漆器)의 단편 같은 것은 당대의 미술공예를 엿보기에 충분한 귀중한 자료이다. 다음에 이 고분에서 발견한 유물을 서술하고자 한다(제10그림).

(1) 동쪽에서 바라본 전경   (2) 서쪽에서 바라본 전경
[제10그림] 목성역 고분(영성자 목성역 십칠롱 대포자 고분 소재지)

---

14 본 책자는 '하라타 요시토 외 지음/박지영·복기대 옮김, 1900년대 만주고고학 연구자료 국역총서2 『목양성』, 주류성, 2019'으로 출간되었다(역자주).

제1절 발굴 순서

목성역(혹은 전(前)목성역)은 남만주철도 여순 지선(支線) 영성자역의 동쪽 약 1리 거리에 있다. 주변 성벽을 돌아보니 유명한 고려(高麗) 성문(제11그림)이 있다. 『성경통지(盛京通志)』에 '목창역(木廠驛)(:) 성은 서남쪽으로 60리 떨어져 있고 둘레는 2리 2백 41 걸음이고 남북문 둘(城西南方六十里 周圍二里二百四十一步 南北門二)'라고 하는 것이 곧 이곳이다.15 목성역에서 영성자 부락으로 통하는 큰길은 철로를

[제11그림] 목성역 북문

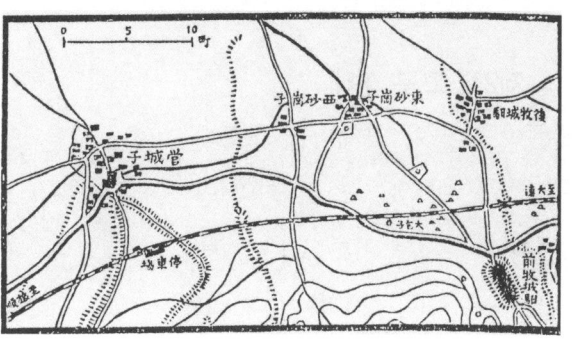

[제12그림] 영성자 목성역 부근 지도

가로질러 북서로 나아간다. 이 건널목에서 동쪽으로 1정(町) 정도, 선로의 남쪽으로 향하여 대포자(大包子)라는 흙무지(土丘)가 있다. 십칠롱(十七籠)이라 부르는데 이것이 곧 우리의 고분이 존재하는 지점이며 목성역 사람 한옥윤(韓玉潤)의 소유지에 속한다(제12그림).

타치바나, 미우라 군은, 영성자에서 중국인 모씨(某氏)를 통해 이 지역에 고분이 있는 것을 알고, 진상을 탐구하고자 하는 것이 오래되었는데 이번에 필자의 출장에 즈음하여 마침내 이 지역을 소개받은 것이었다. 우

---

15 『欽定盛京通志』 卷29 寧海縣
...木廠堡 城西六十里 週圍二里二百四十一步 南/北二門 堡西有木城驛 城東為果廠舖...(역자주).

리는 조가둔 고분을 발굴한 후 일단 장춘으로 가서 석비령 및 요참(腰站)의 요금(遼金)시대 고분을 실제로 조사하였다. 다시 남하하여 명치 45년(1912) 9월 22일 영성자역에 도착, 미우라 켄사부로(三浦權三郞)를 만나서 동 역의 주재 순사 히구치 카네시(樋口兼志) 군의 후의를 받아, 그의 집에 머물기를 수일, 마침내 목성역 고분을 발굴하는 기회를 얻었다. 이 자리를 빌어 미우라, 히구치 두 사람을 비롯하여 목성역 주재 순사 여러분 및 영성자역 보선(保線) 담당 여러분으로부터 받은 큰 후의에 감사를 전한다.

제2절 고분 상태

이 고분의 소재지인 대포자는 동서 약 20간으로 거의 반월형 흙무지를 이루고 가장 높은 곳은 대략 20척이었다. 표면에는 낮은 잡목이 자라고 있다. 서쪽 끝에 동네 사람이 발굴한 널방이 있고 지금도 둥근 천장(穹窿) 부분의 벽돌이 노출된 것을 볼 수 있다. 동네

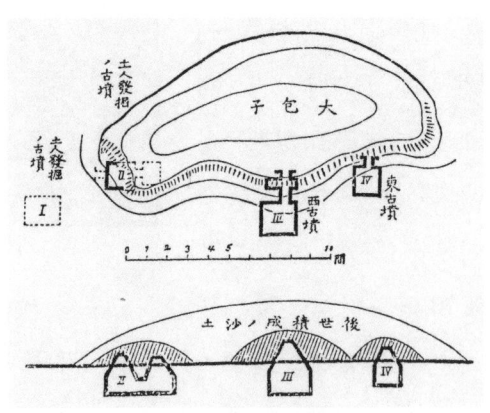

[제13그림] 목성역 대포자 지도

사람에 의하면 이전에는 이 흙무지의 서쪽과 남쪽이 넓었다고 한다. 점차 개간하여 지금은 지난번에 발굴한 널방에서 서쪽 수 간 되는 곳에도 벽돌이 어지럽혀져 있는 움푹 파인 땅이다. 이곳에도 널방이 하나 있어 일찍이 발굴을 시도하였지만, 상부가 붕괴되어 결국은 포기하고 내버려 두었다고 한다(제13그림).

흙더미 서쪽 끝 널방에서 동북으로 30여 척, 구릉의 남쪽 기슭에 벽돌

이 노출된 곳이 있었다. 그 동쪽 14척 정도에도 같은 모양의 지점이 있었다. 고분 널방의 상부가 파괴되어 노출되었을 것으로 생각하고 발굴을 시도하였는데 과연 그러하였다. 지금 유심히 이 큰 흙더미와 고분의 관계를 조사하니 원래 이 부근은 수 개의 고분 군집으로, 게다가 각 작은 봉토가 있었다. 항상 서북 해안에서 불어오는 바람은 모래먼지를 날려서 점차 그 봉토 위에 모래가 쌓여 결국은 연속해서 큰 모래언덕(砂丘)를 형성하기에 이른 것 같다. 대포자 남쪽 단면을 보니 고분의 오랜 봉토는 거의 반구(半球) 형태를 이루고 약간 딱딱하고 점토 토양인 것에 반해 상부의 모래는 빨갛고 부드러운 황토의 가는 모래로 이루어진 것이 보인다. 두께는 흙무지 서쪽 끝 낭떠러지에서, 정부(頂部)에서 4척, 지면 가까운 부분에서 약 9척이다. 뒤에서 밝히겠지만, 이 고분이 적어도 후한시대의 것이라면 수천 수백 년간 위와 같은 사구를 형성한 것이라고 할 수 있으며, 이와 같은 사례를 수집하고 그것의 조건을 정밀조사하여 대략 일정의 비율을 발견하면 고분의 연대에 관한 연구 등에 이바지하는 바가 적지 않을 것이다. 이 부근에 사구가 많은데 그중에는 고분 봉토를 덮은 것도 있으니 이를 연속시키게 하는 것이 있을 것 같다.

(1) 서고분 발굴

(2) 동고분 발굴

[제14그림] 목성역 고분 발굴 현장

제3절 이미 발굴한 덧널방

흙무지 서쪽 끝 발굴을 목격한 동네 사람의 말에 의하면 재작년 겨울 이래로 마차로 흙무지의 흙을 파냈는데 2월경에 이르러 벽돌이 많이 나타났다고 한다(이보다 앞서 일노(日露)전쟁 때 러시아 병사가 은폐물을 만들기 위해 땅을 파니 벽돌이 나오기 시작했다고 한다). 이를 발굴하여 내려가니 2개의 덧널방이 있었다. 전실(前室)은 길이가

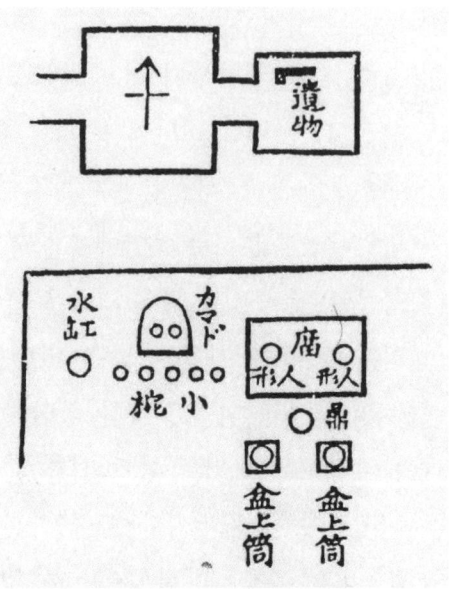

[제15그림] 대포자 고분 후실의 유물 배치도

1장(丈)(1丈:10척) 남짓, 폭은 9척, 높이는 7척이었다. 후실(後室)은 약간 작은데 길이 8척, 폭 6척, 높이 7척이었다. 길이 3척의 통로로 이를 연결하였다. 전실에는 유물이 없고 후실 북쪽에서 많은 유물이 발견되었다. 사당(廟), 즉 가옥모형(높이 1척 5분, 길이 2척이고 1척의 폭 안에 아궁이가 있다)이 있는데, 안에 2개의 토우(높이 4촌)를 놓아두었고, 앞쪽에는 세발솥(鼎)(높이 4촌, 입 지름(口徑) 4촌, 몸통 지름 4촌, 다리 길이 1촌) 및 동이(盆)(지름 1척, 깊이 2촌) 한 쌍이 있었다. 쟁반 위에는 대롱형(筒形) 토기(높이 7촌, 입 지름 3촌, 아래 지름(底徑) 2촌)를 놓아두었다. 또 사당의 왼쪽 아궁이에 2개의 냄비(鍋)를 걸어 두었다. 그 앞에 물항아리(水缸) 및 5개의 작은 밥그릇을 나열하였다. 배열은 대략 별도(別圖)와 같다(제15그림). 덧널방은 발굴로 파괴되고 가옥모형 같은 것은 파손되었기 때문에 그대로 버려두었지만 두, 세 개 유물은 가지고 갔다고 한다. 여순의 석천천심(石川千尋) 옹이 영성자에서 발견하였다며 한 개의 토우를 보관하였다. 형상이 목성역 서분(西墳)에서 발견한 것과 비슷하였다. 혹시 이 덧

널방에서 나온 것이 아닌지. 이상은 애초 동네 사람이 말하는 바로 모두 정확하게 믿을 수 없지만, 본체의 구조와 유물의 종류는 이를 상상하기에 충분한 것이 있다. 앞으로 발굴하고자 하는 고분에 대해서도 이와 유사한 현상을 볼 수 있을 것을 예상하는데 그것이 잘못이 아닐 것이라는 것을 증명하였다.

제4절 동분(東墳) 덧널방 구조

6월 24일부터 동, 서 양쪽의 고분을 동시에 발굴하기로 하고 인부 약 10명을 목성역 부락에서 모집했다. 그들은 고된 일을 하는 사람들은 아니었지만 열심히 일하여 일이 빨리 진행되었다. 동분 덧널방의 규모가 작았기 때문에 마침내 같은 날 오후에 유물을 발견하고 바닥에 닿았다.

이 덧널방의 평면은 장방형이며 동서 7척 5촌, 남북 9척 5분이었다. 상부 약 8척의 높이에서 동서 3척 5촌, 남북 6척이 된다. 이 위쪽은 파괴되어 원상태를 남기지 않았지만 재차 3, 4

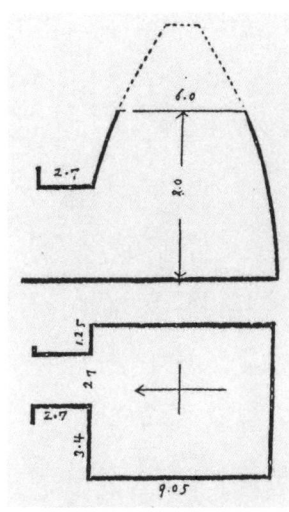

[제16그림] 목성역 동분 곽실도

척의 높이가 있고 사아(四阿)의 둥근 천장을 하였던 것을 헤아릴 수 있다 (제16그림).

북벽에는 아치를 한 통로가 보인다. 동쪽으로 치우쳐 있고, 높이 4척 5촌, 넓이 2척 7촌, 깊이 2척 7촌이다. 안쪽에는 토사가 가득 차고 통로의 반이 벽돌로 막혀 있는 것을 보면 또 다른 덧널방이 없는 것을 알 수 있다. 아치는 27개의 쐐기모양 벽돌을 이중으로 감아올렸다.

덧널방을 구성하는 벽돌은 조가둔 고분에 비해 약 절반 정도로 작고 장방형이다. 약간 청서색(靑鼠色)을 띠고 거친 무(粗莁) 같은 질감이다. 쌓은 법도 튼튼하지 않고 벽돌을 들이고 내는 것이 울퉁불퉁하여 약간 부정형을 나타낸다. 평적 3단을 하고 마구리쌓기(小口積) 1단을 올리고, 다시 평적 3단으로 옮기는 것을 반복하는 것이 완전히 조가둔 고분과 같다. 다만 벽돌은 모두 같은 모양의 것을 사용하고 무늬와 채색이 없는 것이 다르다.

제5절 동분 덧널(槨) 내의 유물

동분 덧널 내의 명기는 주로 남벽을 따라 위치하고 특히 동남쪽 구석에 모여 있는 것이 보인다. 이 구석에서 서쪽을 향하여 가옥모형이 있다. 그 앞에 세발솥(鼎)이 있고, 북측에 바리형 토기(鉢形土器), 굽다리접시(高杯), 대롱형(筒形) 토기가 있다. 다시 그 북쪽으로 부뚜막이 있고, 시루를 그 위에 올려 두었다. 그 북측에 물항아리가 있고, 안에 두레박을 넣었다. 또 세발솥 상부에는 하나의 큰 독이 있는데 전부 파괴되지는 않

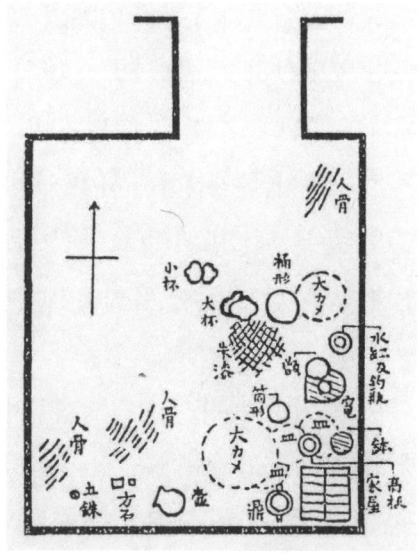

[제17그림] 동분 덧널방의 유물 배치도

았지만, 처음부터 동일 평면에 놓인 것은 아닌 것 같다. 이 밖에 약간 중앙에 이배(耳杯)가 대소(大小) 한 쌍씩 있고, 세발(三脚付) 통형토기 및 붉은 옻칠 조각 또한 많이 발견되었다. 또 서남 구석에는 오수전 1개 및 긴 사각, 정사각의 두 석판이 있었다. 그 동쪽에 단지형(壺形) 토기를 두었다. 부서져 남은 인골도 동북의 구석과 서남 구석에 있어 적어도 둘 이상의 시신을 넣은 것을 알 수 있는데, 제17그림에 이를 나타내었다. 다음에 유물 하나하나를 설명하려고 한다.

① 가옥모형

이것은 서분(西墳)에서 발견한 것과 함께 다음 절에서 설명하려고 한다(제24그림).

② 세발솥(鼎)

몸체 지름이 5촌 3분, 높이는 4촌 2분이며 세 다리가 있고 양쪽에 귀가 있다. 전체의 형상이 빼어난데 특히 귀의 구조가 진귀하다고 할 것이다. 즉 귀는 결뉴상(結紐狀)을 하고 L형으로 만들어 몸통 부분을 뚫은 구멍 안에 삽입한 것이다. 여순 등에서 발견한 세발솥이 적지 않지만 이와 같은 것은 드물다. 덮개는 처음부터 없었던 것 같다(제18그림 7).

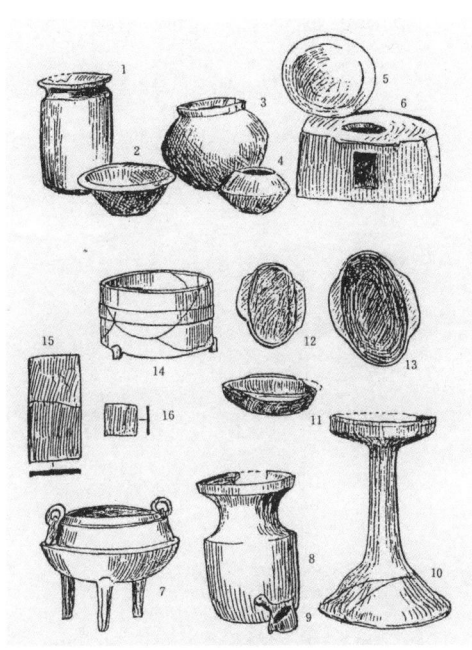

[제18그림] 목석역 동(東)고분 발견 유물

③ 바리형 토기(鉢形土器)

상부의 지름이 4촌 4분, 높이는 1촌 5분이고 시루와 비슷한데 구멍이 없다(제18그림 2).

④ 굽다리접시(高杯)

위쪽 지름이 4촌 2분, 높이는 4촌 5분이고 다리 부분은 깔때기 모양을 하고 밑바닥 지름은 5촌 3분이며, 뚜껑이 있었을 것이다. 소위 제기(豆)라는 그릇이다(제18그림 10).

⑤ 대롱형 토기(筒形土器)

높이 5촌 3분, 입 지름(口徑) 4촌으로 목에 잘록한 부분이 있다. 대개 술그릇의 일종일 것이다(제18그림 1).

⑥ 부뚜막(瓦竈)

길이 7촌, 넓이 6촌 1분, 높이 2촌 9분이다. 상부는 원정삼각형(円頂三角形)이고 중앙에서 약간 앞쪽에 1개의 솥을 걸 수 있는 구멍이, 첨단(尖端)에 작은 연기 구멍이 있다. 또 앞면에 아궁이를 내고 위에 차양을 붙였다. 이 구조는 만주에서 발견한 유품 중에 거칠게 만든 물건에 속한다(제18그림 6).

⑦ 시루(甑)

솥구멍 왼쪽에 한 개의 시루를 두었다. 입 지름이 4촌 9분, 높이가 2촌이고 바닥에 10여 개의 구멍을 뚫었다(제18그림 5).

⑧ 가마(釜)

원래 부뚜막 위에 있었던 것일까. 몸체 지름이 3촌, 높이가 1촌 7분이다(제18그림 4).

⑨ 물항아리(水缸)

높이 5촌 3분, 입 지름 3촌 9분, 목 부위가 가늘고 잘록하다. 내부에서 낚싯대 모양(釣瓶形) 토기를 꺼냈다. 반원형에 손잡이를 붙였다. 이 종류의 토기는 분리되어 발견된 것이 많고, 이같이 함께 존재하는 것을 보는 것은 드물다(제18그림 8).

⑩ 단지(壺)

입 지름은 3촌 5분, 몸체 지름은 5촌 3분, 높이 4촌이다. 남벽 가까이에 있었다(제18그림 3).

⑪ 잔(杯)

대소 한 쌍을 꺼냈다. 큰 것은 길이 4촌 4분, 높이 1촌 3분이고 작은 것은 길이 3촌 2분, 폭 1촌 4분, 높이 1촌이다. 모두 양쪽에 귀(손잡이)를 붙였다. 소위 주배(舟杯) 또는 우상(羽觴)이라고 하는 것이다(제18그림 11, 12, 13).

⑫ 다리가 달린 통형토기(脚付桶形土器)

지름이 6촌 5분, 높이 3촌 3분, 3개의 짧은 다리를 붙이고 몸체 부분에 1개의 띠 형태를 둘렀다(제18그림 14).

⑬ 석판(石板)

장방형과 정사각형의 것 각 1개가 서로 붙어서 발견된 것은 조가둔 고분에서의 것과 같다. 석질은 모두 검푸른 흑색 점판암으로 장방형의 것은 길이 2촌 6분, 폭 1촌 9분, 두께 1분이었다. 정사각형의 것은 둘레가 1촌 1분, 두께는 5리이었다. 조가둔의 것에 비교하면 전자는 크고 후자는 작다. 석대(石帶)에 사용했던 것인지 혹은 지석(砥石) 및 기타에 사용된 것인지는 아직 모른다. 장방형 석판은 한 면을 갈아서 광택을 냈다(제18그림 15, 16).

⑭ 오수전

모양이 조가둔의 것과 같고 지름이 8분 5리이며 전한(前漢)의 것으로 감정된다 이 고분에서는 겨우 한 개를 얻었고 다른 파편조차 없었다.

(1) 동분 묘실 북벽　　　　　　(2) 서분 묘실 북벽

[제19그림] 목성역 고분

(1) 주실 북벽 통로　　　　　　(2) 동 전실 통로

[제20그림] 목성역 서분 통로

⑮ 쇠가락지(鐵鐶)

파편 2개가 나왔는데, 연장 길이가 2촌, 지름이 2분이었다. 과연 무엇에 이용된 것인지 알 수가 없다.

⑯ 칠기(漆器) 조각

이것은 서분(西墳)의 것과 함께 다음 절에 따로 논술하고자 한다(제25그림).

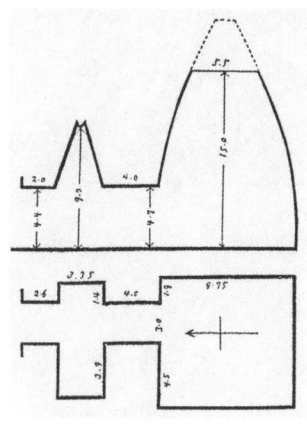

[제21그림] 목양성 서분 덧널방

이상에서 ①에서 ⑫까지는 모두 검푸른 흑색 토기로 다른 만주의 패총, 벽돌무덤에서 발견한 토기의 성질과 같다. 이밖에 몸체 부분의 직경이 1척 5촌 이상의 큰 부뚜막(竈)이 2개 있었다. 약간 회백색에 두꺼운 편에 속한다. 또 인골은 두개골, 사지골 등의 부분이 가는 조각으로 부식되어 있었는데 의학박사 아다치 문타로(足立文太郞) 씨의 소견에 의하면 아래턱뼈, 윗턱뼈의 일부는 노인보다는 성인에 속한다고 한다.

제6절 서분(西墳) 덧널방의 구조

서분 덧널방은 동분 덧널방과 함께 6월 24일부터 같은 수의 인부를 동원하여 발굴하였다. 동분 발굴을 완료한 후 20여 명의 인원 전부를 발굴에 투입하여 27일 오전에 주실(主室)과 전실(前室)을 완전히 발굴할 수 있었다(제19, 20그림). 이 덧널방은 동분에 비교하여 약간 클 뿐 아니라 주실 앞에 작은 전실이 있고 평면 또한 복잡하게 나타났다. 주실은 둘레가 9척 7촌이고 바닥에서 13척인 곳에서 둘레가 5척 5촌으로 축소된다. 본래 이 위쪽은 5척 이상의 높이를 가졌을 것이다(제21그림).

북벽 동부에 치우쳐서 통로가 있다. 넓이는 3척이고 높이는 4척 7촌인

데 33개의 쐐기모양 벽돌을 이중으로 감아서 아치를 만들었다. 이 통로는 내부 길이가 4척으로 전실에 연결된다. 전실은 높이 약 9척, 폭 3척 3촌, 길이 6척 4촌으로 사다리꼴의 둥근 천장을 하고 지금도 완전히 보존되어 있으며, 진흙이 하반부를 메우고 있었다. 이 전실의 북벽에도 또한 통로가 있었다. 크기 및 위치는 앞의 통로와 거의 같고 내부 길이가 2척 6촌이었다. 이 통로는 밑바닥 부분에서 1척 7촌 정도를 벽돌로 가득 채운 것이 동분의 통로와 동일하며 외부로 통하는 널길(羨道)의 성질을 가지는 것을 알 수 있었다.

바닥에는 벽돌을 깔고 서벽을 따라서 벽돌 한 단을 쌓아 넓이 2척 5촌, 길이 약 6척, 높이 2촌 5분 정도를 설치한 듯한 흔적이 있다(조가둔 고분에도 다소 이러한 것이 있었다). 또 벽면에 3단 면적(面積)과 1단의 마구리쌓기를 반복한 것은 동분과 같으며 벽돌은 약간 갈색을 띠고 성질이 엉성한데 쌓는 법 또한 정확하지 않았다. 벽돌 사이에 석회를 사용하여 물기를 스며들게 한 것이 특히 많이 보인다. 주실은 둥근 천장 꼭대기 부분이 주저앉아 전체 구조가 변질된 듯한데 전실의 구조는 지금도 엄연히 견고하게 보인다.

덧붙여

동분 덧널방 및 본 덧널방의 방향은 지금 자침(磁針)이 남북선(南北線)과 완전히 일치한다. 이에 반해 조가둔 고분 덧널방은 동으로 20도 치우쳐 있는데 이는 주의할 만한 현상이며, 어쩌면 시대의 차이를 나타내는 것인지, 이 또한 생각해 볼 만 하다.

제7절 서분 덧널방 내의 유물

서분의 덧널방 구조는 동분에 비해 훨씬 크지만 출토 유물은 별로 많지 않다. 특히 다수가 파괴되고 흩어져 있었는데 궁륭(穹窿)이 주저앉을 때 그렇게 되었는지, 혹은 그 이전에 도굴로 인하여 교란되었던 때문인지 아직 알 수 없지만 아마 이 두 원인에 기인할 것이다. 그런데 이 덧널방의 유물은 주로 동반부(東半部)와 통로 내부에 있다. 가옥모형의 지붕 같은 것은 통로의 남단에서 전실의 내부, 주실의 동북쪽 구석에 흩어져 있고 궁륭은 전실의 동쪽 부분에, 2개의 깔때기 모양 토기와 토우는 통로 안에 있었다. 그밖에 바닥에 다섯 개의 구멍이 있는 토기가 있고 단지 등은 동북쪽 구석 부근에서 나오고 토배(土杯) 2개는 동쪽 벽을 따라 중앙에서 약간 북쪽에 서

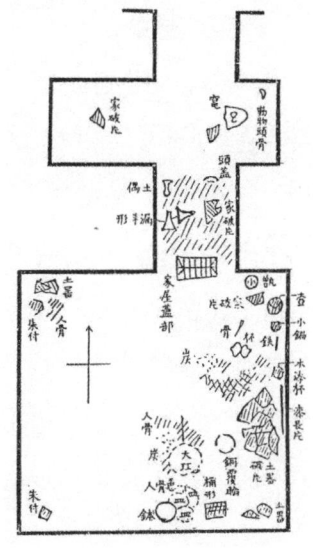

[제22그림] 서분 덧널방 유물의 배열

로 나란히 있었다. 그 남쪽에는 붉은 옻칠(朱漆)을 한 조각이 2척 정도의 사이에 흩어져 있으며 불탄 목재, 인골 또한 이 부근에 많이 있었다. 남쪽 또한 토기 파편이 다수 있고 동쪽 벽을 따라 칠기의 긴 조각이 있는 것을 보았다. 청동으로 만든 복륜(覆輪:칼의 날밑·안장·기물(器物) 등의 가장자리를 금이나 은으로 장식하는 일; 또, 그 장식) 또한 그 옆에 나란히 묻혀있었다. 남쪽 벽의 동반부에는 각종 토기 파편이 있었다. 통형(桶形), 접시(皿), 바리형(鉢形)을 수 개 이상 확인할 수 있었는데 안에 생선뼈가 들어있는 것이 있었다. 그밖에 서남쪽 구석, 서북쪽 구석에도 토기 및 주칠의 조각이 있었다. 인골 조각은 동분에 비하여 매우 많았고 통로 안에도 흩어져 있어 적어도 3, 4구 이상의 시신을 매장한 것 같다(제22그림). 다음에 차례로 주요한 유물에 대해 설명하겠다.

① 가옥모형

다음 절에 따로 논할 것이다(제24그림).

② 토우(土偶)

높이 4촌 3분이고 머리 부분이 없다. 결손 부분은 덧널방 내에서 찾지 못했다. 양팔을 벌리고 옷자락 부분은 깔때기 모양으로 벌어져서 모두 사실(寫實)을 떠나 변형 수법을 썼다. 이 종류의 토우는 웅악성, 노가둔의 조개무덤에서 많이 발견되고 중국 서안(西安)에서 발견한 것과도 양식이 같다. 모두 한식(漢式)이라 한다(제23그림 15).

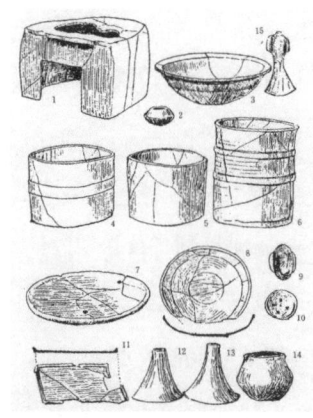

[제23그림] 목성역 서고분에서 발견한 유물

③ 부뚜막(瓦竈)

표면이 삼각형에 가깝고 대소 2개의 솥구멍이 뚫려있으며 첨단(尖端)에 작은 연기구멍이 있다. 길이 8촌, 넓이 8촌, 높이는 5촌이었다. 앞면에 아궁이를 뚫고 위에 차양을 붙였다. 무게 중심이 위에 있고 전반적으로 허술하게 만들었다(제23그림 1).

④ 깔때기 모양(漏斗形) 토기

2개인데 하나는 높이 4촌 6분, 밑지름 4촌 5분, 입 지름 1촌 2분이고 다른 것은 높이 5촌, 밑지름 4촌 9분, 입 지름 1촌이다. 처음부터 이 형태로 파손된 흔적이 없다. 어디에 이용된 것인지는 알 수 없다(제23그림 12, 13).

⑤ 냄비(鍋)

몸체는 지름 2촌 5분, 높이 1촌 4분이다. 아마 부뚜막의 부속품일 것이다(제23그림 2).

⑥ 잔(杯)

한 쌍이며 길이 3촌 5분, 넓이 2촌 5분, 높이 1촌 1분이고 양쪽 귀를 붙였다(제23그림 9).

⑦ 시루(甑)

밑에 5개의 구멍을 뚫었다. 가운데 구멍은 원형이고 주위 4개의 구멍은 삼각형이다. 지름 3촌 4분, 높이 1촌 3분이다(제23그림 10).

⑧ 단지(壺)

높이 4촌, 입 지름 3촌 7분이었다(제23그림 14).

⑨ 바리(鉢)

입 지름 8촌 3분, 높이 2촌 5분이다. 이 종류의 파편이 2개 정도 있다 (제23그림 14).

⑩ 통형 토기(桶形土器)

대소 3개가 있었다. 하나는 높이 8촌 4분, 지름 7촌 6분으로 상반부에 2개의 띠가 있다. 다음은 높이 5촌 5분, 지름 7촌으로 중앙에 1개의 띠가 있다. 세 번째는 높이 5촌 4분, 지름 7촌이며 띠가 없다(제23그림 4, 5, 6).

⑪ 접시형 토기(皿形土器)

얇은 편이며 지름 약 8촌 5분, 높이 1촌 5분, 두께 약 1분이다. 가장자리에 몰딩(moulding)이 있다. 약 3개를 꺼냈다(제23그림 8).

⑫ 네모 동이형 토기(方形盆形土器)

파편의 일부는 표면 가까운 곳에서 발견되었다. 한 변이 6촌 5분, 다른 한 변이 7촌이며 일부가 없다. 사방에 가선(緣)을 붙였다(제23그림 11).

⑬ 둥근 동이형 토기(円形盆形土器)
지름 1척 3분, 두께 5분으로 주위에 가장자리를 붙였다. 표면에 3개의 구멍(지름 5분)을 뚫었다. 어디에 사용된 것인지를 알 수 없다(제23그림 7).

⑭ 청동제 복윤(銅製覆輪)
폭 3분, 직경 5촌 3분의 원을 구성한다. 안쪽 면에 목재가 남겨진 것을 보면 무언가를 원형(円形) 목기(木器)에 부착하려는 것 같은데 그 원형(原形)을 알 수 없다.

⑮ 주칠(朱漆) 조각
⑯ 칠배(漆杯) 파편
다음 절에서 함께 서술할 것이다.

이상 ①에서 ⑬에 이르는 토기는 동분에 비해 약간 갈색을 띤 검푸른 흑색이며 제작은 대체로 정교하지 않았다. 또한 이밖에 큰 항아리, 작은 바리형(鉢形) 기타 토기 파편을 꺼냈다. 또 인골 중 아래턱뼈의 약간 완전한 것이 있었다. 아다치 박사의 소견에 의하면 중년 남자인 듯하며 사랑니가 있다. 이 밖에 팔다리뼈, 갈비뼈, 빗장뼈, 머리뼈 등의 파편이 있었다. 또 양(?)의 아래턱뼈가 있고, 개(?)의 머리뼈가 전실의 동쪽에서 나왔다. 이것들은 희생물로 처음부터 들여진 것인지 혹은 후에 난입된 것인지 확실하지 않다.

제8절 가옥모형

가옥모형은 동서 고분에서 각각 하나씩 나왔다. 만주에서는 여순, 노가둔 등에서 발견된 것이 있지만 이와 같이 완전한 것은 아직 보지 못했다. 동분에서 나온 것은 총 높이가 9촌, 지붕 길이가 6촌 5분, 폭이 6촌이었다. 지붕과 옥실(屋室)을 분리하고 지붕의 기본은 기와로 지붕을 이어 맞배지붕 형식을 하고 활모양으로 굽었다. 용마루 양 끝에는 3개의 파와(巴瓦)16가 쑥 비어져 나오게 하여 귀판(鬼板)으로 하고 용마루 중앙에는 또 2개의 파와로 만든 용마루 장식이 있다.17 파와는 곧 한 대 와당(瓦當) 양식에서 나온 것으로, 기와 면을 십자로 4구획하여 그 안에 문자의 생략으로도 볼 수 있는 '십팔(十八)' 등의 모양을 넣었다. 이런 부류의 와당은 여순에서 발견한 것에도 그 예가 보인다(남만주철도회사 소장품). 다음에 옥실은 앞면에 한 개의 문을 내고 상하에 차양 및 디딤판을 붙였는데 양측 면에 각 한 개의 작은 구멍을 낸 것은 어떤 이유인지 확실하지 않다. 또 옥실 바닥에는 4개의 작은 다리를 붙여서 이를 지탱하였다. 우리는 이 가옥모형에서 지붕이 비교적 충실하게 사실적으로 나타난 것을 보았지만, 옥실은 굉장히 생략적으로 만들어서 전체 모양이 낮아져서 좋지 않았

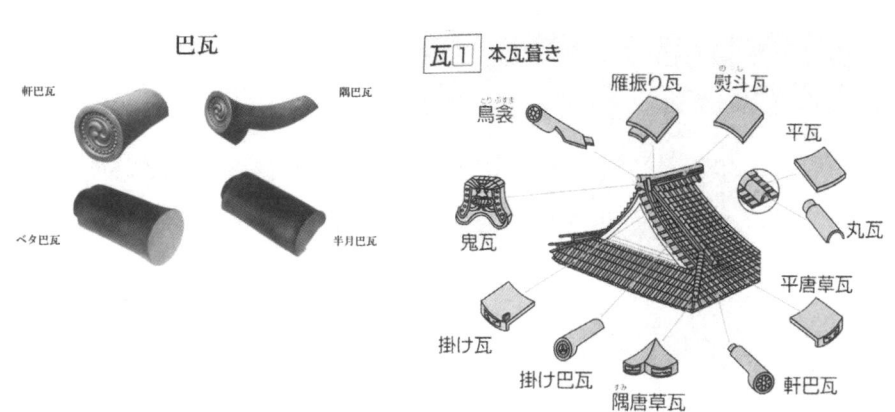

16 屋根の用語集·解説:記事, 石川商店, https://riverstone-roofing.com/tag/roofipedia/page/11/ (역자주)
17 kotobank.jp〉word

다. 고(故) 단방(端方)[18] 씨 소장의 위이헌(魏李憲) 묘에서 나온 가옥모형이 처마를 두르는 데 짜맞춘 물건 등을 모방한 것에 비해 훨씬 허술한 구조로 보인다. 이 모형은 주택이 아니고 사묘(祠廟), 창고 따위를 나타낸 것일까(제24그림 상).

서분에서 발견한 것은 파편이 덧널방 안 각 장소에 흩어져 있었지만, 이것을 접합하여 마침내 완전한 모양을 만들었다. 전체가 동분에서 나온 것에 비해 높고 평면은 장방형이며 형태는 약간 훌륭하다. 동분의 것은 단층 창고를 나타낸 데 반해 이것은 내부가 중층인 창고를

[제24그림] 목성역 고분에서 발견한 와제(瓦製) 가옥모형
1. 동분 출토
2. 서분 출토(경도제국대학 문학부 소장)

나타낸 것인가. 옥실은 짧은 네 다리 위에 세워져 앞면에는 하나의 문이 있고 그 아래에 계단이 있다. 또 문 위에 좌우로 창문이 있다. 창문 주변에는 각각 2, 3개의 장식 선을 새겼다. 앞면 아래 방향 오른쪽 가장자리에 갈고리꼴(鍵形)로 구멍을 뚫고 측면에 각각 한 개의 삼각 구멍을 냈으며 바닥에 7개의 작은 구멍을 뚫는 것은 그 의미가 분명하지 않다. 지붕이 옥실에서 분리된 것은 전자와 같으며 기와로 지붕을 이어 맞배지붕을 나타내고 용마루에 장식한 기와 등은 또한 양자가 서로 같지만, 이것은 기

---

[18] 1861~1911. 청말(清末) 대신(大臣), 금석학자. 만주 정백기(正白旗) 출신으로 직이총독(直隸總督), 북양대신(北洋大臣) 등을 역임했다. 저서로 『陶齋藏器目』, 『陶齋吉金錄』, 『陶齋藏石記』, 『工餘談藝』, 『韜養齋筆記』, 『益州書畫錄補遺』 등이 있다(출처: 바이두 백과, 역자주).

갑와(箕甲瓦)[19]에 둔 것과 와당의 모양이 없는 것이 다르다. 총 높이는 1척 5분, 지붕의 길이는 9촌, 폭은 5촌이었다(제24그림 아래). 이것을 요약하면 이 두 개의 가옥모형은 옥실 부분이 반드시 당대(當代) 가옥을 충실히 그려낸다고 볼 수는 없지만, 지붕 구조는 그 실제를 잘 나타낸 것이라 할 수 있다. 산동성 효당산 석실 등 이외 한 대 건축유물이 매우 적은 시기에, 당시 건축 상태를 고찰하는 데 무엇보다도 유익한 자료가 될 것이다.

제9절 칠기(漆器) 조각

목성역 고분 유물 중에 앞서 기록한 가옥모형은 귀중한 것의 하나이지만, 더욱 귀중한 것은 칠기 조각이라 할 수 있다. 동분에서는 덧널방의 중앙에서도 약간 동남으로 치우친 곳에서 둘레 2척 정도의 범위에서 주칠 조각이 나왔다. 놓인 상태에서 원형(原形)을 추정하기는 쉽지 않지만, 아마 원형(円形) 기명(器皿) 같은 것일 것이다. 또는 목관(木棺) 위에 칠한 것이 아닌가라고 말하는 사람도 있다. 하지만 그 크기나 발견 상태를 고찰하고, 또 인골 조각이 오히려 다른 방면에서 나온 것이 많은 것을 생각하면 목관의 유물로 보기 어렵다.

그런데 주칠은 대개 두꺼운 마포(麻布) 위에 하는 것으로 그중에는 밑에 목질이 남겨진 것이 있고 선명한 붉은색이 지금도 어제 한 것처럼 선명하게 보인다. 가장 큰 것이라고 해도 겨우 길이 4촌 정도에 불과하지만, 문양은 매우 진기한 수법에서 나왔다. 먼저 가로로 두 띠를 긋고 위에는

---

[19] 屋根の用語集·解説:記事, 石川商店, https://riverstone-roofing.com/tag/roofipedia/page/11/ (역자주).

맥문(麥紋)을 넣고 맥형(麥形) 안에는 검은 색의 점이 있다. 아래는 당초(唐草)와 같은 일종의 소용돌이무늬(渦紋)와 용(龍) 모양을 분배하여 넣었다. 용은 전체 모양이 몸이 길고 사지가 있으며 후세의 용과 같은데, 뱀 형태가 아니고 짐승 형태를 하였다. 머리 부분은 아주 불분명하지만 꼬리는 길고 빼어나며 선단(先端)에 소용돌이무늬가 있다. 지금 이 모양을 보니 용과 와문과 맥문이, 산동성에서 발견한 각종 화상석과 그 양식이 같으며 용 같은 것은 한경(漢鏡)의 모양과도 비슷하였다. 그래서 다른 것은 몰라도 이 점만으로도 이 칠기가 한 대(어쩌면 후

[제25그림] 목성역 동분 출토 칠기 조각(경도제국대학 문학부 소장)

한)의 수공에 의해 이루어진 것으로 판단하는 데 주저하지 않았다. 게다가 선을 그린 수법은 대단히 웅건하고 자유자재이며 교묘하게 필치를 제 맘대로 다루어 화상석 등의 석조(石彫)에서는 쉽게 볼 수 없는 풍정을 나타내었다. 대개 한 대의 회화는 석각(石刻) 등에 나타난 수법이 유치하여 묘선(描線)을 판에 새긴 것에 지나지 않는다. 이 칠기 회화에서 보는 것처럼 웅려한 필치를 나타내는 것이 있음을 알 수 있어서 후세 중국화 수법의 연원(淵源)이 먼 것을 추측하기에 충분하다(제25그림).

서분의 덧널방 안에서는 주칠(朱漆) 및 흑칠(黑漆) 조각이 다수 발견되었다. 이것 또한 원래 모습을 재현할 방법은 없지만, 아마도 기명(器皿)의 일종이지 널·덧널(棺槨)은 아닐 것 같다. 이 중에 모양이 남아 있는 것이 있었다. 동분의 것이 붉은 바탕에 흑색 그림인 데 비해 이것은 흑색 바탕에 붉은색으로, 하나는 병행선(竝行線)을 만들고 다른 것은 동심반원과

일종의 띠 모양을 교차하여 간단하면서 더욱 힘 있는 문양을 만들었다. 동심원 모양은 웅악성, 노가둔, 여순 등에서 발견한 토기에 때때로 붉은색으로 그린 것과 동일하므로 당대(當代) 문양의 한 양식이었다(제26그림). 또 2척 정도 길이의 칠포(漆布) 조각 하나가 동쪽 벽을 따라 있는 것을 보았다. 이것이 널·덧널의 유물일 것으로 생각되지 않는 것은 아니지만, 아직 확실하지 않다.

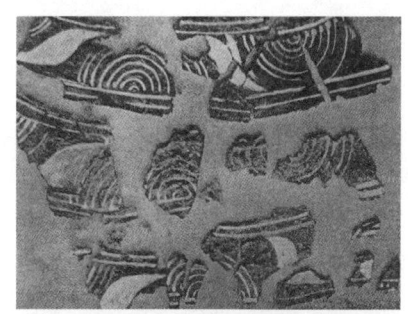

[제26그림] 목성역 서분에서 발견한 칠기 조각

또 서분에서 파손된 옻칠 잔(漆杯) 두 개를 손에 넣었다. 길이 5촌 이상이었던 것 같고 마포 위에 두껍게 칠해져 있었으며 안쪽에는 붉은색이 발려 있었다. 크게 부서졌지만 귀 주변에 남아 있는 것이 있어서 양쪽 귀를 가지는 주배(舟杯, 羽觴)인 것을 알 수 있다. 노가둔에서 발견한 토배(土杯)에 내부를 붉게 칠한 것이 있었는데 이것과 제작법이 같다. 아마도 토배는 명기(明器)로 특별히 만들어진 것이고 평소에는 이와 같은 칠기를 사용하였을 것이고, 또 청동잔(銅杯), 옥잔(玉杯) 등이 이용된 것도 생각할 수 있다.

칠기 발견에 대해, 혹시 이 고분의 새로움을 의심할 사람이 있을 것이다. 이는 중국의 칠기 제작 유래를 알지 못하기 때문이다. 중국에서 기명(器皿)에 옻칠을 하는 것은 매우 오래되어 『서경(書經)』(우항(禹項)), 『시경(詩經)』 등에도 옻나무를 심는 일과 이를 바치는 지방을 들고 있다. 처음에는 널·덧널 등의 틈을 바르는 데 이용하다가 차츰 전체 기명을 바르는 데 이른 것 같다. 전설에 의하면, 순(舜)은 '칠을 검게 하여 그릇을 꾸미다(漆黑之以爲器)', 우지(禹之)를 받아서, '제기를 만들고 겉에 옻칠하고 그 안에는 주색으로 그림을 그리고(作祭器, 漆其外而朱畫其內)'라고 하였다. 나원(羅願)의 『이아익(爾雅翼)』[20]에는, 여러 책을 가져와서 기록하기를,

> ... 예전에 이것으로 공물을 삼았다. 방씨, 예주, 그 이점은 칠림(漆林)에 있다. 순임금이 칠기(漆器)를 만들었다고 전한다. 간하는 자가 수백 인이었다. 이로부터 사치가 일어났다. 삼대에 걸쳐서 성왕(盛王)이 서로 이어서 그릇을 삼는 제도를 보였다. 물건을 갖추어서 쓰니 성인의 일이었다. 후세에 널리 쓰게 되니 옛 주나라의 칠림(漆林)에 대한 세금인데, 20분의 5를 부과하였다. 위나라 문공이 초구(楚丘)로 옮겨가서 살면서 개암나무, 밤나무, 가래나무, 오동나무, 옻나무를 심고 뒤에 이를 베어 금슬(琴瑟)을 만들었다. 그 원려(遠慮)함이 이와 같았다. 후한의 수장후(壽張侯) 번중(樊重)이 기물을 만들고자 하여 먼저 가래나무, 옻나무를 심었는데 당시 사람들이 이를 비웃었다. 그러나 세월이 지나 그 쓰임을 알고는 이를 보고 웃으면서 모두 용서를 구했다. 「화식전」 진하(陳夏)에 천무(畝)의 옻나무를 가꾸면 천호를 흥하게 할 수 있다고 하였다. 장자가 말하길, 계수나무는 먹을 수 있기에 이를 자르고, 옻나무는 쓰임새가 있기가 벤다고 하였다.[21]

---

20 송나라 나원(羅願)이 지은 『이아(爾雅)』의 주석서. 『이아(爾雅)』는 중국의 가장 오래된 자전(字典)·주석서(註釋書)·자해서(字解書)로 중국 13경(經)의 하나이다. '이아'는 각 지역의 방언을 소통시켜 공동어인 바른말, 즉 아언(雅言)에 이르게 한다는 뜻이다. 『시경(詩經)』·『서경(書經)』·『주역(周易)』·『예기(禮記)』·『춘추(春秋)』에 수록된 한자들의 뜻과 음을 풀이하였다. 한나라 이전에 지어진 것으로 저자나 편자는 분명하지 않고 원전도 전해지지 않으며 현재 전해지고 있는 가장 오래된 주석서는 서진(西晉) 곽박(郭璞)의 주석서이다(박형익, 앞의 책, pp.64~65, 역자주).

21 『爾雅翼』 卷20 「釋木」漆
...古者以爲貢職, 方氏子州, 其利林漆, 傳稱舜造漆器, 諫者數百人, 蓋以爲, 奢侈從此興, 然三代盛王相繼, 以爲器皿, 以示制度, 蓋備物致用, 聖人之事也, 後世用之既博, 故周家漆林之征, 至二十而五, 衛文公徙居楚丘, 則樹榛栗椅桐梓漆, 伐琴瑟焉, 蓋其遠慮如此, 後漢壽張侯樊重, 欲作器物, 先種梓漆, 時人嗤之, 然積以歲月, 皆得其用, 向之笑者, 咸求假焉, 貨殖傳陳夏, 千畝漆與千戶侯等, 莊子曰, 桂可食故伐之, 漆可用故割之.

라고 하였다. 이로써 한 대 옻칠 기술은 점차 성행하는 것을 알 수 있다. 또 주칠 위에 운용(雲龍) 등의 모양을 그린 것은 『후한서(後漢書)』「동현전(董賢傳)」에,

> (애제(哀帝)의 총신(寵臣) 동현(董賢)이 죽자) 아비 공등(恭等)이 후회를 남기지 않기 위해, 이에 다시 사화관(註: 주사(朱沙)로 칠하고 또 그림을 새김)을 하였으니, 사시(四時)의 색은 좌창룡(左蒼龍), 우백호(右白虎)인데, 위로 금은이 드러나고 옥으로 수의를 만들고(日月玉衣라고 부름), 진주와 벽옥으로 관을 치장하였으니 존귀함을 더할 수 있었다(공등은 요행히 죽음을 면할 수 있었다). (父恭等不悔過, 乃復以沙畫棺(註以朱沙塗之而又雕畫也), 四時之色, 左蒼龍, 右白虎, 上著金銀, 日月玉衣, 珠璧以棺, 至尊無以加).

라고 하였다. 『후한서(後漢書)』「예의지(禮儀志)」에는 '왕, 공주, 귀인 모두 녹나무 관을 하고 주칠을 하고 흐르는 구름을 그리고(王公主貴人, 皆樟棺, 朱漆畫雲氣)' 운운 하였다. 이것은 모두 널·덧널에 관련되는 기사이지만, 또 이로써 이것 이외에 기명에도 같은 기교를 했음을 상상할 수 있다. 고분에서 발견한 칠기 조각은 몇 촌(寸)에 지나지 않지만, 한 대의 옻칠 기술을 아는 데 충분한 가장 귀중한 유품일 뿐 아니라 회화 수법도 엿볼 수 있는 절호의 자료라 할 수 있다.

   한 대의 칠기가 있다 하더라도 이와 같은 물질이 능히 2천 년 세월을 지나 오늘날까지 보존된 것을 의심하는 사람도 있겠지만, 이것이 외기(外氣)에 폭로되지 않고 적당한 장소에 있다면 의외로 긴 세월을 유지할 수 있다. 이집트에서 수 천 년 전의 종잇조각이 발견되고 중국의 신강성(新疆省)에서 육조(六朝)의 사경(寫經)이 나오고, 게다가 필자가 나라(奈良) 동대사(東大寺) 대불전에서 나라(奈良)시대, 즉 당대(唐代)의 칠기를 발굴한 것에 맞춰 생각한다면, 저절로 풀리는 바가 있을 것이다.

제10절 결론

이상, 목성역 동서 고분에 관하여 발굴 순서, 덧널방의 구조, 유물의 성질을 서술하였다. 이 고분의 평면이 간단하고 벽돌에 문양이 있는 등의 점에서는 여순의 조가둔 고분과 서로 다르지만, 궁륭과 '아치'가 있는 통로를 갖추는 등, 대개의 양식은 애초부터 동일계통에서 나왔을 것이다. 또 발굴한 유물도 만주 여러 지방의 패총, 벽돌무덤 등으로부터 발견한 명기와 같은 종류로, 조금도 차이가 없다. 이 중에서 한 대의 오수, 한식 토우, 기타 부뚜막, 세발솥, 집모형 등이 모두 소위 한 대의 제품에 속할 뿐만 아니라, 칠기 조각에 그려진 문양은 전적으로 한 대의 화상석과 비슷하다. 또한 조가둔 구조와 비교해도 한 대의(혹은 후한) 한(漢)민족 분묘로 보는데 하등의 의문이 없다. 영성자 북방 남대산(南大山) 일대는 오랜 옛날 하나의 도서(島嶼)를 이루고, 목성역 부근은 당시 해안 항구의 요지로 관동주(關東州)를 동서로 통하고 여순 방면과 금주(金州) 방면을 연결하는 동시에, 남소평도(南小平島) 방면에 이르는 남북의 교통로였던 것을 추측하기에 충분하다. 그렇다면 이 고분은 당시 한(漢)민족 중에 상당한 지위를 가졌던 사람의 무덤으로 부근에 일족 친척의 분묘군을 이루게 될 수 있었다. 그리고 동서 고분은 덧널방의 명기가 풍부하고 집모형, 부뚜막 등을 구비하여 배열의 원상태를 엿보게 하기에 충분하다. 특히 모양이 있는 칠기 조각이 있는 것 등, 만주에서의 한 대 고분과도 그 차이를 보이지 않는다. 우리는 뜻밖에 이와 같은 고분을 발굴하고 이것을 학계에 소개하기에 이른 행운을 기뻐하는 동시에 이 고분을 영구히 보존하는 길을 강구하는 것이 급선무임을 생각하지 않으면 안 된다.

(대정 원년(1911) 9월~2년(1913) 1월)

4. 여순(旅順) 석총(石塚)에서 발견한 토기의 종류에 대하여[1]

– 백색 토기와 도질 토기의 존재 –

하마타 코사쿠(濱田耕作)

1.

필자는 명치 44년(1911) 10월, 도리이 류죠(鳥居龍藏) 군의 앞선 자취를 쫓아 처음 만주를 여행하면서 각지를 조사했는데 여순에서는 조가둔(刁家屯) 고적과 목양성지(牧羊城址)를 발굴하여 그 결과를 학계에 보고하였다[2]. 다만 당시 타시치바나 세이이치로(立花政一郎), 이시카와 센쥬(石川千壽) 양 씨가 동도(東道)를 번거로워해서 노철산(老鐵山) 서북 산허리의 석총 2, 3개를 발굴했는데 석총 내부 구조 등을 밝힐 만한 증거도 없고 특별한 발견물도 없어 따로 보고하지 않았다[3]. 그러나 당시 석총에서 발견된 토기의 파편은 모두 교토제국대학 고고학 교실로 가져와서 그중 기형(器形)이 어느 정도 완전에 가까운 것은 진열하고 다른 파편은 모두 일

---

1 하마타 코사쿠(濱田耕作) 선생 저작집간행위원회, 앞의 책, 254~297쪽.
2 하마타 코사쿠(濱田耕作), 「旅順 刁家屯의 한 고분」(『동양학보』 제1권 제2호), 同上 「남만주에 있어서 고고학적 연구」(同, 제2권 제3호, 제3권 제1호), 同上 「刁家屯 고분조사 보유」(同, 제11권 제3호).(*)(원문의 각주, 이하 * 표시, 역자주).
3 하마타 코사쿠(濱田耕作) 「남만주의 고적」(오사카 아사히 신문, 명치 43(1910)년 11월 및 『백제관음』)에 기행문적인 기사가 있다.(*)

괄해서 잘 보관해둔 채로, 결국 수십 년이 지났다.

그러나 이 수십 년 동안, 지나(支那:중국의 구칭(舊稱))의 고고학, 특히 토기와 도기(陶器)에 관한 연구는 국내·외인의 손에 의해 진일보하고 한조(漢朝), 당대(唐代)의 명기니상(明器泥象), 또는 감숙(甘肅), 하남(河南)의 채색토기가 계속 발견되어 중국 고대 토기에 대한 지식이 획기적으로 풍부해졌다. 그런데 우연히 작년 가을 동아고고학총간 제1책『비자와(貔子窩)』4를 편찬할 즈음 만주에서 발견한 각종 토기의 비교연구가 필요하여 앞서 언급한 여순 석총의 토기 파편을 꺼내 정밀 검사하였다. 그런데 그 수백 수십 개의 파편 중 당시 부주의로 간과한 것 가운데 중국 토기사상(土器史上) 매우 귀중한 가치가 있는 몇 개의 작은 조각이 있는 것을 발견하였다. 이것은 당시 필자의 지식이 빈약하고 검토가 불완전하였기 때문이긴 하지만, 일반적인 학계의 지식이 변화했기 때문으로, 스스로 책망하고 또 위로할 수밖에 없었다. 이에 관해서는 이미『비자와』에서 밝히고 상세한 것은 따로 발표하기로 했는데5 지금 이 기회에 이상의 토기에 관하여 기재하고자 한다.

2.

그런데 노철산 중턱의 석총(cairns)에 대해서는 도리이 군이 이미 그의 저서『남만주조사보고(南滿洲調査報告)』에 상세하게 기술하였기 때문에 6 이를 생략하는데, 군이 조사한 것은 주로 동쪽 봉우리에 있는 것이고

---

4 요동반도 동쪽 해안 도시로 요동의 주요 상업 항구(역자주).
5 동방고고학총간 제1책『비자와(貔子窩)』제25항, 주(6).(*)
6 鳥居龍藏(도리이 류죠) 박사,『남만주조사보고』제4장,「노철산상의 석총」.(*)

1. 발굴광경 　　　　　　　　2. 전경
[그림1] 여순 노철산의 석총(만주 여순 노철산 서쪽 봉우리의 석총)

필자는 그 서쪽의 연속되는 봉우리 부분을 발굴하였다(그림1). 이들 석총은 높이 200m에 가까운 정상에 있으며 크게는 한 아름, 작게는 한 손으로 들 수 있는 정도의 돌덩어리를 다다미 5, 6개 내지는 20개 남짓 넓이로 만두형(饅頭形:반구형)으로 쌓아 만든 무덤이 무리를 이루고 있다. 보통 무덤 내부에 많은 덧널방(槨室)이 있는데 필자가 발굴한 것 중 덧널방을 잘 보존하고 있는 것은 없었다. 유물은 덧널방이 있는 수평면 상하의 돌덩이 사이에서 발견되는데 토기의 파편 정도였으며 도리이 군이 획득한 것 같은 귀중한 석검(石劍) 같은 것은 발견되지 않았다. 또 토기 중에서도 완전하거나 원형을 복원할 수 있는 것은 상당히 소수였다.

이 토기와 파편의 대부분은, 도리이 군이 말한 것처럼, 노철산 아래의 기타 만주 각지의 한묘(漢墓)에서 발견한 토기와는 전혀 다르다. 오히려 일본의 야요이식(彌生式) 토기[7]에 가깝고 대체로 노철산 부근과 기타 만주 여러 방면의 석기시대 토기와 같은 계통에 속하는 것으로 인정되었다.

7　1848년 동경도(東京都) 문경구(文京區) 미생정(弥生町)에서 발견된 토기에 출도지의 이름을 따서 붙인 이름. 북부 큐슈 출토 토기의 형태 변천을 기준으로 전·중·후기로 나누며 도래인과 함께 시작된 논농사와 관계가 있다. 저축용 단지(壺)와 음식조리용 항아리(甕)가 기본set로 발견된다. 서일본 지역에서 제작되기 시작한 이 토기는 논농사의 동천과 함께 각지로 파급되어 각 지역의 특유한 토기 형태로 발전한다. bc220년경부터 ad3세기경까지의 시기이다(전한덕 편저, 『日本의 考古學』, 학연문화사, 2002, pp.138~172, 역자주).

그 지질(地質)은 다갈색(茶褐色) 또는 검푸른 흑색을 띠고 약간 정량(精良) 한 점토를 사용하여 흡습성(吸濕性) 이 커서 비교적 얄팍하게 만들었다. 뿐만 아니라 그 기형(器形)이 대체로 작아 보통 수 촌(寸) 이하 2, 3촌 내외의 작은 그릇이어서 일종의 '작은 모형'

[그림2] 여순 노철산 석총에서 발견한 보통 토기(경성제국대학문학부 소장)

느낌이다. 그래서 도리이 군은 이 토기가 실용적 토기로는 너무 작아 장의용품(葬儀用品)이라는 특수한 용도였을 것이라고 서술하고 있다(그림 2). 그리고 그릇의 모양은 역형(鬲形)을 비롯하여, 윗부분이 열린 소위 준형(尊形)인 것, 단지 모양(壺形)인 것, 긴 원통형(円筒形)에 손잡이가 붙은 것, 얕은 원통형의 그릇(坏), 찻잔 받침(天目台) 모양으로 중앙에 구멍을 내고 그 구멍에 작은 그릇(小坏)을 꽂아 넣은 것, 기타 여러 종류가 있다. 또 대개는 수수한 무늬지만 가끔 평행선의 각문(刻紋)을 붙인 것이나 작은 못 모양(鋲形)의 돌기 한 쌍을 여기저기에 부착한 것, 작은 구멍을 가장자리에 몇 개 뚫은 것 등도 있어(그림2) 매우 재미있는 점이 있는데 이것에 대해서는 다음 기회에 서술하기로 하고, 지금은 이 많고 많은 석총 토기에서 검출한 극히 소수의 특종(特種) 토기에 대해 기록하려 한다.

3.

먼저 그 첫 번째는, 순백색의 토기 조각이다. 이것은 전부 3조각인데 정량한 고령토로 만들었고 표면은 황토를 입혀서 황갈색을 나타낸 곳이 있다. 안쪽 면에는 약간 요철이 있지만, 표면에는 매끄럽고 윤택이 난 것으로 생각되는 부분이 남아 있으며 앞서 기록한 다갈색의 토기에 비해 흡습

성이 적어서 토기로서는 정품(精品)
이라고 할 수 있다. 이 중 두 조각
은 약간 부정형(不整形)의 판상(板
狀)으로 두께가 가장 두꺼운 부분
은 2분(分)에 가깝고, 얇은 부분은
1분 정도이다. 이 두께의 차이와 만
곡(彎曲) 상태로 생각해 보면, 어쩌
면 역형(鬲形) 토기의 몸체와 다리
사이의 부분에 해당하지 않을까 생
각된다. 또 다른 한 조각은 원추형

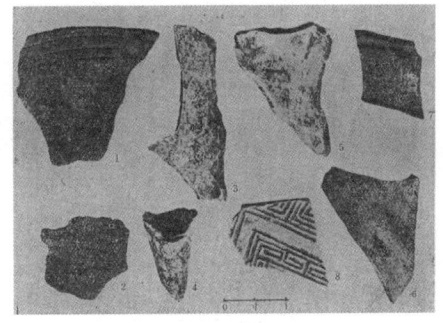

[그림3] 여순 노철산 석총에서 발견한 토기
1. 2. 다갈색 토기 조각
3~5. 순백색 토기 조각
6. 담갈백색 토기 조각
7. 도질 토기 조각
8. 은허(殷墟)에서 발견한 백색 토기 조각

파편으로 이것은 의심의 여지없이 역(鬲)의 다리 끝부분이다. 그러한 까닭
에 이 3개의 파편은, 어쩌면 1개의 역형 토기의 한 부분이었다고 상상해도,
잘못은 없으리라 생각된다(그림3 3·1·5).

다른 한 조각은 순백색이 아니고 약간 담홍 갈색을 띠고 있다. 두께는
1분(分)이 좀 넘고 표면은 매끄럽고 윤택이 나며 이면에는 평행하게 틀로
늘려 움푹한 띠가 희미하게 보인다. 기형(器形)은 복원하기 어렵지만, 왠지
원통형에 가까운 용기로 추측된다(그림3 6).

다음은 전자와 완전히 다른 얄팍한 도질(陶質)토기 파편이다. 검푸른
흑색에 약간 녹색을 띠고 고열로 구웠기 때문에 도질이 되어 흡습성을 가
지지 않는 점 등, 완전히 일본의 축부토기(祝部土器) 등에 가끔 보이는 것
과 같은 것이다. 특히 그 두께가 5리 남짓으로 얄팍하면서 한 점의 불균
질도 없이 정교해서, 크레타(Crete) 고대 M·M·Ⅱ시대[8] 등에 나오는 정박(精

---

8 Middle Minoan Ⅱ. 크레타 섬의 미노스(미노아) 문명은 궁전이전시대(prepalatial period,
bc3200~2000), 원궁전시대(protopalatial, bc2000~1720, 제1궁전시대), 신궁전시대(neopalatial,
bc1720~1550, 제2궁전시대)로 통상적으로 구분한다. M·M·Ⅱ는 원궁전시대에 해당한다. 미노스문
명은 그리스문명의 초기 청동기문화이다(참조: 수잔 와이즈 바우어 저/이광일 옮김, 『세상의 모든

博)한 소위 '난각토기(卵殼土器)'(egg-shell ware, a coquille d'oeuf)에도 비교할 수 있는 것이다. 이 파편의 한쪽에는 띠 모양의 볼록한 장식이 있어 뭔가 용기의 출구부로 생각되지만, 이 이상 상세한 것을 알 수 없다(그림3 7 및 그림4).

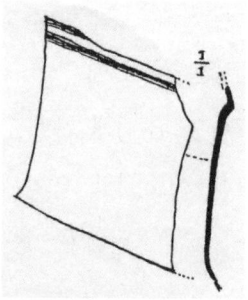

[그림4] 얄팍한 도질기의 파편

4.

이상은 필자가 석총에서 발견한 토기의 파편 중에서 종래 알려진 다갈색 토기 이외 새로 검출한 몇 개의 작은 파편에 대한 서술이다. 이들과 다른 종류의 토기 조각은 석총의 돌덩이 아래 깊숙한 곳에서 발견한 것이어서 절대로 후세에 혼입된 것으로 볼 수 없어 모든 것은 석총을 만들 때 동시에 존재하고 있었다고 할 것이다. 그러나 해당 석총군은 석검의 발견 등에 의해 주말(周末)과 한초(漢初) 사이의 시대, 금석병용기(金石倂用期)[9] 경의 소산으로 추정되고 있으며 다갈색 토기는 노철산 아래 등에서 석기시대의 유적으로 발견된 토기와 동일계통에 속하는 점도 또한 이것과 상응하기 때문이다. 그런데 지금 기술한 소수의 백색 토기나 도질 토기가 이들과 병존하는 사실은 과연 어떻게 해석해야 할까. 이것은 매우 중요한 문제이다.

중국이 주대(周代) 이전 혹은 은대(殷代)에 백색 토기의 일종이 있었다는 것은, 이미 수년 전 필자가 하남성 장덕부 안양현의 은허(殷墟)에서 골아(骨牙) 제품과 함께 발굴된 것이라고 전해진 유물을 학계에 소개하였

역사」, 이론과 실천, 2007, p.262(각주), 역자주).
9 Chalcolithic age. 신석기시대에서 청동기시대로의 이행기에, 본격적으로 청동으로 합금하기 전 단계로 돌과 금속(구리)을 함께 사용하던 시기(역자주).

고,10 그 후에 그 유적을 직접 찾아간바, 동네 사람이 몰래 가져온 것이 있어서 그 출토지에 대해서도 대략 신용할 수 있다. 그런데 은허에서 발견한 백색 토기에는 표면에 조각한 번개무늬 같은 정예한 모양이 있고 주대(周代)의 청동기 모양과 유사한 것이 있어서, 혹은 이 때문에 청동기의 원형이라고 하는 학자도 있지만 혹은 필자처럼 objet de luxe(사치품, 장식품)로 보는 사람도11 있다. 이들의 의견은 별도로 하고, 주대(周代) 혹은 그 이전에 이같이 정량한 토기가 한편으로 존재하는 사실은 중국 도기사(陶器史)에 있어서 굉장한 'revelation(계시)'이었다.

그런데 지금 노철산 석총에서 발견된 백색 토기 조각을 은허 발굴품과 비교하니 견문성(堅紋性)에 있어서 어떤 한 조각은 약간 떨어지는 상태이긴 하지만 어떤 한 조각은 그것과 큰 차이가 없고 그 지질 광택 또한 매우 동일하다. 단 두께에 있어 은허품(殷墟品)은 보통 2분 내지 3분으로 석총품(石塚品)만큼 얇지 않으며 모양을 새기지 않은 민무늬의 그릇 조각을 아직 모른다는 것은 별도로 한다. 그런 까닭에 나는 이 백색 토기가 중국 주대(周代) 경에 존재했을 가능성을 믿는데, 혹은 만주에서 특수한 경우에 만들어졌다고도 생각할 수 있지만, 오히려 가장 큰 'probability(개연성)'으로, 중국 본토에서 수입된 기물(器物)일 것으로 추측하는 것이다.

10　濱田耕作, 「중국(支那) 고동기(古銅器) 연구의 신자료, 은허(殷墟) 발견이 전하는 상아조각과 토기」(『국화(國華)』 제279호), 同上 「은허의 백색 토기」(『민족(民族)』 제1권 제4호)(본 저작집 제3권에 수록)
　　HAMADA, 『Engraved Ivory and Pottery found in the Site of Yin Capital』(Memoir of the Research Department of the Tôyô Bunko, No.1, 1926) (*)

11　VISSER, 『The Exhibition of Chinese Art』(Amsterdam, 1922; The Hague,1926)을 보라. 또 HOBSON,『The Eumorphopoulos Collection of Chinese Pottery and Porcelain』, Vol. I (London, 1925) p.xvii 에 이 토기에 대해 기록하고, 『Ars Asiatica, Tom』』.I(Paris and Bruxells, 1925), Pl.XXXⅢ 에는 시렌 씨의 소장품을 싣고 있다.(*)

5.

　다음에 도질(陶質) 난각도기(卵殼陶器)인데, 이것은 백색 토기와 반대로 중국 주대 혹은 그 이전에 존재하는 것을 아직 듣지 못했을 뿐 아니라, 오히려 한(漢) 이후-예를 들면 일본의 축부토기와 같이-일 가능성이 있다. 그러나 크레타의 난각도기 같은 것은 당시 미노스(Minos) 중기 중엽 경에 발달한 금속기를 모방한 것에서 발생한 것으로 본래 도기로서는 이같이 매우 얄팍한 것은 부적당하며 약간 두꺼운 것이 자연스럽다고 생각된다[12]. 그런데 중국에서도 주·한(周漢) 때 청동기가 이상한 발달을 보이고 특히 주말(周末)부터 얄팍한 청동기가 나타난다. 이를 모방하여 난각적(卵殼的)인 얄팍한 토기를 만들 수도 있으며, 또 도토(陶土)와 가마(窯)의 방식으로 도질(陶質)의 그릇을 만드는 것도 가능하다고 생각된다. 단 이같이 정교한 토기가 당시 만주지역에서 만들어졌다고 하는 것보다는 다른 지방에서 수입된 것으로 보는 것이 오히려 온당한 견해이겠지만, 그렇다면 그 본원지는 어디일까. 일본이나 조선은 중국의 육조(六朝)에 해당하는 시기가 되어야 도질(陶質)의 축부토기, 신라(新羅)의 도자기류가 만들어지므로, 이를 주·한(周漢) 시대로 올릴 수 없으며 또 난각적으로 얄팍한 것도 볼 수 없다. 오늘날까지 우리들의 지식으로는, 중국에서 조형(祖型)이라고 생각되는 검푸른 청색의 한식(漢式) 토기가 적어도 주대(周代)에 존재하는 것을 알 뿐 이같이 얄팍한 도질의 그릇에 대해서는 아는 것이 없다. 그러나 어떤 특수한 경우에 특수한 지방(어쩌면 산동(山東), 직예(直隸)와 같이 만주에 가까운 지방)에서 그와 같은 토기가 만들어져 만주에 수입되었다고 추정할 수 있지 않겠는가.

12　HALL, 『Aegean Archaeology』(London, 1914) p.78. 기타 에반스 씨 등의 저서를 볼 것.(*)

요컨대 우리가 검출한 수 개의 토기 조각(pot-sherds)은 언뜻 보기에는 무가치한 하찮은 것에 불과하지만 그것이 갖는 고고학상 의의는 상당히 중요한 것이 있다. 그것은 만주에서 당시 이같이 빼어나게 좋은 토기의 일종이 제작되었을지 모른다는 의심까지도 일으키게 하고, 또 이 의심은 바로 취소한다 하더라도, 토기가 다른 지방에서 수입되었다는 교통 관계를 생각하게 하기 때문이다. 그리고 또 백색 토기는 반드시 하남 은허만이 아니라 다른 지방에서도 은대(殷代) 이후 주·한(周漢) 사이에 제작되었을 것을 짐작하게 하며 도질이 얇은 난각적 토기와 같이 진귀한 것도 중국 어딘가에 존재하고 있었던 것을 추측하게 하는 것이다. 일찍이 페토리 선생이[13] 이집트 카훈(Kahun) 유적에서 다수의 이집트 토기 속에서 두세 조각의 에게풍(風) 토기를 발견해서 구별하였던 것이 훗날 크레타섬의 카마레스식 토기(미노아 문명의 대표적인 토기의 하나)의 존재를 미리 알게 한 것처럼,[14] 이 석총에서 발견한 토기 조각이 장래 중국 고고학상의 큰 암시를 우리에게 부여하기를 희망하며, 이것이 이 소편(小篇)을 초안하는 데 이르게 한 동기이다.

(쇼와 4년(1939) 6월)

---

[13] Sir Flinders Petrie(William Matthew Flinders Petrie, 1853~1942). 영국 고고학자로 유물의 과학적 발굴 방법을 체계화시킨 학자 중의 한 명이다. 즉, 주도면밀하게 발굴하면서 발견되는 모든 유물은 채집·기술해야 하고 보고서는 반드시 완간해야 함을 강조했다. 이런 원칙과 방법으로 1880년대부터 죽을 때까지 이집트와 팔레스타인에서 많은 발굴을 하였고 이집트 연구의 공로로 작위를 받았다(참조: 콜린 렌푸류·폴 반 지음/이희준 옮김, 『현대 고고학 강의』, 사회평론, 2008, p.21, 역자주).

[14] 고대 이집트와 크레타섬이 상호 교류하였음은 유물을 통해 알 수 있다. 이집트 제18왕조 시대에 크레타 미술가들의 빠른 운동감을 표현하는 기법이 이집트에 전해져 그동안 이집트의 그림에 나타나던 정형성이 아크나톤(bc1379~1362경)과 투탕카멘(bc1341~1323경)의 유적에서는 다른 유형으로 나타난다(E.H. 곰브리치 지음/백승길·이종숭 옮김, 『서양미술사』, 예경, 2012, p.68, 역자주). 이보다 이른 제2중간기(bc1785~1570)에 이집트를 지배한 힉소스 왕조가 해적들로부터 바닷길을 보호하기 위해 크레타의 미노스인과 협상하여 이들이 이집트에 상륙하는 것을 허용한 이후의 현상이다(정규영, 「고대 그리스 문명과 이집트 문명」, 『지중해지역연구』 제7권 제1호, 2005, p.48, 역자주).

5. 남만주 요양 출토의 한 대(漢代) 조옥(琱玉)[1]

미즈노 세이치(水野淸一)

1.

중국에서 상당히 기대되는 고고학적 유물도 아깝게도 출토지가 명료한 것은 거의 없다. 고옥(古玉) 같은 자료에 대해서도 그러하다. 그것은 말할 것도 없이 이익을 찾아 떠도는 도둑에 의해 도굴되고 있기 때문이다. 다행히도 조선의 낙랑 유적에서는 학술적 조사가 수행되어 이 내용을 몇 점 보충한다. 유물이 풍부하다고 할 수 없는 남만주에서도 출토지가 확실한 것은 적지 않다. 이것은 고고학적인 지식이 다소 일반에게 보급되었기 때문일 것이다. 그러나 옥(玉)에 관한 자료는 여전히 새벽하늘의 별과 같이 아주 적다. 필자는 올여름 만주 여행 중에 안산(鞍山)의 우메모토 슌지(梅本俊次) 씨한테 요양의 돌덧널무덤에서 드문 백옥이 출토한 것을 듣고는 즉시 요양 만철도서관에 들러 주사 이와타 토오루(岩田貫) 씨의 후의로 이를 조사하여 촬영하는 기회를 얻었다. 이것을 지금 소개하려고 하는데, 쓰기 전에 두 분께 깊이 감사드린다.

---

[1] 『東方學報』(京都版), 제4기, 소화 8년(1933), 444~449쪽.

2

그 옥이라고 하는 것은 반투명하여 연한 유백색(乳白色)을 띠며 전체 길이가 3촌 5분 5리, 두께가 약 5분이다(제1그림 참조). 구멍이 약간 작은 벽(璧) 모양으로 위풍당당한 훼용(虺龍)의 측면을 투조(透彫) 하였다. 벽의 가장자리에 투조 훼용의 모양이 2개 구심적으로 배치되어 있지만, 변화가 심하고 구름 모양이 있어 용형(龍) 모양의 외측 장식(外飾)이 그다지 확실하게 드러나지 않는다. 육조(六朝) 때의 쇠장식에 보이는 용형 당초(唐草) 같은 느낌이 있다. 그러나 한식(漢式)인 것의 특징은 외식(外飾)의 훼용이 유명하다. 벽의 가장자리에 투조 훼용의 장식을 한 것은 일찍이 파리의 노상회(盧商會)에 소장되어 있다*. 그것은 순수한 진식(秦式)의 옥벽(玉璧)이었는데, 이것은 벽이라고도 말할 수 없다. 용도와 명칭은 자세하지 않더라도 그 시대는 이것이 출토된 요양 돌덧널무덤의 시대, 즉 한 대에 속하는 것이 명백하다. 요양 돌덧널무덤 시대에 있어서는 나중에 한마디 언급하도록 한다.

[그림1] 조옥(요양 만철도서관 소장)

옥은 용형의 윤곽이 드러나 있는 것 이외 안팎에 어떠한 가공도 없이 평평하다. 단, 양쪽 면에 제작상의 티라고 할 수 있는 점은 층이 어긋나게 되어 있는 것이다. 아마 옥재(玉材)를 얇게 판으로 갈아 자를 때 어긋남이 생긴 것일 것이다.

---

2 현재 확인 가능한 본 책자의 소제목은 'APPARTENANT A. M. C. T. LOO'로 기록되어 있다(역자주).

*P. Pelliot; 『Jades Archaigues de Chine』, Appartenant a Loo et C.² (Paris et Bruxelles 1929) PI XIII.

3

출토 상태에 대해서는 직접 현지에서 조사하고 채집한 우메모토 슌지 씨의 기록과 담화를 근거로 하였다.

소화 6년(1931) 요양 태자하 제방건축공사 때 제2공구 사카키타니(榊谷) 조(組)가 흙을 채취하는 곳, 즉 요양 동문 외반방리(外半邦里) 태자하 왼쪽 물가에서 한 기(基)의 돌덧널무덤을 발견하였다. 푸르스름한 점판암의 판석을 조합한 석곽으로 우메모토 씨가 잰 것에 의하면 세로 약 4m 반, 가로 약 4m 반과 2m 7로 '丁'자형 평면형(제2그림)이었다. '丁'자의 머리(頭)가 대략 남쪽에 있고 그것이 동서로 긴 전실(前室)을 만든다. 주부(主部)는 가늘고 길게 3개로 나뉘어 서쪽 2개는 현실(玄室)로 하고 뒤에도 격실(隔室)이 있지만, 동쪽 하나는 전실과 후실을 연결하는 통로이다. 후실도 동서로 긴 방이며 그 북벽 아래에서 이 백옥을 주운(제3그림) 것이다. 또한 전실의 남벽과 통로의 서벽에는 붉은 옻칠을 한 흔적이 남아 있어서, 벽화가 있었나 하고 생각되는 사항이 있었다고 한다.

아무래도 만주사변이 한창이어서 불안하여 충분한 조사는 할 수 없었다. 인골도 적은데 약 두 구 정도 있었다고 하나, 상세한 것은 확실하지 않다. 반출한 유물로는 요양 만철도서관에 소장된 집 모양의 명기(明器)와 약간의 토기가 있었다.

우메모토 씨가 올봄 요양 부근 지역에서 발굴한 돌덧널무덤도 그 평면형은 대략 제2그림과 같다. 대정 7년(1918) 태자하 오른쪽 물가에서 발굴되어 지금 여순 박물관의 관사 뜰에 옮겨진 벽화가 있는 돌덧널무덤도 주부(主部)를 세로로 길게 하여 현실(玄室)로 따로 나누고 전후에 가로로 길게 한 방이 있는 것은 서로 비슷하였다. 이들 한 무리의 돌덧널무덤이 언제 어떠한 민족에 의해 남겨진 것인가에 대해서는 종래 두 설이 있다. 하나는 고구려라고 하는 것이고 다른 하나는 한(漢)이라고 하는 것이다. 그러나 어느 쪽이든 결국 기원후 1, 2세기의 것이라고 인정하지 않으면 안 되는 것은 이미 하마타 세이료(濱田青陵) 박사3가 말한 것이다*. 고구려라고 하는 것은 벽화가 조선 평안남도의 고구려벽화와 비슷하다는 것과 돌덧널이 고구려의 돌덧널무덤과 어느 정도 공통점을 가지고 있기 때문이다. 한(漢)이라고 하는 설도 주요한 이유는 벽화가 한의 화상석과 비슷하다고 하는 것이다. 양 설 모두, 생각해 보면 당연한 것이다. 이 남만주 요양지역은 역사적으로 보아도, 지리적으로 보아도 한과 고구려의 중간 지대여서 쌍방과 비슷하다고 하는 것은 매우 자연스럽다. 고구려벽화도 중국 본토에서 배웠는지, 요동 땅에서 배웠는지는 모르더라도, 어쨌든 한의 화법을 배운 것이다.

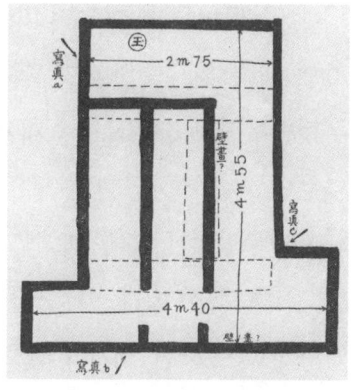

[제2그림] 요양 석곽묘의 평면형 스케치
(우메모토씨에 의한다.)

[제3그림] 요양 석곽묘
(우메모토씨 촬영)

---

3 본문의 이름과 주석의 이름이 다르다. 아마도 본문 기록이 오기인 듯하다(역자주).

요양의 벽화는 고구려벽화보다도 오히려 화상석(畵象石)에 가깝다. 필자의 생각으로 말하자면, 돌덧널무덤도 또 낙랑에 있는 것 같은 한의 나무덧널무덤(木槨墓)를 승계한 것이다. 고구려 돌덧널무덤도 한의 나무덧널무덤을 승계하였을지 모르겠지만, 요양의 돌덧널무덤 쪽이 보다 많은 나무널무덤의 형제(形制;기물·건축물의 형상과 구조)에 일치하고 있다. 또 반출한 유물-특히 명기-를 보면 고구려 설은 지지하기 어렵다. 이 돌덧널무덤 안에서도 훌륭한 명기가 출토된 것이다. 한 대 한인에 의해 남겨진 분묘인 점에는 오늘날 이미 이론(異論)도 없으리라 생각된다. 그러나 상세한 해결은, 앞으로 학술적 조사에 기대되는 바이다.

*하마타 코사쿠(濱田耕作) 박사 「遼陽附近の壁畵古墳」,(『東亞考古學研究』 수록) 참조.
츠카모토 야스시(塚本靖) 박사 「遼陽太子河附近の壁畵ある古墳」,(『考古學雜誌』, 第11卷 第7號)에는 고구려설, 야기 쇼자부로(八木奬三郎) 씨의 「遼陽 發見の壁畵古墳」,(『東洋學報』, 第11卷 第1號)에는 한설(漢說)이 보인다.

4

수법과 옥질(玉質)이 가장 잘 일치하는 것은 외몽고의 노잉우라 나무덧널방의 투조쌍용옥패(透彫雙龍玉佩)를 들 수 있다(제4그림). 긴 타원형이며 좌우 대칭으로 한 쌍의 용 모습이 위풍당당하다. 이 옥보다도 한층 섬세한 투조로, 마치 옻칠로 그린 문양의 용을 보는 듯하다. 가는 선을 새

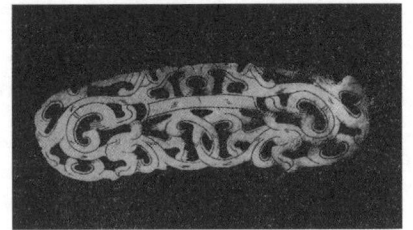

[제4그림] 투조쌍용옥패(透彫雙龍玉佩)
『The Academy of Material Culture』,
Leningrad.

겨 용의 자세한 부분이 그려져 있다. 파리의 기스라(Mr. Giesler) 박사가 소장한 옥호(玉虎)도 같은 부류이 다(제5그림).** 이것도 가로로 긴 패 옥(佩玉)으로 구름 모양을 밟고 보 행하는 당당한 체구의 호랑이 모양

[제5그림] 투조호형옥패(透彫虎形玉佩)
Dr. Giesler, Paris.

이 새겨졌는데 세부는 가는 선으로 새겼다. 양면이 모두 같다.*** 투영으 로 나타낸 무늬는 진식(秦式)의 옥과 다를 뿐 아니라 가늘게 새긴 선에 의해서도 그것과 구별된다. 투조로 잘라낸 가장자리는 모가 나 있고 가 는 선은 그 홈이 갈아지지 않아 칼의 형세가 그대로 있다. 결국, 진식(秦 式)의 용패(龍佩) 등에서 변화한 패옥(佩玉)의 한 형식이겠지만, 상술한 여 러 가지 점으로부터 이 무리의 패옥은 특색이 정해지고 있다. 이 반투명 유 백색의 옥질도 진옥(秦玉)에는 적고 한옥(漢玉)에 많은 옥재이다.

* P.K. Kozlov et al.; 『Comptes rendus des expedition pour l'exloration du Nord du la Mongolie』, (Leningrad, 1925)⁴ Fig.15.

** O. Siren: 『Histoire des arts anciens de la Chine』, Tome Ⅱ.(Paris et Bruxelles, 1929) Pl 90.

*** 오오무라 세가이(大村西崖) 씨 『支那美術史彫望篇』 1915년年刊 제356 그림, 雙离佩(쌍리패)도 종래의 견지로 보면 한옥(漢玉)이며 이 부류에 들 어갈 것 같지만, 과연 그러할까. 오히려 이들 옥에 비교하면 더욱 진식(秦 式)의 조옥(琱玉)에 가까운 것으로 생각된다. 이 도형에서, 그 각선에서 도, 또 그 옥질에서도...

---

4 원문의 (Leningrad, 1925)은 (Leningrad: Acad. des Sciences de l'URSS, 1925)을 약(略)한 것 으로 보인다(역자주).

참고문헌

■ 사료

- 『獨斷』
- 『讀史方輿紀要』
- 『東觀漢記』
- 『墨子』
- 『文獻通考』
- 『白虎通義』
- 『白虎通德論』
- 『史記』
- 『三國史記』
- 『三國志』
- 『拾遺記』
- 『詩經』
- 『新唐書』
- 『呂氏春秋』
- 『列子』
- 『禮記』
- 『禮記注疏』
- 『遼東志』
- 『遼陽縣志』
- 『魏書』
- 『爾雅翼』
- 『莊子輯釋』
- 『前漢書』
- 『周禮』
- 『周禮注疏』

- 『册府元龜』
- 『楚辞』
- 『淮南子』
- 『後漢書』
- 『欽定大淸一統志』
- 『欽定盛京通志』

■ 단행본

- 강현숙, 『고구려와 비교해 본 중국 한, 위·진의 벽화분』, 지식산업사, 2005.
- 고바야시 히데오 지음/임성모 옮김, 『만철, 일본제국의 싱크탱크』, 산처럼, 2004.
- 권혁선 옮김, 『일본인이 배우는 일본사』, 에듀진, 2020.
- 김영지, 『습유기』, 한국학술정보(주), 2007.
- 김호동, 『아틀라스 중앙유라시아사』, 사계절, 2016.
- 나카미 다사오 외 지음/박선영 옮김, 『만주란 무엇이었는가』, 소명출판, 2013.
- 박선미, 『고조선과 동북아의 고대 화폐』, 학연문화사, 2009.
- 박한제 외 지음, 『아틀라스 중국사』, 사계절, 2015
- 박형익, 『한국 자전의 역사』, 역락, 2012.
- 수잔 와이즈 바우어 저/이광일 옮김, 『세상의 모든 역사』, 이론과 실천, 2007.
- 신입상 저/김용성 역, 『한 대 화상석의 세계』, 학연문화사, 2005.
- 안동림 역주, 『莊子』, 현암사, 1993.
- 윤내현, 『고조선연구』 상, 민권당, 2015.
- 이준영 해역, 『주례』, 자유문고, 2002.
- 일본사학회 지음, 『아틀라스 일본사』, 사계절, 2015.
- 전한덕 편저, 『日本의 考古學』, 학연문화사, 2002.
- 진웨이누오 지음/홍기용·김미라 옮김, 『중국미술사』 2, 다른생각, 2011.
- 콜린 렌푸류·폴 반 지음/이희준 옮김, 『현대 고고학 강의』, 사회평론, 2008.
- 하라다 요시토 외 지음/박지영·복기대 옮김, 『목양성』, 주류성, 2019.
- 한국사전연구사 편집부, 『미술대사전』(인명편), 1998.
- 한국정신문화연구원, 『한국민족문화대백과사전』, 1991년.
- 황효분 저/김용성 역, 『한 대의 무덤과 그 제사의 기원』, 학연문화사, 2006.

· 東方考古學會, 東方考古學叢幹 甲種第5冊 『東京城』, 1939.
· 『中國出土 書全集』, 科學出版社, 2012
· E.H. 곰브리치 지음/백승길·이종숭 옮김, 『서양미술사』, 예경, 2012.

■ 논문

· 권순홍, 「도성 관련 용어 검토」, 『사림』 제62호, 2017
         , 「발해 五京制에서 京의 의미와 五京制의 성립 시점」, 『高句麗渤海硏究』 제67집, 2020
· 김연성, 「동북아 고대 교역과 명도전(明刀錢)의 관계」, 인하대학교 융합고고학과 석사학위 논문, 2013.
· 김영섭, 「평양 대동강면 무덤떼 축조집단 연구」, 인하대학교 대학원 융합고고학과 박사학위 논문, 2021.
· 김정희, 「헤이안 시대 문학작품에 나타난 발해에 대한 인식과 그 영향」, 『아시아 문화연구』 제55집, 2021.
· 김효숙, 「일본고전문학에 나타난 발해(渤海)의 형상」, 『동아시아고대학』 제34집, 2014.
· 남애자, 「古代紙의 發見과 敦煌文書에 관한 小考」, 『圖書館學』, 1989.
· 당결, 이동훈, 「중국 고대 건축 지붕 양식의 현대적 변용에 관한 연구」, 『문화예술콘텐츠』, 2008.
· 박현정, 「高句麗 古墳壁畵에 나타난 生活風俗圖의 性格-墓主 夫婦像 분석을 중심으로-」, 이화여자대학교 사학과 석사학위 논문, 1997.
· 복기대, 「임둔태수장 봉니를 통해 본 한사군의 위치」, 『백산학보』 제61호, 2001.
         , 「고구려 도읍지 천도에 대한 재검토」, 『단군학연구』 제22호, 2010.
         , 「동북아시아에서 한사군의 국제정치적 의미」, 『강원사학』 제28호, 2016.
         , 「한군현의 인식에 관한 연구1-'설치'와 '교치'에 대한 비판적 검토를 중심으로-」, 『몽골학』 제49호, 2017.
         , 「전한의 동역4군 설치 배경과 그 위치에 관하여」, 『인문과학연구』 제52집,
         , 「고구려 후기 평양 위치 관련 기록의 검토」, 『고구려의 평양과 그 여운』, 주류성, 2017.
         , 「한사군은 어떻게 갈석에서 대동강까지 왔나?」, 『선도문화』 제25호, 2018.

- 오영찬, 「'낙랑칠기' 연구와 식민지주의」, 『백제문화』제49집, 2013.
- 유영아, 「漢代 銅鏡의 吉祥語句에 비쳐진 사회상의 변천」, 『동국사학』, 2009.
- 윤성호, 「필로스의 네스트로 궁전에서 나타나는 미케네 건축의 특징에 관한 연구」, 『한국문화공간건축학회논문집』제31호, 2010.
- 윤순옥·김효선·지아지엔칭·복기대·황상일, 「중국 요하 하류부 고대 요택의 공간 분포와 Holocene 중기 이후 해안선 변화」, 『한국지형학회지』, 2017.
- 이양수, 「연호문(連弧紋)의 제도와 삼한경(三韓鏡)의 기술 계보」, 『문화재』54, 2021.
- 전욱택, 「한반도·중국 동북지역 출토 秦·漢代 화폐의 전개와 용도」, 영남대학교 대학원 석사학위논문, 2013.
- 전호태, 「4~5세기 고구려 고분벽화와 동아시아 문화」, 『高句麗硏究』21집, 2005.
- 정규영, 「고대 그리스 문명과 이집트 문명」, 『지중해지역연구』제7권 제1호, 2005.
- 정수경, 「국립중앙박물관 소장 오타니(大谷)컬렉션의 석굴 벽화 연구」, 숙명여자대학교 대학원 미술사학과 석사학위 논문, 2019.
- 정인성, 「대방태수 張撫夷墓의 재검토」, 『한국상고사학보』제69호, 2010.
- 하광순, 「五代·北宋代 妙法蓮華經 寫經變相圖 硏究」, 고려대학교 고고미술사학과 석사학위 논문, 2013.
- 陳穎君, 「王充《論衡》所反映的東漢初期社會狀況」, 建甲大學 碩士論文, 中華民國 五十五年.

■ 인터넷 싸이트

- https://www.baidu.com
- https://kotobank.jp/word
- guoxuedashi.net
- 維基百科, Wéijī bǎikē
- https://www.bok.or.kr › museum 한국은행 화폐박물관